新青林法律相談 21

企業活動と民暴対策の法律相談

第二東京弁護士会
民事介入暴力被害者救済
センター運営委員会【編】

青林書院

刊行によせて

　「暴力団員による不当な行為の防止等に関する法律（いわゆる暴対法）」が平成4年に施行された後も，暴力団は暴対法の適用を逃れるため，えせ右翼，えせ同和，フロント企業，総会屋等，様々な反社会的勢力に仮装して企業に接近し，違法不当な手段で企業の正当な利益を奪う民事介入暴力事件をおこしています。

　この反社会的勢力による企業対象暴力の対象となった企業は「被害者」であり，その予防・救済のための対策が必要となることは勿論ですが，他方，企業がこれら反社会的勢力の不当要求に屈したり，さらにはそれを利用する場合，その企業は社会に対する「加害者」となり，コンプライアンス違反の問題を生じさせ，社会的信用を失い，ひいては存亡の危機にも陥りかねません。

　犯罪対策閣僚会議の下に設置された幹事会が平成19年6月19日にとりまとめた「企業が反社会的勢力による被害を防止するための指針」においても，「反社会的勢力に対して屈することなく法律に則して対応することや，反社会的勢力に対して資金提供を行わないことは，コンプライアンスそのものであるとも言える。」と明言されているところです。

　当会は，民事介入暴力の被害者救済及び発生防止を図るため，昭和56年11月に民事介入暴力被害者救済センター及び同センターの運営を担う救済センター運営委員会を設置しましたが，上記の昨今の状況の下，同委員会の委員の方々が企業活動の様々な側面にわたって，被害の予防・救済とコンプライアンスという観点から民暴対策を具体的に解説された本書を刊行されたことは，まことに時宜を得たものであり，企業関係者は勿論，民事介入暴力対策の実務に携わる多くの方々の日々の活動の一助になることを願うものです。

　平成19年9月

　　　　　　　　　　　　　　　　　　　　　　　　第二東京弁護士会
　　　　　　　　　　　　　　　　　　　　　　　　　会長　吉成　昌之

はじめに

　平成19年6月19日犯罪対策閣僚会議幹事会申合せにより，「企業が反社会的勢力による被害を防止するための指針について」が公表されました。指針によると，近年暴力団は，組織実態を隠蔽し，企業活動を装うなど不透明化を進めており，証券取引や不動産取引などの経済活動を通じて資金獲得活動を巧妙化させている，とあり，平成19年版警察白書にも同旨の記述があります。平成4年に暴対法が施行されて以来，暴力団は裏の顔を隠し，通常の取引を装って企業に近づき，不当な収益を上げようとしており，いずれの企業も暴力団に狙われる可能性があります。暴力団と関係を持つことは，コンプライアンス，企業の社会的責任の観点から絶対に許されるものではなく，企業防衛の見地からも暴力団対策を講じておく必要があります。

　暴力団を侮ってはいけませんが，不必要に恐れてもいけません。暴力団の影に怯え，その要求を飲んでは暴力団の思うつぼです。まず，暴力団の実態を正確に知り，平素から対応策を練るとともに有事には毅然とした対応を取る必要があります。

　当委員会では，平成18年5月から協議・検討を進め，本書を刊行するに至りました。本書では，総論として，民事介入暴力・暴力団の実態，基本的な心構え，情報収集などについて論じ，各論では，コンプライアンス態勢の構築，フロント企業対策，面談要求・営業妨害への対応，反社会的勢力（総会屋，えせ右翼，えせ同和）に対する対応などについて論じ，さらに，クレーマーやインターネット被害についても言及しています。

　本書は，当委員会委員が実際の体験に基づいて記述しており，その知識・ノウハウが凝縮しています。本書は，企業活動にまつわる民暴事件のほとんどに言及しており，実際の法的対応についても詳細に述べていますので，企業の総務・法務担当者の方々のみならず，法律実務家の方々にもご利用いただけます。本書が暴力団排除活動の一助となれば幸いです。

平成19年9月

第二東京弁護士会
民事介入暴力被害者救済センター運営委員会
委員長　鈴木　雅芳

凡　例

(1) 各設問の冒頭に **Q** として問題文を掲げ，それに対する回答の要旨を **A** でまとめました。具体的な説明は **解説** 以下に詳細に行っています。
(2) 判例を引用する場合は，本文中に「＊1，＊2…」の注記をし，各設問の末尾に **引用判例** として，当該番号に対応させて「＊1　最判平12・3・4民集5巻6号789頁」というように列記しました。なお，判例等の表記については後掲の「判例・文献関係略語」を用いました。
(3) 法令等は原則として，①地の文では正式名称で，②カッコ内の引用では後掲の「法令等略語」を用いて表しました。なお，法令は平成19年6月現在のものによりました。

■判例・文献関係略語

民集	最高裁判所民事判例集
交民	交通事故民事裁判例集
金商	金融・商事判例
金法	金融法務事情
銀法	銀行法務21
判時	判例時報
判タ	判例タイムズ

■法令等略語

会	会社法
会規	会社法施行規則
貸金	貸金業の規制等に関する法律（貸金業法）
旧商	旧商法
旧商規	旧商法施行規則
区分所有	建物の区分所有等に関する法律（区分所有法）
警	警察法
刑	刑法

憲	憲法
公益通報	公益通報者保護法
個人情報	個人情報の保護に関する法律（個人情報保護法）
借地借家	借地借家法
出資	出資の受入れ，預り金及び金利等の取締りに関する法律（出資法）
商	商法
政資	政治資金規正法
手	手形法
道交	道路交通法
破	破産法
非訟	非訟事件手続法
プロバイダ	特定電気通信役務提供者の損害賠償責任の制限及び発信者情報の開示に関する法律（プロバイダ責任制限法）
弁護	弁護士法
暴対	暴力団員による不当な行為の防止等に関する法律（暴力団対策法）
民	民法
民執	民事執行法
民訴	民事訴訟法
民訴規	民事訴訟規則
民保	民事保全法
民保規	民事保全規則
労基	労働基準法

編集者・執筆者一覧

編　集　者

第二東京弁護士会民事介入暴力被害者救済センター運営委員会

編　集　委　員

鈴木　雅芳（弁護士）	加藤　公司（弁護士）	石田　英治（弁護士）
犬塚　　浩（弁護士）	柄澤　昌樹（弁護士）	坂田　真吾（弁護士）
南　　　敦（弁護士）	尾﨑　　毅（弁護士）	

執　筆　者（執筆順）

小林　正憲（弁護士）	中村　直裕（弁護士）	藤原　　諭（弁護士）
千葉　　理（弁護士）	東海林正樹（弁護士）	弓削田　博（弁護士）
野村　　創（弁護士）	栗宇　一樹（弁護士）	香取めぐみ（弁護士）
黒河内明子（弁護士）	伊東　　卓（弁護士）	渡邉　　誠（弁護士）
岩本　竜悟（弁護士）	深澤　直之（弁護士）	丸山　　央（弁護士）
竹下　慎一（弁護士）	菅野　茂徳（弁護士）	熊谷　剛英（弁護士）
提箸　欣也（弁護士）	平賀　　修（弁護士）	岩本　一馬（弁護士）
石田　英治（弁護士）	岩尾　光平（弁護士）	加藤　公司（弁護士）
藍原　義章（弁護士）	南　　　敦（弁護士）	近藤　　弘（弁護士）
横田真一朗（弁護士）	手塚　孝樹（弁護士）	金原　裕子（弁護士）
大塚　和成（弁護士）	工藤　英知（弁護士）	
尾﨑　　毅（弁護士）	山本　純一（弁護士）	

目次

刊行によせて
はじめに
凡　例
編集者・執筆者一覧

第1編　総　論

第1章　民事介入暴力・反社会的勢力の実態

Q1｜民事介入暴力の実態 ……………………………………〔小林　正憲〕／ 5
　「民事介入暴力」とは何ですか。「反社会的勢力」とは何ですか。どのような組織や団体がありますか。それぞれの特徴についても教えてください。
　また，反社会的勢力と取引をするとどのようなリスクがありますか。

Q2｜暴力団の実態 ……………………………………………〔小林　正憲〕／ 11
　「暴力団」とはどのような組織をいうのですか。その沿革や最近の動向についても教えてください。

Q3｜暴力団関係企業の実態 …………………………………〔小林　正憲〕／ 19
　「暴力団関係企業」とは何ですか。暴力団関係企業の実態，暴力団関係企業への対策についても教えてください。

Q4｜えせ右翼の実態 …………………………………………〔千葉　　理〕／ 24
　「えせ右翼行為」というものをよく耳にしますが，「えせ右翼行為」とはどのようなものをいうのですか。

Q5｜えせ同和行為の実態 ……………………………………〔野村　　創〕／ 29
　「同和問題」とは何ですか。また，「えせ同和行為」とは何ですか。

Q6｜総会屋の実態 ……………………………………………〔黒河内　明子〕／ 35
　「総会屋」とはどのような人たちのことをいうのでしょうか。また，総会屋は，暴力団と何らかの関係があるのでしょうか。その手口にはどのようなものがあるのですか。

第2章 反社会的勢力への対応方法総論

Q7｜基本的な心構え ……………………………………〔岩本　竜悟〕／ 45
　暴力団等から不当な要求を受けた場合の基本的な心構え，対応方法について教えてください。

Q8｜専門機関 ……………………………………………〔竹下　慎一〕／ 56
　暴力団員等から金銭の要求をされたり取引を行うことを要求された場合に，専門的な方の相談を受けたいのですが，どのような機関がありますか。ふさわしい機関を教えてください。

Q9｜民事不介入の原則 …………………………………〔提箸　欣也〕／ 61
　暴力団員等から不当な要求を受けたため，警察に相談しようと思っています。ところが，警察には「民事不介入の原則」が適用されるため，私人間のトラブルには介入できないという話を聞いたことがありますが，警察は介入してくれないのでしょうか。また，このような不当な要求を受けた場合，弁護士や警察はどのように対処してくれるのでしょうか。

Q10｜情報収集①──情報提供機関 …………………〔石田　英治〕／ 64
　取引相手が暴力団と関係しているという情報があります。その情報の真偽を確認したいのですが，暴力団情報を提供してもらえるところはあるのでしょうか。

Q11｜情報収集②──各種情報からの見極め…………〔石田　英治〕／ 68
　新規に取引をしようと考えている企業があるのですが，規模が小さく，あまり有名なところではありません。おそらく暴力団と関係することはないと思うのですが，念のため検討しておいたほうがよいのではないかと考えています。警察や暴追センターへ問い合わせることまでは考えていませんが，同社が暴力団と関係するのか否かを見極める方法はありますか。

Q12｜暴力団排除条項……………………………………〔石田　英治〕／ 73
　暴力団関係企業との取引を拒絶するのに暴力団排除条項が有効であると聞きました。暴力団排除条項とはどのようなものをいうのですか。また，実際にどのように使えばよいのでしょうか。

第2編　各　論

第3章　反社会的勢力と企業のコンプライアンス

**Q13｜予防策としてのコンプライアンス①──不当要求に応じた取締役の民事責

任 ··〔藍原　義章〕/ 83

　私は，上場会社の総務担当取締役です。近時，裁判所は「会社が暴力団等の反社会的勢力から脅迫され，その不当な要求に屈して財産上の利益を提供してしまったという場合であっても，取締役は民事上の損害賠償責任を負わなければならない」という極めて厳しい考え方を採用していると聞きました。裁判所は，本当に，このような考え方を採っているのでしょうか。

Q14│予防策としてのコンプライアンス②──反社会的勢力との関係断絶
　　　 ··〔横田　真一朗〕/ 90

　私は，一部上場の総合商社の総務担当者です。当社は，会社のPRのため，興行関係の業務にも力を入れています。
　当社では，これまで反社会的勢力に対して，一定の便宜を図ってきました。私の上司は，「世間にばれればまずいことになるかもしれないが，反社会的勢力との関係が悪化すれば，興行を妨害されるかもしれないし，反社会的勢力との付き合いにかかるコストもたいしたことはないのだから，反社会的勢力とは上手く付き合っていけばよい」といいます。
　私は，一部上場企業である当社としては，反社会的勢力との関係を断ち切っていくべきだと考えているのですが，本当に，上司がいうように「ばれないように上手く付き合えば大丈夫」なのでしょうか。

Q15│コンプライアンス態勢の構築 ································〔大塚　和成〕/ 104
　企業活動において反社会的勢力に取り込まれないために，コンプライアンスが重要であると聞きました。そもそもコンプライアンス及びコンプライアンス態勢の構築とは何ですか。コンプライアンス態勢の構築は法的義務なのでしょうか。

第4章　フロント企業対策

Q16│取引開始前の対処方法 ····································〔石田　英治〕/ 115
　商談相手が暴力団と関係する企業であることが判明しました。取引は断ったほうがよいのでしょうか。仮に断るとした場合，相手方とトラブルにならないように取引を断るにはどのようにすればよいでしょうか。また，契約締結交渉がかなり進み，あと一歩で契約が成立するという土壇場で，相手方が暴力団と関係することが判明した場合には，どうすればよいのでしょうか。

Q17│取引開始後の対処方法 ····································〔石田　英治〕/ 122
　当社の取引先のうち2社が暴力団と関係する企業であることが判明しました。1社は，当社が商品を供給している先で，もう1社は，当社が定期的に機関誌を購入

している先です。いずれについても，取引の開始は古く，現在まで長期にわたり継続的に取引は行われています。当社としては，暴力団関係企業であることが判明した以上，できれば速やかに取引を解消したいのですが，どうすればよいでしょうか。

第5章　反社会的勢力による面談要求への対応方法

Q18｜面談要求事例①──事前準備……………………〔尾﨑　毅〕／131

わが社が販売している商品のクレームを理由として面談要求を受ける機会が増えており，反社会的勢力から面談要求を受ける可能性も高くなっています。どのような準備，心構えをしておく必要がありますか。

Q19｜面談要求事例②──現場での対応………………〔尾﨑　毅〕／139

反社会的勢力と思われる人物からの面談要求を受け，明日，面談する約束をしています。面談の際に具体的に気をつけるべき事項は何でしょうか。また，執拗な面談要求に対しては，何らかの法的対処は可能でしょうか。

Q20｜面談要求事例③──対応マニュアル……………〔尾﨑　毅〕／148

反社会的勢力からの面談要求に対して適切に対応するための事前準備として面談対応マニュアルを作ろうと思います。面談対応マニュアルはどのような内容にすればよいでしょうか。また，マニュアルの有効な利用方法はありますか。

Q21｜面談要求事例④──法的責任がある場合(1)交通事故
………………………………………………………………〔中村　直裕〕／152

社員が，顧客先への訪問のため社有車を運転していたところ，前方不注意でブレーキをかけるのが遅れ，赤信号で停車中の高級外車に追突してしまいました。その車はバンパーに傷がついた程度だったのですが，車から暴力団風の人が降りてきて，「追突だから全部弁償すると一筆書いてくれ」と社員に迫り，「損害は全部負担します」という趣旨の念書を社員に書かせました。

翌日，相手方から会社の担当者に対し，念書を根拠に損害を全部支払えとの要求があったので，担当者は，「事故処理は保険会社に任せています」というと，相手方は，「その保険会社は不払で有名だから，保険会社とは話をしない」といい，「業務中の事故だから，会社に責任がある。保険とは別に誠意をみせてほしい。会社と直接話をしたい。これから会いに行く」といっています。どのように対応すべきでしょうか。交渉を保険会社に任せることはできないのでしょうか。

Q22｜面談要求事例⑤──法的責任がある場合(2)商品の瑕疵，土木・建築紛争
………………………………………………………………〔中村　直裕〕／159

① 会社のお客様相談室に,「おたくで買った商品を開けようとしたら,プラスチックの破片が飛んで目に入った。失明するかもしれないと思った。どのような責任をとるのか。ちょっときてほしい」という電話が入りました。

会社の担当者は,「申し訳ございません。具体的な状況を確認したいので,社員をうかがわせます」とその場で回答し,その商品を販売した店舗の社員を訪問させました。すると,相手方は,「商品回収はしないのか。マスコミには発表しないのか。詫び状を書け」と主張しています。どのように対応すべきでしょうか。

② 市の公共事業である下水道工事を請け負ったので,夜間,警備員を配置し,現場に穴を掘って下水道管を埋設していたところ,歩行者が工事でできた穴の横を歩いていたのに警備員が車を通行させたため,歩行者が車を避けようとして穴に落ちてしまう事故が発生しました。

警備員に交通整理のミスがあったとして,相手方は,治療費以外に下請業者を工事に入れろと要求してきたので,会社がこれを拒否したところ,相手方は市の下水道局に車椅子にのって押し掛け,「市民のことを考えない不良業者に工事を請け負わせているのは市の責任だ。市議会議員にこのことを知らせて,議会で追及する」と連日主張しています。

市の担当者からは,「仕事にならないから,何とかしろ」と,会社に対し暗に相手方の要求をのむような連絡がきています。一方会社に対しては,高額な慰謝料請求がなされており,「結論がでたら事務所に来い」と連絡がありました。どのように対応すべきでしょうか。

Q23│面談要求事例⑥——法的責任がない場合 ……………〔東海林　正樹〕／*165*

当社は不動産の管理を行っていますが,ある物件の賃借人に賃料支払督促の電話をしたところトラブルとなり,その賃借人から面談を要求されました。その賃借人はある反社会的勢力の構成員で,面談場所として指定されたところも反社会的勢力の事務所のようです。当社に非はないので要求を拒みたいのですが,どのように対応したらよいでしょうか。

また,当社の社員2名が指定された事務所に行ったところ,事務所では複数の人間が待ちかまえており,半ば軟禁状態となり,彼らは,「どう責任をとるつもりだ」等と大声で怒鳴り,机をバンバンたたいたりしました。要求は具体的には特になく,「誠意を見せろ」とか,「人としてどう考えているのか,道義的にどう考えているんだ」等というものでした。面談が1時間半にも及んだころ,当社がお客様に対してどう誠意を示すのかを回答することを約束して,ようやく帰ることを許されました。今後どのように対応したらよいでしょうか。

Q24│面談要求事例⑦——クレーマーと疑われる場合 …………〔栗宇　一樹〕／*172*

最近クレーマーと思われる顧客から「すぐに謝罪に来い」との要求がありました

が，どのような姿勢で対応すればよいのでしょうか。また，相手方の言い分がよく分からず，クレーマーかどうか分からないときには，どのような対応をすればよいのでしょうか。

第6章　反社会的勢力による営業妨害への対応方法

Q25｜営業妨害事例①──営業妨害の背景 ……………………〔伊東　卓〕／181

このところ暴力団風の数人の男がクレームをつけに会社の受付を何度か訪れており，社員が対応していますが，横柄な態度で印象が悪く，いずれエスカレートした場合には，営業が妨害されたり，何らかの被害が出るのではないかと非常に心配しています。暴力団をはじめとする反社会的勢力は，企業に対して実際に営業妨害行為を行うことがあるのでしょうか。また，どのような場合に営業妨害を行うのでしょうか。

Q26｜営業妨害事例②──営業妨害行為の内容 ……………………〔伊東　卓〕／185

暴力団員と思われるヤクザ風の男数名が会社を訪れた際，要求を拒否したところ，「こんな会社いつでも潰してやるから覚えていろ。役員の自宅も調べてある」などと言い放って帰って行きました。役員個人への攻撃や，会社に対して何らかの営業妨害があるのではないかと心配です。暴力団をはじめとする反社会的勢力は，企業に対して実際にどのような営業妨害を行うのでしょうか。

Q27｜営業妨害事例③──営業妨害への対応 ……………………〔伊東　卓〕／190

会社で総務を担当していますが，このところ，右翼団体を名乗る男数名が何度か会社を訪れて，「ある役員の女性従業員に対するセクハラの事実をつかんでいる，誠意ある対応をしないと，監督官庁や取引先に連絡し，インターネットでも公表する」と迫ってきています。もし，本当にそのようなことをされたら，会社の営業活動が混乱するので大変心配です。もし，反社会的勢力がこのような営業妨害を行ってきた場合には，どのように対応したらよいのでしょうか。

Q28｜営業妨害事例④──外部との連携 ……………………〔伊東　卓〕／195

ある従業員が，自動車を運転して外回りをしている最中に，歩行者と軽い接触事故を起こしてしまいました。従業員はすぐに謝罪して示談金を払ったそうですが，その後，被害者の代理人と称するヤクザ風の男が会社に電話をかけてきたり，面談に来るなどして，執拗に多額の賠償を求めてきており，最近ではだんだんエスカレートして言葉遣いが荒くなってきました。このままだと，そのうち会社に対して何らかの営業妨害があるのではないかと恐れています。

もし，反社会的勢力が営業妨害を行ってきた場合，どの段階で外部に相談するの

がよいでしょうか。また，弁護士に相談した場合，弁護士はどのように対応するのでしょうか。金銭トラブルや女性問題など，従業員の個人的問題を材料に攻撃してくる場合の対応についても教えてください。

Q29｜営業妨害事例⑤——法的解決の手段……………………〔伊東　卓〕／200

当社が不動産開発事業を計画していたところ，同和団体幹部を名乗る男が介入してきて，高額な立退料を請求してきました。余りに法外な金額なので断りましたが，執拗に何度も電話をしてきており，最近では，ヤクザ風の男が何人も門の付近にたむろしています。そのうち，営業妨害にエスカレートするのではないかと不安です。もし，万一，反社会的勢力が営業妨害を行ってくるとしたら，どのようなことをしてくるのでしょうか。また，各種の妨害行為に応じた具体的な対応方法を教えてください。

第7章　クレーマー対策

Q30｜民暴対策とクレーマー対策……………………………〔深澤　直之〕／207

企業対象暴力対策としての民暴対策は，クレーマー対策にも通じるのでしょうか。

Q31｜クレーマーの判別方法…………………………………〔深澤　直之〕／214

執拗なクレームをいってくる顧客について，どこから排除すべきクレーマーとして判断したらよいのか，その見極めが難しく，容易に判断がつかずに困っています。顧客とクレーマーの見分け方を教えてください。

Q32｜クレーマー対策実践例……………………………〔菅野　茂徳・平賀　修〕／222

当社（運送会社）がAから荷物の配送の依頼を受け，配送車両でお届け先に届けたところ，届け先のBから「中に入れてあった高価な香水のビンが割れていた，そのため一緒に入っていた衣類にシミと匂いが付いてしまった」，「衣類の買換えが必要だ，100万円を支払え」とのクレームがありました。しかし，荷受票には割れ物の存在は記載されていませんし，何よりも段ボールに特に異常がないのに，中身のビンのみがハンマーで叩き割ったように粉々に砕けているという状況です。その後，Bは日本刀と思われる物を持参の上で来店し，「早く対応しろ」と店の担当者に語気強く迫っています。どのように対処したらよいでしょうか。

Q33｜クレーマーに関する裁判例……………………………〔岩尾　光平〕／227

当社はガス噴射式の殺虫剤等を製造しているメーカーです。ある日，お客様から「おまえの会社の殺虫剤を使っていたら引火して家が火事になった。損害を賠償しろ」と要求されました。急いで調査したところ当社の製品に欠陥はなく，そのため

に火事になったということもなかったのですが「要求に応じなければ，裁判に訴えてやる。マスコミにも告発する。インターネットにも書くぞ」などといわれ，そのようなことをされては当社の製品のイメージが悪化してしまうと考えて仕方なくお客様と示談し，金銭を支払いました。

　ところが，金銭を支払った直後に，再び同じお客様から，「家にあった高価な時計が火事で駄目になったことを先の示談の時に忘れていた。追加で金を払って欲しい」という要求がありました。当社としてはさすがにそれは無理だと断ったのですが，この時，当社の担当者が，つい感情的になって，そのお客様に侮辱的な発言をしてしまいました。するとそのお客様が，担当者の発言を録音して，インターネット上のブログなどにアップし，さらに事実に反して，当社製品に欠陥があるなどとインターネット上の掲示板などに書き込みました。このため，今回の事件は大騒動となってしまい，風評被害により当社製品の売上げは激減してしまいました。

　①　虚偽の事実をインターネット上に公表されて風評被害を受けた場合は，損害賠償を求めることができるのでしょうか。

　②　脅されてやむなく示談し，金銭を支払ったにもかかわらず，再び金銭要求があったような場合は，示談を取り消して支払った金銭を返してもらうことができるでしょうか。

　③　製品自体に欠陥が無いにもかかわらず，担当者の対応が不適切でお客様の感情を害してしまったような場合にも，損害賠償義務が生じるのでしょうか。

Q34｜クレーマー情報と個人情報保護法..............〔南　　敦〕／235

　クレーマー情報の取扱いについて，個人情報保護法上気をつける点はありますか。具体的に以下のようなことは許されるのでしょうか。

　①　企業がクレームを受けることにより入手したクレーマー情報を，その企業内の他の部署に通知し，企業全体として保有，利用すること。

　②　一企業が入手したクレーマー情報を，その企業が属する企業グループに通知し，企業グループ全体でクレーマー情報を保有，利用すること。

　③　フランチャイズチェーンにおいて，個別のフランチャイジー（加盟店）が受けた不当クレーム情報をフランチャイズ本部に通知し，フランチャイズ本部から，各フランチャイジーに通知することにより，フランチャイズチェーン全体として，クレーマー情報を保有，利用すること。

　④　百貨店その他各業界における業界団体が，申合せの上，クレーマー情報の交換をし，これを保有，利用すること。

第8章 総会屋対策

Q35 | 総会屋対策①――総会屋の事前接触への対応 ……………〔手塚　孝樹〕／245
　① 有名な総会屋である株主Ａが株主総会前に面談を求めてきました。株主Ａの面談に応じなければならないのでしょうか。
　② Ａは，株主名簿，会計帳簿及び退職慰労金規程の閲覧・謄写を求めてきました。これに応じなければならないのでしょうか。
　③ Ａは，知人の機関誌を購読しないかともいっています。どのように対応すべきでしょうか。

Q36 | 総会屋対策②――事前質問状と説明義務の範囲・程度
……………………………………………………………………〔工藤　英知〕／251
　総会屋と思われる人物から会社宛に，株主総会に関する「質問状」が届きました。質問状の内容は，次のようなものでした。この質問状に対して，どのように対処したらよいでしょうか。
　① 現在税制改革の議論が国会でされているが，わが国の減価償却制度について，貴社として，どのような意見を有しているか，ご意見を伺いたい。
　② 今回再任予定の取締役には担当秘書とのセクハラ疑惑がある。同セクハラ疑惑の社内調査の結果をご説明願いたい。
　③ 最近，コンプライアンス，ＣＳＲ（会社の社会的責任）が注目されている。貴社ではホットラインを設けているのか。

Q37 | 総会屋対策③――株主総会の事前準備と議長の権限
……………………………………………………………〔工藤　英知〕／258
　当社は昨年まで荒れる株主総会はなく，一般株主からの質問もほとんどありませんでした。しかし，最近，当社は不祥事をおこし，また，今年の株主総会には総会屋が出席する可能性があるとの情報があり，場合によっては荒れる株主総会も予想されています。そこで，荒れる株主総会に備えて，留意，準備すべき事項について，教えてください。

第9章　他の団体を装った反社会的勢力への対策

Q38 | えせ右翼からの攻撃に対する対策……………………〔岩本　竜悟〕／265
　① 右翼団体を名乗る者から当社に電話があり，「〇月〇日に，東京で，北方領土返還の記念大会を開催する。賛助金として，1口5万円支払ってほしい」といわれました。その場では「支払えない」と断りましたが，「1週間以内に，街宣車2，

3台でそちらに集金に伺う」といわれています。どのように対処したらよいでしょうか。

② 右翼団体を名乗る者から当社に電話があり，「当団体は，北方領土返還を実現するための政治活動をしている。機関誌を発行しているので，1部6万円で購入してほしい」といわれました。その場では「購入するつもりはない」と断りましたが，「5部送付する。後日街宣車2，3台で集金に伺う」といわれています。1週間ほどして，当社に宅配便で機関誌が5部届きました。今後，どのように対処すればよいでしょうか。

③ 先日，右翼団体を名乗る団体から，当社に，「公開質問状」なる文書が届きました。その文書には，「お宅の会社の製品Aは欠陥品であり，多数の購入者が被害を被っている。その責任について，どう考えているか。1週間以内に回答されたい」などと記載されています。どのように対処したらよいでしょうか。

④ 当社は建築会社ですが，最近，右翼団体を名乗る者が当社にやってきて，「お宅の下請が手抜工事をやっている。手抜工事のことは伏せておくから，知り合いの建築会社を下請として使ってやってほしい」と圧力をかけてきています。どのように対処したらよいでしょうか。

Q39｜えせ右翼による街宣活動への対策①──仮処分命令申立ての概要　〔竹下　慎一〕／275

　右翼団体らしき街宣車が会社の周辺で街宣活動を行っています。会社を訪れる取引先の方や，就職活動に訪れる学生たちが怖がって，会社に立ち入ることを躊躇しています。このような街宣活動をできるだけ早く止めて欲しいのですが，どのようにしたらよいですか。

Q40｜えせ右翼による街宣活動への対策②──仮処分命令申立書の内容　〔竹下　慎一〕／280

　Q39の事案において街宣活動禁止の仮処分を申し立てる場合の申立書の内容はどのようなものになりますか。また，会社の側では，どのようなことを準備しておけばよいですか。

Q41｜えせ右翼による街宣活動への対策③──仮処分命令申立てのための準備　〔竹下　慎一〕／292

　街宣禁止の仮処分を申し立てるにあたり，弁護士との打合せを終えました。必要な書類を集めなくてはなりませんが，具体的にどこでどのように入手すればよいか分からないものがありました。どのような資料が必要になり，どのようにして入手すればよいでしょうか。

Q42｜えせ右翼による街宣活動への対策④──間接強制　〔山本　純一〕／297

　仮処分の申立てを行っても街宣活動が止まりません。民事的にはほかにどのよう

な手段をとれるでしょうか。

Q43｜えせ右翼による街宣活動への対策⑤──中止命令 ………〔提箸　欣也〕／303
　街宣行為に対して，仮処分の申立てなど民事事件としての解決方法があることは分かりましたが，それでも街宣行為が止まなかった場合には，どのような解決方法がありますか。

Q44｜えせ同和①──えせ同和行為に対する対応（接近型）
　………………………………………………………………〔野村　創〕／306
　ある日突然，○○同和団体を名乗る者から，「御社における同和問題教育のために書籍を購入して欲しい」との電話がかかってきました。どのような団体かも分かりませんので，「えせ同和行為」と思い，断ろうかと思ったところ，すぐには答えられない同和問題に関する専門的な質問をいろいろされ，それに答えられないでいると「教育が全然できていないではないか，差別である」と威嚇されました。
　このような場合，どのように対応すればよいのでしょうか。書籍を購入しなければいけないものでしょうか。

Q45｜えせ同和②──えせ同和行為に対する対応（攻撃型）
　………………………………………………………………〔野村　創〕／314
　「店員の対応が悪い。どのように責任を取るんだ」といわれ，同和団体を名乗る者から執拗に攻撃を受けています。どのように対応すればよいでしょうか。

Q46｜ＮＰＯ法人………………………………………〔藤原　諭〕／318
　ある日突然，ＮＰＯ法人の名刺を持った暴力団員風の男が会社に現れ，「○○湿原の自然を守る活動をしている。活動を支援して欲しい」と寄付を求めてきました。どうしたらよいでしょうか。

第10章　名誉・信用を毀損する攻撃に対する対策

Q47｜ブラックジャーナル事例①──不当要求に対する対抗手段
　………………………………………………………〔弓削田　博・香取めぐみ〕／325
　当社は，エステ業界で新興企業ながら急成長を遂げている株式会社であり，私は代表取締役です。先日，「週刊○○ニッポン」を発刊している「○○通信社」を名乗る者Ａから電話がありました。Ａによれば，当社が同じエステ関連業者のＸ社の企業秘密を不正に入手して営業活動を行っていること，また，当社でエステを受けた顧客から健康被害の苦情が出ていることを記事にするといわれました。
　確かに，私は以前，Ｘ社の従業員として勤務していましたが，Ｘ社の企業秘密を不正に入手したり，当社の営業活動にＸ社の企業秘密を利用したことなどありませ

ん。また，当社でエステを受けた顧客から健康被害の苦情など全く出ていません。ですから，Aのいうことには何らの根拠もありません。Aからはまだ具体的な要求はなされていませんが，「週刊〇〇ニッポン」に記事を載せる前に直接私に会って話をしたいとのことです。どのように対応すればよいでしょうか。

Q48│ブラックジャーナル事例②──事前差止めと仮処分の利用
....〔弓削田　博・香取めぐみ〕/331

当社は，いわゆるブラックジャーナル紙から不当要求を受けています。相手方が送付してきた冊子に記載されている記事の内容は根も葉もない中傷であり，相手方の要求に応じるつもりはありませんが，既に印刷も完了しているとのことですので，世間の目に触れないようにして欲しいと思います。何かよい手段はあるでしょうか。

Q49│インターネット上の名誉毀損事例①──法的対応全般
....〔渡邉　　誠〕/338

インターネットのホームページのブログ上に，当社の決算が粉飾である等，当社を誹謗する内容の記載がありました。ホームページのブログの作成者に対して何らかの法的対応を取りたいと考えています。どのような法的対応が可能でしょうか。

Q50│インターネット上の名誉毀損事例②──発信者情報開示請求
....〔渡邉　　誠〕/347

インターネット上の掲示板に当社の決算が粉飾である等，当社を誹謗する内容の書込みがありました。プロバイダ等に対して何らかの請求ができるでしょうか。また，他に何か気をつけるべき点はあるでしょうか。

第11章　反社会的勢力と金融関係事件

Q51│手形関係事例──手形の盗難，偽造..................〔丸山　　央〕/357
①　事務所の金庫に取引先から受け取った手形を入れておいたのですが，昨晩事務所荒らしに遭い，盗まれてしまいました。当社はどのように対応すればよいですか。
②　数日後，金融ブローカーを名乗る男から「貴社の手形を持っている人物を知っている。今なら額面の4割で買い戻せるが，どうか」との提案がありました。この申出に乗るべきでしょうか。
③　振り出した覚えのない手形の手形金が請求されました。どのように対応すればよいのでしょうか。

Q52│システム金融・ヤミ金事例........................〔熊谷　剛英〕/367

当社は資金繰りに窮し、ダイレクトメールで知った金融業者から、小切手を担保に50万円の融資を受けるために、25万円の小切手を3枚、満期をそれぞれ1週間後、2週間後、3週間後として送付し、実際に融資を受けましたが、返済のあてもなく、毎日厳しい取立ての電話がかかってきて、振り出した小切手が不渡処分になるのではないか不安です。どうすればよいでしょうか。

Q53│倒産事件事例①──整理屋の介入 ………………………………〔平賀　修〕／373
当社の売掛先のA社が倒産状態に陥り、A社の債権者と称する暴力団員風の人物が「任意整理を行うから協力しろ」といって債権者集会を支配しようとしています。どのような点に留意するべきでしょうか。

Q54│倒産事件事例②──占有屋の介入 ……………………………〔平賀　修〕／377
当社は倒産状態にあるA社に対して貸金債権を有し、A社所有不動産に抵当権を有しています。ところが、当該不動産は暴力団員風の人物によって占拠されてしまいました。当社の貸金債権を回収するためには、どのように対処すればよいでしょうか。

Q55│倒産事件事例③──会社の倒産に伴う債権取立て
………………………………………………………………〔岩本　一馬〕／382
当社の仕入れ先であるA社が、自己振出手形を不渡にして倒産しました。その後、当社に複数の債権譲渡通知書（内容証明郵便）が届き、B社の従業員Cが、A社の売掛金債権を譲り受けたとしてその支払を求めてきました。B社の従業員Cは、一見して暴力団員風です。当社は、どのように対応すればよいでしょうか。
また、DがA社の代理人であると主張してA社の売掛金の支払を求めてきた場合はどうでしょうか。

Q56│倒産事件事例④──倒産時の在庫商品等の搬出 …………〔平賀　修〕／387
当社の取引先のA社が数日後に手形の不渡を出すという情報があり、A社に対する取りつけ騒ぎが起きています。既にA社の在庫商品、什器備品、機械、車両などが、債権者と称する第三者に勝手に持ち出されてしまったようであり、今後も持ち出されそうな状況です。A社は当社の売掛金を滞納しています。どのように対応すべきでしょうか。

コラム│振り込め詐欺にご注意を！………………………………〔栗宇　一樹〕／392

第12章　組事務所対策

Q57│組事務所事例①──信頼関係破壊に基づく賃貸借契約解除
…………………………………〔加藤　公司・近藤　弘・金原　裕子〕／395

私は，貸しビル業を営む会社の総務部長です。当社は，半年前に，所有するビルの301号室を株式会社ＡＢＣ企画に貸しました。同社の担当者は，きちんとした身なりをして，企業向けの経営コンサルティング業を営んでいると説明していました。
　ところが，このビルの他のテナントから，301号室に関し，「言葉遣いが乱暴な若い男性が多数かつ頻繁に出入りしている。その中には入れ墨のある者もいた。そのような人たちが，定期的に，黒塗りの外車に乗って集まってくるが，彼らは，空いている他人の駐車場に勝手に駐車したり，路上駐車したりしている。そのことを注意したら怒鳴られた」などといった苦情が多く寄せられるようになりました。ＡＢＣ企画に出前を届けた飲食店の店員さんによれば，室内には神棚やＸＸ組の代紋等が掲げられており，電話で借金を取り立てているような怒声を聞いたとのことでした。
　また，ＡＢＣ企画は，当社に無断で，玄関ドア前にテレビカメラを設置しましたが，近時のＸＸ組と広域暴力団の○○会との拳銃発砲抗争事件の影響で，このドアに銃弾が撃ち込まれました。地元警察の説明では，ＡＢＣ企画の役員の中にはＸＸ組の構成員がいるとのことでした。
　当社は，どのように対応したらよいでしょうか。

Q58｜組事務所事例②──解除・明渡請求の法的手続の概要
　　　　　　　………………………………〔加藤　公司・近藤　　弘・金原　裕子〕／403
　（Q57の事案で）当社は，株式会社ＡＢＣ企画との不動産賃貸借契約を解除して301号室の明渡しを求める法的手続をとりたいので，そのあらましを説明してください。

Q59｜組事務所事例③──区分所有法に基づく使用禁止等
　　　　　　　………………………………〔加藤　公司・近藤　　弘・金原　裕子〕／424
　当社は，○○駅前の５階建てＸＹＺマンションの202号室を所有し，残業で遅くなった社員の宿泊場所などとして利用してきました。先日，このマンションの管理組合の理事長から次のような説明を受けました。
　・３ヵ月前に501号室を購入し転居してきたＡ氏が，無断で玄関上に監視カメラを取り付けるなどの改造をした。
　・転居祝いの花を配達した近所の花屋さんの話では，室内にはＡ組と書いた提灯が下がっていたとのことだった。
　・Ａ氏には，いつも人相の悪い黒服の若い男性数人が付き添っており，同じ階の他の住人に対して「どこへ行くのか」などと言いながら，ボディーチェックをしてくる。
　・Ａ氏の周辺者は，黒塗りの高級外車をマンションの駐車場に無断駐車し，これ

を注意した駐車場の管理人が睨みつけられたり，罵声をあびせられた。
・警察に相談したところ，A氏はA組という暴力団の組長であるとのことだった。

A組は，広域暴力団α組の下部組織ですが，α組では1ヵ月ほど前から跡目争いで内部抗争が起きており，全国各地で発砲事件等が頻発しています。

このような状況では，当社も，202号室を安心して社員に利用させることができません。また，実際に不動産としての価値も下がり始めているようで，このマンションの一室を担保とする融資を銀行に申し入れたところ，断られた人もいるそうです。

当社の今後の対応について教えてください。

Q60｜組事務所事例④──人格権に基づく使用禁止等
　　　　　　　……………………………〔加藤　公司・近藤　弘・金原　裕子〕／*436*

暴力団の組長が所有する一棟の建物と敷地を暴力団組事務所として使用している場合，付近住民がその使用を差し止める方法はありますか。

巻末付録──参考資料

・弁護士会一覧 …………………………………………………*450*
・暴力追放運動推進センター一覧 ………………………………*452*
・常設人権相談所一覧 …………………………………………*454*
・被害者ホットライン一覧 ………………………………………*462*

判例索引
事項索引

第1編 総論

第1章

民事介入暴力・反社会的勢力の実態

Q1 民事介入暴力の実態

「民事介入暴力」とは何ですか。「反社会的勢力」とは何ですか。どのような組織や団体がありますか。それぞれの特徴についても教えてください。

また，反社会的勢力と取引をするとどのようなリスクがありますか。

A

「民事介入暴力」とは，「民事執行事件，倒産事件，債権取立事件その他の民事紛争事件において，当事者又は当事者代理人若しくは利害関係人が他の事件関係人に対して行使する暴行，脅迫その他の迷惑行為及び暴行，脅迫，迷惑行為の行使を示唆又は暗示する一切の言動並びに社会通念上，権利の行使又は実現のための限度を超える一切の不相当な行為」をいいます。

「反社会的勢力」とは，市民社会の秩序や安全に脅威を与え，経済活動にも障害となる者又は団体の総称で，市民・企業・行政機関に対して，違法・不当な方法又は暴力的威力を用いて資金獲得活動を行う者及び勢力のことをいいます。例えば，暴力団及びその構成員，暴力団の準構成員，暴力団関係企業（フロント企業），総会屋，政治活動標榜ゴロ（えせ右翼），社会運動標榜ゴロ（えせ同和行為者等）などがこれに該当します。

反社会的勢力と取引をした場合には，相手方の暴力性・粗暴性から紛争を生じる可能性がある，当該取引により相手方が得た経済的利益が暴力団の資金源になる可能性がある，などの問題を生じるおそれがあります。

解説

1 「民事介入暴力」とは

(1) 民事介入暴力の定義

　警察庁は，暴力団の資金源封殺という行政目的の観点から行為主体に着目して，民事介入暴力を「暴力団又はその周辺にある者が，企業の倒産整理，交通事故の示談，債権の取立て，地上げ等民事取引を仮装しつつ，一般市民の日常生活や経済取引に介入し，暴力団の威力を利用して不当な利益を得るもの」と定義しています（平成5年警察白書参照）。警察庁でこうした定義づけがなされているのは，警察庁が暴力団対策を主眼に置いているためだと考えられます。

　しかしながら，市民や企業の立場で民事介入暴力対策を考える上では，行為主体を限定することなく（行為主体の名称にとらわれることなく），行為態様そのものに着目し，暴力を背景に不当な要求をする行為，すなわち「民事事件において反社会的な行為により相手方を屈服させようとする行為全般」を民事介入暴力事件とし，その対応を検討するべきだと考えられます。被害者救済の必要性という観点からすれば，誰がやったのかという点（行為主体）よりも何をされたのかという点（行為態様）のほうが重要ですし，暴力団員による不当な行為の防止等に関する法律（暴力団対策法）施行以降，「暴力団のボーダーレス化」現象が進み，暴力団が会社の業務等に偽装して各種の活動をする傾向を強めているため，一般市民・企業等に対して不当要求行為を行っている直接の行為主体が暴力団であることが明らかな場合はむしろ少なくなり，「暴力団の威力」があからさまに利用されるものでもなくなっているからです。

　こうした観点から，日本弁護士連合会では，民事介入暴力を「民事執行事件，倒産事件，債権取立事件その他の民事紛争事件において，当事者又は当事者代理人若しくは利害関係人が他の事件関係人に対して行使する暴行，脅迫その他の迷惑行為及び暴行，脅迫，迷惑行為の行使を示唆又は暗示する一

切の言動並びに社会通念上、権利の行使又は実現のための限度を超える一切の不相当な行為」と定義して、民事介入暴力対策に取り組んでいます。

(2) 民事介入暴力の問題点

　日本は法治国家ですから、法の認める範囲でしか権利は存在せず、また、その権利の実現も法の定める手続によらなければなりません。それにもかかわらず、暴力を背景にして法的に理由のない不当な要求をし、それによって一般市民・企業等をして将来危害が加えられたり報復されたりすることを危惧する不安な心理状態にさせ、自己の不当な要求を強制的に実現させようとするのが民事介入暴力です。

　民事介入暴力は、暴力団等の反社会的勢力の資金源となっており、一般市民・企業等の健全な生活・取引等を害し、その被害も甚大であるため、民事介入暴力の被害者救済・民事介入暴力の根絶は、社会にとって大きな課題となっています。

２　「反社会的勢力」とは

　反社会的勢力とは、市民社会の秩序や安全に脅威を与え、経済活動にも障害となる者又は団体の総称で、市民・企業・行政機関に対して、違法・不当な方法又は暴力的威力を用いて資金獲得活動を行う者及び勢力のことをいいます。例えば、暴力団及びその構成員、暴力団の準構成員、暴力団関係企業（フロント企業）、総会屋、政治活動標榜ゴロ（えせ右翼）、社会運動標榜ゴロ（えせ同和行為者等）などがこれに該当します。

(1) 暴力団及びその構成員

　暴力団、すなわち「その団体の構成員（その団体の構成団体の構成員を含む。）が集団的に又は常習的に暴力的不法行為等を行うことを助長するおそれがある団体」（暴対２条２号）、及びその構成員（その団体の構成団体の構成員を含む）をいいます。

(2) 暴力団の準構成員

　暴力団の構成員以外の者であって、暴力団の周辺で暴力団と交わりを持ち、暴力団の威力を背景に暴力的不法行為を行う者あるいは行うおそれのあ

る者，ないしは，暴力団又はその構成員に対し資金・武器等の供給を行うなど組織の維持・運営に協力・関与する者をいいます。

(3) 暴力団関係企業（フロント企業〔企業舎弟〕）

暴力団が設立し，現にその経営に関与している企業又は暴力団準構成員等暴力団と親交のある者が経営する企業で，暴力団に資金提供を行うなど，暴力団組織の維持，運営に積極的に協力し，若しくは関与するものをいいます（平成7年警察白書参照）。

暴力団は，従来，裏社会で活動していましたが，近年は，暴力団対策法による既存の資金獲得活動への規制・取締りの強化，バブル経済以降の経済情勢の変化といった社会の変化に伴い，表向きは暴力団と無関係なように装った暴力団関係企業を利用し，巨額の資金を操って，多額の不法な利益を得るなどしています。

暴力団関係企業は，暴力団の活動を偽装化する役割を担い，表向きは合法的な経済活動を装いつつ，暴力団の威力などを利用して利益を上げ，暴力団に活動資金を提供しており，その関係は，暴力団の下部組織が上部組織に上納金を納めるのと同じなので，暴力団関係企業は，実質上，暴力団の下部組織といえます。

(4) 総会屋

株主総会における発言・議決権の権利行使に必要な株式を保有したうえで，企業の営業上のミスや企業幹部の個人的なスキャンダル等の情報を収集し，企業の最も弱いところ，つまり，世間に対するイメージダウンを恐れるという点に巧妙につけ込み，株主総会の議事進行等株主権の行使に藉口して，企業に圧力をかけ，コンサルタント料，情報誌等の購読料，賛助金等様々な名目で，企業から株主配当金以外の利益の供与を受け，または受けることを目的として活動を行う者（高野栄一「総会屋の現状と企業対象暴力対策について」警察時報平成7年度7月号24頁），すなわち，株主の権利行使に関して利益供与を要求し，これを受けることを業とする者をいいます。

昭和56年の商法改正までは，企業が株主に対して利益を与えることは禁止されておらず，多くの企業が，株主総会を混乱なく進行させるために，経営者に協力する株主に金銭を支払っていたことから，これに乗じ，企業に対し

て，企業の問題点を取り上げ株主総会を混乱させるなどと迫り，企業から多額の金銭の支払を受けることを職業的に行っていたのが総会屋です。

総会屋は違法な存在であり，その排除を目指して，昭和56年の商法改正により，株主としての権利行使に関して，企業が財産上の利益を与えることが禁止されました。

(5) 政治活動標榜ゴロ・社会運動標榜ゴロ

政治活動若しくは社会運動を仮装し，又は標榜して，不正な利益を求めて不法行為を行い，あるいは行うおそれのある者及び団体をいいます。例えば，右翼団体（政治結社）としての活動を装い，表現の自由・政治活動の自由の名の下に，街宣活動などを行うことによって不正な利益を得ようとする「政治活動標榜ゴロ（えせ右翼）」，いわゆる部落差別の解消を目指す同和活動などの社会運動に名を借りて企業等から不法な利益の獲得を図る活動を常習的に行っている「社会運動標榜ゴロ（えせ同和行為者等）」があります。

3 反社会的勢力を定義づけることの意義

以上が反社会的勢力と呼称されるものですが，このように反社会的勢力を定義することは，民事介入暴力対策において対決すべき対象を明確にするという意義があります。

また，一般市民・企業・行政機関などが，契約を締結する際に，暴力団排除条項（**Q12**参照）を定めておけば，契約の相手方が暴力団・暴力団関係企業・総会屋・政治活動標榜ゴロ・社会運動標榜ゴロ等の反社会的勢力だった場合，当該特約条項が契約の解除を行う法的根拠になるという意義があります。

4 反社会的勢力との取引におけるリスク

こうした反社会的勢力と取引をした場合には，相手方の暴力性・粗暴性を背景とした不当な要求を受け入れざるを得なくなり，公正な取引ができなくなる，当該取引により相手方が得た経済的利益が，暴力団の資金源になる可

能性がある，といった問題を生じるおそれがあります。

　また，一方で，暴力団をはじめとする反社会的勢力を利用する企業が存在していることが問題になっていますが，一般企業が，反社会的勢力を利用して，仕事の受注やトラブル処理などを行おうとすること自体が非常に危険なことです。反社会的勢力を利用したことにより，逆に，反社会的勢力側から脅されたり，経営に口を出されたり，企業自体が乗っ取られてしまうという結果を招きかねません。反社会的勢力を自己の都合のよいように利用しようとする経営姿勢自体が問題であり，こうしたことは絶対に避けなければなりません。

【小林　正憲】

Q2 暴力団の実態

「暴力団」とはどのような組織をいうのですか。その沿革や最近の動向についても教えてください。

A

「暴力団」とは、「その団体の構成員（その団体の構成団体の構成員を含む）が集団的に又は常習的に暴力的不法行為等を行うことを助長するおそれがある団体」のことをいいます（暴対2条2号）。

こうした暴力集団は昭和20年代以前から存在していましたが、昭和30年代から暴力団という名称が一般化しました。

近時、「暴力団員による不当な行為の防止等に関する法律」（暴力団対策法）、「組織的な犯罪の処罰及び犯罪収益の規制等に関する法律」（組織的犯罪処罰法）、「犯罪捜査のための通信傍受に関する法律」（通信傍受法）が施行されるなど、暴力団を規制する対策は講じられているものの、暴力団は、社会経済の状況に合わせ、法令・警察による規制を巧みに逃れながら勢力を維持拡大しており、依然として一般市民を脅かす存在であることに変わりはありません。

解説

1 「暴力団」とは

暴力団とは、「その団体の構成員（その団体の構成団体の構成員を含む）が集団的に又は常習的に暴力的不法行為等を行うことを助長するおそれがある団体」のことをいいます（暴対2条2号）。暴力団の名称は、昭和30年代に警察が用いたものが一般化したものであり、通称「ヤクザ」・「極道」などとも呼ばれています。

最高裁判所は、山口組の下部組織における対立抗争においてその構成員が

した殺傷行為につき山口組組長の責任を認めた事例で，暴力団について，「その共通した性格は，その団体の威力を利用して暴力団員に資金獲得活動を行わせて利益の獲得を追求するところにある。暴力団においては，強固な組織の結び付きを維持するため，組長と組員が『杯事（さかずきごと）』といわれる秘儀を通じて親子（若中），兄弟（舎弟）という家父長制を模した序列的擬制的血縁関係を結び，組員は，組長に対する全人格的包括的な服従統制下に置かれている。」と判示しています[*1]。

これら暴力団の構成員を「暴力団員」といい，暴力団のうち，都道府県公安委員会が暴力団対策法3条により指定した暴力団を「指定暴力団」，指定暴力団の構成員を「指定暴力団員」といいます。

また，「暴力団構成員以外の暴力団と関係を有する者であって，暴力団の威力を背景に暴力的不法行為等を行うおそれがあるもの，又は暴力団若しくは暴力団構成員に対し，資金，武器等の供給を行うなど，暴力団の維持若しくは運営に協力し，若しくは関与するもの」を「暴力団準構成員」といいます（警察庁「平成18年の暴力団情勢」参照）。

2　沿　革

(1)　昭和20年代以前

わが国には，「博徒（博打打ち）」（縄張りを持ち，その中で違法な賭博場を開いて，そこから利益（寺銭）をあげることを稼業としている者の集団），「的屋（香具師）」（縁日・祭礼等に際して神社境内や街頭で営業を行う露天商や大道芸人等の集団のうち，縄張りを持ち，暴力的不法行為を行い，又は行うおそれがあるもの）といった暴力集団が古くから存在していましたが，終戦後，その混乱に乗じて，「愚連隊」（繁華街等を中心に徘徊して，ゆすり・たかり・窃盗等の違法行為を繰り返していた不良青少年集団）等の新たな暴力的集団が発生しました。

これらの集団は，それぞれが戦後の混乱期に出現した闇市を支配し，覚せい剤「ヒロポン」の密売等の違法行為を行うことによって利益を上げる一方で，これらの利権をめぐって互いに対立抗争を繰り返すようになりました。

そのため，この時期の警察の取締りの重点は，闇市の取締りと覚せい剤の

取締りに置かれていました。

(2) 昭和30年代

「博徒」・「的屋」・「愚連隊」といった集団は、対立抗争や離合集散を繰り返し、次第に広域組織化していきましたが、その過程では、銃器等を用いた凶悪な対立抗争事件が頻発しました。そして、こうした過程で、各集団の活動や資金源といった点には際だった違いがみられなくなり、これらの集団を総称して「暴力団」と呼称することが社会的にも定着してきました。

この時期、暴力団構成員及び準構成員（以下「暴力団構成員等」といいます）の数は、一貫して拡大を続け、昭和38年には約18万4,100人とピークに達し、暴力団の組織数も、昭和36年には約5,400にまで達しました。

こうして、暴力団が大規模化・悪質化していったことに対し、警察は、昭和39年から、「第一次頂上作戦」と称される悪質な組織の中枢幹部（組長等）等に的を絞って検挙する取締りを集中的に行い、多くの暴力団を相次いで解散させました。

また、国会においても、立法による暴力団対策が順次行われました。すなわち、昭和28年・33年の２回にわたる刑事訴訟法の改正により、いわゆる「お礼参り」を行うおそれのある被疑者については権利保釈を認めないこととされ、昭和33年の刑法改正では、証人威迫罪が新設され、「お礼参り」に対する罰則が強化されるとともに、凶器準備集合罪が新設され、「殴り込み」に対する罰則が整備されました。さらに、昭和39年には「暴力行為等処罰ニ関スル法律」が改正され、銃砲刀剣類を用いた傷害事犯の刑が加重されるとともに、常習的暴力行為に対する規定が整備されました。

自治体では、街頭での暴力事犯に対する規制を強化するため、昭和37年に東京都が「公衆に著しく迷惑をかける暴力的不法行為等の防止に関する条例」（迷惑防止条例）を制定したのを皮切りに、昭和40年頃までの間に全国多数の自治体において愚連隊の活動防止を目的とした条例が制定されました。

(3) 昭和40年代

警察の「第一次頂上作戦」により、幹部クラスを含む暴力団構成員が大量に検挙され、暴力団の解散が相次ぎましたが、昭和40年代後半になると、服役していた暴力団の幹部クラスが相次いで出所したことにより、「第一次頂

上作戦」によって解散に追い込まれた組織の復活・再編が図られ，大規模暴力団による組織化・系列下の動きが活発になっていきました。すなわち，資金源犯罪に対する取締強化によって，非合法資金源にのみ依存していた中小暴力団は壊滅的打撃を受けましたが，他方で，大規模暴力団は，資金源を多様化させ，上納金制度を確立するなどして，取締りを巧みに免れ，他の中小暴力団を吸収しながら勢力を拡大させ，組織の再編・系列化を進めていきました。この頃から，暴力団は，民事不介入の原則をとる警察の取締りを巧みに避け，「民事介入暴力」を通じて直接市民や企業を標的にしはじめました。暴力団は，単に組織間の対立抗争によって市民を巻き添えにする集団から，市民や企業を標的にし，食い物にする集団へと変貌していったのです。

こうした状況を受け，警察は，昭和45年以降，「第二次頂上作戦」を実施するなどして暴力団に対する取締りを強化し，暴力団に対する課税措置の促進，「暴力汚染地区の環境浄化作戦」等の暴力団排除活動にも力を注ぐようになりました。

(4) 昭和50年代

警察は，昭和50年にも「第三次頂上作戦」を実施するなど暴力団に対する徹底した取締りを行い，社会でも暴力団排除気運が盛り上がったことなどから，暴力団構成員等の数自体は減少し，従来からの資金源活動は打撃を受けました。

しかし，特定の大規模暴力団は，伝統的に行ってきた覚せい剤取引・恐喝・賭博・ノミ行為・みかじめ料や用心棒代の要求などを行うだけでなく，交通事故の示談交渉・債権取立て・政治活動や社会運動等を標榜した恐喝・総会屋など活動を多様化させることにより，巧みに取締りを免れて勢力を拡大させていきました。

このように暴力団が市民や企業を直接の標的とするようになる中で，社会全体で暴力団排除気運が高まっていき，警察は，弁護士会と連携して，民事介入暴力や企業対象暴力に対する相談活動や取締りを強化するようになりました。また，各都道府県には，企業対象暴力対策のための企業防衛対策協議会や特殊暴力防止対策連絡協議会等の自衛組織が結成されました。さらに，昭和56年には，商法が改正されて利益供与禁止規定が新設され，総会屋対策

のための法整備が行われました。

　こうした状況下，昭和56年7月，三代目山口組組長が死亡し，翌57年2月に後継者と目されていた最高幹部が急死したことから，後継組長の座をめぐって山口組が二派に分かれて争うようになりました。そして，昭和59年6月，四代目組長が強引に決定されたことから，四代目組長に反発する一派が一和会を結成して，山口組と対立するようになり，昭和60年1月には，四代目組長が一和会組員に射殺されるなど，昭和62年2月に終結宣言が出されるまで，激しい対立抗争が繰り広げられました。

(5) **平成以降**

　山口組と一和会との対立は，平成元年3月，一和会が解散することによって結着し，山口組では，同年4月に五代目組長が決定したことを機に，組織内の統制力を強め，一層の勢力拡大が図られました。関東では，住吉会・稲川会が勢力を拡大し，山口組・住吉会・稲川会の三大勢力が全暴力団勢力の7割近くを占めるようになりました。こうして，暴力団が広域化・寡占化するに伴い，暴力団同士の対立抗争事件や銃器発砲事件も増加し，一般市民が対立抗争の巻き添えになる事件も発生しました。

　また，昭和60年頃から平成にかけてのバブル経済期には，暴力団は，都市部の地価高騰を背景に地上げ行為をするなど不動産取引に不法に関与したり，財テクブームに乗じて証券取引に関与したり，リゾート開発に進出したりすることで，資金を獲得していきました。そして，バブル経済崩壊後は，不良債権回収過程に関与して競売入札妨害・強制執行妨害等を行うなど，経済・社会の実態に応じて，新たな資金獲得活動を行うようになりました。

　こうした状況下，平成3年5月，暴力団を明確に反社会的団体と位置づけた「暴力団員による不当な行為の防止等に関する法律」(暴力団対策法)が公布され，翌年3月に施行されました。その結果，それまで犯罪にはならなかった暴力団によるグレーゾーンの行為を規制できるようになり，暴力団対策法施行後3年間は暴力団員及び暴力団準構成員の数は減少しました。

　しかし，同法施行により一定の成果はあったものの，暴力団は，同法による取締りを巧みに免れるため，組事務所から代紋・看板等を撤収し，暴力団を示す名刺を使用しないようにするなど，自らの属性を名乗らず，暴力団と

分からないように装って活動することが多くなりました。

　また，暴力団は，かつてのようなストレートな暴力犯罪集団から知能犯罪集団へと変貌し，社会の変化に照応して多様な活動をするようになっていきました。

　そこで，こうした暴力団に対する対策の一環として，平成12年2月にはマネーロンダリング等に対する規制である「組織的な犯罪の処罰及び犯罪収益の規制等に関する法律」（組織的犯罪処罰法）が，同年8月には「犯罪捜査のための通信傍受に関する法律」（通信傍受法）が施行されました。

　また，最高裁判所も，前記事例において，「上告人（山口組組長）は，山口組の下部組織の構成員を，その直接間接の指揮監督の下，山口組の威力を利用しての資金獲得活動に係る事業に従事させていたということができるから，上告人と山口組の下部組織の構成員との間には，同事業につき，民法715条1項所定の使用者と被用者の関係が成立していたと解するのが相当である。……山口組の下部組織における対立抗争においてその構成員がした殺傷行為は，山口組の威力を利用しての資金獲得活動に係る事業の執行と密接に関連する行為というべきであり，山口組の下部組織の構成員がした殺傷行為について，上告人は，民法715条1項による使用者責任を負うものと解するのが相当である。」と判示し[*1]，暴力団組長への損害賠償責任の追及も可能となっています。

3　近時の状況

(1)　暴力団構成員等の状況

　暴力団構成員等の数は，平成18年末現在約8万4,700人で，10年ぶりに減少に転じた前年と比べ，さらに約1,600人減少しています。そのうち，暴力団構成員の数は約4万1,500人で前年に比べ約1,800人減少している一方，準構成員の数は約4万3,200人で前年に比べ約200人増加し，統計が残る昭和33年末以降初めて，準構成員の数が構成員の数を上回りました。

　山口組・住吉会・稲川会（以下「主要3団体」といいます）の暴力団構成員等の数は約6万1,600人（全暴力団構成員等の約72.7％），このうち暴力団構成員の

数は約3万1,600人（全暴力団構成員の約76.1％）であり，主要3団体による寡占化状態となっています。

中でも山口組は，前年に比べ暴力団構成員等の数は減少しているものの，依然として一極集中の状態が顕著であるといえ，全暴力団構成員等の数の約46.9％（うち構成員については全暴力団構成員の約49.6％）を占めています（警察庁「平成18年の暴力団情勢」参照）。

(2) 対立抗争等の状況

暴力団対策法をはじめとする暴力団規制対策が講じられ，暴力団や暴力団幹部を相手方とする損害賠償請求訴訟も活発に提起されるようになったことから，暴力団の暴力の抑止には一定の成果がみられています。

暴力団の対立抗争は減少してきており，平成18年は，対立抗争を起こした組織の名称を確認できる詳しい資料がある昭和58年以来，初めて対立抗争事件がなかった年となりました。平成18年は，暴力団等によるとみられる銃器発砲事件数も36件で，昭和51年以降で最少となり，最多であった昭和60年の326件の約11％と大きく減少しています。

しかし，平成17年9月に，都内に本部事務所を置く國粋会が山口組に吸収されその傘下組織となったことから，都内での山口組傘下組織の活動が活発化している状況がうかがわれ，利権をめぐる住吉会と山口組とのトラブルの発生が懸念されています（警察庁「平成18年の暴力団情勢」参照）。

実際，平成19年2月には，住吉会系暴力団幹部が射殺され，他方，山口組系暴力団事務所に実弾が撃ち込まれるといった事件も起こっており，今後，本格的な対立抗争に発展しないか心配されています。

(3) 活動の多様化等

暴力団は，年々知能犯化しており，従来から行ってきた覚せい剤・恐喝・賭博・みかじめ料や用心棒代の要求行為などだけでなく，ヤミ金融・振り込め詐欺・架空請求詐欺・行政対象暴力などにも活動を広げています。外国人の集団密航への関与・輸出目的での自動車の盗難等，外国人犯罪組織と暴力団の共犯事件も増えており，暴力団は，国際化している上，今後は，コンピュータ・ネットワークの発達に伴い，ハイテク犯罪へ移行してくることも予想されます。

また，近時，暴力団準構成員の数が暴力団構成員の数を上回るようになってきていますが，こうした事態は，暴力団をめぐる深刻な不透明化が新たな段階に入ったともいえ，実態解明の推進や，暴力団の外側の暴力団関係企業等が暴力団へ資金提供等する構図への対策が正に急務になっています（警察庁「平成18年の暴力団情勢」参照）。

　このように，暴力団は，社会経済の状況に合わせ，法令・警察による規制を巧みに逃れながら勢力を維持拡大しており，依然として一般市民を脅かす存在であることに変わりはありません。

　そのため，市民一人ひとりが暴力団に対して適切に対処するよう心掛けるとともに，今後は，警察・市民・自治体・企業・弁護士などが協力し合い，社会全体で暴力団を排除していくことが求められています。

■引用判例
＊1　最判平16・11・12民集58巻8号2078頁。

【小林　正憲】

Q3　暴力団関係企業の実態

「暴力団関係企業」とは何ですか。暴力団関係企業の実態，暴力団関係企業への対策についても教えてください。

A

「暴力団関係企業」とは，従来，「暴力団フロント企業」，「企業舎弟」などと呼ばれていたもので，暴力団が経営に関与し，暴力団の資金獲得活動を支えている企業の総称です。

暴力団関係企業の種類・規模や暴力団関係企業における暴力団の関与の程度・態様は千差万別で，その実態が掴みにくいというのが実情です。また，暴力団関係企業は，暴力団とは一見無関係な通常の企業を装って一般市民・企業等に近づき，被害が大きくなった段階で初めてその実態が判明することが多いため対応に困難を伴うという特徴があります。

暴力団関係企業への対策として，暴力団排除条項の活用や暴力団対策法の中止命令・再発防止命令の利用などが考えられます。

暴力団関係企業への絶対的に有効な対策があるわけではありませんが，暴力団関係企業か否かを見分け，損害を被らないようにするためには，できるだけ多くの正確な情報を収集し，相手方企業の様子を注意深く観察することが何より重要となります。

解説

1　「暴力団関係企業」とは

(1)　暴力団関係企業の定義

暴力団関係企業とは，暴力団が経営に関与し，暴力団の資金獲得活動を支えている企業の総称で，従来，「暴力団フロント企業」，「企業舎弟」などと呼ばれていました。

警察庁では、暴力団関係企業を、暴力団の資金獲得活動の一形態として、「暴力団が設立し、現にその経営に関与している企業又は暴力団準構成員等暴力団と親交のある者が経営する企業で、暴力団に資金提供を行うなど、暴力団組織の維持、運営に積極的に協力し、若しくは関与するもの」と定義しています（平成7年警察白書参照）。

(2) 暴力団関係企業が発達した背景事情

暴力団は、従来、裏の経済社会で活動していましたが、近年は、暴力団と無関係なように装った暴力団関係企業を利用しながら、巨額の資金を操って莫大な不法の利益を得るなど、表社会への進出を強めています。

この背景事情としては、①平成4年の「暴力団員による不当な行為の防止等に関する法律」（暴力団対策法）の施行により、指定暴力団の活動が厳しく規制され、既存の資金獲得活動への規制・取締りが強化されたこと、②バブル経済期に表社会が裏社会の暴力団を利用したことから、表社会と裏社会が係わりをもつようになったこと、③暴力団も、薬物・銃器の密売、恐喝、賭博等の伝統的な資金獲得活動だけではなく、バブル景気とそれ以降の不良債権処理問題などの社会・経済情勢の変化に対応した資金獲得を狙うようになったことなどが挙げられます。

2 暴力団関係企業の実態・特徴

暴力団関係企業は、暴力団の活動を偽装化する役割を担い、表向きは合法的な経済活動を装いつつ、暴力団の威力などを利用して利益を上げ、暴力団に活動資金を提供しています。こうした関係は、暴力団の下部組織が上部組織に上納金を納めるのと同じなので、暴力団関係企業は、実質上、暴力団の下部組織といえます。

暴力団関係企業の種類・規模や暴力団関係企業における暴力団の関与の程度・態様は千差万別で、その実態が掴みにくいというのが実情です。

例えば、暴力団員の個人的な資金源としてスナックバーなどを親族・愛人等に経営させている小規模な例もあれば、暴力団が、資格保持者から名義を借りて、貸金業・廃棄物処理業・建設業等を実質的に経営している例もあり

ます。業種についても一様ではなく，暴力団関係企業は，建設業・不動産業・金融業・廃棄物処理業・飲食業・風俗営業・人材派遣業・IT関連業等，様々な分野にわたって存在しています。

　また，暴力団関係企業は，従来の暴力団活動等と異なり，当初から威力を示して接近してくるわけではなく，暴力団とは一見無関係な通常の企業を装って一般市民・企業等に近づき，被害が大きくなった段階で初めてその実態が判明することが多いため対応に困難を伴うという特徴があります。

　暴力団関係企業の手口は，通常の企業を装って一般市民・企業等と取引関係に入った後，暴力団の威嚇力を背景に違法・不当な要求行為を行ったり，詐欺行為等を行ったりするというもので，商品の僅かな欠陥やサービス提供上の些細なミスを理由に損害賠償名目で不当な金員要求をしたり，代金回収を事実上困難にするために暴行・脅迫を加えたり，といった暴力的不法行為そのもののほか，商品取込みや架空請求等の詐欺行為や文書偽造等，暴力的不法行為を内容としない知能犯的なものもあります。また，大都市圏では，インターネットの普及による個人投資家の急増，規制緩和による新しい上場企業の増加などによる証券業界の活況を背景にして，暴力団関係企業が経営危機の上場企業に資金を融資して経営陣に入り込み，架空増資などで株価をつり上げ売り抜けるといった手口も用いられています。

３　暴力団関係企業との取引

　暴力団関係企業と取引関係に入った場合，相手方の暴力性・粗暴性を背景とした不当な要求を受け入れざるを得なくなり，公正な取引ができなくなる，当該取引により相手方が得た経済的利益が，暴力団の資金源になる可能性がある，といった問題を生じます。そして，暴力団関係企業と取引することは，結局暴力団の資金獲得に協力していることにほかならないので，取引していること自体で，企業としての社会的責任を問われることにもなります。

　したがって，暴力団関係企業との取引は絶対に避けなければなりません。暴力団関係企業と分かったら取引関係に入ってはなりませんし，暴力団関係

企業と知らずに取引関係に入ってしまった場合には，以後の取引を中止することが必要です。

［4］ 暴力団関係企業対策

(1) 契約による防御（暴力団排除条項の活用）

　暴力団関係企業に対する防御策としては，まず，暴力団関係企業と契約を締結する前であれば，契約自由の原則により，取引を拒絶することになります。ただし，この場合も後日のトラブルを避けるために，断り方を工夫する必要があります（**Q16**参照）。

　また，既に暴力団関係企業と契約を締結し継続的な取引関係ができてしまっている場合には，相手方が取引過程で暴力的不法行為をした場合など信頼関係が完全に破壊されたといえる状況があれば別ですが，単に暴力団関係企業であるという理由だけでは，契約の解除は困難だと考えられます（**Q17**参照）。そこで，信頼関係が完全に破壊されたとまでは評価されない場合であっても解除できるよう，最初から契約条項に「相手方が暴力団関係企業であることが判明した場合には，契約を解除できる」という内容の暴力団排除条項を盛り込んでおくことが必要です。

　こうした暴力団排除条項の活用は，相手方に対する心理的抑制効果も期待できますので，暴力団関係企業対策として有用な手段といえます。

(2) 暴力団対策法の中止命令・再発防止命令の利用等

　暴力団関係企業から脅迫等の被害を受けた場合には，警察に被害届を提出し，刑事告訴等の措置を講ずることが考えられます。

　また，平成9年改正の暴力団対策法は，暴力団関係企業の活動に対処するため，暴力団が暴力団関係企業を通じて行う典型的な不当要求行為等（口止め料等要求行為，寄付金・賛助金等不当贈与要求行為，不当下請等要求行為等）を準暴力的要求行為として中止命令，再発防止命令の対象としたため（暴対12条の4・12条の6），これを活用できる場合があります。

　さらに，風俗営業等その業種が暴力団関係者等を法律で排除している場合は，監督官庁に通報して行政処分の発動を促すことも効果的な場合がありま

す。

(3) 対策の困難性

　以上のようなことが暴力団関係企業対策として考えられますが，そもそも，暴力団関係企業は，暴力団と無関係な企業を装っていますし，暴力団関係企業か否かを判断するための情報は少なく，あったとしても不明瞭で分かりにくいという問題があります。

　そのため，相手方企業が暴力団関係企業か否かを見極めることはなかなか困難で，暴力団関係企業と気付いたときには既に取引を開始してしまっていることが多いというのが実情です。

　そして，相手方企業が暴力団関係企業と気付いた後も，取引を中止するための確実な根拠・資料がない，取引によって被った損害を回復しようとしても，多大な費用と時間がかかる上に実効性が薄い，といった問題を生じてしまう場合もあります。

　したがって，必ずしも，暴力団関係企業への絶対的に有効な対策があるわけではありません。ただ，やはり，怪しいと思ったら可能な限り相手方企業の情報を収集し取引先となることを回避する，取引を開始した後も違法・不当な行為によって損害を被ることのないよう相手方企業を注意深く観察し，証拠収集等の準備も怠らずにしておく，損害を被りそうになった場合には素早く回避行動を採る，など臨機応変に対応していかなければなりません。暴力団関係企業か否かを見分け，損害を被らないようにするためには，できるだけ多くの正確な情報を収集し，相手方企業の様子を注意深く観察することが何より重要となります。この点の詳細については，Q10及びQ11をご参照ください。

【小林　正憲】

Q4 えせ右翼の実態

「えせ右翼行為」というものをよく耳にしますが、「えせ右翼行為」とはどのようなものをいうのですか。

A

「えせ右翼行為」とは、右翼団体あるいは右翼行為を標榜して民事紛争に介入し、団体や個人に対して義務なき行為を求め、あるいは不当な金銭を要求する行為一般をいいます。

右翼活動は、歴史的にも暴力が使われたことがあり、一般市民や企業にとって畏怖されるべき存在でありましたが、右翼団体を名乗って一般の人たちの恐怖心を利用して民事紛争に介入することは、実質的に暴力団の民事介入と何ら異なるところはないことから、右翼団体に名を借りた民事介入行為をえせ右翼行為と呼ぶのです。

解説

1 「えせ右翼行為」とは

団体名やスローガンを派手に掲げた異様な街宣車が、耳をつんざくような大音響で、政治的ないしは社会的主張をしながら激しく罵ったりしている恐ろしげな、また威圧的な様子を聞いたり見たりしたことのある方は多いと思います。

もちろん、これらの活動が「右翼」と評価されたとしても政治的・社会的な活動にとどまっている限りにおいては、いかなる団体を標榜しようと、いかなる理念を掲げようとも、法律に反しない限り、それらは何ら批判されるべきものでないことは、結社の自由や表現の自由の保障された日本国憲法の下においては当然のことです。

しかしながら、それらの行為が右翼活動を標榜して正当な権利行使を仮装

しつつ，実は不正な経済的利益などの獲得を目的としているものである場合は，それは「えせ右翼行為」として排除されなければならないのです。

　右翼団体又は右翼活動を標榜した者たちが一般人の恐怖心を利用して民事紛争に介入することは，ある意味において暴力団の民事介入と実質的に異ならないのであり，その実質に着目して右翼活動に名を借りたえせ右翼行為は民事介入暴力行為と同視しなければならないのです。

2　「右翼」の語源

　そもそも「右翼」については何をもって右翼というかの基準が確定しているわけではありません。

　しかし，ごく大まかにいえば「国家主義」，「民族主義」，「保守主義」的傾向をもって右翼といわれているようです。そしてその語源は，18世紀末のフランス革命当時の議会において，議長席から右側に与党であるジロンド党（与党・保守派），左側にジャコバン派（野党・急進派）が位置したことから，以来保守派を右翼と称するようになったといわれています。

　しかし，えせ右翼の「えせ」は「似ているが実は本物ではないこと，まやかしのこと，偽物のこと」を意味し「似非」と同じ意味であるように，えせ右翼は，本当の意味での「国家主義」，「民族主義」，「保守主義」的理念を有していません。それどころか，それらの理念を単に建前として掲げるのみで，結局のところは正当な手段では得られないはずの違法な，あるいは法外な利益を目的とするところがえせ右翼の問題とされるところなのです。

3　えせ右翼行為が活発となった背景

　こうした右翼活動を標榜して，実は不正な要求をすることは古くからあったのですが，特に，平成4年の暴力団員による不当な行為の防止等に関する法律（以下「暴力団対策法」といいます）施行前後から目立ってきました。暴力団が暴力団としての活動を暴力団対策法によって封じられた結果，暴力団の活動の隠れ蓑に右翼活動を標榜して仮装しようとしたのです。

このような暴力団対策法逃れの隠れ蓑としては，右翼標榜だけではなく同和運動標榜行為や総会屋，フロント企業などがありますが，人数が多くて活動が派手なのはこのえせ右翼行為だといわれています。

そこで，えせ右翼行為に対する対策の必要性と対策のノウハウの蓄積・確立が各方面から望まれているのです。

［4］ えせ右翼行為の特徴

えせ右翼行為の第1の特徴として挙げられるのはまず，右翼としての活動であることを示す「大義名分」を隠れ蓑あるいは武器として使うことです。この大義名分の内容は，あえて分類するとすれば，天皇中心主義や民族主義の実現・貫徹といった国家体制的なものと，社会正義・弱者救済という個人視点からのものがあります。

また，第2の特徴としては文書が多用されるということです。えせ右翼行為者は文書を多用することで自らの活動が政治的ないしは社会的活動として正当性を有することをアピールするとともに，他方では，相手方がその文書を受け取りその対応に苦慮するであろうことを狙っているのです。

さらなる特徴として，彼らは，常に社会に向けて何らかの宣伝活動や抗議活動などをほのめかしたり，又は現実に行っていることが挙げられます。これらの宣伝抗議活動は街宣車が使われることが多いのですが，その街宣車に戦闘服の乗員が乗り，大音量で，軍歌を流したり誹謗中傷ともいえる演説を行い相手方のみならず周辺の住民に対して生理的・心理的恐怖感を与えます。

また，えせ右翼行為の特徴としては，直接の相手方のみならず，その監督官庁，取引先，企業であれば役員，担当者など個人に対しても行為が及ぶ場合があるという点が挙げられます。こうした関係者へのアプローチが強い圧力となり，当事者は，関係者へ迷惑が及ぶことを恐れ安易な妥協を行ってしまうことが多いのです。

このような特徴のえせ右翼行為は，同和団体を標榜し「同和問題について理解を求める」とか「差別の解消」などと称して大義名分を掲げ，不当な行

為を行う「えせ同和行為」と類似するのです。

5　えせ右翼行為の態様及び具体的手口

　えせ右翼行為は右翼団体であることを標榜し，民事上不当不正な利益の獲得を目的としていますから，様々な場面でまた様々な手口により行われています。

(1) えせ右翼行為の態様

　実際にえせ右翼行為が行われた事例として典型的なものとして，例えば交通事故などの被害者の代理人となり，被害者が加害者との交渉がうまくいかず困っていることにつけ込み「一任されている」といって加害者側との交渉に介入してくるケースがあります。また，メーカーや飲食店，スーパーがお客様からの信用維持を大切にすることにつけ込み商品やサービスへクレームをつけ，多額の金銭を要求する場合もあります。

　さらには，労災事故や労働紛争などで，労働者の代理人として，企業側への多額の賠償を求めて介入する場合もあります。その他，不法占有等不動産取引，債権取立て，男女関係，会社倒産，会社の内紛，株主総会，環境問題などあらゆる分野でえせ右翼団体が当事者ないし代理人と称して関与したケースが報告されるなど，えせ右翼行為の対象には限りがありません。

(2) えせ右翼行為の具体的手口

　また，上記のようなケースでえせ右翼行為として介入してくる場合の具体的な方法・手口も様々です。

　例えば，先に述べたとおり，街宣車を使用して拡声器から大声で誹謗中傷を行う街頭宣伝活動行為が典型的です。また，交通事故への示談交渉については交通事故被害者救済運動への賛助金とか，産業廃棄物処理業者に対する場合は環境保護運動への賛助金という名目で金銭を要求する場合があります。また，機関誌・広報誌と称した雑誌を高額で大量・定期的に購入することを要求する場合もあります。

　さらには，えせ右翼があたかも個人や企業の行為が社会的正義に反したり，弱者の保護に欠けるものであるかのように決めつけ「質問状」，「公開質

問状」,「抗議文」などと題した文書を内容証明郵便等で送付し,その回答を強要することもよく行われます。

　また時には建築会社等に,「下請が手抜工事を行っている。黙っているから,知り合いの会社を下請に入れろ」などと下請に参入させることを強要する場合などもあります。

(3) えせ右翼行為に対する心構えの基本

　このように,えせ右翼行為が行われる態様及びその具体的手口は様々ですが,そのようなえせ右翼行為に遭遇した場合には,慌てず,怖がらずに,その要求に対して冷静かつ丁重に対応し,要求についてははっきりと断り,その活動などについての意見を控えるなどの心構えをしっかり持つことが重要です。

【千葉　理】

Q5　えせ同和行為の実態

「同和問題」とは何ですか。また,「えせ同和行為」とは何ですか。

A

　「同和問題」とは,「日本社会の歴史的発展の過程において形成された身分階層構造に基づく差別により,日本国民の一部の集団が経済的・社会的・文化的に低位の状態におかれ,現代社会においても,なお著しく基本的人権を侵害され,とくに,近代社会の原理として何人にも保障されている市民的権利と自由を完全に保障されていないという,もっとも深刻にして重大な問題」(昭和40年8月11日,同和問題審議会答申)です。部落差別問題ともいいます。

　「えせ同和行為」とは,このような同和問題を口実にして企業や官公署などに違法・不当な利益や義務のないことを要求する行為です。その行為者が,どのような団体に属しているか,どのような属性を有しているかとは関係なく,行為が違法・不当なものかどうかが問題です。

解説

1　「同和問題」とは

　過去の歴史において,特定の身分の人たちを特定の地域に居住させるなど,差別的な扱いがなされてきました。法の下の平等が謳われる現行憲法の下でこのような差別が許されないことはもちろんのことです。しかし,現在に至っても特定の部落出身者を結婚,就職,進学等で差別すること,あるいは差別意識を有することが根絶されたわけではありません。このような差別意識,差別行為をなくそうとするのが同和問題,部落解放運動などと呼ばれ

るものです。

　同和問題の根源として、江戸時代の固定的な身分制度に端を発するとの見解もありますが、日本人のメンタリティにある「ハレ」と「ケガレ」の思想に基づく中世の職業差別にまで遡るという見解もあります。死穢（しえ）はタブー視されてきましたが、死穢にかかわる仕事もしなければ円滑な社会活動は望めません。この死穢に携わる人々が「ケガレ」思想から差別されてきたという見解です。

　このように日本人のメンタリティに根ざした差別であると考えれば、その根絶のためには、私たち一人ひとりの意識改革を行っていくことが何より必要です。

　いずれにせよ同和問題は重大な人権問題です。

２　「えせ同和行為」とは

　同和問題は重大な人権問題です。差別の解消を謳うことは全くの正論であり、これに異論を唱える人はほとんどいないでしょう。

　ここを突いてくるのがえせ同和行為と呼ばれるものです。同和問題を口実に違法・不当な利益や義務のないことを要求する行為です。繰り返しになりますが、問題は「行為」の属性であり、行為者がどのような団体に属しているか、どのような立場の人かという「行為者」の属性によってえせ同和行為か否かが分かれるわけではありません。

　えせ同和行為があるために、「同和は怖い」というイメージが植え付けられ、正当な同和運動もなかなか一般に理解されず、同和問題の解決が進捗しないというゆゆしき問題も生じています。

　えせ同和行為は、「差別解消」、「人権問題」という正論を掲げているだけに、要求を断りづらく、結果として応じてしまう、という部分に特色があります。えせ同和行為に対する対応のポイントの一つとして、どこまでが正論であり、どこからが違法・不当なものとなるかを見極めることが何より大切です。

3 えせ同和行為の特徴

① 暴力団との結びつきがみられます。特に平成4年のいわゆる暴力団対策法施行後は，同和を名乗る団体を隠れ蓑として暴力団活動を行う事例が増加しているといわれています。
② 同和を名乗る団体を利用する者が多いという事実もあります。同和を名乗る団体に依頼すると，許認可等の処理が早まるためです。
③ 積極的に被害申告がなされることが少ない。同和は怖いというイメージから，後難を恐れて積極的に被害申告されることが少ないという特徴があります。

このように見てくると，民事介入暴力事件一般に見られるものと同じ傾向にあることが窺われます。

標語的にいえば，
・恐れない
・利用しない
・泣き寝入りしない

ことが必要です。

4 えせ同和行為対策の歴史

(1) 社会問題化

同和問題に関しては，昭和50年代後半から，えせ同和行為の横行が目に余るものとなり社会問題化しました。このような問題状況を踏まえ，同和問題についての国の審議機関である地域改善対策協議会は，昭和61年12月11日，「今後における地域改善対策について」と題する意見具申において「えせ同和行為は，何らかの利権を得るため，同和問題を口実にして企業・行政機関等へ不当な圧力をかけるものであり，その行為自体が問題とされ，排除されるべき性格のものである」と指摘した上で「えせ同和行為排除に向けては，関係行政機関の緊密な連携と幅広い取組みが必要である。企業・行政機関等

が、不当な要求は断固として断り、また、不法な行為については、警察当局へ通報する等厳格に対処することが必要となるが、そのような望ましい対応のあり方については、行政機関が積極的に啓発活動や行政指導を行うべきである。また、警察当局においても、えせ同和行為排除のための強力な対策を推進する必要がある」と指摘しました。

(2) その後の行政の対応

昭和61年9月8日には、法務省、総務庁（当時）、警察庁及び日本弁護士連合会4者で協議が数回行われ、「えせ同和行為対策連絡会議」が結成され、えせ同和行為排除に向けての活動を開始しました。

政府も、昭和62年6月15日、当時の総務庁に「えせ同和行為対策中央連絡協議会」を設置し、同月16日、同協議会は、「えせ同和行為対策大綱」を決定しました。

この大綱において、「警察庁はえせ同和行為排除のため必要な対策を強力に推進することとする」と定められました。警察は、えせ同和行為を「社会運動等標榜ゴロ」の一つとして捉え、暴力団対策の対象としています。

「同和問題だから警察も対応できない」ということはありません。

5 えせ同和行為の被害実態等

(1) アンケート結果

法務省人権擁護局は、無作為抽出した6,000先の企業等に対し、定期的にえせ同和行為実態把握のためのアンケート調査を行っています。

一番直近に行われたものが平成15年の第8回調査（有効回答数2,295件、以下「アンケート結果」といいます）で、第7回調査が平成12年に、第6回調査は平成10年に行われています。

アンケート調査によれば、えせ同和行為による被害すなわち手口として一番多いのは機関誌・図書等物品購入の強要で、全被害のうちの85.2％を占めています。次に多いのが、寄付金・賛助金の強要で17.5％になります（この回答は複数回答可ですので、合計は100％を超えます）。

(2) 行為類型

一般に、えせ同和行為の手口として、以下の3類型があるといわれています。

【接近型】……一方的に高額な書籍の購入や賛助金・寄付金を要求してくる。

【攻撃型】……こちら側のミス等につけ込み、損害賠償や下請としての参入を要求してくる。

【癒着型】……過去の関係からえせ同和と癒着が生じ、不当な要求を断れない。

アンケート結果によれば、接近型と呼ばれる類型が被害の大半を占めることが窺えます。接近型は、上記3類型の中では、一番傷の浅い被害、一番ポピュラーなアプローチ方法といえます。それだけに、この段階で適切な対応をすることが何より肝心です。ここで不当な要求に屈すると、攻撃型、癒着型へと移行して行くリスクを抱え込むこととなります。

(3) 手　　口

アンケート結果によれば、78.4％の企業は要求を断っていますが、11.8％の企業は要求に一部応じ、2.8％の企業が全部応じています。この数字をどう評価するかは問題ですが、後述のとおり、要求金額が少額であること（1万円〜10万円）から、安易に要求に応じてしまう傾向があるのかもしれません。

手口としては、

```
・執拗に電話をかけてくる………………………………………51.3％
・同和問題を知っているかといって脅す………………………49.6％
・大声で威嚇する…………………………………………………24.5％
・責任者に会わせろといって脅す………………………………13.1％
                                        （複数回答可）
```

という結果が出ています。複数回答可であることを考えれば、執拗に電話をかけ、電話口で大声で「同和問題を知っているか」、「責任者に会わせろ」といって脅すという手口が最もポピュラーであるといえます。

要求を受けた期間は、1日限りが最も多く51.1％を占めます。次いで、2

日から1週間が21.6％を占め，1週間内外で70％以上が終息しています。被害金額としては，支払ったという回答の中では1万円〜10万円が最も多く12.0％を占めます（支払わなかったが最多回答で69.0％）。

　これらアンケート結果から，えせ同和行為の手口，特色として，広く薄く短期決戦でカネを取る，という傾向が窺えます。

　相手の手の内を知ることは対応の第一歩です。以上の点を念頭に置けば，現実に対応する際も余裕が生まれます。

【野村　創】

Q6 総会屋の実態

「総会屋」とはどのような人たちのことをいうのでしょうか。また，総会屋は，暴力団と何らかの関係があるのでしょうか。その手口にはどのようなものがあるのですか。

A

「総会屋」とは，株主であるかどうかにかかわらず，株主の権利行使に藉口して利益供与を要求し，これを受けることを業とする者です。昭和50年代前半には，約6,000人もの総会屋がおり，この分野に暴力団が進出して，総会屋を支配するようにもなり，その活動がより悪質化，暴力的なものになりました。

これに対して，昭和56年，平成9年と2回の商法改正による禁止規定の整備，罰則強化によって，総会屋人口は減少し，現在400人程度ではないかといわれていますが，総会屋による活動はなくなったわけではなく，近年，その手口は，株取引における「付け替え」や，迂回融資による金融上の利益の供与など巧妙化し，その供与額の高額化が注目されるような事件が続いています。そして，残った総会屋の大半は，暴力団関係者かその影響下にあるものとされており，総会屋の活動の悪質化が指摘されています。

解説

1 「総会屋」とは

(1) 総会屋の定義

総会屋が，一般に知られるようになったのは，昭和33年，城山三郎氏の小説「総会屋錦城」(直木賞受賞作)が発表されてからといわれています。この小説では，総会屋のことを，株主総会の会場に出入りする職業的株主と表現していますが，もちろん正式な職業ではありません。警察時報には，「総会

屋とは，株主総会における発言・議決権の権利行使に必要な株式を保有したうえで，企業の営業上のミスや企業幹部の個人的なスキャンダル等の情報を収集し，企業の最も弱いところ，つまり，世間に対するイメージダウンを恐れるという点に巧妙につけ込み，株主総会の議事進行等株主権の行使に藉口して，企業に圧力をかけ，コンサルタント料，情報誌等の購読料，賛助金等様々な名目で，企業から株主配当金以外の利益の供与を受け，または受けることを目的として活動を行う者」をいうと記述されています（高野栄一「総会屋の現状と企業対象暴力対策について」警察時報平成7年度7月号24頁）。

このように，総会屋は，株主の権利行使に藉口して利益供与を要求し，これを受けることを業とする者であるということができます。このような株主を「特殊株主」ともいいます。

また，株式を既に取得していなくとも，これから保有するとして企業から不法な利益の供与を受けようとする者も，総会屋ということができます。

(2) 総会屋の行為の違法性

総会屋による上記の利益要求行為は，違法行為です。刑事罰に関していえば，この利益の供与を要求した者には，3年以下の懲役又は300万円以下の罰金が科されます（会970条3項）。また，利益の供与を自ら要求しなくとも，情を知って，株主の権利の行使に関する利益の供与を受ける行為も違法行為であって，3年以下の懲役又は300万円以下の罰金に処せられます（会970条2項）。そして，この実行について威迫の行為をしたときは，5年以下の懲役又は500万円以下の罰金が科されるのです（会970条4項）。いずれも，懲役刑と罰金刑が併科されることもあります（会970条5項）。

そして，総会屋に利益の供与をした側（取締役等）も，3年以下の懲役又は300万円以下の罰金に処せられます（会970条1項）。

また，上記の各行為が，株主等の権利の行使に関する贈収賄罪（会968条1項・2項）に該当する場合もあります。この両者の関係は，観念的競合（刑54条）となりますので，両方の罪に該当した場合には，各法定刑の上限及び下限について最も重い法定刑の範囲内で，一罪として処罰されることになります。

2 総会屋と暴力団との関係

(1) 暴力団の総会屋への進出

　総会屋人口は，昭和40年代後半から急激に増加して，昭和50年代前半までには，6,000人を超えるまでとなりました。そして，この時期，暴力団が，直接的あるいは間接的に総会屋の分野に進出して，昭和52年には総会屋人口の約1割（600人），昭和54年には約2割（1,200人）と増加して，従来の総会屋をその支配下におくようになりました。総会屋人口の激増と組織暴力団の総会屋への進出によって，株主総会では，その最中に，総会屋同士が乱闘したり，あるいは会社の役員に暴力をふるい負傷させる等の暴力事件も多発するようになりました。昭和50年代前半における総会屋の活動には，①金員を出す企業の総会で賛成演説を行って議事進行に協力する与党化傾向，②東京，大阪等の大都市から地方への進出傾向，③従来の株主総会中心の活動に加えて，新聞，雑誌等の刊行物を発行し，購読料，広告料に名を借りて企業から賛助金を得るもの，ゴルフコンペ，各種パーティー等への参加を求め，会費，祝儀等の名目で収入の増大を図るもの等活動の多様化傾向といった3つの傾向がありました。

(2) 昭和56年商法改正の効果

　その後，昭和56年の商法改正において，株主総会の形骸化を是正し，その正常化を図るべく，総会屋の排除を目的として，会社より株主の権利の行使に関して財産上の利益を供与することが禁止され（旧商295条），その違反による利益供与・受供与に対しては罰則規定が設けられました（旧商497条）。そして，単位株制度を採用して，単位未満株主は，利益配当請求権等の自益権のみを有し，議決権等の共益権を有しないこととし，株主総会の適正な運営を図るため議長の権限の明確化等が図られ，会社の正当な利益を擁護するため取締役会議事録の閲覧・謄写は裁判所の許可を要することとし，また株主の質問権については会社の正当な利益を擁護するため拒絶理由を規定する等の制度が新設されました。

　この商法改正の結果，総会屋人口は，昭和60年までには，ピーク時6,000

人の4分の1以下である約1,400人と激減し，さらにその後も減少して，平成7年には，約1,000人となりました。

　しかし，この改正商法施行によって，確かに総会屋人口こそ激減したものの，総会屋は，昭和58年には，はやくも復活の動きをみせるようになりました。すなわち，一部のグループが単位株を取得して株主総会に出席し，瑣末な手続問題を種に執拗な質問・発言を繰り返す，「マラソン総会」といわれるような長時間総会（昭和59年ソニー株主総会）や荒れる総会が出現し，再び，総会屋の株主総会での横行が目に余るようになりました。これに対して，警察による総会屋に対する取締りの強化，商法違反事件の検挙，賛助金要求名下の悪質な恐喝事件等の検挙がなされ，例えば，論談同友会と称する総会屋グループに対する利益供与事件（伊勢丹事件），大阪変圧器事件，そごう事件，ノリタケ事件等の旧商法違反事件が検挙され処罰されました。

(3) 最近までの動向

　平成8年以降，高島屋事件（供与金額の総額8億円，不正融資の総額7億円等），第一勧業銀行及び野村，大和，日興，山一4大証券の不正融資・利益供与事件（不正融資の総額117億8,200万円，利益の付け替えの総額3億240万円，現金の供与の総額3億7,000万円），味の素，三菱自動車工業，三菱電機，日立製作所，東芝等の電機メーカーによる海の家事件等，一連の大手企業における利益供与事件が発覚し，総会屋や，利益供与をした会社役員や総務部長等が検挙されました。これらの事件においては，自己売買益の付け替え等による損失補填・総会屋に対する系列ノンバンクを使用しての迂回融資による多額利益供与・海の家使用料名目での利益供与等，その手口の巧妙化と利益供与額の高額化が注目されました。

　このような事態を受けて，平成9年，商法が改正され，利益供与・受供与罪の罰則が「6月以下の懲役又は30万円以下の罰金」から「3年以下の懲役又は300万円以下の罰金」へと大幅に引き上げられるとともに，利益供与要求罪の新設等が行われました（威迫の行為を伴う利益受供与罪・利益供与要求罪については，5年以下の懲役又は500万円以下の罰金が科されることになり，また，威迫の有無にかかわらず，懲役刑と罰金刑を併科することができます）。これらの規定は，冒頭に述べた平成18年5月1日施行の会社法の罰則規定に踏襲されていま

す。

　上記の平成9年商法改正，及び警察，企業の対策の強化によって，総会屋人口は激減し，平成13年までには，約400名程度となりました。しかし，残った総会屋の大半は，暴力団関係者かその影響下にあるものとされており，総会屋の悪質化と手口の巧妙化が指摘されています。

③　総会屋の利益要求行為の態様

　総会屋のかつての典型的な利益要求行為は，株主総会の議事進行に協力したことに対する対価の要求，あるいは総会の議事を妨害しないことの対価の要求でした。このときの対価には，金銭はもとより，物品，有価証券，債権，信用供与，債務免除，債務保証，無償の海外旅行やゴルフコンペへの参加，リハーサル出席株主への日当，社会的儀礼を超える土産，飲食費・交通費等がありました。

　しかし，前述の商法改正（昭和56年改正，平成9年改正）等による規制強化により，総会屋の利益要求行為は通常の経済活動や一般株主の正当な権利行使を装うものになってきており，例えば，株主・その関係者の団体に対する寄付，会費の支払，出版物の購入，広告料・海の家使用料の支払，不動産取引等を仮装するようになっています。

　また，証券会社において自社の計算において買い付けた有価証券のうち値上がりしたものを当該総会屋又はその関係者の取引勘定に帰属させる方法（付け替え），金融機関による迂回融資による金融上の利益の供与等，より巧妙な形で利益供与が行われるようにもなりました。

　最近では，総会屋がインターネット等の媒体を利用して，企業の内部情報を取得し，それをホームページに掲載する等して企業に圧力をかけている事例も存するとのことです。

【実　例】

> ①　総会屋（34歳）は，平成8年3月から4月にかけて，3回にわたり銀行に電話をかけ，その職員に対し，自己が総会屋である旨名乗った上，脅迫した（平成9年警察白書187頁）。

② 大手百貨店役員（67歳）らは，平成5年11月下旬から平成7年4月上旬までの間，8回にわたり，東京都内等において，平成6年5月及び平成7年5月開催の同社の株主総会に関し，同社の株主らをして，その株主権の行使に関し，議事が円滑に進行するよう協力せしめること等への謝礼として，暴力団組長（67歳）らに対し，同社の計算において，現金合計1億6,000万円を供与した（平成9年警察白書187頁）。

③ 大手自動車製造販売会社役員（59歳）らは，平成7年6月から平成9年6月にかけて開催された同社の株主総会に関し，同総会への出席，発言を差し控える等して，議事の円滑な進行に協力したことへの謝礼として，平成7年2月から平成9年9月にかけて，32回にわたり，同社の計算において，合計約2,700万円を供与した（平成10年警察白書180頁）。

④ グループ総会屋幹部（51歳）及び会社代表（53歳）は，共謀の上，大手航空会社に係わる株主の権利の行使に関し，同社の取締役らから平成7年11月から平成10年5月までの間，33回にわたり，同社の定時株主総会への出席発言を差し控える等して議事の進行に協力したこと，又は協力することの謝礼として，人工植木鉢のリース料名目で，同社の計算において供与されるものであることを知りながら，同会社代表が関係する会社名義の普通預金口座への振込送金により，現金合計約2,300万円の供与を受けていた（平成11年警察白書155頁）。

⑤ 総会屋（31歳）らは，共謀の上，平成10年6月開催の大手化学品製品製造会社の株主総会におけるその株主の権利の行使に関し，産業廃棄物処理の請負代金名下に金員を得ようと企て，平成9年12月ころ，同社社員に，株主の権利の不行使に対する対価として，産業廃棄物請負処理代金名下に暗に金員を要求した（平成11年警察白書155頁）。

⑥ 総会屋（57歳）は，大手鉄鋼会社の株式を保有している者であるが，平成9年3月，同社幹部から，6月開催予定の株主総会に関し，他の総会屋らの出席・発言を差し控えさせ，議事の運営に協力させることの謝礼として現金2,000万円を，さらに12月，同幹部から，翌年以降の株主総会において，その株主権を行使せず，円滑な議事の運営に協力すること等に対する謝礼として現金1,000万円を，会社の計算において供与されるものと知りながら，大阪市内の飲食店でそれぞれ受領した（平成12年警察白書163頁）。

⑦ 総会屋（69歳）らは，大手機械製造会社の株式を保有しており，平成9年12月から平成12年1月までの間，同社の役員らから，定時株主総会にお

いて，同社の株式を保有する他の総会屋株主に対して，その株主としての権利を行使させず，議事が円滑に進行するように協力させること等の謝礼として，会社の計算において供与されるものと知りながら，広告塔掲出に係る賃貸料及びその保守点検料の名目で，銀行口座に合計約8,590万円を振り込み入金させた（平成13年警察白書135頁）。

⑧　大手鉄道会社は，総会屋に同社幹部によるセクハラについての「弱み」をにぎられ，その問題が表面化して株主総会が紛糾することを回避するため，同総会屋に対して，平成13年1月から5月にかけて，同社の所有する鎌倉及び横須賀の土地を実勢価格より安値で売却し，その結果，同総会屋はその転売益として8,800万円の利益を得るに至った。大手鉄道会社の役員3名は，いずれも懲役1年6月（執行猶予3年）に処せられた。

【黒河内　明子】

第 2 章

反社会的勢力への対応方法総論

Q7　基本的な心構え

暴力団等から不当な要求を受けた場合の基本的な心構え，対応方法について教えてください。

A

　民事介入暴力に対して適切な対応を行うためには，民事介入暴力の目的や典型的な手口を理解することが大切です。その上で，以下の5項目が大切です。
　① 要求内容を明確にすること
　② 事実関係と法律に基づいて対応すること
　③ 法的根拠のない要求については，妥協をせず，「要求には応じない」と明確に回答すること
　④ 暴力行為や脅しや迷惑行為に決して屈せず，冷静な対応につとめるとともに，弁護士・警察や関係団体と連携して，毅然として対応すること
　⑤ 対応の経緯や結果を記録に残し，証拠を収集すること

解説

1　民事介入暴力の本質

(1) **暴力を背景にした不当な要求行為である**

　暴力団等が行う民事介入暴力は，法律的な根拠のない不当な利益を得ることを目的として，暴力を背景に，不当な要求行為を行うことをその本質としています。
　ここでいう「暴力」とは，本人又は第三者の生命・身体・財産・名誉・信用等に対する害悪やその示唆・暗示をいい，広い意味での暴力を意味します。

(2) **暴力団等の反社会的勢力が組織的に行い，これらの勢力の資金源となっている**

近時の民事介入暴力は，暴力団等の反社会的勢力が組織的に行い，これらの反社会的勢力の資金源の一つとなっています。

したがって，民事介入暴力に対して安易に妥協して，不当な要求に応じて金銭等を提供してしまうことは，単に民事介入暴力の被害者となったというだけではありません。民事介入暴力に屈することは，結果的に反社会的勢力の維持拡大に加担し，新たな被害者を生み出す手助けをしてしまうことになるという点で，それ自体反社会的であるとさえいえるのです。

2 民事介入暴力の目的・手口

(1) 民事介入暴力の目的・手口を理解する

民事介入暴力に対して適切に対応するためには，①暴力団等の反社会的勢力が何を目的にこれらを行うのか，②どのような典型的な手口を用いるのか，を理解することが大切です。

(2) 民事介入暴力の目的

(a) **目的は経済的利益であり，民事介入暴力はビジネスである**　民事介入暴力は，通常，暴力団等の反社会的勢力が，自らの組織を維持拡大するための資金獲得を目的として，組織的に行われます。

いわば，民事介入暴力は反社会的勢力のビジネスであり，民事介入暴力に適切に対応するためには，この点を念頭に置く必要があります。

(b) **反社会的勢力は経済合理性を追求している**　民事介入暴力は反社会的勢力のビジネスです。したがって，反社会的勢力は，常に経済合理性を追求しています。

つまり，暴力団等の反社会的勢力は，民事介入暴力というビジネスが持つ「リスク（逮捕→刑務所）」と「リターン（得られる不当な利益の金額）」を案件ごとに常に秤にかけた上で，「どのような手段を用いるか」，「どこまで手間をかけるか」などを判断しています。

したがって，ビジネスとして「割に合わない」と判断した場合には，あっ

さりとその相手から手を引きます。逆に、相手が脅しにすぐに屈して金銭を提供してしまうなど、「割のいい」ビジネスと判断した場合は、その相手に徹底的につけ込み、ありとあらゆる手段を講じて、搾り取れるだけ不当な利益を搾り取るのです。

(c) 暴力団等は「何が法に触れるか」を熟知している　一般人にとって、暴力団等は、「その気になれば殺人や傷害も平気で行う者がたくさんおり、怒らせたり要求を断ったりすると、何をするか分からない組織である」というイメージがあると思います。

しかし、民事介入暴力というビジネスにとって最大の脅威は、当該行為が殺人・傷害・脅迫などの刑罰法規に抵触し、警察に逮捕されることです。

暴力団等の反社会的勢力の構成員には前科や前歴のある者が多いため、一般人と比べると、一旦摘発された場合に実刑を科されるリスクが非常に高いです。一つの企業に不当要求を拒絶されるたびにいちいち犯罪のリスクを犯していては、民事介入暴力はビジネスとして成り立ちません。したがって、反社会的勢力は、「何が法に触れるか」を熟知しており、よほどのリターンが見込まれる場合でない限り、明白な形で脅迫を行ったり、暴行・傷害を実行したりすることはありません。

つまり、暴力団等の反社会的勢力は、不当な要求を行うにあたって、上記のような暴力団等に対する一般人のイメージを最大限利用することで、「いかに暴力を示唆・暗示するだけで不当な利益を実現するか」、言い換えれば、「いかに暴力を使わずに不当な利益を実現するか」に知恵を絞っているのです。

(3) 典型的な手口

不当要求を行う反社会的勢力は、自らの要求が不当な利益の要求であること、つまり、普通のやり方では要求が実現しないことを知っています。

そこで、以下のような巧妙な手口を用いて、あの手この手で相手の弱みにつけ込み、不当な利益の実現を図ります。

(a) 暴力を示唆・暗示して相手を威嚇し、恐怖に陥れる　暴力団等は、「何をすれば相手が恐怖するか」を知っています。

民事介入暴力においては、不当な要求行為にあたって、暴力が示唆・暗示

され，相手に対して非常に強い威嚇・圧迫が加えられます。

　ここで注意が必要なのは，暴力団等の反社会的勢力が通常行うのは，暴力の「示唆」や「暗示」であって，実際に暴力を発動することは非常に少ない，ということです。先述のように，いちいち暴力を発動していては，民事介入暴力はビジネスとして成立しないからです。

　そこで，暴力団等の反社会的勢力は，相手の想像力や，暴力団に対して一般人が抱く潜在的な恐怖心を最大限に利用します。

　例えば，相手に対して因縁を付け，相手を恐怖に陥れて暗に金銭を要求する際に，「要求に応じなければ，お前の娘を誘拐して危害を加える」などと直接的な脅迫が行われることはほとんどありません。このような脅迫を行えば，すぐに逮捕されてしまうからです。

　その代わりに，暴力団等の反社会的勢力は，相手を恐怖に陥れるために，以下のような形で，それとなく危害を示唆して，法律的には脅迫行為と評価するのが困難な圧迫を用います。

　「お前は○○町に住んでいるんだよな。俺は仕事の関係でよく○○町に行くんだが，この前，お前の娘さんが塾の帰りで△△公園の近くを歩いているのを見かけたよ。小学校２年生か。かわいい娘さんだな。でもあの辺は物騒だから，あんまり一人で出歩かせないほうがいいんじゃないか」

　これは，会話の内容だけを見れば，娘さんに関する話題を持ちかけたに過ぎません。しかし，いかにも暴力団風の男にさんざん大きな声を出して威圧された後に，雑談混じりにでもこのような話をされたら，通常の人であれば，「脅迫されている」と感じるでしょう。

　このように，暴力団等の反社会的勢力は，最小のリスクで最大の恐怖感を植え付けるために，相手をよく観察し，自己の用いる手段の効果を慎重に見極めています。

　(b)　人間心理を最大限に利用する　　暴力団等は，「相手が何を嫌がるか」を知っています。

　例えば，企業を対象とする不当要求であれば，交渉の窓口となる担当者の心理を短時間で慎重に観察して，その弱みに巧妙につけ込みます。

　①　「忙しくて，まともに取り合っている余裕がない」と見れば，ことさ

らに電話をかけたり訪問して面談要求をします。
② 「金額が少ないなら，払ってしまって楽になりたい」と見れば，最初は払いやすい金額を提示します。
③ 「自分の不手際を上司に知られたくない」と見れば，上位者との交渉を要求します。
④ 「会社の落ち度を社会に公開されたら自分の責任だ」と見れば，落ち度をことさらに大げさに指摘し，公表を示唆します。
⑤ 「あんな怖い人が騒ぐと，他のお客様の目もあり具合が悪い」と見れば，ことさらに衆人環視のもとで大声で威圧します。

(c) 不当な要求行為を正当なものであると仮装する　暴力団等は，要求が正当なものであると仮装するために，事実を針小棒大に騒ぎ立て，我田引水な理屈を主張し，内容不明確な概念を多用します。

当方に落ち度がある場合には，その落ち度を最大限大げさに非難し，自己に被った被害は，最大限に誇張します。

もっともらしく聞こえるものの，冷静に考えると，身勝手な理屈を展開します。

「誠意を見せろ」，「筋を通せ」，「どう責任を取るのか」など，人によって解釈が様々な言葉を用いて，要求をあいまいにするとともに，相手が自発的に不当な要求に応じたかのような形をとります。

(d) 組織の弱い点を突く　企業等の組織に対する民事介入暴力の場合は，組織内での対応のぶれ，連絡の不徹底，時間的な対応のぶれなど，組織が陥りがちな弱い点を突きます。

また，攻撃しやすい人間や部門が狙われ，これらに対して集中的な攻撃が加えられます。

(e) ペースをつかむ・優位な立場に立つ　暴力団等の反社会的勢力は，相手を慌てさせ，相手に対して優位な立場に立ち，自分のペースで交渉を進めようとします。

要求事項と関係のないほんのささいな落ち度であっても，それをことさらに非難し，かさにかかるようにつけ込みます。

相手に議論や質問をたたみかけ，これに対する回答について，言葉尻をと

らえ，揚げ足をとります。

　交渉を行う上では，自己に有利なタイミング（態勢の整わない段階で結論を急ぐ），有利な場所（組事務所等），有利な人数（大人数），有利な状況で，交渉を行おうとします。

3　基本的な心構え

　これまでに述べた，暴力団等の反社会的勢力が不当な要求を行う際の目的や典型的な手口を念頭に置けば，基本的な心構えや対応の基本方針はおのずと明らかでしょう。

(1) **企業全体として「不当な要求行為には決して屈しない」という毅然とした姿勢を持ち，これを一貫する**

(a) 弱みを見せず，毅然とした対応をとる　　暴力団等の反社会的勢力は，企業が弱みを見せれば，徹底的につけ込みますが，逆に，「割に合わない」と思えばあっさりと手を引きます。

　したがって，反社会的勢力が接触してきた最初の段階から明確に「不当な要求行為には決して屈しない」という毅然とした姿勢を明確にし，反社会的勢力があの手この手で威嚇や圧迫を加えてきても，決してその姿勢を崩さないことが最も重要です。

(b) トップの意識とリーダーシップが重要　　「反社会的勢力には決して屈しない」という毅然とした姿勢は，当然ながら，企業全体として，一貫したものでなければなりません。部署間でも，現場と経営との間でも，姿勢に不一致やぶれがあれば，そこにつけ込まれてしまいます。

　そして，企業全体として，一貫して毅然とした姿勢を貫くには，他ならぬ企業のトップ自身が，「不当な要求行為には決して屈しない」という強い意識を持ち，部下任せにせず，リーダーシップを発揮することが重要です。

(2) **企業全体として組織的・統一的に対応し，オープンかつ公正に解決する姿勢を持つ**

(a) 担当者個人で抱え込まない　　暴力団等の反社会的勢力は，相手の恐怖心を利用し，組織や個人の弱い点につけ込み，交渉のペースをつかみ，不

当な要求を実現しようとします。

　したがって，担当者個人で抱え込まず，速やかに上司に報告する等して，会社全体として，組織的・統一的に対応しなければなりません。担当者のミスを非難したり，対応を担当者任せにするだけでは，反社会的勢力に立ち向かうことはできません。

(b)　組織内で抱え込まない　　反社会的勢力は，企業の落ち度や不手際につけ込む形で不当要求を行うことがあります。そのような場合に，「不手際を行政や社会に知られないで処理したい」という隠蔽体質で臨むと，反社会的勢力の思うつぼです。また，情報収集・発信の手段が高度化した現在では，仮に反社会的勢力の要求に応じて一時的に企業の不手際の発覚を防いだとしても，いつまでも隠蔽し続けられるものでもありませんし，隠蔽することは，迅速に公表する場合と比べて，レピュテーション（風評）リスクを著しく増大させます。

　企業の落ち度や不手際については，それ自体として，オープンかつ公正に対応・解決を図るべきです。

(3)　**メンツをつぶさない**

　暴力団等の反社会的勢力は，メンツを非常に重んじます。彼らは民事介入暴力をビジネスとして行っているので，通常は，よほどのことがない限り，暴行・傷害を実行したりすることはありませんが，「メンツをつぶされた」と感じた場合には，非常に危険な行動をとります。

　毅然とした対応を貫くことはもちろんですが，メンツをつぶすような発言・対応をしないよう，注意する必要があります。

(4)　**弁護士，警察等と早期に連携して，違法行為には断固とした法的措置を講じる**

　暴力団等の反社会的勢力は，摘発のリスクを最も恐れており，摘発の可能性があると見るやすぐに手を引きます。したがって，弁護士・警察等の専門家に早い段階で相談して，「違法行為には法的措置を講じる」という姿勢を反社会的勢力に伝えることは非常に有効です。

4 基本的対応方法

(1) 事実関係と法的根拠に従った対応を貫く

　対応方針のうち，最も重要なものは，「事実関係」と「法的根拠」を明確にし，これにのみ従った対応を貫くことです。「怖い」，「面倒」といった事情で，この基本方針がぶれることがあってはなりません。

　(a) 要求内容を明確にする　　民事介入暴力の目的が不当な利益の獲得にある以上，暴力団等の反社会的勢力は，必ず何らかの経済的利益を要求してくるはずです。「誠意を見せろ」，「筋を通せ」などといった漠然とした問いかけがなされても，これには応じず，具体的な要求事項を明らかにするよう求めてください。

　(b) 事実関係を確認する　　要求事項が正当なものであるためには，それを基礎づける事実関係がなければなりません。暴力団等から，一方的に，「〇〇の事実があった。どう責任を取るのか」と問われても，まずは，事実関係を確認しなければなりません。安易に妥協して，確認されていない事実や，存否の不明確な事実を認めてしまうと，その後で劣勢を挽回することは非常に大きな困難を伴います。「事実関係が明確にならない限り，責任等について回答はできないし，要求にも応じられない」という姿勢を貫いてください。

　(c) 要求内容を基礎づける法的根拠の有無を確認する　　事実関係を確認した上で，当該事実のもとで暴力団等の要求事項を正当なものとする法的根拠があるかどうかを確認します。必要に応じて，弁護士に相談してください。

　(d) 要求に法的根拠がない場合には，明確に拒絶する　　暴力団等の要求事項について，根拠とする事実関係がそもそも確認できない場合や，要求事項を正当づける法的根拠がない場合には，当然，要求に応じることはできません。毅然として，明確に，要求事項を拒絶してください。期待を持たせるような言い方や，あいまいな言い方は避けてください。

　(e) 毅然として，事実関係と法的根拠に従った回答を貫く　　「要求には

応じない」という結論は，事実関係と法的根拠により導かれるものであり，暴力団等が結論に納得せず，いくら暴力を暗示して威嚇・圧迫を加えたとしても変わらないものです。

したがって，回答後にどんな反応があったとしても，同じ回答を貫いてください。

(2) 組織として一貫した対応をする

「事実関係」と「法的根拠」を明確にし，これにのみ従った対応を貫くためには，対応する側が，企業（組織）として一貫した対応をする必要があります。

(a) 窓口を一本化し，情報を共有する　複数の対応窓口にゲリラ的に要求行為や攻撃が及ぶと，対応窓口間の対応や回答のぶれが生じ，そこにつけ入るスキが生まれます。

反社会的勢力からの要求行為があった場合には，速やかに社内で対応態勢を整え，対応窓口を一本化し，そこに情報を集約して，情報の共有を図ってください。

(b) 弁護士・警察・行政などと連携して，オープンに解決する　弁護士・警察は，民事介入暴力に対する対応の専門家です。早い段階で相談することで，対応方針について的確なアドバイスが得られ，また，法的措置が必要になった場合に，迅速なサポートが得られます。

また，企業に何らかの落ち度・不手際がある場合には，暴力団等の反社会的勢力につけ込まれる前に，自ら関係省庁に相談し，オープンな解決を目指します。

(3) 慌てず，恐れず，当方のペースで，冷静に対応する

自己の要求の不当性を認識している反社会的勢力は，要求を実現するために，相手を慌てさせ，恐怖を与え，冷静さを失わせ，ペースをつかみ，交渉を優位に進めようとします。

したがって，慌てず，恐れず，こちらのペースで，冷静に対応することが重要です。

(a) 怖がらない　反社会的勢力は，最小限のリスクで最大限の恐怖感を与えることを狙っています。要求を拒絶したとしても，実際に実力行使に及

ぶことは極めて少ないですし，弁護士や警察等と連携を図っていれば，ほとんど皆無とさえいえます。

「相手に恐怖を与える」ことが反社会的勢力の最大のよりどころであり，逆にいえば，当方が過剰な恐怖心さえ抱かなければ，対応はそれほど困難ではありません。

そのためにも，個人レベルでの対応ではなく，会社全体として，組織で対応する必要があります。また，面談時は，原則として複数で対応するべきです。

(b) 慌てず，冷静に　反社会的勢力が回答を急ぐのは，組織としても個人としても態勢が整わない段階でなければ不当な要求の実現が難しいことを知っているからです。また，交渉中も，絶えず，相手のペースを崩そうと様々な策を弄します。

慌てず，冷静に対応することが重要です。

(c) 勢いにのまれず，こちらのペースで交渉する　反社会的勢力は，言葉尻をとらえたり，揚げ足取りをするプロです。不用意な発言をすると，そこにつけ込まれ，交渉のペースを握られてしまいますから，発言には慎重を期す必要があります。その場しのぎの言い逃れや，あいまいな回答は避けてください。

毅然とした対応がエスカレートして，相手を侮るような対応を取ってしまうことにも注意が必要です。不必要に紛争を拡大してしまうおそれがあるからです。

また，反社会的勢力との議論も避けてください。議論をすると，不用意な発言をしてしまったりして，交渉のペースを握られるきっかけとなります。

「対応できない」という回答に対して，「なぜ」と問われても，「法的義務がない」という以上の説明は不要です。「それで筋が通るのか」，「それが誠意か」，「企業としての責任はそれでよいのか」などという議論には付き合わず，結論だけのオウム返しで構いません。

(4) 暴力行為等の違法行為に対しては，それ自体として，毅然として対応する

反社会的勢力の行為が暴行・脅迫・名誉毀損等の違法行為となる（又はそ

のおそれがある）場合には，泣き寝入りすることなく，警察への刑事告訴，弁護士を通じての仮処分・損害賠償請求などの法的措置を行います。

具体的な対応方法は，**第２編**の各論をご参照ください。

(5) 対応の経過や結果の記録を残し，証拠収集に励む

上記(4)の法的措置の発動のためには，十分な証拠があることが前提条件なので，反社会的勢力との対応の経過や結果については，常に記録に残してください。

暴力団対応にあたっての具体的な対応要領

① 有利な場所で応対
② 複数で応対
③ 相手の確認
④ 用件，要求の把握
⑤ 用件に見合った応対時間
⑥ 慎重な言葉の選択
⑦ 妥協せず，筋を通す
⑧ 詫び状などの書類作成は拒否
⑨ 応対内容の記録化
⑩ 機を失しない警察への通報と暴追都民センターなどへの早期相談

【出所】財団法人暴力団追放運動推進都民センター「暴力団対応ガイド」

【岩本　竜悟】

Q8 専門機関

暴力団員等から金銭の要求をされたり取引を行うことを要求された場合に，専門的な方の相談を受けたいのですが，どのような機関がありますか。ふさわしい機関を教えてください。

A

　警察のほかに全国の弁護士会には民事介入暴力の被害者を救済するための委員会があります。また，各都道府県には，都道府県暴力追放運動推進センターがあります。どちらでも，相談だけでなく，弁護士を代理人としての紛争解決を委任することができます。また，暴力団員等からの被害に遭う前に，同センターの主催する不当要求防止責任者講習を受けておくこともよいでしょう。いわゆるえせ同和行為への対応の相談であれば，法務省人権擁護局がふさわしいでしょう。

解説

1　民事介入暴力による被害者を救済するための委員会

　全国の弁護士会には，民事介入暴力による被害者を救済するための委員会が設けられています。一般に，「民暴委員会」と呼ばれています。

　民暴委員会は，暴力団員等からの不当要求で困っている方の相談に乗ること，相談内容によっては委員が受任して紛争解決にあたることを活動内容の中核としています。相談場所は，通常であれば，各単位弁護士会のある建物になります。最寄りの弁護士会については，**巻末付録**の一覧表でご確認ください。相談を担当するのは民暴委員会所属の弁護士です。民暴事件を受任する場合，ほとんどの弁護士会において，複数の弁護士が受任する態勢が取られていると思われます。

　事件を依頼する場合の弁護士報酬は，相談者の受ける経済的利益に応じて

定まります。各単位弁護士会の法律相談とは異なり，相談だけなら無料のことが多いと思われます。

2 地元の警察署

東京都には警視庁，道府県には道府県警察本部が置かれています（警47条1項）。警視庁及び道府県警察本部の内部組織に関しては条例で定められていますが（同条4項），どこも市民からの被害相談に乗る態勢が取られています。最寄りの警察署は，近所の交番などで教えてもらえます。

警察署に相談に行くと，相談する事件の内容に応じて担当部署の警察職員が相談に乗ります。

ただ，民事的な紛争という面があってアドバイスだけで事件の解決にならない場合，弁護士や都道府県暴力追放運動推進センターで相談を受けるよう勧められることがあります。警察が民事事件の代理人となることはありません。

3 社団法人警視庁管内特殊暴力防止対策連合会（特防連）

東京都の場合，警視庁の管内に社団法人警視庁管内特殊暴力防止対策連合会が置かれています。「特防連」と呼ばれています。大阪府には，大阪府防犯協会連合会（大防連）が置かれています。他の道府県は，類似した組織があるところとないところがあります。ここでは，特防連について説明します。

特防連は，反社会的勢力による，おどし・たかり・ゆすり，寄付・賛助金などの強要，情報誌・機関誌などの購読要求，セミナー参加の強要などの不当要求，面談の強要，強談威迫，暴力的不当行為，そのほかの迷惑行為（企業を狙ったこれらのような行為を「特殊暴力」と呼んでいます）に対処するために生まれた組織であり（暴対31条2項7号），警視庁，暴力団追放運動推進都民センター（ 4 参照），在京三弁護士会，地元警察署等との連携を図っています。特防連加盟企業数は，平成15年度時点で2,278社です。

企業が特防連に加盟すると，特殊暴力の被害に遭ったときに相談をしたり，特殊暴力の被害を受けそうなときに相手方について照会を求めたりする

ことができます。特殊暴力に関して法律的な解決が必要になる場合，在京三弁護士会に紹介され，各会の民暴委員会所属弁護士が対応します。

初回の相談料は無料ですが，特防連に加盟するにあたって，企業の規模に応じた年会費を要します。

［4］ 都道府県暴力追放運動推進センター（暴追センター）

各都道府県には，都道府県暴力追放運動推進センターがあります。これは，警察による規制・取締りとは別に，民間での暴力団排除運動の推進母体として，各公安委員会が指定した団体です（暴対31条1項本文）。

都道府県暴力追放運動推進センターの住所・連絡先は，**巻末付録**の一覧表でご確認ください。

同センターにおいては，警察OBと弁護士が相談に乗ります。事件を受任する必要がある場合，弁護士が事件を受任します。

相談料は無料です。弁護士が事件を受任する場合の料金は，［1］において説明したことと同じように定まります。

ところで，暴力団員等から不当な要求を受けることに備えて，「不当要求防止責任者講習」を受講しておいてもよいでしょう。当該講習を受けた従業員が1人でも職場にいると予想以上の安心感を得られます。当該講習は無料で受けられます。問い合わせ先は，東京都の場合は警視庁組織犯罪対策部組織犯罪対策第三課（電話：03―3292―5392）となります。東京都以外の場合は，最寄りの警察署に問い合わせれば，講習について教えてもらえると思われます。

［5］ 法務省人権擁護局

法務省に置かれている人権擁護局は，国民の基本的人権を擁護するため，人権侵害事件の調査・処理，人権相談，人権尊重思想の啓発活動などに関する業務を行っています。人権侵害が問題になるものとして，同和問題があります。同和問題とは，わが国社会の歴史的発展の過程で形づくられた身分階

層構造に基づいて差別されている人がいる状態を解消しなくてはならないという問題です。部落問題とか，部落差別問題ともいわれます。そして，民暴事件の一つとしてえせ同和行為というものがあります。えせ同和行為とは，いかにも同和問題の解決に努力しているように装って，高額な書籍を売りつけたり不当な寄付を募ったりして私腹を肥やそうとする行為です。えせ同和行為は，同和問題の解決について国民に誤った意識を植え付けるため，同和問題解決の阻害要因となっています。

そこで，人権擁護局は，同和問題解決の一環として，えせ同和行為の排除活動も行っており，その一環として，えせ同和行為を受けている又は受けそうな方の相談に乗っています。

全国各地の人権擁護局等の住所・連絡先は，**巻末付録**に一覧表がありますので，ご確認ください。

相談担当者は，各法務局の人権擁護を担当する部署の職員です。電話での相談だけでなく，面談して相談することもできます。相談料は無料です。当該職員は，えせ同和対策だけでなく同和問題についても造詣が深いため，同和問題に関する知識も得られて，ためになります。

法務局職員が事件を受任することはありません。事件を受任して対応する必要がある場合は，弁護士会の民暴委員会を紹介されることが期待できます。

6 司法支援センター（法テラス）

法テラスは，総合法律支援法に基づき平成18年4月10日に設立された独立行政法人であり，総合法律支援に関する事業を迅速かつ適切に行うことを目的とし（同法14条），平成18年10月2日より活動を開始しています。

法律相談には管轄がありませんので，最寄りの相談所を訪ねるのが便利です。最初は，0570—078374（おなやみなし）に電話して，案内に従うのがよいでしょう。相談担当者は，法テラスと契約しているスタッフ弁護士です。

相談担当弁護士が相談だけでは解決できないと判断した場合，その弁護士が事件を受任することになります。

相談料は無料です。弁護士が代理人となる場合の弁護士報酬は，相談者の受ける経済的利益に応じて，一定の標準に従い定まります。

7 被害者ホットライン・犯罪被害者支援員

全国の地方検察庁や警視庁，道府県警には，犯罪被害者支援員が配置されています。地方検察庁には被害者ホットラインがひかれ，警視庁や道府県警にも犯罪被害相談窓口が設けられています。

被害者ホットラインの連絡先は，被害を被った事件を扱った地方検察庁又は最寄りの地方検察庁です。夜間・休日でも伝言やファクシミリでの利用が可能です。被害者ホットラインの連絡先は，事件に関わった警察官や検察官に聞くとよいでしょう。法務省や検察庁，各都道府県警等のウェブサイトにも案内があります。被害者ホットラインの連絡先については，**巻末付録**の一覧表でご確認ください。

警視庁や道府県警に設けられた犯罪被害相談窓口では，犯罪被害者支援員が，もっぱら刑事手続への関与についての問題について相談に応じます。また，そのほか，精神面，生活面，経済面等の支援を行っている団体等の紹介も行います。もっとも，犯罪被害者支援員が事件を受任することはありません。

相談料は無料です。

【竹下　慎一】

Q9 民事不介入の原則

暴力団員等から不当な要求を受けたため，警察に相談しようと思っています。ところが，警察には「民事不介入の原則」が適用されるため，私人間のトラブルには介入できないという話を聞いたことがありますが，警察は介入してくれないのでしょうか。また，このような不当な要求を受けた場合，弁護士や警察はどのように対処してくれるのでしょうか。

A

(1) 事件は「民事事件」と「刑事事件」とに大別されますが，警察には「民事不介入の原則」が適用されると一般的にいわれています。しかし，「民事事件」を背景とした各種トラブルの中には，「刑事事件」と重なる場面も多く，「民事事件」と「刑事事件」とのボーダーが明確に定められているわけではありません。

暴力団員等から不当な要求を受けた場合などは，まさに「民事事件」と「刑事事件」とが重なる場面であり，「民事不介入の原則」を理由に警察が介入を拒むということは絶対に許されないことです。

(2) 弁護士は，「民事事件」，「刑事事件」を問わず，法的手続に則った処理をし，解決を図ります。また，警察との連携も取りつつ，解決を図りますので，不当な要求を受けた場合には，速やかに弁護士に相談してください。

(3) 警察は，被害者からの「告訴状」等を受理し，捜査を開始し，加害者である暴力団員等を逮捕するなどして，解決を図ります。

解説

1 民事不介入の原則

(1) 「民事不介入の原則」の意義

　警察の責務は，個人の生命，身体及び財産を保護するために，犯罪の予防，鎮圧及び捜査，被疑者の逮捕，交通の取締りなどに当たることです（警2条）。「刑事事件」は，犯罪を取り締まるものですから，当然，警察の職責に属します。

　これに対して，一般的に「民事事件」には警察が介入できないといわれています。この原則を「民事不介入の原則」といいます。

　すなわち，純粋な私人間の民事上の法律関係については，近代社会では，原則，個人の私的自治にゆだねられるべきとされていて（これを「私的自治の原則」といいます），私人間の民事上の法律関係につきトラブルが起きた場合にも，「民事事件」として，民事裁判によって解決すべきこととされているのです。

　例えば，友人にお金を貸したのに返してくれないので，腹が立って「警察に訴えるぞ」といっても，気持ちは分かりますが，「民事不介入の原則」により，このような発言自体，的を射ていないことになってしまいます。

　社会生活において様々なトラブルが起こり得ますが，これらのすべてを警察に訴えることはできないのです。

(2) 「民事事件」と「刑事事件」との関係

　しかし，例えば，暴力団員等に脅されて不当な要求を受け，お金を支払ってしまった場合には，刑法上恐喝罪が成立する可能性があります（刑249条1項）。この場合は私人間の民事上の法律関係のトラブル，すなわち「民事事件」であると同時に，「刑事事件」でもあることになります。

　このように「民事事件」と「刑事事件」とは，重なる場面も多く，ボーダーが明確に定められているわけではありません。

　ですから，警察の誤った理解等から「民事不介入の原則」を理由にして，

民事介入暴力の対応に積極的でないことを許してはいけないのです。むしろ、民事介入暴力は「民事事件」を装った犯罪行為であり、まさに警察の職責に属するものなのです。

2 実際に民事介入暴力の被害に遭ってしまったらどうするか

(1) 弁護士の対応

暴力団員等から不当な要求をされるなど民事介入暴力の被害を受けた場合には、すぐに、弁護士に相談することをお勧めします。弁護士に相談すれば、適切な法的アドバイスをしてもらえますし、加害者である暴力団員等に対し、被害者の代理人として、弁護士名義で内容証明郵便を発送し、警告を発してくれます。

さらに、弁護士は、被害者と一緒に警察に同行し、事情説明をし、警察に対し協力要請をし、被害者の代理人として「告訴状」を提出し、警察と連携を図りつつ、加害者である暴力団員等を追いつめていくこともできます。そして、これらのことを弁護士を通じて相手方にはっきりと伝えれば、事実上、不当な要求が止むことも多いですし、また、いわゆるお礼参りや仕返しなどの心配もなくなります。

ちなみに、「告訴」とは、「警察等に対し、犯罪事実を申告し、処罰を求めること」です。「告訴」は、犯罪被害者であればすることができますが、やはり、法律の専門家である弁護士に任せたほうがよいでしょう。

(2) 警察の対応

暴力団員等は、警察に逮捕され有罪判決を受けて刑務所に入ることを非常に恐れています。暴力団員等であっても好き好んで刑務所には行きたくないのです。ですから、暴力団員等から不当な要求をされるなど民事介入暴力の被害を受けた場合には、すぐに、弁護士に相談に行き、被害者の代理人として警察に「告訴状」を提出してもらい、警察との連携を図るべきです。

警察と連携を図ることにより、実際に警察は、犯罪の捜査をした結果、加害者である暴力団員等を逮捕することにもつながることになります。

【提箸　欣也】

Q10 情報収集①——情報提供機関

取引相手が暴力団と関係しているという情報があります。その情報の真偽を確認したいのですが，暴力団情報を提供してもらえるところはあるのでしょうか。

A

　警察の情報が最も信用できるものですが，原則として，具体的事件になっている場合でなければ，教えてくれません。警察以外でも，暴力団情報を保有している団体はありますので，教えてもらえることはありますが，各団体によって，開示の基準，情報の量や質は異なりますので，事前に確認する必要があります。警察に次いで確度の高い暴力団関連情報を保有している団体としては，暴追センターと特防連があります。

解説

1　情報収集の困難さ

　暴力団関係者が取引社会に出てくる場合，自らの属性を明らかにすれば，相手方企業は当然に警戒しますので，自らの属性は隠し，暴力団関係企業（**Q3**参照）を使ったり，ＮＰＯ法人（**Q46**参照）や社会運動標榜組織を使ったりすることが多くあります。

　また，平成4年3月に暴力団対策法が施行される以前は，暴力団員は暴力団の名刺を提示するなどして自らが暴力団員であることを誇示することが少なくありませんでしたが，暴力団対策法が施行された後は，自らの属性を明らかにすると検挙されるリスクが高まることから，暴力団員であることを隠す傾向が強くなっています。

　このような事情があるため，企業においても，取引の当初から相手方の属

性や素性を正確に把握することは困難なことが多いようです。

しかしながら，相手方の属性を知らずに，一旦暴力団関係者と取引を始めてしまえば，様々なリスクを抱えることになります。

そこで，企業は取引相手の属性を判断する必要に迫られますが，情報収集の手段は限られており，苦労することが少なくありません。

［2］ 情報の提供を求める先

暴力団関係情報を提供してもらえる団体はいくつかありますが，代表的なものを以下に列記します。

(1) 警　察

警察は膨大な暴力団情報を保有していますが，守秘義務があるため，特段の理由もなく安易に情報を開示してくれるわけではありません。

警察から暴力団情報の提供を受けるためには，基本的には事件性が必要です。また，具体的な事件となっていない場合でも，事件性が疑われる状況や事件発生の蓋然性があれば，被害の未然防止のため対処法を教えてくれることがありますので，その中で暴力団情報の開示がなされることもあります。

実際に，警察署に足を運んで，担当者と面談の上，具体的にどのような事案で，どのように困っているのかを説明することが肝要です。電話一本での一般的な質問をしても当然教えてはくれません。

なお，警察庁では，暴力団情報の外部提供について基準・手続を定めていますが，これは誰でもインターネットで見ることができます（「暴力団排除等のための部外への情報提供について」http://www.npa.go.jp/sosikihanzai/kikakubunseki/bunseki1/tuutatu.htm）。

外部提供の基準ですが，その目的は，①暴力団による犯罪，暴力的要求行為等による被害の防止又は回復，②暴力団の組織の維持又は拡大への打撃であることが必要とされ，その目的との関係で，提供される情報の範囲や内容が決まります。例えば，ビル所有者が，テナントに一室を賃貸したところ，貸室が暴力団の組事務所として使用されるようになったために，その明渡しを求めて訴訟を提起する場合は，比較的情報提供が認められやすいケースと

いえます。このような場合には，裁判の証拠として使う必要から，警察が文書で回答に応じてくれることもあります。

これに対し，通常の商取引で，特段疑わしい事情があるわけでもなく，念のため相手方の属性を調べるために，警察に暴力団情報の開示を求めても，応じてもらえることはほとんどないのではないかと思われます。例えば，賃貸物件の入居者の属性を調べるという場合，特段の事情でもなければ，警察は情報の開示に応じないことが多いのではないかと思われます。

(2) 暴追センター及び特防連

各団体の説明は，Q8をご参照ください。

これらの団体でも，民暴事件の相談に乗っていますので，その際に，暴力団情報の提供が受けられることがあります。

なお，暴追センターでは，平成20年頃を目処に，「暴力団情報オンラインシステム」（仮称）を構築する方針を固めたものとされています。これは，警察に逮捕されて公表された暴力団員の氏名その他の情報を照会することができる全国ネットワークであり，企業などが暴力団情報を取得するための有効な手段になることが期待されます。

(3) 業界団体

暴力団排除の目的のため，業界によっては自前で情報収集機関を持っていたり，業界団体で暴力団情報を共有していることがあります。構造的に反社会的勢力から狙われやすい業界であれば，彼らの不当な要求から自分たちを守るための自衛手段の一つとして必要なことが多いでしょう。そのような場合には，各企業が実際に被害に遭った際の情報が保有されていることが多いので，相手方の特徴的な手口も知ることができる場合があります。

(4) 新聞社その他報道機関のデータベース

過去に報道された情報を探すのに利用することができます。暴力団同士の抗争や犯罪については，警察から発表された情報がもとになっていますので，信用できる情報が多いといえます。利用の仕方は，各報道機関によって異なりますが，多くはキーワードで検索できますので，便利な手段です。

(5) 調査会社

現在，日本では，調査業ないし探偵業を行うにあたり法律上は国家資格は

必要とされていません。平成18年6月に「探偵業の業務の適正化に関する法律」が制定され，平成19年6月1日から施行されていますが，同法は，探偵業を届出制としています。また，法の制定により，探偵業務が規制され，守秘義務等が定められましたが，法制定以前は，悪質な業者も実在し，不適正な営業活動も行われていたようです。現在も，調査会社の信用度は区々で，各調査会社の信用度を測る客観的な基準はありません。したがって，調査会社から入手した情報については，信用できるものもあれば，全く信用できないものもあります。もちろん，調査会社の中には信用できるところもあるとは思いますが，上記のリスクを承知した上で自らの責任で利用するしかありません。

3 おわりに

以上のとおり，暴力団関係情報を提供してもらえる団体はいくつかありますが，必ずしも容易に情報が取得できるわけではありません。直接の情報が得られない場合には，周辺情報から推測によって見分けるしかありません。この点については，Q11の解説を参考にしてください。

【石田　英治】

Q11 情報収集②——各種情報からの見極め

新規に取引をしようと考えている企業があるのですが，規模が小さく，あまり有名なところではありません。おそらく暴力団と関係することはないと思うのですが，念のため検討しておいたほうがよいのではないかと考えています。警察や暴追センターへ問い合わせることまでは考えていませんが，同社が暴力団と関係するのか否かを見極める方法はありますか。

A

　決定的な方法があるわけではありません。相手方の属性を直接示す情報が得られなければ，相手方の周辺の情報やその他の関連情報も含めて，できる限りの情報収集をして，注意深く相手方を観察することによって，暴力団関係者特有の特徴を掴んでください。それでも，明確に判別がつかない場合はもちろんありますが，その場合はリスクがあることを前提に対応するしかありません。すなわち，できる限り取引はしない方向で考えるべきでしょう。
　また，取引をする場合でも，極力トラブルに巻き込まれないよう注意すべきです。残念ながら，相手方が暴力団関係者であるか否かは簡単には分からないのが実情です。

解説

　直接の暴力団情報を取得することが困難であることは，Q10の解説のとおりです。そこで，多くの場合は，周辺情報や関連情報をもとに推測するしかありません。その際，有用な情報としては以下のものが挙げられます。

1　会社案内

　新規の取引先から事前に会社案内の交付を受ける場合がよくあります。そ

もそも会社案内もないような企業であれば，信用はしないほうがよいかもしれません。また，会社案内の記載内容も仔細に確認し，不審な点がないか注意する必要があります。ただ，相手方も会社案内を作成する以上は，不審な点がないよう注意するでしょうから，もっぱら会社案内だけを頼りに判断することは危険でしょう。

2 商業登記簿

　相手方が法人の場合には，商業登記簿を確認することが基本となります。商業登記簿は，所轄の登記所に備えてあり，誰でもその謄本（商業登記簿がコンピュータ化されている場合には登記事項証明書）を入手することができます。また，株式会社等の会社だけでなく，社団法人，学校法人，宗教法人等各種法人の登記簿も備えられています。商業登記簿には，法人の様々な情報が記載されています。

　例えば，役員の欄には，個人名が出ていますので，そこから現在又は過去に暴力団員やその親族等が関係していたことが判明することがあります。もっとも，暴力団員が商業登記簿などに直接名前を出すことはあまり多くはなく，一般人の名前を借りることによって仮装することが多いと思われますが，関係者を調べる手掛りにはなります。また，実際の社長格の人物が商業登記簿上の代表取締役でない場合は，注意が必要でしょう。

　法人が乗っ取られた場合や不正目的のため休眠会社が利用されるような場合には，商号が変更されて，過去とは全くイメージの異なる商号になっていることがあります。そのような場合には，ある時点ですべての役員が総入替えされていたり，また，全く関連性のない極めて不自然な目的（事業内容）の変更がなされていることが多くありますので，そのような法人は要注意でしょう。

　また，法人の本店が移転されて管轄の登記所が変わってしまえば，従前の履歴が出てきません。そのために，法人を不正に利用する意図がある場合には，本店所在地を移転することも多いので，そのような場合には，本店移転前の閉鎖登記簿を調べることによって過去の法人の履歴を知ることも必要と

なることがあります。

③ 不動産登記簿

　法人の本店ないし支店の所在地，役員個人の住所地，その他関係する場所の不動産登記簿の情報が手掛りになる場合があります。不動産登記簿も，所轄の登記所に備えてあり，誰でもその謄本（不動産登記簿がコンピュータ化されている場合には登記事項証明書）を入手することができます。不動産登記簿には，土地については，所在，地番，地目，地積が，建物については，所在，家屋番号，種類，構造，床面積が記載されていますが，その他に，不動産の所有権，抵当権，賃借権などの権利関係の有無・内容，権利移転の過程も記載されています。権利関係の欄は，「甲区」と「乙区」に区分されており，甲区には，所有権に関する事項が記載され，乙区には，所有権以外の権利，すなわち，地上権，永小作権，地役権，先取特権，質権，抵当権（根抵当権を含みます），賃借権等が記載されています。
　そこで，まず，甲区を見ることによって，不動産の現在及び過去の所有者や所有権移転時期に不自然な点がないか，また，差押えや仮差押えはなされていないか等が分かります。
　次に，乙区を見ると，担保権の設定及び抹消並びに現在及び過去の担保権者に関して不自然な点がないか等が分かります。
　所有権の移転や担保権の設定及び抹消が頻繁になされていたり，また，一般に知られている金融機関以外の債権者のために担保権が設定されている等，当該不動産に係る取引に不審な点があれば，関係者の信用性については注意をしたほうがよいといえます。

④ 自動車登録事項等証明書

　相手方が使用している自動車や相手方の事務所に出入りしている自動車に不審な点があれば，当該自動車を調べる必要があります。不審な自動車を調査する方法として，自動車のナンバーを手掛りにして，陸運局に自動車登録

事項等証明書を請求する方法があります。登録事項は多岐にわたり，具体的には，①自動車登録番号又は車両番号ないし自動車予備検査証番号，②登録年月日又は交付年月日，③初年度登録年月日，④自動車の種別，⑤用途，⑥自家用・事業用の別，⑦車体の形状，⑧車名，⑨型式，⑩乗車定員，⑪最大積載量，⑫車両重量，⑬車両総重量，⑭車台番号，⑮原動機の型式，⑯長さ，⑰幅，⑱高さ，⑲総排気量又は定格出力，⑳燃料の種類，㉑型式指定番号，㉒類別区分番号，㉓所有者の氏名又は名称，㉔所有者の住所，㉕使用者の氏名又は名称（所有者が異なるとき），㉖使用者の住所，㉗使用の本拠の位置又は自動車の所在する位置，㉘有効期間の満了する日，㉙その他備考が記載されています。

自動車の所有者・使用者が登録されていますので，そこから，相手方や関係者が判明することがあります。

5　インターネット上の情報

IT技術が進歩してインターネットで様々な情報を収集することができるようになりました。検索機能を活用してキーワードを打ち込めば，関係する情報を入手することができますが，必ずしも正確性が担保されているわけではありませんので，過度の信頼は危険です。情報の発信源にもよりますが，後から虚偽の情報だと判明しても，インターネット上の情報であれば，情報発信者に対する責任追及も困難です。

6　相手方の特徴

相手方が暴力団と関係するような企業の場合，普通の企業とは違った特徴（あるいは雰囲気）を持っています。そこで，相手方を注意深く観察することによって，暴力団との関係を判別することができる場合があります。以下に挙げている事柄にいくつも該当するような場合には，警戒を要するでしょう。

(1) **会社の様子**
・看板や内装，調度品が派手で豪華過ぎる。

- 名刺が仰々しく，肩書や社名が大袈裟。また，何種類も名刺を持っている。
- 従業員，出入り業者，客の人相風体が普通でない。
- 事業の規模・内容に比べて，使用する車両が高級過ぎる。

(2) 営業の仕方

- 面談や会話の際の話し方が威圧的であったり，社会人として不自然な話し方をする。
- 社長その他の責任者の肩書を持つ者でも決裁権がなく，背後に黒幕がいることが窺われるが，その者を明らかにしない。
- 商談の際に，政治家や有名企業，著名人との結び付きを強調する。
- 通常の営業時間であるにもかかわらず，こちらからは連絡が取りにくい。
- 担当者が頻繁に変わる。
- 取引に関する公的規制の知識に乏しく，平気で無視をする。
- 取引量が急激に増大する。
- 高額な取引でも現金を要求する。
- 販路が不明確。

7 おわりに

　個人情報保護法が施行されてから，直接の情報を収集することが難しくなりましたので，以上のような周辺事情や関連情報から推認せざるを得ないことが多くなりました。しかし，怪しい企業ないし人物に対しては，できるだけ近寄らず，万一の場合の備えも用意しておけば，大抵の場合はリスクから逃れることはできますので，常に危機管理の意識を高めておく必要があります。

【石田　英治】

Q12　暴力団排除条項

暴力団関係企業との取引を拒絶するのに暴力団排除条項が有効であると聞きました。暴力団排除条項とはどのようなものをいうのですか。また，実際にどのように使えばよいのでしょうか。

A

　暴力団排除条項とは，取引関係にある当事者間を規律する契約書，規約，約款等の中に設けられている条項であって，暴力団その他反社会的勢力又はその関係者とは取引を拒絶する旨，あるいは，契約成立後に相手方が暴力団その他反社会的勢力又はその関係者であることが判明したときには，契約を解除することができる旨を規定する条項をいいます。
　暴力団関係者を取引から排除する法的な根拠となりますので，有用であることはいうまでもありません。また，暴力団関係者から契約の申込みがあった際にも，この条項を盾として契約締結を拒絶することができますので，法律上のみならず事実上も有用な規定といえます。

解説

1　はじめに

　暴力団関係者と取引をすることには多大なリスクがあります（詳細はQ16で説明します）。そのため，暴力団関係者との取引は極力回避すべきですが，実際には拒絶することが難しいことも少なくないでしょうし，また，暴力団関係者と分からず取引を開始してしまうこともあるでしょう。そのような場合に，この暴力団排除条項が役に立ちます。

2 具体例

契約の種類や内容によって具体的にどのような暴力団排除条項を設けるかは異なります。ここでは，代表的な例を挙げておきます。

(1) 不動産賃貸借契約

> 第○条　借主が次の各号の1つに該当した場合，貸主は何らの通知催告を要することなく本賃貸借契約を解除することができる。
> ① 借主が，暴力団，暴力団員，暴力団関係団体又は関係者，その他反社会的勢力（以下「暴力団等」という）であることが判明したとき
> ② 借主が，本件貸室に暴力団等を入居させ又は本件貸室を暴力団等に利用させたとき
> ③ 借主が，本件貸室又は共用部分内に反復継続して暴力団等を出入りさせたとき

(2) ホテル等の宿泊約款

（宿泊契約締結の拒否）
第○条　当ホテルは，次に掲げる場合，宿泊契約の締結に応じないことがあります。
① 宿泊しようとする者が暴力団，暴力団員，暴力団関係団体又は関係者，その他反社会的勢力であるとき
② 宿泊しようとする者が他の宿泊者その他当ホテルの利用者に著しい迷惑を及ぼす言動をしたとき
③ 宿泊しようとする者が当ホテルの職員又は関係者に対し，暴力的要求行為を行い，又は，著しく不合理な要求をしたとき

（宿泊契約の解除）
第○条　当ホテルは，宿泊者が次の各号の1つに該当した場合，宿泊契約を解除することがあります。
① 暴力団，暴力団員，暴力団関係団体又は関係者，その他反社会的勢力であることが判明したとき
② 他の宿泊者その他当ホテルの利用者に著しい迷惑を及ぼす言動をしたとき

③ 当ホテルの職員又は関係者に対し，暴力的要求行為を行い，又は，著しく不合理な要求をしたとき
④ 当ホテルの利用規約に従わないとき

3 暴力団排除条項の効果

(1) 法律上の効果

上記の具体例をもとに説明します。

まず，不動産賃貸借契約の例ですが，不動産賃貸借契約は継続的契約であり，当事者間の信頼関係を基礎とするため，その解除が認められるためには，形式的に契約違反の事実があるだけでは足りず，当事者間の信頼関係を破壊し，賃貸借関係の継続を著しく困難にすることが必要であるとするのが確立した判例理論です。したがって，契約を解除するには，暴力団排除条項に該当する事実が判明したことに加え，信頼関係が破壊されたということが要件として必要になりますが，それでも，このような暴力団排除条項がない場合と比べて格段に解除が認められやすくなるケースが多いと思われます。例えば，契約締結後に借主が反社会的勢力であることが判明した場合についていえば，契約締結時に貸主は借主の属性を信頼関係の基礎においていたことが明らかであり，しかも，借主が自らの属性を偽っていたということにもなり，信頼関係破壊を基礎づける事情として重要な意味を持つことになります。また，暴力団排除条項があるにもかかわらず，暴力団組事務所として使用されている場合には，それだけで信頼関係が破壊されたと判断され，直ちに契約の解除が可能となることが多いでしょう。

また，不動産賃貸借契約以外の非継続的・1回的な契約であれば，信頼関係を基礎とせず，契約の解除に信頼関係の破壊が求められることはありませんので，暴力団排除条項に該当する事実があれば，直ちに契約を解除できることが多いでしょう。例えば，ホテル等の施設では，約款の中に暴力団排除条項を入れているケースが多いと思われます。上記のホテル等の宿泊約款はその例です。

また，ホテルのケースでよく問題となるのが，暴力団がホテルでパーティ

ーをする場合です。そのような場合には，特段の事情でもない限り，契約相手が暴力団であることが判明しただけで直ちに契約を解除できることになると思われます。実際，暴力団のパーティーについては，警察からも，暴力団排除条項を適用し，その開催を中止させるよう指導があることもあるようです。そのような例として，東京ビッグサイト事件[*1]があります（ただし，この事案では直接の暴力団排除条項がなかったため，契約の解除の有効性が争いになりました）。

(2) 事実上の効果

暴力団排除条項があれば，暴力団関係者が自ら取引関係に入ることを躊躇することが期待できます。すなわち，暴力団関係者が，事前に暴力団排除条項の存在を了知すれば，当該取引関係に入っても後に取引を拒絶されることになるのではないかとの懸念を生じさせることになり，取引関係から自主的に回避するようになることが期待できます。例えば，前述のホテル宿泊約款の例でいえば，実際に約款中に暴力団排除条項を設け，かつ，「暴力団お断り」など暴力団排除を宣言するステッカーをホテルの目立つ場所に掲示しておけば，これを見た暴力団関係者が宿泊を差し控えることもあるでしょう。このような約款は，ホテル宿泊だけでなく，ゴルフ場やフィットネスクラブ等のスポーツ施設やエステサロン等広くサービス業において活用することができます。

また，仮にこのような暴力団排除条項があるにもかかわらず，暴力団関係者が取引関係に入ってこようとした場合，こちらから取引を拒絶する理由として，暴力団排除条項の存在を指摘することができます。詳しくは**Q16**で説明しますが，契約を締結する前であれば，契約自由の原則のもと，自由に契約の締結を拒否することができます。しかし，実際に取引を拒絶する際にその説明をどうするのかは苦労が多いところです。例えば，相手方が明確に暴力団関係者であることが分かっていても，「なぜ暴力団関係者だからといって取引を拒むのか。理由を示せ」と凄まれると担当者によっては戸惑ってしまうこともあるでしょう。そのような場合でも，暴力団排除条項があれば，形式的に当該条項を盾にすることができ，暴力団関係者と取引をしない実質的な理由を説明しなくてもすむことになります。

さらに、暴力団排除条項があることによって、契約締結の際、相手方に対して、その属性に関する質問をしやすくなるというメリットもあります。例えば、「契約条項について確認させて頂きます」と前置きをして、各条項を読み上げる等して相手方の属性を確認する方法が考えられます。もちろん、事案によっては相手方に不快感を生じさせることもあるかもしれませんが、質問をする理由は示せるでしょう。暴力団排除条項がなければ、そのような質問をする理由さえ示すのが難しくなります。

(3) コンプライアンスの宣言

このような暴力団排除条項を設けることによって、企業が暴力団を排除する理念を持っていることを宣言することに繋がり、コンプライアンスを重視した優良な企業であることを社会に表明することができます。企業がコンプライアンス違反の不祥事を起こすことによって、一瞬にして企業価値を損なう結果となることは少なくありません。企業の価値は、財務諸表だけで決まるのではなく、コンプライアンスを重視する姿勢も重要な要素となってきます。社内外に企業の姿勢を示す意味でも暴力団排除条項は有用になるものと思われます。

［4］ 暴力団排除条項の作り方

企業の性格、業務の種類・内容、契約の類型によって様々な条項が考えられます。すべての契約に通用する汎用例があるわけではありませんが、排除すべき相手方を画する基準については概ね共通します。前記の例では「暴力団、暴力団員、暴力団関係団体又は関係者、その他反社会的勢力」という表現を用いました。

暴力団対策法に規定されている「指定暴力団」や「指定暴力団員」という表現が最も明確かつ一義的な概念ですが、適用対象が限定されてしまい、指定暴力団でない暴力団が対象から外れてしまいます。暴力団対策法上の指定の有無にかかわらず広く「暴力団」及び「暴力団員」は取り込むべきですが、これだけではまだ十分とはいえないので、「反社会的勢力」という概念を使いました。この概念は、暴力団及び暴力団員を中核としつつ、暴力団関

係企業，総会屋，えせ右翼行為者，えせ同和行為者，社会運動標榜ゴロ等の暴力団関係団体及び関係者を包摂する広い概念であり，排除すべき対象を画する概念として最も適当なものと思われます。

　また，「反社会的勢力」という表現は，近時，警察や経済団体でも用いられ，社会的にも認知されており，裁判でも当該条項の有効性が否定されることはありません。

　そして，単に「反社会的勢力」と表現するだけでなく，その前に例示列挙として「暴力団」，「暴力団員」等と明示することにより，想定される対象者が除外されないよう配慮することも必要であり，事案によっては，列挙すべき例として「総会屋」等その他の概念を加えることも有用と思われます。

　以上は行為者属性についての説明ですが，さらに，禁止されるべき行為自体を排除事由に含めることも有用です。相手方が暴力団であるかどうか分からない場合でも，粗暴な言動があれば，反社会的勢力に準じた扱いをすべきですが，その根拠として，暴力団排除条項に許されない行為を列挙することが考えられます。前記のホテル等の宿泊約款ではこの点についても配慮したものです。

5　暴力団排除条項を適用する場合の注意点

　相手方の属性を裏付ける証拠をどう揃えるかが最も悩ましい点です。相手方が自らの属性を否認してきた場合に，裏付ける証拠がなければ，逆に相手方に名誉毀損等の反論の材料を与えることにもなりかねません。また，最後は訴訟も視野に入れなければなりませんが，その場合の証拠として使えるのか否かも検討しておく必要があります。相手方の属性に関する情報収集の方法については，Q10，Q11をご参照ください。

引用判例
　＊1　東京高判平14・7・16判時1811号91頁。

【石田　英治】

第2編

各論

第3章

反社会的勢力と企業の
コンプライアンス

Q13 予防策としてのコンプライアンス①──不当要求に応じた取締役の民事責任

私は，上場会社の総務担当取締役です。近時，裁判所は「会社が暴力団等の反社会的勢力から脅迫され，その不当な要求に屈して財産上の利益を提供してしまったという場合であっても，取締役は民事上の損害賠償責任を負わなければならない」という極めて厳しい考え方を採用していると聞きました。裁判所は，本当に，このような考え方を採っているのでしょうか。

A

平成18年4月10日に言い渡された「蛇の目ミシン株主代表訴訟事件」における最高裁判所の判決は，第一審や控訴審と異なり，脅迫を受けて不当な要求に屈してしまった場合であっても，取締役は会社に対する損害賠償責任を免れないという非常に厳しい考え方を採っています。

解説

1 はじめに

いわゆる「蛇の目ミシン株主代表訴訟事件」において最高裁判所は，脅迫を受けて不当要求に屈した場合であっても，取締役は善管注意義務等に違反しており，過失も認められるとして，会社に対する損害賠償責任を負わなければならないという極めて厳しい判断をしました。

以下では，まず，取締役の会社に対する善管注意義務・忠実義務の内容及びその違反の効果について概説し，「蛇の目ミシン株主代表訴訟事件」における第一審，控訴審及び上告審の各判決内容を説明します。

2 取締役の善管注意義務等の内容及び違反の効果

(1) 善管注意義務・忠実義務について

　取締役は，会社に対し，善管注意義務（旧商254条3項，会330条，民644条）及び忠実義務（旧商254条の3，会355条）を負担するとされており，この考え方は会社法施行前後で変わっていません。

　善管注意義務とは，株式会社と取締役の関係を「委任関係」と捉えて会社からの委任の趣旨に従い，取締役としての職務を善良なる管理者の注意をもって行わなければならないとする義務です。ここにいう「善良なる管理者の注意」とは，受任者の職業・地位・知識等をもとに取引通念に従って一般的・客観的に要求される平均人としてなすべき注意の程度をいうと解されています。また，忠実義務とは，取締役と会社の利害が対立する危険がある場合に，取締役に対し，個人的利益のために会社の利益を犠牲にすることを禁じ，会社の最善の利益のために誠実に行動することを求めるものです。

　善管注意義務と忠実義務の関係については諸説ありますが，通説的見解によれば，忠実義務は善管注意義務を敷衍し，かつ一層明確にしたものであり，通常の委任関係に伴う善管注意義務とは別個の高度な義務ではないと解されておりますので，特に両者を区別して考える必要はありません。

(2) 善管注意義務・忠実義務違反の効果——会社に対する損害賠償責任

　取締役が善管注意義務・忠実義務に違反して会社に損害を被らせた場合，取締役は，会社に対して任務懈怠による損害賠償責任を負うことになります。これも，会社法施行前後で変わっていません（旧商266条1項5号，会423条）。

　この責任の性質は債務不履行責任と解されており，取締役による善管注意義務・忠実義務違反行為についての故意・過失が必要とされています。

(3) 株主代表訴訟

　取締役に対する上記責任の追及は，本来は，まず会社が当該取締役に対して損害の賠償を求め，取締役が任意に応じない場合，訴訟を提起することになります。しかし，現実には必ずしも会社が取締役の責任を適切に追及する

とは限りません。そこで，個々の株主が会社に対し，かかる責任追及の訴えを提起することを請求し，会社がこれを行わない場合に，当該株主自身が会社のために取締役に対する訴え（株主代表訴訟）を提起することが認められています（旧商267条，会847条）。

③ 蛇の目ミシン株主代表訴訟事件

(1) 事件の概要

　この事件は，事実関係が数年に亘るものであり，また多くの法的論点を含むものですが，以下では，第一審，控訴審及び上告審で争点となった前述の取締役の善管注意義務・忠実義務違反に基づく損害賠償責任の有無に関連する事実関係を詳述します。

　(a)　いわゆる仕手筋として知られ，暴力団との関係も取りざたされていたKが，自己及び自らが代表取締役を務める会社名義で，東証一部上場企業の蛇の目ミシン工業株式会社（以下「対象会社」といいます）の株式を大量に取得したのが，本件のきっかけです。この大量取得により，昭和63年3月，Kが代表取締役を務める会社は対象会社の筆頭株主となり，同年6月，Kは対象会社の取締役に就任しました。

　Kは，他にも複数の会社の株式を大量に取得し，これらの取得資金を多額の借入で賄っていましたが，この借入は期限の延長が繰り返されるなど，Kの資金繰りはとても苦しいものでした。

　(b)　取締役となったKは対象会社に対し，対象会社の株式の高値買取りや自己の借入債務の肩代わり等を何度となく求めましたが，対象会社及びそのメインバンクは，Kの求めには応じませんでした。そこで，Kは，返済資金を工面するために，対象会社に対し，対象会社の株式を広域暴力団の企業舎弟に売却するなどと申し向けて脅迫するに至りました。

　対象会社は，既にKの存在だけで営業上支障が出ているのに，暴力団系大株主が出現すれば，営業面で致命傷となって会社そのものが崩壊するのではないかとの危惧を抱くようになりました。そこで，Kに対してこの売却話を白紙に戻すよう懇請したところ，Kから，対象会社が300億円を用立てるこ

とを要求されました。

(c) 対象会社は、自らの関係会社を通じた「迂回融資」により、Kに対して約300億円を融資する形でこの要求に応じることとし、この融資に関して債務保証するとともに本社の土地建物を担保提供しました。

平成2年7月、Kは、別の会社の株価操作事件で逮捕され、これに端を発してKへの約300億円の融資に関わった関係会社も破綻し、結局、対象会社自らが前記の「迂回融資」に基づく関係会社の債務を引き受けることとなりました。

(d) 以上に関し、対象会社の株主が、Kへの約300億円の融資はKへの利益供与であるとし、これについて取締役会で提案し又は同意した行為等が取締役の忠実義務・善管注意義務違反（旧商266条1項5号）に当たるとして、会社に対する損害賠償を求めたのが、蛇の目ミシン株主代表訴訟事件です。

(e) この事件の経緯として、裁判所は、次のようなKによる狡猾かつ暴力的な脅迫行為を前提とした執拗な不当要求行為を認定しています。

① 平成元年7月、対象会社の社長は、Kから、Kの借入先に期限延長を求める交渉を依頼されましたが、社長は当時体調が悪く心身ともに疲れ気味であったことから、交渉は首尾よくいきませんでした。これに対し、Kは、社長を難詰し、この借入先に見せるためだけであるといって社長に強く迫り、結果として社長は、対象会社がK保有株式の「ファイナンス或は買取」を行うことを約束する趣旨の念書を作成させられてしまいました。

　なお、この念書がKの借入先に示された後、社長はKに返還を求めましたが、Kから手許にないと嘘をつかれ、取り戻すことができませんでした。

② Kは、対象会社の取締役との電話で、K自ら借入金の返済資金を工面する方法として、上記の社長念書をつけて保有株式を売れば高くなると言い出し、売り先については「怖い先だ」「集めようとすれば集められる筋もあるのさ」といって暗に暴力団筋への対象会社の株式の売却を示唆するばかりか、売却先が広域暴力団の関連会社であると伝えてきました。また、この時、Kが、この新大株主は対象会社やメインバンクにも

「駆け上がっていく。とにかくえらいことになったな」といったので，メインバンクの重役らにはガードマン付きの身辺警護が始められたくらいでした。
③ 対象会社がこの売却の話を帳消しにするようKに懇請した際，Kは，売却先が対象会社とメインバンクを「貯金箱」みたいに考えており，大変な儲け話と喜んでいるから，「(売却の話を) キャンセルするとなると命懸けのことになる」といっていました。

　なお，対象会社の社長は，Kとの交渉による心労のあまり，狭心症の発作を起こして入院するに至りました。
④ Kは，対象会社に求めた300億円の資金調達の話が思うように進まないことを知り，対象会社の取締役に対し，300億円の件を対象会社自身でぶちこわしていると売却先は考えてとても怒っているから，(命を) 狙われるかもしれないので気をつけたほうがいいという趣旨の話をし，「大阪からヒットマンが2人来ている」等と申し向けて脅迫しました。

　この話を受けた対象会社の取締役は，自宅に帰ると家族にも危険が及びかねないと判断して，その夜から偽名でホテルに宿泊するようになり，家族には実家に帰るように指示しました。

(2) 責任否定論——東京地方裁判所の判決内容[*1]

　東京地方裁判所は，Kに対する約300億円の利益供与に関し，対象会社が債務保証や担保提供等を行ったことにより対象会社に損害が生じたことを認め，また事後的に見て他のより適切な対応方法が可能であったと推測することもできるとしました。

　しかし，「Kの要求は，企業の存立基盤を脅かしつつ執拗に繰り返された悪質なものであり，これに直面した取締役について，その当時おかれていた状況の下で，通常の企業経営者として，本件の解決方法以外のより適切な方法を選択すべきことを法的な注意義務として要求することができたとまではいえない」ので，被告とされた各取締役が善管注意義務又は忠実義務に違反したとは評価できないと判示し，その責任を否定しました。

　すなわちこの判決は，善管注意義務・忠実義務違反行為自体が存在しないとするものです。

(3) 責任否定論――東京高等裁判所の判決内容[*2]

(a) 善管注意義務・忠実義務違反行為の有無について　東京高等裁判所は，東京地方裁判所と異なり，Kが当初から融資金を返済する意思はなく，対象会社としては取り戻すあてもなかったのであり，Kに対する融資金全額の回収は困難な状況にあったとした上で，そもそも300億円は対象会社が全く支払う必要がなく，また債務保証や本社ビルを担保提供する必要もなかったことから，「取締役として，少なくとも300億円の融資の形を取った利益供与行為を行ったことについて，外形的には忠実義務違反，善管注意義務違反があった」と認定しました。

(b) 取締役の職務遂行上の過失の有無について　この点につき，東京高等裁判所は，任務懈怠による損害賠償責任（旧商266条1項5号）を問うには，忠実義務・善管注意義務違反行為について取締役に故意又は過失があることを要するとの一般論を述べます。その上で，本件では，取締役らに故意を認めることはできず，また，Kの狡猾で暴力的な脅迫行為により，取締役は心労を重ね，冷静な判断ができない状況で，優良会社としてのイメージが崩れて対象会社そのものが崩壊することを防ぐため，300億円の利益を供与するという判断をしたことは「当時の一般的経営者として，まことにやむを得ないことであった」と認定し，取締役としての職務遂行上の過失は認められないとして取締役の責任を否定しました。

(4) 責任肯定論――最高裁判所の判決内容[*3]

最高裁判所は，取締役の職務遂行上の過失の有無に関し，東京高等裁判所とは異なり，次のような判断を下しました。

まず，最高裁判所は，対象会社の株式のように「証券取引所に上場され，自由に取引されている株式について，暴力団関係者等会社にとって好ましくないと判断される者がこれを取得して株主となることを阻止することはできないのであるから，会社経営者としては，そのような株主から，株主の地位を濫用した不当な要求がされた場合には，法令に従った適切な対応をすべき義務」を有しているとします。そして，最高裁判所は，対象会社の取締役らは，「Kの言動に対して，警察に届け出るなどの適切な対応をすることが期待できないような状況にあったということはできないから」，Kの理不尽

な要求に従って約300億円という巨額の利益供与を行った取締役らに関して「やむを得なかったものとして過失を否定することはできない」として，取締役の任務懈怠による損害賠償責任を肯定し，当該取締役らが負担すべき損害額等についてさらに審理を尽くさせるため，東京高等裁判所にこの事件を差し戻しました。

4 最後に

第一審及び控訴審では，暴力団関係者が株主になること等によって会社のイメージが崩れることを防止して「会社を守ろうとした」という点を重視し，経営者としてやむを得ない判断であったとした上で取締役の責任を否定しました。

しかし，最高裁判所は，上場会社においては暴力団関係者等の反社会的勢力が株主になることを避けられないのであるから，そのような者からの不当な要求に対して取締役は毅然と法令に従った対応をしなければならないのであるから，「大阪からヒットマンが2人来ている」等といわれて生命を脅かされた場合であっても，警察に届け出るなどの適切な対応をすべきであったとして，これを怠った取締役の過失及び任務懈怠による損害賠償責任を肯定しました。

最高裁判所がこのような考え方を採っている以上，今後，暴力団関係者等の反社会的勢力からの不当要求に応じてしまった取締役の責任が免責される場合はまずなくなったといってよいでしょう。上場会社の取締役としては，特に，このことを肝に銘じ，不当要求に対しては毅然とした態度で臨むとともにコンプライアンス態勢の一層の構築に何よりも努めるべきと考えます。

引用判例
＊1　東京地判平13・3・29判時1750号40頁。
＊2　東京高判平15・3・27判タ1133号271頁。
＊3　最判平18・4・10判時1936号27頁。

【藍原　義章】

Q14 予防策としてのコンプライアンス②——反社会的勢力との関係断絶

　私は，一部上場の総合商社の総務担当者です。当社は，会社のPRのため，興行関係の業務にも力を入れています。
　当社では，これまで反社会的勢力に対して，一定の便宜を図ってきました。私の上司は，「世間にばれればまずいことになるかもしれないが，反社会的勢力との関係が悪化すれば，興行を妨害されるかもしれないし，反社会的勢力との付き合いにかかるコストもたいしたことはないのだから，反社会的勢力とは上手く付き合っていけばよい」といいます。
　私は，一部上場企業である当社としては，反社会的勢力との関係を断ち切っていくべきだと考えているのですが，本当に，上司がいうように「ばれないように上手く付き合えば大丈夫」なのでしょうか。

A

　反社会的勢力と関係することは，会社に計り知れない損害を及ぼす行為ですし，また，あなた個人としても会社から懲戒処分や損害賠償請求を受けるといった事態を招来しかねない大変危険な行為です。
　このような危険のある反社会的勢力との関係を，隠し通すことは極めて困難ですので，「世間にばれないように上手く付き合えばよい」という発想は捨てて，組織が一丸となってきっぱりと関係を断ち切るべきです。

解説

1　反社会的勢力との関係の断絶

(1) 企業が陥りやすい考え方の危険性

「反社会的勢力との関係を断絶すれば，どのような嫌がらせをされるかわからない。嫌がらせを受けるくらいだったら，無理に関係を絶つこともない。他の企業でもやっているし，ばれなければ大丈夫」。かつては，このような考え方もしばしば見受けました。反社会的勢力との関係を絶つことは勇気のいることですから，最前線で反社会的勢力との交渉をしなくてはならない担当者（場合によっては，企業のトップまでも）が陥りやすい考え方です。

しかし，このような考え方は，企業として，反社会的勢力と関係することによる会社や取締役，従業員等関係者が受ける可能性のある不利益を甘く見すぎています。会社は，企業としての信頼を失いますし，関係者は民事上の責任，刑事上の責任を負うこともあります（後に詳述します）。反社会的勢力と関係することによる不利益は，想像するよりもはるかに大きなものです。

(2) 企業に求められる姿勢

しかも，近年，コンプライアンス（法令遵守）意識の高まりや，内部告発等により，企業の抱える問題（不祥事）が発覚する可能性は飛躍的に高まっています。反社会的勢力との付き合いを続けていれば，いつかは必ず発覚する状況にあると思っておいたほうがよいでしょう。

企業として，安易に反社会的勢力と関係することは絶対に許されません。「ばれないように上手く付き合えばよい」という発想は捨てて，反社会的勢力との関係をきっぱりと絶つよう，意識を改革することが必要です。組織が一丸となって，反社会的勢力との関係を断絶する姿勢が求められているのです。

なお，誤解のないように念のために付け加えておくと，反社会的勢力と関係することは実際に発覚しなかったとしても，企業として許されることではありません。反社会的勢力と関係することは，そのつもりはなくても，反社

会的勢力の活動の助長に寄与していることになります。しかも，反社会的勢力は，常により深く企業に入り込むことを企んでいます。気づいたときには，既に反社会的勢力と抜き差しならない関係にあり，骨の髄までしゃぶりとられているということにもなりかねません。

2 反社会的勢力と関係することによる不利益

(1) 企業としての評判の失墜

では，反社会的勢力と関係することによる不利益は，具体的にはどのようなものが考えられるでしょうか。

まず，事実上の不利益としては，企業としての評判（レピュテーション）の低下のリスクが挙げられます。クリーンであるべき企業が，クリーンという言葉の対極にある反社会的勢力と関係することはあってはならないのです。

反社会的勢力との関係が明るみにでれば，一般の消費者が企業に対してもつイメージが悪くなり，企業としての信用が大幅に下がることはいうまでもありません。

平成9年には，大手の証券会社や百貨店その他の各業界のトップを担う著名な企業において相次いで総会屋に対する利益供与が発覚し，大問題となりました。最近でも，大手鉄道会社で利益供与が発覚して，多くの関係者が逮捕され，世間の強い批判を浴びたことは記憶に新しいところです。利益供与は，それ自体犯罪ですから（会970条），このような行為が許されないことはもちろんですが，現代社会においては，犯罪行為ではなくとも反社会的勢力との関係自体が許されるものではありません。例えば，東証第二部上場の建設会社では，暴力団とのつながりが明らかとなって，資金繰りが悪化し，民事再生申立てに至った事例もあります。

また，反社会的勢力に対して便宜を図ることは，反社会的勢力に資金源を提供し，その活動を助長することになるばかりか，彼らに「あの会社はいつでもカネを出してくれる」と思わせてしまい，不当要求の「カモ」にされてしまう危険性すらあります。

企業としての信頼を築き上げていくのは大変ですが，その信頼を失うのはあっという間です。そして，失った信頼は簡単には回復しないことはいうまでもありません。

(2) 関係者の責任

反社会的勢力と付き合うことで関係者が負うことになる責任は，民事上の責任と刑事上の責任が挙げられます。

(a) 民事上の責任 まず，反社会的勢力に対して，金銭を渡す等財産上の利益の供与をすることは，違法に会社に損害を与える行為ですので，民事上の責任が発生します。

取締役であれば善管注意義務違反・忠実義務違反（会330条・355条）を問われ，損害賠償責任を負います。

例えば，前述した大手百貨店における総会屋に対する利益供与事件においては，株主代表訴訟で役員数名が利益供与額を含む1億7,000万円を連帯して支払うという和解が成立しました（高島屋事件）。また，記憶に新しいところでは，生命・身体に危害を加えるかのような脅迫を受けて株主に対して利益供与をした事件においては，役員に対して数百億円にも上る巨額の損害賠償請求がなされ，最高裁判所がこれらの役員の損害賠償責任を認めました（蛇の目ミシン株主代表訴訟事件[*1]，詳しくは**Q13参照**）。

また，一従業員であっても，民事上の責任を免れません。単に上司の指示で動いていたのだとしても，担当者が，会社に対する損害賠償を負担することもありますし，会社に損害を与える行為を行った等の理由により，会社の就業規則に基づいて懲戒処分を受ける可能性もあります。

(b) 刑事上の責任 次に，刑事上の責任としては，自己の任務に反し，反社会的勢力に対して利益を供与し，企業に損害を与えれば，背任罪（刑247条）が成立しますし，行為者が取締役などの場合には特別背任罪（会960条・962条）に問われることになります。

また，反社会的勢力が株主である場合には，株主に対する利益供与罪が成立することがあります。前述したとおり，一連の総会屋に対する利益供与事件では，多数の会社関係者が逮捕・起訴されました。

このように，反社会的勢力と関係することには，とても大きな不利益を受

ける可能性があるのです。

③ 反社会的勢力との関係の発覚

(1) コンプライアンス意識の高まり

現在は、これまでに比べて、コンプライアンスの重要性がとみに意識されるようになりました。高度成長の時代が終わり、持続的成長を目指して経営体質の向上に努める企業が高く評価されるようになったことや、社会の価値観が、物質的な繁栄よりも精神面の充足を指向するようになったことなど、その原因は様々に分析されていますが、いずれにしても、違法な行為や倫理に反する行為を行った企業に対する社会の批判は、これまでにも増して厳しいものになっています。

企業としての社会的責任を果たすためにも、違法行為や倫理に反する行為は厳に慎むべきものですし、社会もそれを要請しています。

(2) 不祥事発覚によるダメージ

このような時代背景のもとでは、企業の不祥事は、発覚すればその企業にとって致命的な事態となりかねません。リコール隠しを行った自動車会社の事例や、食肉偽装を行った食品会社の事例、保険金を不当に支払わない事例、粉飾決算を理由とする証券取引法違反の疑いで強制捜査を受けた事例など、最近の企業の不祥事の事例は枚挙にいとまがありませんが、いずれの事例でもその企業はとても大きなダメージを被っています。

反社会的勢力との関係という点にしても、信販会社や鉄道会社での総会屋に対する利益供与事件が発覚するなどして、世間の耳目を集めました。

このような過去の例からして、企業が明るみにでないことを期待して不祥事を隠し続けることは、企業として本来とってはならない行動です。

また、企業が隠そうとしても、企業の不祥事が内部告発により発覚することも増加しており、「ばれなければ大丈夫」という発想で、発覚しないですむという状況はまず期待できません。

前述のリコール隠しの事例は、運輸省（当時）に寄せられた従業員と思われる者からの匿名の通報が発端となって発覚したものですし、食肉偽装問題

の発端は、取引業者である倉庫会社の社長が警察署に通報したことでした。

(3) 内部通報者保護制度の整備

現在では、内部告発者の保護のための制度（公益通報者保護制度）も法制化され（公益通報者保護法）、内部告発による不祥事の発覚のリスクはますます高まっています。この制度は、一定の要件を充たす場合に、労務提供先、その役員、従業員、代理人等について、刑法、食品衛生法等の法律に規定されている犯罪行為にかかる事実等（通報対象事実）が生じ、又はまさに生じようとしている旨を、労務提供先等、行政機関、外部通報先（発生・被害の拡大の防止のために必要であると認められる者）に通報（公益通報）した従業員に対してなされた解雇の効力を否定し（公益通報3条）、その従業員について、降格、減給その他の不利益な取扱いをすることも禁止しています（同法5条1項）。企業の不祥事を公益通報したことを理由として、解雇等の不利益な取扱いを受けることがないようにしているのです。これまでも、企業の不祥事を通報した労働者に対し、解雇等の不利益な取扱いがなされた場合については、労働法上の解雇権濫用の法理等によって、司法上の保護が図られてきました。しかし、どのような通報（内部告発）が保護されるのかは、必ずしも明確ではありませんでした。そこで、どのような通報が公益通報として保護されるのかを、法律上明確にしたのがこの制度です。

すべての内部告発がこの制度によって保護されるものではありませんが、保護される通報の範囲が明確化されたことにより、通報者の予測可能性が高まり、これまでよりも通報が容易になりますので、企業が不祥事を隠し通すことは不可能な状況になってきているといえるでしょう。

反社会的勢力との関係を続けていれば、いつかは必ず発覚すると肝に銘じてください。

4 反社会的勢力に対応する企業のあるべき姿勢

以上述べてきたとおり、反社会的勢力と関係することは、そのリスクに鑑みれば、企業としてもはや容認することができない状況にあります。

「ばれないように上手く付き合えば」という発想は捨てて、反社会的勢力

との関係を一切断つという意識改革が必要です。

(1) 倫理基準の策定

ところで、反社会的勢力につけ込まれるのは、その企業にスキがある場合がほとんどです。企業としては、経営のトップから末端の従業員に至るまで、反社会的勢力に屈したり、スキを見せることがその企業の存続にかかわる問題であるという意識を共有することが必要です。反社会的勢力を利用して、何らかの目的を達成しようなどと考えることが論外であることはいうまでもありません。日頃から、経営のトップが反社会的勢力に毅然とした態度で臨む姿勢を明確に示しておくことにより、組織全体の意識改革を図ることが重要です。

企業内での反社会的勢力に対するリスク・マネジメントの体制としては、反社会的勢力に対するための社内的な倫理基準を策定し、全社員にその周知徹底を図り、また、その倫理基準を実効性あるものにするための組織づくりをすることが肝要です。

(2) 企業自身による監視体制の構築

単に、反社会的勢力と関係しないという題目を唱えるだけではなく、はからずも、反社会的勢力との関係をもってしまった場合に、直ちにそれを把握し、関係を拒絶できるような体制が求められます。全社をあげて反社会的勢力に対応するためには、反社会的勢力が入り込んでいないかどうかのチェックシステムとして、社内に内部通報制度を設けることも有効でしょう。反社会的勢力からの接触があった場合や、組織のどこかで反社会的勢力との関係を発見した場合には、社内のしかるべき部署に連絡すべきことを周知徹底するとともに、内部通報によってその通報者が不利益な取扱いを受けることがないような体制が求められます。早期の情報収集と、早期の対応が何よりも大事です。

反社会的勢力は、ほんの小さな穴からも入り込んできますし、「担当者が勝手にやっていたこと」ではすまされないのです。

反社会的勢力への対応は、組織が一丸となって行うものです。場合によっては、顧問弁護士等の社外の専門家も活用して、反社会的勢力がつけいるスキのない企業を目指しましょう。

Q14 予防策としてのコンプライアンス②——反社会的勢力との関係断絶

　なお，反社会的勢力に対する企業の姿勢は，社団法人日本経済団体連合会の「企業行動憲章」（平成16年5月18日，本設問末尾の**資料1**参照）にも詳しく記載されています。

　また，企業と反社会的勢力との関係を遮断し，企業活動からの排除を徹底するための取組みが，企業防衛の観点から必要不可欠であるとの考えから，平成19年6月，犯罪対策閣僚会議幹事会の申合せにより，企業が反社会的勢力による被害を防止するための原則と具体的な対応が指針として取りまとめられました（本設問末尾の**資料2**参照）。この指針に関する詳しい解説は，http://www.kantei.go.jp/jp/singi/hanzai/pc/070427bessi2.pdf をご参照ください。

引用判例

＊1　最判平18・4・10判時1936号27頁。

【横田　真一朗】

資料1　企業行動憲章

企業行動憲章

【序　文】

　日本経団連は，すべての企業や個人が高い倫理観のもと自由に創造性を発揮できる経済社会の構築に全力をあげて取り組んできた。その一環として1991年に「企業行動憲章」を制定し，1996年には憲章改定に合わせて「実行の手引き」を作成した。2002年の再改定時には，企業に対して社内体制整備と運用強化を要請するなど，経営トップのイニシアチブによる自主的な取り組みを促してきた。

　そうした中で，近年，市民社会の成熟化に伴い，商品の選別や企業の評価に際して「企業の社会的責任（CSR：Corporate Social Responsibility）」への取り組みに注目する人々が増えている。また，グローバル化の進展に伴い，児童労働・強制労働を含む人権問題や貧困問題などに対して世界的に関心が高まっており，企業に対しても一層の取り組みが期待されている。さらに，情報化社会における個人情報や顧客情報の適正な保護，少子高齢化に伴う多様な働き手の確保など，新たな課題も生まれている。企業は，こうした変化を先取りして，ステークホルダーとの対話を重ねつつ社会的責任を果たすことにより，社会における存在意義を高めていかねばならない。

　これまで日本企業は，従業員の潜在能力を引き出し企業の発展に結びつけるため，きめ細かい従業員教育や社内研修，労使協調に努めてきた。また，地域社会の発展への寄与，社会貢献活動や環境保全への積極的取り組みなど，企業の社会的責任の遂行に努力してきた。

　社会的責任を果たすにあたっては，その情報発信，コミュニケーション手法などを含め，企業の主体性が最大限に発揮される必要があり，自主的かつ多様な取り組みによって進められるべきである。その際，法令遵守が社会的責任の基本であることを再認識する必要がある。そこで，今般，日本経団連は，会員企業の自主的取り組みをさらに推進するため，企業行動憲章を改定した。

　会員企業は，優れた製品・サービスを，倫理的側面に十分配慮して創出することで，引き続き社会の発展に貢献する。そして，企業と社会の発展が密接に関係していることを再認識した上で，経済，環境，社会の側面を総合的に捉えて事業活動を展開し，持続可能な社会の創造に資する。そのため，会員企業は，次に定める企業行動憲章の精神を尊重し，自主的に実践していくことを申し合わせる。

企業行動憲章
―社会の信頼と共感を得るために―

㈳日本経済団体連合会

  1991年9月14日　「経団連企業行動憲章」制定
  1996年12月17日　同憲章改定
  2002年10月15日　「企業行動憲章」へ改定
  2004年5月18日　同憲章改定

　企業は、公正な競争を通じて利潤を追求するという経済的主体であると同時に、広く社会にとって有用な存在でなければならない。そのため企業は、次の10原則に基づき、国の内外を問わず、人権を尊重し、関係法令、国際ルールおよびその精神を遵守するとともに、社会的良識をもって、持続可能な社会の創造に向けて自主的に行動する。

1. 社会的に有用な製品・サービスを安全性や個人情報・顧客情報の保護に十分配慮して開発、提供し、消費者・顧客の満足と信頼を獲得する。
2. 公正、透明、自由な競争ならびに適正な取引を行う。また、政治、行政との健全かつ正常な関係を保つ。
3. 株主はもとより、広く社会とのコミュニケーションを行い、企業情報を積極的かつ公正に開示する。
4. 従業員の多様性、人格、個性を尊重するとともに、安全で働きやすい環境を確保し、ゆとりと豊かさを実現する。
5. 環境問題への取り組みは人類共通の課題であり、企業の存在と活動に必須の要件であることを認識し、自主的、積極的に行動する。
6. 「良き企業市民」として、積極的に社会貢献活動を行う。
7. 市民社会の秩序や安全に脅威を与える反社会的勢力および団体とは断固として対決する。
8. 国際的な事業活動においては、国際ルールや現地の法律の遵守はもとより、現地の文化や慣習を尊重し、その発展に貢献する経営を行う。
9. 経営トップは、本憲章の精神の実現が自らの役割であることを認識し、率先垂範の上、社内に徹底するとともに、グループ企業や取引先に周知させる。また、社内外の声を常時把握し、実効ある社内体制の整備を行うとともに、企業倫理の徹底を図る。
10. 本憲章に反するような事態が発生したときには、経営トップ自らが問題解決にあたる姿勢を内外に明らかにし、原因究明、再発防止に努める。また、社会への迅速かつ的確な情報の公開と説明責任を遂行し、権限と責任を明確にした上、自らを含めて厳正な処分を行う。

以上

【出所】社団法人日本経済団体連合会「企業行動憲章」（平成16年5月18日）

資料2　企業が反社会的勢力による被害を防止するための指針

企業が反社会的勢力による被害を防止するための指針

　近年，暴力団は，組織実態を隠ぺいする動きを強めるとともに，活動形態においても，企業活動を装ったり，政治活動や社会運動を標ぼうしたりするなど，更なる不透明化を進展させており，また，証券取引や不動産取引等の経済活動を通じて，資金獲得活動を巧妙化させている。

　今日，多くの企業が，企業倫理として，暴力団を始めとする反社会的勢力＊と一切の関係をもたないことを掲げ，様々な取組みを進めているところであるが，上記のような暴力団の不透明化や資金獲得活動の巧妙化を踏まえると，暴力団排除意識の高い企業であったとしても，暴力団関係企業等と知らずに結果的に経済取引を行ってしまう可能性があることから，反社会的勢力との関係遮断のための取組みをより一層推進する必要がある。

　言うまでもなく，反社会的勢力を社会から排除していくことは，暴力団の資金源に打撃を与え，治安対策上，極めて重要な課題であるが，企業にとっても，社会的責任の観点から必要かつ重要なことである。特に，近時，コンプライアンス重視の流れにおいて，反社会的勢力に対して屈することなく法律に則して対応することや，反社会的勢力に対して資金提供を行わないことは，コンプライアンスそのものであるとも言える。

　さらには，反社会的勢力は，企業で働く従業員を標的として不当要求を行ったり，企業そのものを乗っ取ろうとしたりするなど，最終的には，従業員や株主を含めた企業自身に多大な被害を生じさせるものであることから，反社会的勢力との関係遮断は，企業防衛の観点からも必要不可欠な要請である。

　本指針は，このような認識の下，反社会的勢力による被害を防止するため，基本的な理念や具体的な対応を取りまとめたものである。

＊　暴力，威力と詐欺的手法を駆使して経済的利益を追求する集団又は個人である「反社会的勢力」をとらえるに際しては，暴力団，暴力団関係企業，総会屋，社会運動標ぼうゴロ，政治活動標ぼうゴロ，特殊知能暴力集団等といった属性要件に着目するとともに，暴力的な要求行為，法的な責任を超えた不当な要求といった行為要件にも着目することが重要である。

1 反社会的勢力による被害を防止するための基本原則
- 組織としての対応
- 外部専門機関との連携
- 取引を含めた一切の関係遮断
- 有事における民事と刑事の法的対応
- 裏取引や資金提供の禁止

2 基本原則に基づく対応
(1) 反社会的勢力による被害を防止するための基本的な考え方
- 反社会的勢力による不当要求は，人の心に不安感や恐怖感を与えるものであり，何らかの行動基準等を設けないままに担当者や担当部署だけで対応した場合，要求に応じざるを得ない状況に陥ることもあり得るため，企業の倫理規程，行動規範，社内規則等に明文の根拠を設け，担当者や担当部署だけに任せずに，代表取締役等の経営トップ以下，組織全体として対応する。
- 反社会的勢力による不当要求に対応する従業員の安全を確保する。
- 反社会的勢力による不当要求に備えて，平素から，警察，暴力追放運動推進センター，弁護士等の外部の専門機関（以下「外部専門機関」という。）と緊密な連携関係を構築する。
- 反社会的勢力とは，取引関係を含めて，一切の関係をもたない。また，反社会的勢力による不当要求は拒絶する。
- 反社会的勢力による不当要求に対しては，民事と刑事の両面から法的対応を行う。
- 反社会的勢力による不当要求が，事業活動上の不祥事や従業員の不祥事を理由とする場合であっても，事案を隠ぺいするための裏取引を絶対に行わない。
- 反社会的勢力への資金提供は，絶対に行わない。

(2) 平素からの対応
- 代表取締役等の経営トップは，(1)の内容を基本方針として社内外に宣言し，その宣言を実現するための社内体制の整備，従業員の安全確保，外部専門機関との連携等の一連の取組みを行い，その結果を取締役会等に報告する。
- 反社会的勢力による不当要求が発生した場合の対応を統括する部署（以下「反社会的勢力対応部署」という。）を整備する。反社会的勢力対応部署は，反

社会的勢力に関する情報を一元的に管理・蓄積し，反社会的勢力との関係を遮断するための取組みを支援するとともに，社内体制の整備，研修活動の実施，対応マニュアルの整備，外部専門機関との連携等を行う。

○ 反社会的勢力とは，一切の関係をもたない。そのため，相手方が反社会的勢力であるかどうかについて，常に，通常必要と思われる注意を払うとともに，反社会的勢力とは知らずに何らかの関係を有してしまった場合には，相手方が反社会的勢力であると判明した時点や反社会的勢力であるとの疑いが生じた時点で，速やかに関係を解消する。

○ 反社会的勢力が取引先や株主となって，不当要求を行う場合の被害を防止するため，契約書や取引約款に暴力団排除条項*を導入するとともに，可能な範囲内で自社株の取引状況を確認する。

○ 取引先の審査や株主の属性判断等を行うことにより，反社会的勢力による被害を防止するため，反社会的勢力の情報を集約したデータベースを構築する。同データベースは，暴力追放運動推進センターや他企業等の情報を活用して逐次更新する。

○ 外部専門機関の連絡先や担当者を確認し，平素から担当者同士で意思疎通を行い，緊密な連携関係を構築する。暴力追放運動推進センター，企業防衛協議会，各種の暴力団排除協議会等が行う地域や職域の暴力団排除活動に参加する。

(3) **有事の対応（不当要求への対応）**

○ 反社会的勢力による不当要求がなされた場合には，当該情報を，速やかに反社会的勢力対応部署へ報告・相談し，さらに，速やかに当該部署から担当取締役等に報告する。

○ 反社会的勢力から不当要求がなされた場合には，積極的に，外部専門機関に相談するとともに，その対応に当たっては，暴力追放運動推進センター等が示している不当要求対応要領等に従って対応する。要求が正当なものであるときは，法律に照らして相当な範囲で責任を負う。

---

* 契約自由の原則が妥当する私人間の取引において，契約書や契約約款の中に，①暴力団を始めとする反社会的勢力が，当該取引の相手方となることを拒絶する旨や，②当該取引が開始された後に，相手方が暴力団を始めとする反社会的勢力であると判明した場合や相手方が不当要求を行った場合に，契約を解除してその相手方を取引から排除できる旨を盛り込んでおくことが有効である。

○　反社会的勢力による不当要求がなされた場合には，担当者や担当部署だけに任せずに，不当要求防止責任者を関与させ，代表取締役等の経営トップ以下，組織全体として対応する。その際には，あらゆる民事上の法的対抗手段を講ずるとともに，刑事事件化を躊躇しない。特に，刑事事件化については，被害が生じた場合に，泣き寝入りすることなく，不当要求に屈しない姿勢を反社会的勢力に対して鮮明にし，更なる不当要求による被害を防止する意味からも，積極的に被害届を提出する。

○　反社会的勢力による不当要求が，事業活動上の不祥事や従業員の不祥事を理由とする場合には，反社会的勢力対応部署の要請を受けて，不祥事案を担当する部署が速やかに事実関係を調査する。調査の結果，反社会的勢力の指摘が虚偽であると判明した場合には，その旨を理由として不当要求を拒絶する。また，真実であると判明した場合でも，不当要求自体は拒絶し，不祥事案の問題については，別途，当該事実関係の適切な開示や再発防止策の徹底等により対応する。

○　反社会的勢力への資金提供は，反社会的勢力に資金を提供したという弱みにつけこまれた不当要求につながり，被害の更なる拡大を招くとともに，暴力団の犯罪行為等を助長し，暴力団の存続や勢力拡大を下支えするものであるため，絶対に行わない。

3　内部統制システムと反社会的勢力による被害防止との関係

　会社法上の大会社や委員会設置会社の取締役会は，健全な会社経営のために会社が営む事業の規模，特性等に応じた法令等の遵守体制・リスク管理体制（いわゆる内部統制システム）の整備を決定する義務を負い，また，ある程度以上の規模の株式会社の取締役は，善管注意義務として，事業の規模，特性等に応じた内部統制システムを構築し，運用する義務があると解されている。

　反社会的勢力による不当要求には，企業幹部，従業員，関係会社を対象とするものが含まれる。また，不祥事を理由とする場合には，企業の中に，事案を隠ぺいしようとする力が働きかねない。このため，反社会的勢力による被害の防止は，業務の適正を確保するために必要な法令等遵守・リスク管理事項として，内部統制システムに明確に位置付けることが必要である。

【出所】首相官邸・犯罪対策閣僚会議ホームページ「企業が反社会的勢力による被害を防止するための指針」（平成19年6月19日）

Q15　コンプライアンス態勢の構築

企業活動において反社会的勢力に取り込まれないために，コンプライアンスが重要であると聞きました。そもそもコンプライアンス及びコンプライアンス態勢の構築とは何ですか。コンプライアンス態勢の構築は法的義務なのでしょうか。

A

　コンプライアンスとは，企業が法令を中核とした社会のルールを遵守することを求められることを意味します。企業という組織体がルールを守るためには，ルールを遵守するための経営管理の仕組みが社内に構築されなければなりません。これを，コンプライアンス態勢の構築といいます（ここで，「体制」ではなく「態勢」という表現を用いている理由は，以下の解説をご参照ください）。コンプライアンス態勢は，関係法令を遵守し，いわゆる内部統制の考え方に従って構築される必要性があります。コンプライアンス態勢の構築は，会社法等の法令が要求するものですから，態勢構築を怠ると，該当法令違反に問われることになります。
　その際，各企業におかれては，反社会的勢力と関係することを業務の適正に対するリスクとして明確に認識し，反社会的勢力に取り込まれるなどの被害の防止に向けての対応策を含んだコンプライアンス態勢の構築を検討することになります。

解説

1　コンプライアンスとは何か

　コンプライアンス（Compliance）の意義を正確に理解するためには，①コンプライアンスが求める企業行動は何か，という問題と，②企業という組織体がコンプライアンスによって求められる企業行動を「実践する」ために

は、どのようなことをしなければならないのか、という問題の2つに分けて論じることが有益です。

(1) コンプライアンスが求める企業行動

まず、①コンプライアンスが求める企業行動は何か、という問題から考えます。

かつては、コンプライアンスという用語は、「法令遵守」の意味で理解されていました。企業に、法令遵守という企業行動を求めるのが、コンプライアンスであるとの考え方です。

以来、コンプライアンスという言葉の意味するところは、拡がりを持ち始めています。すなわち、コンプライアンスが企業に遵守を求める対象とする規範については、法令（法規範）のみに限られず、社内規範（自社の倫理綱領や社内諸規則）や事業者団体による自主行動基準などの業界自主ルール、さらには社会の良識や常識（社会規範）まで含まれるとする立場が、一般的です。内閣府の国民生活局国民生活審議会が平成14年12月に公表した「自主行動基準の指針」も、この立場にたっています。

このように、コンプライアンスとは、「きまり」を守るということであり、ステークホルダーの要求・期待に消極的に応えることにより、社会から減点評価を受けることを免れるということを意味しますが、最近では、さらに一歩進んで、社会から加点評価を受けることができるように、できる限り積極的に社会や環境に貢献すべきだ、社会もそうした優良企業を評価してこそ企業との共存共栄の関係が築かれる、という考え方まで行き着くことになります。企業に積極的行動を求めるこのような考え方を、企業の社会的責任（CSR＝Corporate Social Responsibility）といいます。

(2) コンプライアンスによって求められる企業行動の「実践」

次に、②企業が、組織体として、コンプライアンスによって求められる企業行動を「実践」しているといえるためには、どのようなことをしなければならないのか、という問題を考えましょう。

コンプライアンスによって求められる企業行動を「実践する」という場合、企業で法令等に違反する行為が発生していないという結果の側面と、予防のための組織や仕組みを構築（整備・運用）しているというプロセスの側面

とがあります。このうち，特に重要なのが後者の側面であり，これを「コンプライアンス態勢の構築」といいます。

　最近の企業不祥事の特徴は，企業組織の現場の一従業員の違法行為が「組織ぐるみ」の不祥事と評価されてしまう点にあります。もっとも，一従業員の違法行為が発覚した場合であっても，「組織ぐるみ」ではなく，「たまたま不心得者が起こした違法行為」であるとして，当該企業は，大して社会の信頼・信用（レピュテーション）を低下させない場合もあります。この評価の分水嶺こそが，コンプライアンス態勢構築の有無にあります。

　すなわち，企業に，従業員の違法行為を予防するための組織や仕組みとしてのコンプライアンス態勢が構築されていたならば，仮に，現場の一従業員による違法行為が発覚したとしても，かかる態勢が機能することにより，適切・迅速な事後対応をとることができ，その結果，社会は，たまたま「不心得者」が態勢をかいくぐって違法行為を行ったものの，かえって，組織自体には「自社自浄」機能があると評価されます。一方，態勢が構築されていない場合には，たとえ，アルバイトの違法行為であったとしても，適切・迅速な事後対応がとられないことにより，無責任な経営体質から起こるべくして起こった不祥事との評価ばかりか，違法状態をいつまでも是正できないことから，当該違法行為者を組織的にかばっているのではないかと疑われてしまい，「組織ぐるみ」の不祥事との評価まで下されかねないのです。

　これを，企業側の視点で見ると，コンプライアンス態勢を構築していない企業は，それだけ，社会の信頼・信用を喪失・低下させる危険性（レピュテーショナル・リスク）が高い企業であるということができます。すなわち，企業不祥事の発覚により倒産にまで至るケースがあることを考えると，コンプライアンス態勢の構築が不十分な企業は，どんなに経営・財務上の数値がよくても，いつ，突然死（倒産）するか分からない，リスク・マネジメントができていない，極めてリスキーな会社であるということができるのです。

　このように，コンプライアンスの「実践」においては，「結果」の側面もさることながら，何より，コンプライアンス態勢を構築するという「プロセス」の側面が重視されるのです。

(3) **コンプライアンスの「態勢」とは**

なお、ここで、意識的に「体制」でなく、「態勢」という表現を用いましたが、これには、次のような意味があります。

「体制」とは、会社における組織のことで、コンプライアンス体制を構築するという場合、それは、例えばコンプライアンス部を設置するなど、組織体制を整備・運用することのみを意味します。これに対し、「態勢」とは物事に対する取組み方や取り組むための姿勢や準備状況を意味します。そこで、「コンプライアンス態勢」という場合には、単に、コンプライアンスを実践するための組織体制のみならず、例えば社風や社員への教育状況など形として見えないものまで含まれることになります。コンプライアンスの「実践」のためには、単にコンプライアンス「体制」のみならず、「態勢」の構築まで行わなければならないのです。

2 コンプライアンス態勢の構築は、法的な義務

このような、コンプライアンスによって求められる企業行動を実践するための組織体制や社風・社員教育の構築は、経営管理そのもの、企業活動の進め方そのものといえます。そこでは、本来的に一つの定まった形があるものではなく、各経営者が、自主的に創意工夫して、その裁量で構築すべきものといえましょう。しかし、他方で、多くの株主、投資家、消費者等のステークホルダーが存在する大規模会社においては、一度、企業不祥事が起きてしまうと、ステークホルダーに大きな損失が生じてしまい、これが社会問題化しかねません。そこで、わが国においても、規制のあり方として、護送船団時代とは異なって企業活動そのものを真正面から規制することはしないが、企業の自発的な取組みを前提としつつも、一定の規制目的から、企業（経営者）にコンプライアンス態勢の構築を義務づけ、さらには構築状況の開示を義務づけるべきであるという考え方が出てきました。これは、特に会社法の解釈や立法の中で、確立した考え方です。

(1) 大和銀行株主代表訴訟

平成12年9月20日、日本企業に衝撃が走りました。大和銀行株主代表訴訟に関する大阪地方裁判所判決が出されたのです[*1]。同判決は、会社法の要請

として，大規模株式会社の取締役に内部統制システムの構築義務を認め，同義務を懈怠したという不作為（＝何もしていなかった）の取締役に巨額の損害賠償責任を負わせたのです。

同事件では，大和銀行ニューヨーク支店の一行員が独断で米国財務省証券を簿外取引して約11億ドルの損害を出したことについて，①当時の代表取締役ニューヨーク支店長が，行員の不正行為を防止し，損失拡大を防止するためのリスク管理体制（＝内部統制システム）を構築すべき善管注意義務・忠実義務を怠ったこと，及び，②他の取締役，監査役らが，ニューヨーク支店に内部統制システムが構築されているか否かについて監視すべき善管注意義務・忠実義務を怠ったことの双方に基づくものであるとして，同社の株主が，取締役らに対し，大和銀行に損害金11億ドルを支払うよう求めました。

この事件では大和銀行の49人の取締役（元取締役も含め）が被告となりましたが，このうち11人に対し，最高では合計約7億7,500万ドル，当時のレートで約829億円の損害賠償が命じられました。当時は，この認容額がセンセーショナルなものと受け止められ，実業界を中心に「常識では考えられない」（当時の経団連会長コメント）という評価もありました。しかし，認容額もさることながらこの事件の意義は，裁判所が，初めて正面から取締役に対し，内部統制システム，その一部分としてのコンプライアンス態勢を構築する義務が存在することを認めたことにあります。このような解釈が一般化すれば，自らは違反行為を行っていないという不作為の取締役であっても，コンプライアンス態勢の構築を怠っていたという不作為を理由として，巨額の損害賠償責任を負わされる可能性が生じたのです。

(2) 神戸製鋼株主代表訴訟

その後も，裁判所は，企業経営者に，内部統制システムの構築を義務づける判断を行っています。神戸製鋼株主代表訴訟もその例です。

この事件は，不正な経理処理で作った裏金を，総会屋に提供した取締役の責任が問われた事件です。この事件は和解で終了しましたが，和解に当たり，裁判所から当事者に対し，異例の「訴訟の早期終結に向けての裁判所の所見」が示されました（http://www1.neweb.ne.jp/wa/kabuombu/koube01.htm）。このなかで裁判所は，経団連の「企業行動憲章」制定（平成3年）や同憲章改

定(平成8年),平成9年には特殊暴力対策連合会からわが国の主要な会社に向けて「総会屋との絶縁要請書」が送付されたことなどに触れながら,内部統制システムを構築すべき取締役の義務は「社会の強い要請に基づく」ものであるとし,「今後,神戸製鋼所の経営陣が同じ過ちを繰り返すことのないための方策を講じることも視野に入れた」和解によって,早期に決着するよう両当事者に勧告しました。

そして,平成14年4月5日に成立した和解のなかで,被告である取締役が責任を認めて3億1,000万円を会社に返還するほか,会社自身にも,社外の有識者を加えたコンプライアンス特別委員会を設置し,コーポレート・ガバナンスの推進に向けて決意表明を新聞紙上に掲載すること,しかもこれらについては,原告株主の意向を十分に尊重して具体的な内容を決定することが義務づけられました(http://www1.neweb.ne.jp/wa/kabuombu/koube02.htm)。会社自身は被告ではない(「利害関係人」とされている)にもかかわらず,和解の当事者になったのは極めて異例のことであり,このことは,違法行為の舞台となった会社自体に対しても,裁判所が厳しい眼を向けるようになったことを裏付ける事実といえます。

(3) フォーカス事件

以上の二事件は,株主代表訴訟です。株主代表訴訟とは,株主が会社の代わりに取締役を訴追する訴訟類型です。上場会社において,多く見られる類型です。

もっとも,経営者によるコンプライアンス態勢の構築義務違反の有無が問題になるのは,株主代表訴訟に限られません。大阪地方裁判所は,平成14年2月19日,コンプライアンス態勢の構築を怠った代表取締役に対し,企業の違法行為によって被害を被った第三者に対する直接の損害賠償責任を認める判決を下しました[*2]。

本件は,刑事事件の被告人Xが,新潮社発行の写真週刊誌「フォーカス」に掲載された記事がXの名誉を毀損したことなどから,新潮社及び編集長に対しては不法行為責任を理由に,新潮社取締役らに対しては旧商法266条の3(会429条)による損害賠償責任があることを理由に,慰謝料等の支払などを求めた事件です。本判決は,新潮社及び編集長の不法行為責任を認容する

とともに，代表取締役の責任については，新潮社の出版物，とりわけフォーカスが数多くの違法な取材・報道行為を重ねてきたと認定した上で，「少なくとも本件写真週刊誌による違法行為の続発を防止することができる社内体制を構築・整備する義務があったものというべきである」と判示し，社内体制の不備について悪意若しくは重過失があったものと認め，Ｘに対する損害賠償責任を肯定しました。

　新潮社は非公開会社ですが，非公開会社の取締役であっても，内部統制システムの構築を怠ったことにより，従業員が違法行為を行い，第三者に損害を被らせた場合には，当該第三者から，直接訴えられる危険性があることも，現実のこととして認識されなければならないのです。

(4) コンプライアンス態勢の構築は，経営者の義務である

　このように，経営者に，事業の性質と規模に応じた内部統制システム，その一部分としてのコンプライアンス態勢を構築する義務を発生させるとの解釈は，旧商法の時代から確定的なものとなっていました。これは，取締役の善管注意義務等（旧商254条3項・254条の3）の規定に基づくものですから，大会社であると中小会社であるとを問わず，適用されていました。旧商法の善管注意義務等の規定は，会社法にも引き継がれています（会330条・355条）ので，このような解釈は会社法においても，もちろん，妥当します。

(5) 会社法による内部統制整備の基本方針の決定と開示の義務化

　さらに，平成18年に施行された会社法は，新たに，株式会社のうちすべての大会社に内部統制システムの構築の基本方針の決定を義務づけました（会348条4項・362条5項・416条2項）。その規制の目的は，大会社については，その活動が社会に与える影響が大きいことから，適正なガバナンスの確保が重要であるため，あらかじめ内部統制システムの基本方針を決定させて事業報告によって株主に対して開示する義務を負わせることにあります（会規118条2号）。

(6) 反社会的勢力との関係遮断のためのコンプライアンス態勢

　反社会的勢力と関係することが企業に与える不利益については，**Q14**で詳述したとおりであり，反社会的勢力は企業の従業員に対して不当要求を行ったり，企業そのものを取り込もうとしたりするなど，企業に多大な被害を

生じさせますので，反社会的勢力との関係遮断は企業防衛の見地から必要不可欠なものです。また，企業が反社会的勢力に対して屈することなく法令等に則して毅然と対応すること，特に反社会的勢力に資金提供を行わないことは，反社会的勢力の資金源を断ち弱体化させることを通じて社会から反社会的勢力を排除することにもつながる重大な意義を有します。企業の上記取組みは，その社会的責任を果たすという見地からも必要かつ重要なものです。

このような重大な意義を有する取組みの一環として，各企業は，反社会的勢力と関係することを業務の適正に対するリスクとして明確に認識し，反社会的勢力に取り込まれるなどの被害の防止に向けての対応策を含んだコンプライアンス態勢の構築を検討する必要があります（これに関する指針については，Q14をご参照ください）。

③ コンプライアンス態勢の構築とは，具体的にどのようなことか

最後に，企業内にコンプライアンス態勢を構築するためには，具体的に何をすればよいのかという点について説明します。

この点，会社法や同施行規則には，「取締役・執行役及び使用人の職務執行の法令及び定款適合性を確保するための体制」について決定して開示しなさいとあるだけで，具体的なことは定められていません（会348条3項4号・会規98条1項4号，会362条4項6号・会規100条1項4号，会416条1項1号ホ・会規112条2項4号）。これまでの裁判例も，会社法立案担当者も，社会通念を基準としつつも，各社の身の丈にあった態勢を構築すればよいと述べているだけです。

とはいえ，何のモデルもなくして態勢を構築しろといわれても，皆さんはお困りになるでしょう。そこで，参考になるのが，いわゆるCOSO報告書の考え方です。COSOとは，米国のトレッドウェイ委員会（The Committee of Sponsoring Organization of Treadway Commission）の略称です。この委員会は，1970年代から80年代にかけて粉飾決算や経営破綻が相次ぎ，社会問題化した米国で，米国公認会計士協会が中心となって立ち上げられたものです。この委員会は，報告書を公表することにより，上場企業をはじめ外部監査人や米

国証券取引委員会等に対して様々な勧告を行いました。その後，トレッドウェイ委員会自体はその活動を終了しましたが，残された懸案事項であった企業の内部統制について，トレッドウェイ委員会が組織した委員会，すなわちCOSOが取り組むこととなり，COSOが1992年（平成4年）に内部統制のフレームワークを公表したものがCOSO報告書なのです。そして，会社法及び同施行規則とCOSO報告書との関係について，会社法の立案担当者によれば，必ずしも直接的な関係はないとされていますが，一つのモデルを示していることには変わりはなく，これに従ってさえいれば，違法といわれることはないとの意味では基準になります。

このようなCOSO報告書をもとに構築すべきコンプライアンス態勢に関する主要ポイントを挙げますと，①トップのコミットメントによる社風の形成，②組織体制の構築，③コンプライアンス・リスク（反社会的勢力と関係することは，ここにいうリスクに該当します）の評価・対応方針の決定，④各種規程類の整備を含めたコンプライアンス・リスクのコントロール，⑤社内の情報伝達体制の整備（社内教育体制や，内部通報制度を含む），⑥監視監査体制の整備ということになると思われます。したがいまして，実際の構築に当たっては，これら各ポイントについて貴社の業種，規模，特性，過去に発生した問題の有無及び内容等を考慮して「貴社の身の丈にあった」態勢をお作りいただくことになります。

引用判例
＊1　大阪地判平12・9・20判時1721号3頁。
＊2　大阪地判平14・2・19判夕1109号170頁。

【大塚　和成】

第4章

フロント企業対策

Q16 取引開始前の対処方法

商談相手が暴力団と関係する企業であることが判明しました。取引は断ったほうがよいのでしょうか。仮に断るとした場合，相手方とトラブルにならないように取引を断るにはどのようにすればよいでしょうか。また，契約締結交渉がかなり進み，あと一歩で契約が成立するという土壇場で，相手方が暴力団と関係することが判明した場合には，どうすればよいのでしょうか。

A

　暴力団関係者との取引は断固拒絶すべきです。拒絶する際には，その理由を告げなければならない法的な義務があるわけではありませんので，理由を一切告げなくても構いませんが，何らかの理由を告げざるを得ない状況になった場合でも，嘘の理由をいってはいけません。解説で述べるとおりの形式的・抽象的な理由だけを告げてください。

　ただし，公共的な取引に関しては，取引の拒絶が制限される場合があります。また，公共的な取引でなくても，契約締結交渉の進み具合によっては，契約を拒否することが，信義則違反となることがありえますので，注意が必要です。

解説

1　暴力団関係者との取引のリスク

　暴力団関係者と取引をすることにリスクがあることはいうまでもありません。例えば，仮にその取引自体には違法性や不当性がなくとも，暴力団関係者と取引をしているということ自体で，企業の信用は低下しますし，また，暴力団関係者の違法な目的の実現に関わっていれば，仮に企業の側でその目

的を知らなかったとしても、社会から非難を受けることがあります。取引の過程でトラブルが発生すれば、暴力団関係者から無理難題を押し付けられることもあるでしょうし、事案によっては、最初から暴力団関係者がそのような意図を持って接触してきて、実際に取引の中でトラブルを引き起こされるということもあるでしょう。暴力団関係者と一旦関係が形成されれば、それが呪縛となり、以後いろいろな面でさらに利用されたり、不当な要求を受けることも少なくありません。

また、担当者が会社の指示でやむを得ず暴力団関係者と取引を行ったとしても、担当者の責任が否定されるわけではありません。すなわち、近時のコンプライアンスの考え方からすれば、上司の命令があったとしても、担当者の免責理由にはならず、違法な取引であったり、取引の過程で会社に損害が発生するようなことがあれば、担当者自身が民事・刑事の法的責任を負うことになることも十分にあり得るのです。

2 契約自由の原則

民事法では、契約自由の原則が認められており、契約を締結するか否かは、原則として、各当事者が自由に判断することができます。

この原則は、暴力団関係者が、交渉相手であっても、当然に認められますので、前記のリスクを考えれば、暴力団関係者との契約については、毅然とその締結を拒絶するべきです。

もっとも、契約自由の原則には例外があって、特に公共的な取引（電気、ガス、水道や医療行為等が典型）に関しては、契約の締結を拒むことができないものがあります。

また、一般消費者を相手にする小口ないし定型の取引（スーパーや小売店での各種物品の販売、飲食の提供等）でも、取引を拒む明確な理由がないことから、これを拒むと逆にトラブルが発生しやすく、実際に取引を拒絶することは困難なことがあります。

そのような場合には、暴力団関係者でも契約を締結せざるを得ませんが、相手方に変な因縁を付けられることのないよう、事後の管理には細心の注意

を払う必要があります。

③ 契約締結を拒む理由をどう伝えるか

　暴力団関係者との契約を拒絶するという結論はよいとしても，問題は，相手方に対して，どう説明するかです。
　上記の契約自由の原則からすれば，相手方に対して契約を拒絶する理由を説明する法的な義務があるわけでもありませんので，理由を告げずに，とにかく拒否するという対応でも全く構わないのですが，相手方は暴力団関係者であり，状況によっては，なかなかそういうわけにはいかないことも多いと思います。
　しかし，当然のことながら，相手方が暴力団関係者だからという真の理由をそのまま伝えてしまえばトラブルになることは必至です。
　もちろん，ケースによっては，そのように直接伝えることもあり，弁護士であれば，平気でいってしまう人もいますが，一般の方は危険ですので，勧められません。
　そこで，多くの場合は，差し障りのない理由を告げて，拒絶することが多いと思います。例えば，「多忙で人手が足りない」，「資金的に困難である」等です。形式的な理由では，相手方も納得しないことが多いかもしれませんが，それが正当な理由になるのであれば，気兼ねする必要はありません。
　しかしながら，差し障りのない理由がない場合は困ってしまいます。
　そのような場合に，気の弱い人だと，その場逃れの嘘を付いてしまうことがありますが，嘘を付くことは絶対に避けてください。嘘がばれてしまえば，たちまち劣勢となり，事後の対応に重大な影響が及んでしまい，結果的に相手方の意向に逆らえなくなってしまうことが多々あります。暴力団関係者は，言葉尻をとらえて，難癖を付けることが非常に得意ですので，彼らの術中にはまらないようにするためには，安易な嘘を付くことは厳禁といえます。
　それではどうすればよいのでしょうか。
　「当社では必要がありませんので，結構です」「諸般の事情を考慮して，今回は取引を見合わせます」と抽象的・形式的な理由を述べておけばよいでし

ょう。

　前述のとおり、そもそも契約自由の原則がある以上、どのような理由で契約を拒むかも自由であって、いちいち理由を開示しなければならないわけではありません。

　もし相手方が具体的な理由の開示を求めてきても、形式的な回答で押し通すべきです。接触回数が少なければ、相手方もそれほど執拗に契約締結の要求をしてこないことが多いでしょう。

　もちろん、形式的な回答で暴力団関係者があっさりと了承することは少ないかもしれませんが、それでもかたくなに拒絶して押し通し、根比べに持ち込めば、最後は相手も引き下がることが多いと思います。

　どうしても、拒絶することが辛いという場合には、弁護士に依頼する方法もあります。各都道府県の弁護士会の民暴委員会にお問い合わせください。

４　暴力団排除条項がある場合

　最近は暴力団関係者とは取引を一切しないと約款で謳っている企業が多くなりました。

　そのような企業は、暴力団関係者から取引を求められてきた場合には、約款の適用を告げて契約の締結を拒絶することができますが、注意が必要な点があります。

　すなわち、相手方が暴力団関係者であることを否認した場合やその証拠（裏付け）を求めてきた場合にどのように対応するかという点です。

　Q10、**Q11**でも述べたとおり、多くの場合、相手方が暴力団関係者であるか否かは明確には分かりませんし、もし警察や公的な機関から教えてもらえたとしても、口頭での開示しかなければ、本当に開示があったのかどうかは証明できませんので、相手方は納得しないでしょう。

　このように、暴力団排除条項の適用に関しては、相手方に否認された場合の配慮が必要になりますが、証拠さえ用意できれば、暴力団関係者に対する強力な武器になりますので、お勧めできる方法です。

　なお、暴力団排除条項に関する詳細は**Q12**をご参照ください。

5 契約締結交渉がかなり進み，あと一歩で契約が成立するという土壇場のケース

　この場合は厄介です。普通の一般の方を相手にする場合でも，苦労することが多いと思います。

　相手方は，「ここに至るまで多額の準備費用がかかった」，「今までの苦労をどうしてくれるんだ」，「多方面に迷惑がかかることになる」，「多額の損害が発生して取り返しがつかなくなる」等と脅してくることがよくあります。

　このような場合の対応について，唯一の正解があるわけではないと思いますが，一般的には，前述と同じく，明確な理由を避け極めて形式的な理由だけを告げるというやり方で押し通すことが多いように思います。具体的には，「その後，諸般の事情を考慮し検討したのですが，総合的な判断によりお断りすることになりました」との説明です。

　もちろん，この説明によっても，相手方は納得しない場合が多いでしょう。しかし，本音をいうわけにはいきませんし，嘘を付くこともできないのです。そうかといって，一切，接触を断つということも相手方に「不誠実だ」との反撃材料を与えることになりかねません。

　そこで，やむを得ず理由を告げるにしても，相手方に攻撃の材料を与えないように，形式的な理由にとどめる必要があり，「総合的な判断」という便利な表現に行き着くことになるのです。

　これに対しては，相手方からの「総合的な判断では意味が分からず，納得できない」との反論が想定されます。

　その場合は，「諸々の点を検討する中で，（高度の）経営判断に係わることも生じまして，その点も考慮した上での結論です。したがって，理由自体開示することは差し支えますので，ご容赦ください」というような言い方で対応することが考えられます。嘘ではありませんので，卑屈になる必要はありません。

　もっとも，相手方は直ぐには納得しないでしょう。しかし，そもそも相手方を納得させようなどと考えることは最初から諦めるべきです。相手は暴力

団関係者であり、ゴネることを商売としているのですから、当然納得するはずはありません。後は根比べに持ち込むだけなのです。

6 契約締結上の過失

(1) 意　義

　法律に明記されているわけではありませんが、講学上の概念として、契約締結上の過失ないし契約準備段階の過失というものがあります。本設問に関連する範囲で限定して説明しますと、契約締結の交渉ないし準備段階に入った当事者には、相手方に損害を生じさせないよう配慮する信義則上の義務があり、仮に契約が有効に成立しなかった場合でも、当事者にこの義務違反があれば、損害賠償責任が生じることになるという考え方をいいます。契約自由の原則があるのですから、契約を拒絶すること自体が制限されることはないのですが、それまでの交渉に関して発生した損害について問題とされるのです。例えば、契約締結交渉がかなり進み、それまでの一方当事者の言動から、相手方に契約が成立するものと期待させ、速やかな履行のために準備費用をかけさせていたのに、合理的な理由もなく、契約を一方的に拒絶したりすれば、この問題が生じます。

　前述のとおり、暴力団関係者との取引は基本的には拒絶すべきですが、拒絶した場合の法的リスクとして、契約締結上の過失ないし契約準備段階の過失の問題があります。

(2) 契約締結上の過失の具体例

　例えば、金融機関に対し住宅ローンの申込みをしても、すぐには融資をしてくれません。大口の融資であれば通常は稟議が必要になるからです。しかし、その場合でも、窓口で融資の可否の見通しを告げることはよくあります。そして、その際、行員の説明の仕方によっては、相手方に期待を持たせることになることがあります。例えば、「この条件であれば、間違いなく融資はできます」という話し方をすれば、信じてしまう人は多いでしょう。

　同じようなことは、銀行取引だけでなく、物品の売買や各種サービスの提供でもありえます。例えば、メーカーと販売業者との間の商談、不動産業者

からの不動産の購入，高額な保険契約等はよくあるケースでしょう。そのような場合でも，一方当事者が「うちで確実に契約できます」等といえば，他方当事者は契約は成立するものと信じてしまうことがあります。

　そして，その後に，契約の成立を信じた当事者が，準備に入ったり，費用を支出したりするような場合に，契約締結上の過失が問題となるのです。

(3) 契約締結上の過失が問題となる場合の対応方法

　契約締結上の過失という法的リスクがあるからといって，契約を締結してしまったほうがよいというわけではありません。契約を締結してしまえば，暴力団関係者との関係が形成され，事後により大きなリスクを抱えることになるからです。したがって，基本的には，損害賠償のリスクを覚悟してでも取引を拒絶すべきです。契約締結上の過失の立証責任は相手方にありますし，しかも，その立証は一般的に容易ではありません。逆に，こちらが相手方の反社会性の立証に成功すれば，契約締結を拒否する正当事由と評価され，契約締結上の過失は否定されやすくなります。また，仮に契約締結上の過失が認められたとしても，損害賠償の範囲は，基本的には，信頼利益にとどまりますので，それほど大きな額とはならないのが通常です。

　なお，契約締結上の過失に関しては，相手方が抱いた信頼が法的保護に値するのか否かによって損害賠償義務の成否が決まることになりますので，予防法的な観点からいえば，民暴事件に限らず，相手方に過度に期待を持たせる言い方は避けたほうが無難といえます。

　相手方が暴力団関係者であれば，なおさら慎重になるべきでしょう。

【石田　英治】

Q17 取引開始後の対処方法

当社の取引先のうち2社が暴力団と関係する企業であることが判明しました。1社は、当社が商品を供給している先で、もう1社は、当社が定期的に機関誌を購入している先です。いずれについても、取引の開始は古く、現在まで長期にわたり継続的に取引は行われています。当社としては、暴力団関係企業であることが判明した以上、できれば速やかに取引を解消したいのですが、どうすればよいでしょうか。

A

契約期間の定めがあるのか否かで対応が異なってきます。契約期間の定めがないのであれば、後述の解約申入れによって将来に向かって契約を解消することができます。他方、契約期間の定めがある場合は、原則として、契約期間中は当事者双方とも契約に拘束されますので、その期間中に取引を解消するには、後述するような法律上の特別の理由が要求されます。いずれにしても、法的に微妙な判断が求められることがありますので、慎重な対応が必要です。

解説

1 はじめに

暴力団関係企業と取引をすることに多大のリスクがあることはQ16で述べたとおりです。したがって、取引関係は可及的速やかに解消すべきでしょう。しかしながら、一旦契約が成立してしまえば、Q16で述べた契約自由の原則は働かず、逆に契約の拘束力によって、自由な解消が認められなくなってしまいます。その意味で、契約関係が現時点でも終了せずに続いているのか否かが重要な意味を持つことになります。以下、契約期間の定めの有無

によって、場合を分けて説明します。

2　契約期間の定めがある場合

(1)　契約期間中の権利関係

　契約期間の定めがある契約であれば、原則として、契約期間中は契約内容に拘束されることになります。

　そのため、本設問の商品の供給についても、契約内容に商品の供給義務が規定されているのであれば、契約期間中は、商品を供給し続けなければなりません。ただ、商品の供給義務の有無に関しては、よく契約書を読む必要があります。というのも、仮に契約期間の定めがある基本契約が交わされている場合であっても、受発注の仕方・納品の手続・代金支払の方法等の定めはあっても、商品の供給義務までは定めていないことが多いからです。

　また、本設問の機関誌の購入についても、契約期間中であれば、法的には、これを拒むことは難しいでしょう。ただ、そうはいっても、反社会的勢力との付き合いを継続することは好ましいことではありません。そこで、法的な根拠がなく、かつ、奏功しない可能性があることも承知の上で、とりあえず解約通知を送ってみるということはよくあります。相手方が反社会的勢力である場合、彼らも後ろめたさを感じていることが多く、こちらから解約通知を送るだけで実際に任意の解約に応じることもありますので、試す価値はあると思います。

　ところで、契約期間中であっても、法律の規定や契約の条項によって、一方的に契約を途中で終了させる方法がないわけではありません。相手方が暴力団関係者であれば、この点についても、積極的に検討して、できるだけ取引関係を解消させる方向で検討すべきです。以下、典型的な終了事由を列記します。

(2)　錯誤・詐欺・強迫により契約を締結した場合

　このような場合には、民法に従って、契約の無効を主張したり、あるいは、契約を取り消すことができます（民95条・96条）。

　相手方が暴力団関係者であることを知らなかったということで、直ちに錯

誤無効が認められたり，あるいは，相手方の告知義務違反が認められて詐欺取消しが成立するということは少ないかもしれませんが，相手方が暴力団関係者であれば，取引の動機，経緯，内容等にも不適当な要素があると思われますので，これらの事情を含めて錯誤・詐欺が主張できないか検討すべきでしょう。

また，暴力団関係者であれば，脅迫的な言動があることも少なくないでしょうから，強迫の成立も検討する必要はあるでしょう。

(3) **法定解除**

契約に規定がなくても法律の規定によって契約を解除する場合をいいます。典型例は債務不履行解除（民541条以下）です。相手方が前払の代金の支払を遅滞させているような場合は，解除原因になり得ます。

(4) **約定解除**

契約に解除に関する規定を置いている場合に，その規定に基づいて解除することをいいます。契約書で，相手方が破産手続開始決定を受けた場合や不渡処分を受けた場合等を解除事由とする例は多いと思います。

暴力団関係者に特有の解除事由として，いわゆる暴力団排除条項があります。暴力団排除条項とは，取引関係にある当事者間を規律する契約書，規約，約款等の中に設けられている条項であって，暴力団その他反社会的勢力又はその関係者とは取引を拒絶する旨，あるいは，契約成立後に相手方が暴力団その他反社会的勢力又はその関係者であることが判明したときには，契約を解除することができる旨を規定した条項をいいます。

このような条項があれば，前述の錯誤・詐欺・強迫に当たらず，また法定解除事由がない場合でも，契約を解除することができるので大変有効な規定です。詳細は**Q12**で説明しています。

(5) **信頼関係破壊の法理**

継続的契約は信頼関係を基礎とします。そこから，信頼関係が破壊されてしまえば，継続的契約は維持できず，解除権が発生するとの解釈が導かれます。一種の法定解除です。どのような場合に信頼関係が破壊され解除権が発生すると解するのかは，契約の種類や事案によっても異なるでしょうし，判例及び学説上も明確な考え方があるわけではありませんので，慎重な判断が

必要になりますが，①相手方が暴力団関係者であること，②当該契約の履行が暴力団の活動を助長する結果になっていること，等が判明すれば，信頼関係は著しく損なわれるでしょう。問題はこれが解除事由になるかですが，その程度は事案ごとに異なりますので，一概にはいえません。しかし，検討する価値は十分にあると思われます。

(6) 公序良俗違反

公の秩序又は善良の風俗に反する事項を目的とする法律行為は無効とされます（民90条）。取引の相手方が暴力団関係者である場合，取引の動機，目的，内容によっては，取引が公序良俗違反となり法律上無効と解する余地が出てきます。その判断は事案ごとに異なるので，客観的な基準を立てることは難しいところですが，積極的に検討すべきでしょう。

③ 契約期間の定めがない場合

1回の給付で契約内容が実現してしまう場合には，その給付をしたことで契約は終了します。その後にさらに新たな契約を締結するか否かは，各当事者が自由に判断して決めることができます。すなわち，**Q16**で説明した契約自由の原則が適用されることになるのです。

しかしながら，1回の給付で契約が終了せず，将来にわたっても給付を継続ないし繰り返すことが契約内容となっている場合には，いつまで契約に拘束されるのかが問題となります（当初，取引を継続することが明確に契約内容となっていなかったとしても，その後取引が長期にわたり継続し，相手方に将来の取引継続についての期待が生じた場合も同じ問題が生じます）。

この点，契約期間の定めのない継続的契約に当事者が永久に拘束される理由はありませんので，判例ないし学説上，一方当事者から解約の申入れ（当事者の一方的な意思表示によって将来に向かって契約を終了させること）ができることと解されています。

ただし，解約申入れが原則自由にできるといっても，その行使が制約される場合もあります。

第1に，法律上例外が明記されている例として，不動産賃貸借契約があり

ます。例えば，建物賃貸借契約の場合，直ちに解約することはできず，解約の申入れから6ヵ月を経過しないと契約は終了しません（借地借家27条）。しかも，解約申入れをするには，正当事由が要件とされています（同法28条）。また，雇用契約でも，30日の予告期間が必要ですし（労基20条1項），解雇権濫用の法理（同法18条の2）により，解雇そのものが認められないことも少なくありません。

　第2に，法律上明記されていなくても解釈上その制約が認められる場合があります。取引が継続すれば，当事者双方ともその後も取引は長く継続するものと信頼ないし期待するのが通常ですから，当事者によっては，取引の開始に当たり相応の資本を投下したり，その契約を前提に次回の取引の準備をしたり，あるいは別の取引に取り掛かったりすることもあるでしょう。そのような場合に，一方当事者の解約申入れによって直ちに契約関係が終了してしまうことになると，他方当事者は損害を被ることになります。そこで，学説の中には，解約申入れをするには，正当事由が必要であると解したり，当該契約の種類や性質に応じて相当の予告期間を設けるか，他方当事者にとって不利益とならない時期にしなければならないと考える説もあります。判例の立場は明確ではありませんが，代表的な事例として，ダスキン肉まん事件[*1]があります。この事案では，食品業者からファーストフード業者へ肉まんを供給する業務委託契約について，ファーストフード業者が食品業者に解約申入れをしたのですが，裁判所は，有効な解約申入れには正当事由が必要であるとして，ファーストフード業者の解約申入れを認めませんでした。

　本設問の事案でも，一応，解約申入れがどの程度制限されるのかが問題となるところですが，機関誌購入に関しては，一般的に取引継続についての信頼がそれほど強いものとは考えられませんので，解約申入れによって，比較的容易に契約の解消が実現できるものと思われます。

　これに対し，商品供給については，商品の種類，契約の目的，契約を解消した場合の影響等諸般の事情によって決まることになりますので，本設問の内容だけでは一概には判断できませんが，少なくとも，相手方が暴力団関係企業であることが証明できるのであれば，解約についての正当事由は認められやすくなると考えられます。

4 おわりに

　以上のとおり，暴力団関係者との取引を解消する法的な主張はいろいろとありますが，実際に取引を打ち切ることとなると当然相手方からの反発が予想されます。そのため，事前に十分に法律上の理論武装をしておくことはもちろんですが，事実上のトラブルの発生についても対策を立てておく必要があります。

　また，相手方が暴力団関係者であることを解除事由とする場合には，その裏付けとなる証拠もきちんと揃えておく必要があります。十分な証拠もなく相手方を暴力団関係者であると決め付ければ，相手方に格好の反撃材料を与える結果となり，トラブルは避けられません。暴力団排除の観点からは，積極的に取引解消に向けて動くべきであり，場合によっては損害賠償のリスクも覚悟すべきこともあると思いますが，事前に各種相談機関も利用して入念な準備をしてください。

引用判例
　＊1　大阪地判平17・9・16判時1920号96頁。

【石田　英治】

第5章

反社会的勢力による面談要求への対応方法

Q18 面談要求事例①──事前準備

わが社が販売している商品のクレームを理由として面談要求を受ける機会が増えており、反社会的勢力から面談要求を受ける可能性も高くなっています。どのような準備、心構えをしておく必要がありますか。

A

　反社会的勢力からの面談要求があった場合、毅然とした態度で対応し、不当な要求は一切拒否しなければなりません。しかし、反社会的勢力からの面談要求は、正当なクレームを装っている場合がほとんどであるため、面談要求を受けた時点では、相手方の素性や当該面談内容の正当性を判断することができない場合もあります。このような場合、面談当初の対応を間違えると、無用なトラブルを拡大させ、対応に苦慮することとなります。

　したがって、面談要求への対処は、反社会的勢力からの面談要求のみを念頭に置くのではなく、面談要求一般において注意するべきポイントを十分認識し、事前にその対策を練っておくことが必要です。

解説

1　面談要求への対応が重要な理由

　反社会的勢力からの不当な面談要求には毅然とした態度で臨むべきであり、不当な要求がなされた場合には、断固として拒絶しなければならないことはいうまでもありません。

　しかし、面談要求があった段階では、相手方の素性・属性がよく分からなかったり、面談の内容自体を事前に確認できないこともあります。

もちろん，面談要求は，反社会的勢力からのみなされるわけではなく，顧客，株主等からの法的根拠等に基づいた正当なクレームを内容とする場合もあります。したがって，面談を求める相手方の属性や相手方の要求内容を十分に確認せず，場当たり的に対応するだけでは，正当な面談要求及びクレーム（会社として対処が必要な重要な事項が含まれている場合等）への適切な対処を間違えたり，逆に，反社会的勢力からの要求を安易に受け入れたりしてしまう危険があるのです。

したがって，面談要求があった場合，いかなるケースに対しても適切に対応できるよう，注意点を認識しておくこと，及び，事前の準備をしておくことが重要となります。

以下，具体的に説明します。

2　面談要求への具体的な準備

(1) 事前告知の有無

面談要求には，事前に面談を求める告知がある場合と，何らの告知なく突然訪問を受ける場合があります。

(2) 事前告知がある場合

(a) 要求者の氏名等の確認　面談の事前告知の多くは電話によってなされるので，その場合には，面談要求者の氏名，住所，面談を求める理由（内容）について確認をし，正確に記録化しておくことが必要です。この記録化のためには，あらかじめ確認の必要な事項を書き込む形の「面談要求者カード」（本設問末尾の**書式例**参照）を作成しておき，これを利用するのが効果的です。この手続は，面談要求が不当なものかどうかにかかわらず，必ず行います。

面談要求者に対して，氏名，住所，面談内容などの確認を求めても要求者がこれに応じようとしない場合には，面談には応じられない旨回答します。このような回答に対しては，「（会わないのは）お前の判断か」などと追及されることがありますが，「氏名，住所，面談内容を確認できない場合には社の規定により面談いたしかねる」旨を淡々と説明すれば足ります。

（b）担当者について　　面談に立ち会う担当者を決めておくことは重要なことですが（後述(f)参照），面談の要求があった場合にこの要求自体に対応する担当者を決めておけばスムーズに対応できます。しかし，いつ何時面談の要求がなされるかは予測がつきませんので，常にあらかじめ決められた担当者が面談要求に対処することは現実的ではありません。その場合に備えて，誰が要求を受けても，適切な対応ができるような態勢（マニュアル作り）が重要となります（マニュアルの内容については，Q20参照）。

（c）面談日時の設定について　　要求者の氏名等が確認でき，面談要求の内容において，会社側の法的責任が疑われる事実が指摘されていたり，調査を要する事項が含まれている可能性があるなど，面談をするべきと思われる一応の合理性があれば，面談の日時を設定することになります。日時の設定の際には，面談担当者の在席等，面談に対応できる態勢が整っている日時を選んで要求者と調整をします。

要求者が日時の調整に応じようとせず，「今すぐに行く」，「今すぐに来い」などと時間的な猶予を与えようとしない場合には，明確に，「担当者不在のために応じられない」と回答して面談を拒否する必要があります。

しかし，担当者が実際には対応可能であるにもかかわらず，面談日時を先延ばしにすることは好ましいことではありません。先に述べたように，面談要求者との面談においては，会社にとって早期に対処しなければならない事実が指摘される可能性もあるからです。また，面談を避けようとする態度自体が非難の対象となることもあります。面談要求者の氏名等の属性や要求内容，又は要求態度，口調等からみて，反社会的勢力からの面談要求であることが想定される場合には，対応する人員や場所の手配のみならず，弁護士や場合によっては警察との連携の準備を整えるのに必要最小限の時間を確保した上で，適切な時期に面談日時を設定するべきです。

なお，面談日時を設定する場合には，終了時間も明示しておく必要があります。終了時間を事前に明示・告知しないと，面談が長時間にわたり，面談を切り上げるために念書を書くなど何らかの要求に応じなければならないという事態に追い込まれる可能性があるからです。用件を聞くために必要かつ適切な時間としては，通常30分から1時間ほどあれば十分です。面談を開始

した後，用件が重要であり時間を十分にかけて話を聞く必要があると判断した場合には，必要に応じて時間を延長するとか，近いところで別の日時を設定してあらためて面談するという手法をとりましょう。相手方のペースで面談時間をコントロールされないことが重要なポイントです。

(d) 面談場所の設定について　顧客からの正当なクレームであることが疑いない場合には，むしろ担当者が顧客の指定する場所に赴くべきであり，こちらの施設に呼び出すことは適切とはいえません。このような場合であっても，相手方の指定する場所に呼び出された場合には，何らかの精神的な圧迫を感じることも多く，面談時間をコントロールすることも難しくなります。したがって，複数の担当者で対応する，事前に面談時間を設定するなどの準備を整える必要があり，その上で相手方の指定先に出向くことは問題ありません。

これに対し，反社会的勢力と思われる者からの面談要求の場合には，場所の設定は極めて重要な要素となります。例えば，呼出しに安易に応じて相手方の指定する場所に行ってみたら，暴力団組事務所だったという場合を想定してください。何の準備もなく訪問した先で，複数の暴力団関係者に囲まれ，強い心理的な圧迫を受けながら意思に反して種々の約束をさせられることは避けられないでしょう。したがって，このような場合には，相手方の呼出しには応じず，会社を面談場所として設定することが必須となります（この点は，次の面談場所の設備の問題にも関わります）。仮に会社を面談場所に設定できない場合には，ホテルのロビーや喫茶店等公共の場所を選びます。公共の場所は，第三者の目がありますので，その場において脅迫や監禁といった犯罪行為・違法行為を行うことが難しいからです。

(e) 面談場所の設備について　会社内を面談場所に設定した場合，一般的には応接室や会議室を利用することになります。

反社会的勢力からの面談要求の際には，脅迫にあたるような言動や，面談時間を経過したのに居座るなど，犯罪行為が行われる危険性もあります。そのような場合に，相手方の言動が正確に記録されていれば，刑事事件として対処することも可能です。したがって，可能な限り応接室には録画設備（ビデオカメラ）を整えておきたいところです。すべての会議室に録画装置を備

えることが難しい場合には，反社会的勢力との面談用に一部屋のみでもそのような設備を整えておきましょう。

録画設備の有無とは別に，録音装置（小型のテープレコーダー，ＩＣレコーダー等）は常備しておく必要があります。

面談の際に脅迫などの犯罪行為が行われる場合のみならず，面談の際のやりとりを正確に記録することは重要なことです。したがって，面談の際には，録音装置を持参し，「面談内容の正確な記録のために，会話を録音させていただくのが社の決まりとなっております」と説明をし，録音をするようにしましょう。

相手方が録音を強硬に拒絶した場合には，場合によっては，「社の規定で，面談自体をお断りします」と回答することも必要となります。

（f）担当者の事前決定　面談の要求があった場合に誰が対応するかを事前に決めておくことが重要です。本来は，社内の誰が対応しても適切な対応ができることが理想です。しかし，正当な面談要求は別として，反社会的勢力からの面談要求に立ち会い，相手方の有形無形の圧力に屈せず適切な対応をするためには，経験も重要な要素となります。そのために，面談担当者を事前に決めておく必要があります。

担当者は，単独ではなく，複数人をあてる必要があります。中心となる立場の担当者，これを補佐する担当者，記録係など，担当者間での役割分担をするためです。複数かつ明確な役割分担を決めることは，面談に冷静かつ適切に対処するためのみならず，面談内容の正確な記録のためにも必須と思ってください。

しかし，担当者が決まっているからといって担当者任せにすることは避けなければなりません。担当者制は，担当者に責任を押し付けるためのものであってはならず，会社組織として適切な対応をするためのシステムです。したがって，面談において問題が生じた場合には，その情報が担当者限りではなく課や部全体，さらに，役員やトップに共有され，会社としての意思決定がなされるというような，バックアップ態勢を伴ってはじめて担当者制が効果を発揮するのです。

なお，面談に際しては，決裁権者を立ち合わせることは避けなければなり

ません。決裁権者を立ち合わせると，何らかの決断を求められた際に，「一旦持ち帰って社内において検討する」という対応をとれず，およそ冷静な判断ができない状況下で即断を求められることとなります。即断は危険です。実際，不当要求に関する企業のアンケートによると，不当要求に応じてしまったケースにおいては「決裁権限のある上司が対応してしまった」ことがその理由になっている事例が多く見られるのです。

(g) 関係諸機関との連絡・連携態勢　面談を求める相手方が暴力団員等の反社会的勢力であったり，面談の際に違法な言動がなされる危険があると予想され，社内の対応のみでは予想される危険に十分対処し得ないと判断した場合には，あらかじめ，弁護士に相談したり，場合によっては警察に相談することが必要となります。

しかし，弁護士や警察も，事情がわからなければ迅速な対応をすることができません。

したがって，万が一の場合に備えて，日頃から弁護士や警察と協力できる態勢を築いておくことが必要です。暴追センターの実施している不当要求防止の責任者講習を受講するなどして，日頃から，暴追センターや警察と連携を取りやすい環境を作っておくことも必要です。

このように，暴追センターや警察との日頃の連携ができていれば，事前準備の段階からアドバイスを受けることもでき，不測の事態に迅速に対応してもらうことも可能となります。

(3) **事前告知がない場合**

以上，面談についての事前告知があるケースを念頭に置いて説明してきましたが，面談要求は常に事前告知があるわけではなく，何らの告知なく訪問を受けるというケースもあります。

しかし，そのような場合であっても，慌てる必要はありません。

すなわち，突然の面談の要求であっても，要求者の氏名，住所，面談内容の確認をして面談要求者カードに記録し，事実確認ができない場合（応じない場合）には面談を断ること，事実確認ができた場合には，適切な面談時間を設定し，複数の担当者で面談に応じること，面談に応じる場所にはあらかじめ録画・録音できる設備を整えておいた場所を使用すること，面談におい

ては正確な記録をとること等，事前告知がある場合の面談と全く同様の対処をすればよいのです。

　すなわち，事前準備をしておけば，突然の面談要求に対しても適切な対応ができるということを認識した上で，面談要求の留意点を意識した態勢を作っておくことが重要になるのです。

【尾﨑　　毅】

書式例　面談要求者カード

受付番号		日時　年　月　日　：　～　：	
受付部署		受付者氏名	
相手方 （要求者）	氏名		
	住所		TEL
	勤務先		
	勤務先 住所・電話		
面談理由			
面談要否 予定日時	要　年　月　日　：　～　：　（30分，1時間） 不要		
面談場所	社内　　　　　，その他		
他部署へ の連絡	担当部署　　　　　担当者 連絡日時		
	警察へ　　　署　　　係　　担当 連絡日時　　年　月　日		
	弁護士へ　　　法律事務所　弁護士〇〇 連絡日時　　年　月　日		
	その他 日時		
録音等の 有無	有・無		

Q19 面談要求事例②——現場での対応

反社会的勢力と思われる人物からの面談要求を受け，明日，面談する約束をしています。面談の際に具体的に気をつけるべき事項は何でしょうか。また，執拗な面談要求に対しては，何らかの法的対処は可能でしょうか。

A

面談の現場において気をつける点は，①相手方を怖がらず，侮らず，毅然とした態度で接する，②複数で対応する，③適切な面談場所を設定する，④面談時間を指定し，その時間内で切り上げる，⑤面談内容と面談要求者との関わり（当事者性）を確認する，⑥要求内容についての適切な対応，が重要となります。

解説

1 面談の際の注意点

反社会的勢力と面談をすることになった場合には，事前に準備していた態勢（Q18参照）で，適切な対応をすることが必要となります。初期対応を誤ると，以後，反社会的勢力との関係を遮断できず，あるいは，遮断するのに時間と費用がかかり，企業の価値を低下させるとともに，反社会的勢力の資金源とされてしまう危険性があります。反社会的勢力側にとってみれば，面談要求に対する企業の対応を見れば，当該企業を不当要求のターゲットにできるかどうかが分かります。

すなわち，反社会的勢力からの面談要求に適切に対処できるかどうかは，不当要求をシャットアウトできるかどうかの試金石となるのです。

面談要求の事前準備（Q18）の内容と一部重なる部分がありますが，ここ

では、特に面談の実践場面において重要な点について説明します。

(1) 担当者の姿勢について

面談には、社内の態勢作りにおいて事前に選任されている複数の面談担当者が立ち会うこととなります。

なお、原則として、決裁権限のある者を面談に立ち合わせてはいけないことは既に述べたとおりです（**Q18**参照）。

相手方が暴力団等の反社会的勢力である場合、これを怖がるなというのは無理なことでしょう。しかし、反社会的勢力も、直ちに暴力に訴えれば、不当な利益を獲得するという最も重要な目的が達成できないだけでなく、刑事罰を受ける可能性すらあります。暴力に訴えることは、反社会的勢力にとっても利益にならないばかりか不利益を招きかねないということを銘記してください。最初から相手方を必要以上に怖がってしまうと、主張すべきことを主張できず、拒絶すべきことを拒絶できないということになり、相手方の思うつぼです。

相手方を必要以上に怖がらず、不当な要求行為には一切応じないという強い意思をもって、毅然とした態度で面談に臨む必要があります。そのための複数対応であり、組織的態勢作りなのです。

しかし、相手方を怖がらないとしても、相手方を侮る態度を取ってはいけません。これは人として当然のことではありますが、侮った態度や不適切な言動が、相手方にあらたな非難の材料を与え、対応に苦慮する原因となるからです。

当たり前のことですが、言葉遣い、態度に注意し、常識人として、常識的な態度で面談に臨むことが必要です。

(2) 複数対応の原則について

反社会的勢力との面談に際しては、複数対応が原則となることは事前準備の項（**Q18**）においても述べたところです。事前に決まっている担当者複数で対応することとなります。可能であれば、相手方より１名でも多くその場に立ち会わせ、人的に優位な形で面談に臨みたいところです。場合によっては、事前に決まっている担当者のみならず、それ以外の者も同席させられるようなフレキシブルな対応が求められます。面談日時の決定の際に、そのよ

うな人員が確保できるような時間を設定することが必要となります。

複数対応をする場合には，あらかじめ決められた役割分担に応じて，対応担当者，記録担当者（人的余裕があればそれらの補助など）が各々の役割を果たす必要があります。対応担当者は，面談に集中しなければならず，言葉のやり取りにも気を遣いますので，対応と同時に正確に記録を残すことは困難です。したがって，対応をする担当者とは別に，記録担当者が必ず同席しなければなりません。

こちら側が複数の人数で対応することに対し，反社会的勢力側が抵抗を示し，担当者単独での対応を求めることがあります。しかし，これについては，「社内の規定で正確な記録を残すため，複数対応が決まりとなっている」ことを明示し，単独対応の要求を拒否しなければなりません。

(3) **面談場所の設定について**

面談場所については，事前準備の項（Q18）で述べたように，録画・録音などの設備を備えた場所を選ぶべきです。面談内容の正確な記録は，相手方の主張内容が正当な場合であっても，面談において摘示された事実を正確に記録しておくという意味で重要ですが，相手方の要求が不当な目的の場合には，要求内容や方法の不当・違法性についての証拠を残すとともに，これら不当な要求をしようとする相手方への牽制として重要な手段となります。

なお，(2)で述べたように，面談には複数で対応することが必要ですので，録音・録画設備を備えた面談場所は，ある程度の人数が入れるだけの広さを備えた部屋（7～8人が入れる部屋）を選ぶべきです。

部屋に入ったら，出入口に近いところに企業の関係者の席を設けます。出入口を塞がれて室外への避難を妨害されないためです。

(4) **記録の態勢について**

録画設備を備えていない場合であっても，録音テープ，ICレコーダー等の録音装置を持参することは必要であり，さらに，記録係は筆記の記録を残せるように記録用紙を持参して面談内容を記録するようにします。

(5) **適切な面談時間の設定**

面談時間はあらかじめ設定し（Q18参照），予定の時間が経過したら面談を打ち切る必要があります。

面談当初に,「業務上の都合がありますので,本日の面談は○時△分までとさせていただきます」と明示します。もちろん,事前に面談日時を設定している場合には,開始時刻のみならず,終了時刻も告げておく必要があります。

面談終了後に会議などの重要な予定が入っている場合には,その旨を告げ,時間を延ばすことはできないことを明示します。

(6) 湯茶等の提供について

日常的な業務態勢として訪問者に対して湯茶の提供をしていない企業はもちろん,提供をしている企業においても,反社会的勢力に対しては湯茶の提供をする必要はありません。すなわち,「あなたたちを顧客としては扱っていない」という意思の表示です。

しかし,当初から相手方の属性が判明していない場合もありますので,この問題にはさほど神経質になる必要はありません。

ただし,目の前にお茶があれば,話がこじれた場合には,それをかけられる,茶碗を投げつけられるなどの危険がある点を注意しておくべきでしょう。

(7) 名刺の配布について

面談に立ち会う際に,名刺を差し出して名乗るのが一般です。

相手方が反社会的勢力である場合には,名刺を出す必要はないと思われます。ただし,こちら側の職場における地位を明確にすること,自分が本件の担当者であることの宣言としてあえて名刺を渡すことにも意義があります。また,こちらが名刺を渡すことで相手方の名刺の提供を求めやすくなるという場合もあります。その意味では,この問題もあまり神経質になる必要はないでしょう。ただし,注意すべきは,その後の嫌がらせに繋がらないように,名刺には自宅の住所・電話番号は絶対に記載しない,携帯電話の番号も記載されていないものを準備しておくなどの注意も必要です。

(8) 面談要求者と面談内容の関係の確認について

(a) 面談要求者の当事者性　反社会的勢力からの面談において提示される内容としては,例えば,①当該企業が担当する建築現場における騒音・振動等の苦情をもとに,環境団体を名乗る者が(ときに監督官庁に訴えることを示唆しつつ),当該企業の活動にかかわる何らかの責任をほのめかしてその対処

（主に金銭賠償）を求める場合（この場合でも，当該指摘事実への対策を求めずに，環境活動への賛助金，機関誌の購読を要求する場合のように，指摘する事実事件と要求内容とをすりかえて要求する場合もある），②具体的事実事件（何らかの落ち度）とは全く関わりなく，経済的要求（機関誌購読の要求，観葉植物などの物品購入要求等）を一方的に求める場合などのパターンが見られます。

面談要求者が面談の際に示した事実とどのような関係にあるか，いわば，面談要求者の当事者性の確認はその後の面談をスムーズに進めるための第一歩です。

上記①の例でいえば，当該面談要求者が，建築現場の騒音・振動の被害に遭っている当事者であるかどうかという点です。

騒音・振動等の被害の事実を指摘された場合には，騒音・振動被害の実態を確認（場合によっては調査）する必要があり，確認（調査）の結果，騒音・振動被害が受忍限度を超える程度であれば，騒音・振動防止策の実施や，場合によっては損害賠償などの適切な対応をする必要があることはいうまでもありません。反社会的勢力側はこの点を突いて，「調査をせよ」，「調査結果を〇日以内に自分に報告せよ」と求めてきます。

しかし，これら調査の実施の約束や，調査結果によって対処しなければならない相手方は，当事者，すなわち，騒音・振動被害等の被害者であり，当該面談要求者ではないのです。したがって，面談要求者が騒音・振動被害の当事者でない場合には，「調査の結果が判明し，貴殿指摘の事実が認められた場合には，被害者に対して，適切な対処を致します」と告げればよく，それ以上を告げる必要はありません。したがって，面談要求者に調査結果の報告をする必要もなく，当然のことながら，報告までの期限を決めて回答を約束する必要もありません。

このように，面談要求者が，本来であれば回答をする必要のない立場であるにもかかわらずこの点を明確に意識しないがために，負うべき必要のない義務（約束事）を負ってしまい，窮地に追い込まれることは避けなければなりません。

なお，面談をしている相手方（反社会的勢力）が当該事件の被害者本人であるという場合，すなわち，上記の例でいえば，「自分が騒音・振動の被害

に遭っている」という場合には，事実調査の結果については報告をする必要があります。むしろ，このような場合には，当事者として，事実調査への関与・協力に応じるように求め，自らの主張が虚偽でないことを相手方自身に明らかにさせるといった工夫も必要です。

(b) 面談要求者が当事者の代理人を名乗る場合　面談要求者が問題の当事者（被害者）の代理人を名乗っている場合には，被害者本人からの委任状を提示させて，代理関係を明確にしておく必要があります。また，委任の事実が疑わしい場合などは，その場で，あるいは面談終了後に，被害者本人に対し，代理人に委任した事実があるかどうかを確認することも必要となります（このような確認が難しい場合でも，面談終了後に，被害者本人に委任意思を確認させてもらう旨相手方に告げておくだけでも効果があります）。

面談要求者が代理人として登場する場合，弁護士以外の者が報酬を得る目的で示談交渉の代理などの法律事務を行うことを業とすることは非弁行為として弁護士法72条で禁止されており，刑事罰の対象となることを告げることも相手方への牽制として有意義です。

(9) 要求内容の吟味

(a) 要求の2つのパターン　反社会的勢力との面談の際，相手方から提示される要求には，(8)(a)に記載したとおり，大きく分けて2つのパターンがあります。1つは，当該企業の活動に関し，何らかの落ち度があることを匂わせる場合，もう1つは，事業活動に関する落ち度にかかわらず，単純に経済的要求（機関誌等の物品購入要求，賛助金，寄付等の要求）を行う場合です。

後者については毅然として拒否する，という姿勢を貫いてください。万が一，一度購入を約束してしまった場合であっても，できるだけ早く購入約束を覆して購入しない旨を告げるなど，不当な要求行為に応じない姿勢を示すことが重要です（物品購入要求，書籍購入要求への対処はQ38参照）。

(b) 企業側に責任があると思われる場合　指摘された事実について，企業側に落ち度があると思われる場合には対処に迷うかもしれません。

企業側に落ち度があると思われるケースについては，その事実をマスコミなどに公表されれば企業のイメージダウンや取引関係の悪化，許認可取消し等に繋がる可能性がある場合，面談担当者としては，「この問題を表沙汰に

してはならない」という意識が働くのも自然なことです。しかし，このような意識を持つこと自体が，反社会的勢力からの不当な要求をのまざるを得ない状況を作り出すのです。仮に企業側に落ち度があったとしても，その落ち度は，反社会的勢力との関係で解決できる問題ではなく，問題となっている事実の調査と，被害者に対する適切な対処でしか解決できないのです。このような事情を「公表しない」という条件のもと反社会的勢力の不当な要求に応じたとすれば，その対応自体が新たな追及のネタになり，これを抑えるために新たな不当要求に応じる，というような悪循環を生みます。むしろ，企業側に落ち度があることが判明した場合には，必要に応じて自らこれを社会に公表し，迅速かつ適切な対応を取ることを宣言し実行するべきなのです。

面談担当者としてはこのことを十分理解すると同時に，面談担当者が「臭いものに蓋」という意識にならないように，企業全体の態勢作りが必要なのです。

もちろん，落ち度があるかどうかはっきりしない場合には，指摘事実及びその原因の詳細な調査が必要であることはいうまでもありません（なお，会社側に法的責任がある場合の対処については Q21，Q22，法的責任がないことが明らかな場合には Q23 をご参照ください）。

⑽ 念書などの作成要求について

面談の際に，会社側の責任を認める内容の念書の作成や，謝罪文等の作成を求められる場合があります。このような文書を作成してはならず，署名してはいけません。企業側に責任がある場合に「適切な対処をする」とか，損害の発生が明らかな場合に，法的に相当因果関係内にあると認められる損害賠償義務を認める，すなわち「適切な範囲での賠償に応じる」という内容の文書を作成することは，何ら過重な責任を認めたものではなく，作成に支障はないとも思われます。しかし，作成された文書は作成時のやり取りとは別に一人歩きをし，まずは「責任ありき」という前提を作り出し，新たな非難攻撃の原因となりかねないのです。このことからすれば，面談現場においては，「文書は出さない。文書を作成することはできないことが社の決まり」と明言してこれを拒否することが重要です。

誤って文書を作成してしまった場合や，また，例えば暴力団組事務所等の

相手方のテリトリーに長時間拘束され，文書を作成しなければ解放されないというような例外的なケース（かかる場合にまで絶対に文書作成を拒め，というのは担当者にあまりに酷です）において文書が作成されてしまった場合には，直ちに弁護士等に相談し，脅迫や錯誤などを理由として，作成した文書の効力を否定する内容の通知を速やかに発送することが必要です。そのためには，作成された文書の写しを入手しておくこと（最低限，内容を記憶しておくこと）が重要となります。

(11) **面談終了後の対処**

面談内容によっては，当初設定した時間では事実確認が十分にできない場合もあります。その場合には，可能な範囲で設定時間を延長するか，新たに時間を設定するということが必要です。

しかし，反社会的勢力からの面談においては，面談内容で指摘された事実は，ほとんどが何らかの不当な要求に繋げるための布石に過ぎず，その内容について時間をかけて確認しなければならないケースは多くありません。したがって，原則として，あらかじめ設定した時間の経過により面談を打ち切ることになります。

相手方がこれに応じることなく部屋に居座るような場合には，「施設管理権の行使」として部屋からの退室を求めることになります。退去の要求に応じない行為は不退去罪に該当するので（刑130条後段），証拠として録画をしておくことは有用です。

2 執拗な面談要求への対処方法

面談内容に合理性がなく，これに応じる理由がないと思われる場合にもかかわらず，反社会的勢力は面談を執拗に求める場合があります。そのような場合には，再度の面談には応じる意思がないことを明確に示す必要があります。

面談に応じる意思がないことの告知は，後述のような法的手段の着手に備えて，証拠として残すため，文書で行うようにしましょう。文書として残せない場合には，口頭（電話）のやりとりについて記録を残しておくことが必

要です。

(1) 弁護士による内容証明郵便の発送

企業側からの面談拒絶の意思表示に対しても相手方が応じない場合には，弁護士に委任し，面談拒絶を内容とする内容証明郵便を発送することも有意義です。

(2) 架電・面談禁止の仮処分

企業側，弁護士からの面談拒絶の意思表示にもかかわらず執拗に面談要求をし，あるいは，架電が繰り返されることで，企業の平穏な業務遂行が妨害されることがあります。そのような場合には，架電禁止，面談禁止の仮処分を裁判所に申し立てて，裁判所の命令により架電や面談要求を禁止するという手段もあります（Q28参照）。業務の妨害等による損害賠償請求の余地もあります。

(3) 刑 事 告 訴

面談に応じることを企業側が拒否しているにもかかわらず，その意に反して，面談を強要する場合には，強要罪が成立する余地があります。また，面談や架電の繰り返しにより，企業の業務を妨害した場合には，業務妨害罪が成立する余地もあります。

これら犯罪行為は，違法性が強く認められる場合に成立するものですから，反社会的勢力の当該行為が悪質な場合に限られますが，極めて強力な対応策であることはいうまでもありません。

【尾﨑　　毅】

Q20 面談要求事例③——対応マニュアル

反社会的勢力からの面談要求に対して適切に対応するための事前準備として面談対応マニュアルを作ろうと思います。面談対応マニュアルはどのような内容にすればよいでしょうか。また，マニュアルの有効な利用方法はありますか。

A

　反社会的勢力からの面談要求に対し，適切に対応するには，日頃からの心構え・準備が必要ですが，面談要求に対し，どのように対応するかについて分かりやすいマニュアルを作成することは大変有意義なことです。もちろん，業種によって面談要求の内容も異なるためあらゆる業種に共通するマニュアルを作成することは難しいのですが，注意するべき点は共通します。本設問では，基本事項を記載したマニュアルの例を示します。

　また，マニュアルを利用してロールプレイング等の研修を実施することもスキルアップのために有用です。

解説

1　対応マニュアルの重要性

　反社会的勢力からの面談要求に適切に対処するためには，企業自身が，反社会的勢力からの不当な要求に対し，断固拒否することを明確にし，社内において周知徹底すると同時に，現場における組織的対応の指針としての具体的な対応マニュアルを作成することが重要です。このマニュアルは，使用する各企業の実態に合った使い勝手のよいものでなければなりません。

　しかし，面談要求を受ける側の態勢は一様ではありません。例えば人的・物的設備の面でも，また，業種によっても対応は千差万別です。しかし，Q

18．Q19で説明したように，面談対応には業種の違いや会社の規模の違いがあっても，共通して注意しなければならない事項もあります。

本設問においては，共通して注意しなければならない事項を内容とする一般的な面談対応マニュアルの例を以下に示します。

面談対応マニュアル

1 面談要求に対する心構え
 ①不当要求には断固応じない。
 ②毅然とした対応をする。
 ③怖がらない，侮らない。
 ④会社としての組織的対応であることを意識せよ。
2 事前準備のチェック事項
 ①面談担当者は決まっているか？
 ②複数で対応できる態勢になっているか？
 ③記録係は決まっているか？
 ④交渉担当者と別に記録係が決まっているか？
 ⑤記録準備は整っているか？
  →記録メモは準備したか，録音・録画装置は正常に作動するか？
 ⑥面談場所は確保されているか？
3 面談対応時の注意事項
 ①相手方の氏名，住所，所属団体，連絡先，面談内容はすべて確認したか？
  →面談要求者カード（Q18参照）は作成されているか？
 ②相手方の地位（当事者か代理人かそれ以外か）を確認したか？
 ③面談場所での着席場所は注意しているか？
  （入口付近の席を担当者側の席として確保する）
 ④湯茶の接待はしないこと。
 ⑤面談終了時間の設定・告知はできているか？
 ⑥担当者の自己紹介。
  （自身が面談担当者であること，面談における責任者であることを明示する）
 ⑦名刺は渡さない。
  （担当者であることを明示するために名刺を渡す場合には自宅住所や連絡先，携帯電話番号の記載がないか確認する）
 ⑧面談の際の言動には注意すること。
  （丁寧に，毅然と，侮らない，怖がらない）

⑨面談内容を記録することの告知。
（筆記・録音については，会社の規定として正確な記録のために実施することを告知する）
⑩面談内容・要求内容の具体的な確認。
（5W1Hを具体的に確認する〔確認メモ〕）
「曖昧な事実や仮定の事実にはお答えしかねます」
⑪曖昧な態度はとらない。
拒絶するところは拒絶。NOの結論は繰り返す。
即答できない場合には，「社内で検討する」と回答。
こちらの落ち度が疑われる場合には，「事実調査を経た上で対応を検討する」旨回答せよ。
⑫上司や決裁権限のあるものは対応させない。
「この問題については当方が担当となっておりますので当方で承ります」
⑬念書などの文書の作成要求は拒絶する。
（万が一作成した場合には写しの入手，内容確認をした上で弁護士の助力のもと早期に対処せよ）
⑭面談終了時刻の到来により，面談を終了する。
「時間が参りましたので終了させていただきます」
《終了に応じない場合》
「時間が参りましたのでお引取りください」
「お引取りいただけない場合には，警察へ通報させていただきます」
⑮脅迫や強要にかかる言動があった場合には内容を確認し，以後の面談を中止し，警察や弁護士との連携により対処することを告知する。
「ただ今の発言はどのような趣旨ですか」
「そのような言動がある場合には話合いを続けることはできません。お引取りください」
「以後は，弁護士や警察の指導に従って対応させていただきます」
⑯面談結果については記録（メモ，録音状況）を確認して，情報を集約する。

【緊急連絡先】
　〇〇警察　　△課（担当　　　）　T_{EL}
　□□暴追センター（担当　　　）　T_{EL}
　■■法律事務所　弁護士▲▲　　T_{EL}

2　対応マニュアルによる研修

　対応マニュアルは、実際に反社会的勢力からの面談要求に対応する際に適切に対応できるように作成したものです。しかし、マニュアルさえあれば十分な対応ができるわけではありません。

　実際の面談の現場では、マニュアルにおいて書かれていない事態が発生したり、マニュアルどおりの回答が意味をなさない場合もあり得ます。その意味からすれば、マニュアルは基本的な指針に過ぎず、マニュアルにある対応の基本をベースにして、各担当者が現場での経験をもとに、適切な対応ノウハウを身に付けることが必要なのです。

　しかし、現実には、反社会的勢力との面談経験が豊富ではない担当者が多いのも事実です。その経験不足を補うためには、例えば、現場経験の豊富な担当者が反社会的勢力役になり、経験の少ない担当者に実際の面談場面を想定した疑似体験をさせる、いわゆるロールプレイング方式の研修を通じて、経験不足を補い、スキルアップを図ることも非常に有意義です。

　このような、反社会的勢力との対応について、ロールプレイング方式による研修を実際に取り入れている企業もあります。このような研修においては、相手方の行為やこちらの対応についての種々の法的問題点を整理しておく必要もありますので、民暴対策に長けた弁護士の協力があればより効果的になります。

3　対応マニュアルの見直し

　反社会的勢力の不当要求行為の態様は日々変化します。したがって、これに対する適切な対応ノウハウも不当要求行為の変化に応じて日々変化（進化）させる必要があります。

　その意味で、対応マニュアルを一度作成した後も、常にこれを見直し、改訂を重ねる必要があることはいうまでもありません。

【尾﨑　毅】

Q21　面談要求事例④——法的責任がある場合(1)交通事故

　社員が，顧客先への訪問のため社有車を運転していたところ，前方不注意でブレーキをかけるのが遅れ，赤信号で停車中の高級外車に追突してしまいました。その車はバンパーに傷がついた程度だったのですが，車から暴力団風の人が降りてきて，「追突だから全部弁償すると一筆書いてくれ」と社員に迫り，「損害は全部負担します」という趣旨の念書を社員に書かせました。
　翌日，相手方から会社の担当者に対し，念書を根拠に損害を全部支払えとの要求があったので，担当者は，「事故処理は保険会社に任せています」というと，相手方は，「その保険会社は不払で有名だから，保険会社とは話をしない」といい，「業務中の事故だから，会社に責任がある。保険とは別に誠意をみせてほしい。会社と直接話をしたい。これから会いに行く」といっています。どのように対応すべきでしょうか。交渉を保険会社に任せることはできないのでしょうか。

A

　貴社に明らかに法的責任がある場合，たとえ相手方が反社会的勢力であることがわかっていても，損害賠償に関する面談要求そのものを断ることは困難です。そこで，Q18～Q20の解説のように，十分な準備をしてから面談要求に応じることになりますが，ポイントは，適正な損害賠償を相手方が請求してくるかどうかです。
　相手方が，適正な損害賠償を超えた請求をした場合には，それは過剰（不当）請求ですから，過剰な請求部分には法的責任はなく，明確に断るべきです。ただ，どこまでの範囲が適正な損害賠償といえるかは，最終的には訴訟で決着をつけるしかない場合もあります。したがって，早めに弁護士に交渉を委任することも考えておくべきでしょう。

解説

1　事例における法的責任の根拠

　社員が，業務中に社有車を運転していて発生させた第三者に対する交通事故については，民法709条・715条1項，自動車損害賠償保障法3条により，会社に使用者責任，運行供用者責任が発生します。
　これらの会社の法的責任をもとにすると本設問には，以下のポイントがあります。
　　ポイント1……これから会いに行くといわれているが，拒否できるのか（ 2 参照）。
　　ポイント2……保険会社とは話さないといわれているが，どのように対応すべきか（ 3 参照）。
　　ポイント3……念書を書いてしまったが，「全額賠償」という記載に法的効力はあるのか（ 4 (1)参照）。
　　ポイント4……誠意をみせろといわれているが，どのように対応すべきか（ 4 (2)参照）。
　以下，これらのポイントについて検討します。

2　面談要求（来社又は呼出し）への対応〔ポイント1について〕

　面談対応全般については，**Q18**，**Q19**で既に述べたところですが，業務中の交通事故の場合，会社に法律上の損害賠償責任があり得ます。したがって，相手方の面談要求の主張には法的理由があるので，相手方と面談することは一般的でしょう。ただ，交通事故の場合には次のような特殊性があります。
　すなわち，第三者に対する交通事故の場合には，面談要求の前に既に事故報告が社内でなされているでしょう。また，死亡事故や重傷の場合には，既にお葬式やお見舞いに会社の担当者が行っていることも多いと思われます。

したがって，事故内容や相手方の状況が事前にわかっていると思われます。そこで，相手方から面談要求があった段階で会社はある程度相手方の請求内容を予想できますから，対応方法を事前に準備することが可能でしょう。

以下，交通事故の特殊性について，詳しく述べます。

(1) **来社・呼出連絡**

交通事故の場合には，相手方は貴社に法的責任があると考えていますから，来社の目的はあらかじめ明確にしていると思われます。その上で，運転手の上司や会社の責任者が対応するよう求めるでしょう。

なお，相手方が被害者でかつ相手方の過失が小さいと思われる場合には，来社よりも呼出しの要求のほうが多いでしょう。

上記を踏まえた上で，来社であれば，会社の担当者がまず対応します（Q19参照）。

一方，呼出要求の場合には注意が必要です。特に，死亡事故のように重大な結果が生じている場合には，相手方が激昂したり，多数で周囲を取り囲まれることもあり，単独では不当な要求に屈してしまうこともありますから，必ず複数で訪問することが必要です（仮に，身の危険を感じて一筆書かされてしまった場合の事後対応は後述 **4** (1)参照）。

また，来社の場合も呼出しの場合も同様ですが，メモをとることは当然ですし，場合によっては正確性を期すために録音することも必要です。

(2) **当事者性の確認**

来社するのが誰かは重要な問題です。Q19 **1** (8)でも述べたように，まず相手方の当事者性を確認しましょう。特に被害者本人ではなく，弁護士以外の者が代理人と称して面談に来た場合には，委任状の有無に加え，本人の意思確認をする必要がある場合もありえます。なぜなら，代理権がない者と交渉しても意味がありませんし，交通事故の場合には，いわゆる示談屋が代理人となる場合もあり，弁護士以外の代理人に報酬を得る目的があれば，それは非弁行為（弁護72条違反），すなわち違法な行為となるからです。

一方，呼出しの場合は注意が必要です。

この場合，相手方は複数（多数）である場合が多いでしょうし，大勢が同

時に発言したりすると，回答を誰にすればよいのかわからなくなる場合もありえます。このような場合には，まず一度相手方に言いたいことをいわせるなどした後に，その後に誰が代表として交渉に臨むのかを確認し，以後，交渉相手をその者に絞るなどの工夫も必要です。

(3) 面談時間の設定

来社・呼出しのいずれの場合も，相手方の言い分をだらだらと聞いていたのでは，時間が無駄となります。特に，交通事故のようにこちら側に法的責任がある場合には，相手方の非難・謝罪要求が続き，面談時間がいたずらに長引く可能性もあります。

そこで，Q19 １ (5)でも述べましたが，来社の場合には最初に時間を区切ってしまうことも考えましょう。また，最初に時間を区切れなかった場合でも，通常は30分から１時間あれば相手方の要求内容は概ね確認できますので，一定時間を超えた場合には，お引き取り願うことも必要になります。

一方，呼出しの場合には，「これから会社に帰って報告をまとめる必要がある」，「迅速に対応するためには会社に持ち帰って検討する」等の理由をいって，同様に１時間程度をめどにし，事案によって時間を調整してください。

なお，仮に，約束するまで外に出さないというような言動を相手方が取った場合には，相手方の行為は監禁罪となる可能性もありますから，前記のように，「会社に戻って報告します。検討するために帰ります」等，帰る意思を明確に相手方に表示してください。

３ 保険会社への示談交渉の委任〔ポイント２について〕

交通事故の場合，任意保険に加入していることを理由として，示談交渉を保険会社の担当者にすべて任せてしまうという会社も多いと思います。

確かに，最終的には損害賠償は保険で填補されることが予定されていますし，保険会社は，会社が単独で相手方と金額の交渉はしないようにアドバイスするはずです。また，保険会社の了承もなく相手方と示談をすると，支払った示談金が全額保険で補填されない場合もあります。

しかし，相手方が反社会的勢力であることがわかっていたとしても，最初からすべての交渉を保険会社にまかせてしまうと，被害感情は慰謝されません。具体的な損害賠償の範囲は専門家（保険会社あるいは弁護士）と相談しなければ回答できないといってかまいませんが，一般的には早い段階で加害者として謝罪の意思があることは明確にしておきましょう。

また，初回から弁護士に交渉を委任したり同行を求めることは，相手方の要求が不当であることがわかっている場合に限定したほうがよいと思われます。わが国の場合，事前連絡もなく弁護士が来ると，自分は被害者であると認識している相手方は，それだけで圧力を受けたと感じる場合が多く，スムーズな交渉ができなくなる可能性もあるからです。

したがって，初回の面談は会社の担当者が窓口になるべきであり，その後に保険会社に交渉をまかせるべきでしょう。なお，相手方がどうしても保険会社とは会わないという場合には，弁護士に委任することについて保険会社と相談してください。弁護士に委任すれば，相手方が直接会社と交渉しようとしても，「弁護士に委任していますから，弁護士と交渉してください」といって会社が交渉の直接の窓口となることを避けることができます。

4 　不当要求への対応〔ポイント3，4について〕

貴社に法的責任があるからといって，相手方の要求をすべて認める必要はありません。法的責任があるといっても，交通事故と相当因果関係がある範囲について損害賠償責任があるということであり，その範囲は，最終的には訴訟の場で決定される問題となるからです。したがって，訴訟をしても明らかに認容されないであろう項目，過去の裁判例からみても過大な金額の要求に対しては，断固として要求を拒否するという姿勢が大切です。この点，交通事故の場合には，裁判例が積み重ねられていますから，弁護士の意見を聞くことをお勧めします。

では，よくある具体例について述べましょう。

(1) 念　　書〔ポイント3について〕

交通事故の場合，特に本件のような追突のようなケースでは，運転者が

自らの過失を100％認め、事故現場において一筆入れることを求められ、全額賠償しますというメモあるいは念書を書いてしまう場合がよく見られます。また、「すみません全部払います」と相手方に話してしまうこともあります。

相手方は、これに基づいて、「すべて払うといった。保険で出るかどうかは関係ない。保険で出なければ自腹で払え」などといって、不当な要求をしてくることがあります。たしかに、「すべて払う」とか「要求は全額賠償する」という文言があると、保険とは関係なく支払わなくてはいけないという相手方の要求にも一理あるようにも思われます。

しかし、「全額」と記載してあっても、それは適切な損害賠償額を全額払うという意味であり、不当な要求に対しては、そもそも損害賠償責任はありません。訴訟になれば相手方の請求は認められないわけですから、念書があるからといって、相手方の要求をすべて認める必要はありません。

なお、不当かどうかの判断が微妙な問題もありますから、早めに弁護士と相談してください。

念書の効力は、事故と相当因果関係のある範囲に限られるとする裁判例をいくつか挙げておきます。

広島高裁昭和62年12月24日判決[1]、浦和地裁平成3年10月29日判決[2]、東京地裁平成6年5月31日判決[3]等。

(2) 誠意、道義的責任要求〔ポイント4について〕

交通事故の場合には、相手方の損害は、会社が対人・対物無制限の自動車保険に加入していれば、通常は保険で填補されますから、会社として自己負担すべき金銭は発生しません。

もっとも、保険金以外には法的な支払義務はないと拒否した場合でも、相手方は、誠意を見せろとか、道義的責任はあると主張する場合があります。しかし、誠意とか道義的責任は、主観的な問題であり、金銭に換算できない(損害賠償責任の範囲外)わけですから、拒否して構いません。

誠意については、被害者に対する謝罪を行い、適切な賠償をすることが当社の誠意ですと述べればすむことです。

むしろ、相手方が金銭に換算できない要求をし、それを撤回せずに交渉を

長引かせる意図が見えた場合には，一般の被害者による相当な賠償請求のレベルを超え，クレーマー化していると考えるべきですから，その対応については，弁護士等の専門家と相談すべきでしょう。

(3) **交渉決裂後**

相手方が不当な要求をし，交渉が決裂する場合があります。相手方によっては，街宣や電話攻勢，監督官庁へのクレーム，ネットへの書込み等の営業妨害行為にでる場合もあるでしょう。

このような段階になった場合には，社内態勢を整えるとともに，裁判所への仮処分の申立てのほか，当方から調停や仲裁の申立て，債務不存在確認訴訟等の提起も検討すべきです。

裁判所をはじめとする公平な第三者が関与した場合には，適切な損害賠償額しか認められません。当事者間での交渉が長引きそうであれば，訴訟のほうがかえって早く，かつ，適切な解決となる場合も多いのが現実です。

引用判例
  ＊1　広島高判昭62・12・24交民20巻6号1399頁。
  ＊2　浦和地判平3・10・29交民24巻5号1257頁。
  ＊3　東京地判平6・5・31交民27巻3号733頁。

【中村　直裕】

Q22　面談要求事例⑤——法的責任がある場合(2)商品の瑕疵，土木・建築紛争

① 会社のお客様相談室に，「おたくで買った商品を開けようとしたら，プラスチックの破片が飛んで目に入った。失明するかもしれないと思った。どのような責任をとるのか。ちょっときてほしい」という電話が入りました。

　会社の担当者は，「申し訳ございません。具体的な状況を確認したいので，社員をうかがわせます」とその場で回答し，その商品を販売した店舗の社員を訪問させました。すると，相手方は，「商品回収はしないのか。マスコミには発表しないのか。詫び状を書け」と主張しています。どのように対応すべきでしょうか。

② 市の公共事業である下水道工事を請け負ったので，夜間，警備員を配置し，現場に穴を掘って下水道管を埋設していたところ，歩行者が工事でできた穴の横を歩いていたのに警備員が車を通行させたため，歩行者が車を避けようとして穴に落ちてしまう事故が発生しました。

　警備員に交通整理のミスがあったとして，相手方は，治療費以外に下請業者を工事に入れろと要求してきたので，会社がこれを拒否したところ，相手方は市の下水道局に車椅子にのって押し掛け，「市民のことを考えない不良業者に工事を請け負わせているのは市の責任だ。市議会議員にこのことを知らせて，議会で追及する」と連日主張しています。

　市の担当者からは，「仕事にならないから，何とかしろ」と，会社に対し暗に相手方の要求をのむような連絡がきています。一方会社に対しては，高額な慰謝料請求がなされており，「結論がでたら事務所に来い」と連絡がありました。どのように対応すべきでしょうか。

A

> 貴社に明らかに法的責任がある場合，たとえ相手方が反社会的勢力であることがわかっていても，損害賠償に関する面談・呼出要求そのものを断ることは困難です。
>
> そこで，Q18～Q20の解説のように，十分な準備をしてから面談・呼出要求に応じることになりますが，ポイントは，適正な損害賠償を相手方が請求してくるかどうかです。
>
> 相手方が，適正な損害賠償を超えた請求をした場合には，それは過剰（不当）請求ですから，法的責任はなく，断固として拒絶しなくてはなりません。ただ，どこまでの範囲が適正な損害賠償といえるかは，最終的には訴訟で決着をつけるしかない場合もあります。したがって，早めに弁護士に交渉を委任することも考えておくべきでしょう。

解説

1 商品の瑕疵（質問①）について

(1) 法的責任の根拠

食品に異物が混入していた，家電製品が火をふいた，自動車に製造上の欠陥があった，商品が壊れてお客様がケガをしたというような場合には，まず製造物責任法（PL法）3条に基づく法的責任が会社に発生することが考えられます。

事故発生後にその事実を公表しなかったり，原因追及をせずに放置したりすると，被害が続発して法的責任が拡大することもあります。場合によっては業務上過失致死傷罪に問われることもあります。

事故内容の把握，事故発生原因の解明は当然のことですが，事故の原因によっては被害が拡大することが考えられますから，マスコミへの発表やリコールの検討など，迅速な対応が必要となる場合があります。したがって，いわゆる危機管理マニュアルの作成等，日常から対策を考えておく必要があり

ます。

なお、購入者の取扱いが不適切なために事故が発生する場合もあります。この場合、取扱方法について、適切な説明書・警告書による説明がなされていれば、会社に法的責任が発生しない場合が多いと考えられます。

ただし、実際にどのような取扱いがなされていたのかは事実関係を調査しなければ判明しませんから、前記と同様に迅速な対応が必要となります。

(2) **質問①についてのポイント**

商品の瑕疵を原因とするクレームに関する質問①には、以下のポイントがあります。

ポイント1……商品クレームに対する初期対応はどうすべきか（(3)参照）
ポイント2……リコール等の要求にすぐに応じるべきか（(3)参照）
ポイント3……営業担当者を訪問させるべきか（(4)参照）
ポイント4……詫び状を書くべきか（(5)参照）

以下、それぞれについて検討します。

(3) **商品クレームへの初期対応〔ポイント1，2について〕**

商品に欠陥があったという苦情の場合にどのように対応すべきかについては、既に社内マニュアルが作成されている場合が多いと思います。一般には、まず事故発生の原因解明を行い、次の事故発生を防止するための方策を決定し、原因に応じてリコールの要否を検討することになります。マスコミへの発表等の要否はこれらの調査・検討の過程において判断されることになります。したがって、相手方が直ちにマスコミへの発表を要求した場合でも、調査・検討が終了するまで発表を待つべきか、直ちに発表すべきかは十分に検討すべきでしょう。

(4) **来社・呼出要求への対応〔ポイント3について〕**

法的責任が認められる場合の基本的対応は、交通事故の場合（**Q21**参照）とほぼ同じです。

ただ、商品を購入したお客様が反社会的勢力であることがわかっていても、呼出しを受けた場合にこれを一律に拒否すると、事故発生の原因解明が不可能になる場合があります。

したがって、まず原因解明のためにお客様宅を訪問し、商品を受け取って

至急調査して結果を回答しますという対応をすべきでしょう。

なお，商品欠陥による損害が１件，２件といった場合と，広範囲に損害が発生する可能性が高い場合とでは，来社・呼出しへの対応は異なります。件数が少数の場合には，その都度個別の対応でよいでしょうが，被害が広範囲にわたる場合には，個別の面談・呼出しに応じていては会社としての対応がバラバラになる可能性があります。そこで，被害が広範囲にわたる場合には，まず，被害者全体への説明会（マスコミ発表も含む），リコール等適切な措置を行い，事実関係や責任を明らかにした上で，賠償額については個別の対応を行うことになるでしょう。

なお，当事者性の確認や面談時間等については交通事故の場合（Q21 [2]）と同様です。

(5) **不当要求への対応**〔ポイント４について〕

詫び状を書けという要求については，交通事故の念書と同様，原則として書く必要はありません。ただ，呼出しの場合には，詫び状を書かないと長時間にわたって拘束されたり，担当者が身の危険を感じる場合もあります。その場合には，やむなく文書を作成することもありえると思いますが，その場合であっても，「原因を早期に解明し，適切な損害を賠償します」という程度の抽象的な内容の文書にとどめるべきです。

なお，「誠意」を要求された場合への対応等については，交通事故の場合（Q21 [4] (2)）と同様です。

[2] 土木・建築紛争（質問②）について

(1) **法的責任の根拠**

工事現場の管理に関する過失があり，第三者が損害を被った場合には，会社は民法709条・715条に基づく不法行為による損害賠償責任を負います。

(2) **質問②についてのポイント**

本件のポイントは以下の２点になります。

ポイント１……下請参入要求，高額慰謝料といった不当要求への対応（(4)参照）

ポイント2……発注者が相手方寄りの対応を求めてきた場合の対応 ((5)参照)

(3) **来社・呼出要求に対する基本**

暴力団関係者などの反社会的勢力が，工事関係のクレームを発端に不当要求をしてくるケースは多く見られるところです。

したがって，事案の初期段階において，相手方が暴力団関係者などの反社会的勢力かどうかを慎重に確認する必要があります。

また，相手方が反社会的勢力であれば，呼出要求には原則として応じる必要はありませんが，やむをえず呼出要求に応じる場合には，多数の相手方に囲まれるという危険性も高くなりますので，録音機等の事前準備を十分に行うことが必要といえます。

(4) **不当要求への対応〔ポイント1について〕**

会社側に何らかの過失があり，第三者が歩行中に傷害を負ったような場合には，治療費等の損害賠償をする責任がありますから，来社・呼出要求をすべて拒否することは困難といえます。

しかし，相手方は，こちらが，法的責任があるために面談を拒否できないことをよいことに，金銭による損害賠償のみならず，下請に参入させろとか，臨時雇いの要求，資材の購入等の過剰な要求をしてくる場合があります。しかし，損害賠償は金銭賠償が原則ですから，金銭以外の要求に応じる必要はありませんし，これらの要求は不当要求ですから，損害賠償の範囲に含まれません。

したがって，金銭による損害賠償以外の要求が行われた場合には，その時点で面談を拒否し，以後の対応を弁護士等の専門家に任せるべきです。

また，このような場合に，どのように会社が対応するかについては，現場責任者任せにせず，あらかじめ会社としての基本ルールを定めておく必要があります。

(5) **発注者（行政）から圧力があった場合〔ポイント2について〕**

会社側が相手方の要求をのまない場合，相手方は，監督官庁や発注者に矛先を向けて押し掛ける場合もありえます。行政の担当者が，議会での追及や余分な業務が増えることを嫌って，責任を会社に押しつけてくる場合がある

ことを狙い，行政を利用して不当要求行為を行うという手法です。

　このような行政を利用した不当要求行為への対応方法は，各行政機関が適切に対応することで未然に防げる場合もありますが，必ずしもすべての行政機関において徹底されているわけではなく，また，行政の現場担当者までその問題点を十分に理解していない場合もあります。このような場合には，民暴対策に明るい弁護士に相談し，場合によって警察の協力を得て相手方に対応することが必要です。

　なお，明らかに通常の損害賠償の範囲を超えた要求の場合には，行政機関とともに断固とした民事的対応（面談，架電禁止の仮処分等）や，刑事告訴などの手段をとることが必要となります。

　また，このような場合，監督官庁や発注先からは事案の経緯について報告を求められるのが一般的ですから，会社側の対応や相手方の要求内容について，経緯メモを必ず作成しておいてください。

　相手方が反社会的勢力の場合には，弁護士が対応窓口になると，無茶な要求が止まる場合が多いですし，場合によっては，こちらから債務不存在確認訴訟を提起して紛争を裁判所に持ち込むことにより，相手方の要求を金銭面のみに限定させてしまうことも可能となります。

【中村　直裕】

Q23 面談要求事例⑥──法的責任がない場合

当社は不動産の管理を行っていますが、ある物件の賃借人に賃料支払督促の電話をしたところトラブルとなり、その賃借人から面談を要求されました。その賃借人はある反社会的勢力の構成員で、面談場所として指定されたところも反社会的勢力の事務所のようです。当社に非はないので要求を拒みたいのですが、どのように対応したらよいでしょうか。

また、当社の社員2名が指定された事務所に行ったところ、事務所では複数の人間が待ちかまえており、半ば軟禁状態となり、彼らは、「どう責任をとるつもりだ」等と大声で怒鳴り、机をバンバンたたいたりしました。要求は具体的には特になく、「誠意を見せろ」とか、「人としてどう考えているのか、道義的にどう考えているんだ」等というものでした。面談が1時間半にも及んだころ、当社がお客様に対してどう誠意を示すのかを回答することを約束して、ようやく帰ることを許されました。今後どのように対応したらよいでしょうか。

A

貴社に非がない場合でも反社会的勢力は口実を見つけて面談を申し入れたり、不当な要求をしてきます。よって、面談を拒絶すべきことは当然です。

まず、会社の交渉窓口を営業担当者から専門の担当部署、例えば、総務部に変更します。そして、社内で意思統一し、組織的に対応すべきです。

次いで、内容証明郵便で面談を拒否する旨回答してください。

怒鳴るのは反社会的勢力の常套手段です。

「誠意を見せろ」というのは、金額を明示しないことにより恐喝罪となるのを回避しようとしているのです。

「人としてどう考えているのか、道義的にどう考えているんだ」と

いうのも、法律上理由がない要求だからこそ、そのような抽象的な言葉を持ち出していると理解してください。

そして、面談時には、いかなる書面にも署名してはならず、「一度会社に持ち帰って回答する」と答えるべきです。

なお、回答は、顧問弁護士と相談の上、弁護士名で出すべきです。

解説

1 反社会的勢力との面談に対する心構え

(1) 担当部署の変更と社内の意思統一

相手方が反社会的勢力である場合には、面談の際に不当な要求をしてくることが事前に予測されます。このような相手方と、通常どおりの交渉態度で臨んでも適切な対応はできません。また、営業担当者は、反社会的勢力との対応に必ずしも精通していないことが多く、ともすれば、「顧客として丁寧に対応しなければならない」という意識を強く持ちすぎる場合が多々あります。したがって、反社会的勢力との対応は、そのような場面に接する機会が多く、かつ、対応方法を日頃から訓練している総務部等の専門部署に窓口を変更すべきです。

もちろん、会社によっては営業担当者が反社会的勢力の対応に当たることとしており、営業担当者のほうが対応方法に精通している場合もあり、そのような場合は、総務部等に交渉窓口を変更する必要はありません。

また、反社会的勢力に対してどのような方針で対処するのかについて、社内での意思統一が重要です。担当者個人に対応を任せることはせず、組織で対応する必要があります。反社会的勢力は集団の威力を背景として不当要求をするのですから、担当者を孤立させることのないよう、常に組織でフォローする必要があります。他方で、担当社員も、個人で対応をしないように留意しなくてはなりません。

交渉においては、あくまで法律に基づいた解決をするという姿勢を堅持し、相手方にもこれを示すことが大切です。相手方は、自分の要求が法的な

根拠のないことを十分承知しているので、法律論による解決を嫌がりますから、こちらとしては、怖がって逃げ腰になることなく、毅然たる態度を堅持しなくてはなりません。相手方の要求に法的根拠があれば相当な範囲でこれに応じるのは当然です（**Q21**, **Q22**参照）が、法的根拠のない要求に対しては断固として拒絶するという対応をしなくてはなりません。

(2) 面談要求に対する拒絶

　反社会的勢力の事務所に出向いての面談は避けるべきです。会社側に非がある場合は、反社会的勢力の事務所に出向くことが避けられない場合もありますが、本件のように全く非がない場合は、反社会的勢力の事務所に出向かなければならない理由はありません。また、反社会的勢力の事務所への呼出しを断ったからといって危害を加えてくることはほとんどありませんので、「事務所に来い」という要求には、「応じかねます」と明確に拒絶すべきです。

　面談要求を拒否する具体的な方法としては、内容証明郵便で面談を拒否する旨回答するのがよいでしょう。場合によっては顧問弁護士に依頼して内容証明郵便を発送してもらうことも必要になります。

　それでも面談要求がやまず、会社に対する嫌がらせ等が続くような場合は、面談強要禁止の仮処分も検討しなければなりません。

　どうしても面談が避けられない場合は、社内で面談すべきですが、社外で面談する場合には、ホテルのロビー等公衆の目にさらされている公開の場所で面談するのがよいでしょう。

(3) 相手方事務所での面談の注意点

　万が一、相手方の事務所での面談を約束してしまった場合等、相手方の事務所に行かざるを得なくなった場合は以下の点に注意してください。

　まず、反社会的勢力の事務所は、威圧的な雰囲気が作り出されています。反社会的勢力は、威圧的な雰囲気により、心理的に圧迫を加えて交渉を優位に進めようとするのが常套手段なのですから、相手方の事務所では、そのような雰囲気での交渉を覚悟しなくてはなりません。

　したがって、反社会的勢力の事務所に出向いて交渉する場合には、上記の手法が相手方の手法であることを予備知識としてもち、その雰囲気にのまれ

ないことが必要になります。

相手方の事務所に出かける際には，事務所の場所，電話番号，担当者の携帯電話番号を会社に知らせておくこと，複数で面談すること，交渉時間は30分（会社側に責任がないという場合には面談時間は30分程度あれば十分です）と決め，1人を事務所付近に待機させて30分後に担当者の携帯電話に電話させて無事を確かめ，担当者が携帯電話に出ないときは緊急事態が発生しているとして，警察に連絡するなどの態勢をとる工夫が必要です。

いずれにしろ，面談を求める相手方の主張を検討し，安易に呼出しに応じることがないようにしなければなりません。

2 面談時における心構え

(1) 怒鳴る，机をたたく

反社会的勢力は，面談時においてよく怒鳴ったり机をたたいたりして不当な要求を実現しようとします。

よく見られるパターンは，あらかじめ怒鳴り役とこれに対するなだめ役を決めておき，1人が怒鳴ったらもう1人がなだめるというものです。怒鳴り役が怒鳴って怖がらせたときに，なだめ役がなだめに入って，あたかも味方であるかのごとく勘違いさせ，不当要求を受け入れるのも仕方がないと思わせるような雰囲気を作って，不当要求を受け入れさせるのです。

怒鳴られたときに本能的に怖いと思うのは仕方がありません。反社会的勢力は怒鳴って怖がらせるプロであり，このときなだめ役になだめられると，心にスキができてしまうのです。

しかし，怒鳴られただけではケガをするわけではありませんから，冷静に身体に危険はないのだということを考える必要があります。殴られれば痛みを感じ，ケガをすることもありますが，反社会的勢力としてももし実際に殴ったりすれば犯罪として逮捕される可能性が高まることを知っているので，彼らは殴ることはほとんどしません。

机をたたく等の行為についても同様です。すぐにでも身体に危害を加えられるかのような恐怖感があるかもしれませんが，そのような恐怖感をおぼえ

させるのが彼らのねらいで，身体への危害を加える以前の段階で不当要求を受け入れさせようとするのが常套手段なのです。

すなわち，怒鳴られようが，机をたたかれようが，毅然と対処し，法律に基づいた処理しかしない，すなわち怒鳴ったり机をたたいたりしても返答は変わらないということを繰り返し回答する他ないのです。

怒鳴る，机をたたくという行為も程度によっては脅迫罪となるので，これを理由に交渉が続けられない旨を告げて面談を打ち切って，退去するというのもよいでしょう。

(2) 「誠意を見せろ」

反社会的勢力から具体的な金銭の額が明示されることは稀であり，「誠意を見せろ」といった抽象的な言葉で金銭要求を示唆するのが常なのです。なぜなら，明確に金銭を要求すると恐喝罪等の犯罪で逮捕される可能性が高くなるからです。

会社側とすればどのように回答すれば誠意を見せたことになるのか，解決の見通しがつかなくて心理的に追い込まれてしまうことがあります。「誠意を見せろ」というのが金銭要求の趣旨であることが分かり，「いくら払えばいいのか」と聞いたとしても，反社会的勢力は「誠意の問題だ」等と金額を明確にしないこともあります。その結果，要求に屈して高額な金銭を支払ってしまうことになるのです。

したがって，会社の担当者は，彼らが「誠意を見せろ」といった抽象的な言葉で要求するのも，要求金額を明らかにしないのも，自己の要求が不当なものであることを認識し，恐喝罪等の犯罪で逮捕されることを恐れているがゆえだということを認識する必要があります。

会社側に非がない本件では，経緯の説明のために相手方の事務所に出向いただけで十分に誠意は示されているのであり，それ以上に誠意を示す必要はなく，まして金銭要求に応える必要はありません。

(3) 「人としてどう考えているのか，道義的にどう考えているんだ」と迫る場合

「法律上理由がないので支払わない」旨回答すると，反社会的勢力は，「法律の問題ではなくて，人としてどう考えるかの問題だ」等といった理屈で要

求をしてきます。反社会的勢力は，自己の要求が法律的に通らないということを知っているがゆえに，そのような要求をするのです。

　一般論としては，法律上の責任がなくても道義的責任の問題が残るケースはあり得ます。しかし，反社会的勢力が「道義的責任」を持ち出すのは，法律的な議論を回避して，法律的には理由のない要求を実現するためです。会社側が法律に基づいた解決を主張し，法的責任を否定すると，反社会的勢力は「道義的責任」という言葉を持ち出すというのがパターンです。

　会社としては，相手方が反社会的勢力であるか否かにかかわらず，法律上金銭の支払義務のある場合は適正額を支払い，支払義務のない場合は支払わないという姿勢を貫けばよいのですから，「法律上理由がないので支払わない」との回答を繰り返す他はありませんし，かつ，それで足ります。

(4) 回答を留保すること

　面談が長時間に及ぶと担当者も疲れてきますし，帰りたいという気持ちも強くなります。反社会的勢力はそれを見越したかのように，お詫びを内容とする念書を書けば帰してやる等といってくることがあります。

　しかし，面談の場においては，念書に限らず書面に署名してはいけません。お詫びの念書を入れると，一定程度非を認めたことになり，会社に不利になることはあれ，有利になることはないからです。

　会社の担当者としての署名を拒んだ場合，個人としての立場で署名を求められることもありますが，会社の担当者として面談に臨んだその場で，個人として署名すべきでないことはいうまでもありません。個人としての署名の形式であったとしても，後日，反社会的勢力が，「署名は社員としてやったことだ」等といって会社の責任を認めさせようとすることは明らかで，彼らの罠にはまってはいけません。

　いかなる場合でも，会社として回答する場合は，「一度会社に持ち帰ってから回答する」と答え，その場で回答すべきではありません。法的な判断が必要なことでその場で回答を求められたときは，「弁護士に相談してから回答する」と答えるべきです。

　反社会的勢力が念書を書けば帰してやる等といってきたときは，彼らもそろそろ面談を終わらせたいと考え始めているサインでもあります。会社の担

当者としては，面談が終わるまであと一息と考えて気合いを入れ直してください。

　面談時に後日回答すると約束した場合は，回答内容について顧問弁護士と相談し，顧問弁護士名の内容証明郵便で回答することをお勧めします。

　単なる面談拒絶の場合と異なり，会社名で回答した場合は，反社会的勢力がさらに要求を継続してくることは明らかだからです。したがって，会社側も弁護士等の専門家と協力し，当該ケースに対し毅然と対応するという姿勢を見せることが必要なのです。

【東海林　正樹】

Q24　面談要求事例⑦——クレーマーと疑われる場合

最近クレーマーと思われる顧客から「すぐに謝罪に来い」との要求がありましたが、どのような姿勢で対応すればよいのでしょうか。また、相手方の言い分がよく分からず、クレーマーかどうか分からないときには、どのような対応をすればよいのでしょうか。

A

　顧客からの苦情がある場合、その苦情の申入れ態様や内容が執拗かつ社会的な相当性を超えていると思われても、顧客を大切にしようとするあまり、ずるずると要求に応じてしまいがちです。しかし、顧客であるとしても、要求内容や態様が社会的な相当性を超える場合には、要求を拒絶するなどの毅然とした態度が必要です。
　一方で、要求内容に疑義があるからといって、特に、面談要求当初の、こちらの責任の有無がいまだ不明である場合において、直ちにその顧客の要求を不当な要求であると決めつけるということは、かえって貴社の基本姿勢を誤解される恐れもあります。
　顧客と思われるクレーマーからの面談要求に対しては、要求内容の適否を慎重に判断して対応する必要があります。

解説

1　クレーマーとは

(1) 一般的用語
　顧客や消費者等が企業等に対し不満を述べ、何らかの要求行為をする者のうち、特にその程度が逸脱している者をさして使われています（**Q30**参照）。

(2) クレーマー以外との区別の困難性
　顧客が、企業の苦情等に対する対応が悪いために、クレーム内容がエスカ

レートして不当な金銭要求に至ったり，あるいは，企業の対応をインターネット上に公開するなどの行動に出る場合もあります。

　企業に対するクレームには種々のものがあり，少々辛らつな厳しい意見であっても，商品やサービスに対する貴重な市場の意見として有意義なものもあります。したがって，多少厳しいクレームがあったからといって，直ちにこれを拒絶することは，かえって企業としての姿勢を疑われかねません。

　しかし，企業が顧客を大切にするという意識を悪用し，クレームを装って企業に誹謗中傷や嫌がらせ，不当要求等を行うケースも多くありますので，これらのクレームに対しては，適切に対応し，拒絶するべきものは拒絶するということが必要なことはいうまでもありません。

(3) 区別が困難であることからくる対応の困難性

　このことは，クレーマーと思しき人物から指摘された事実の有無や責任の所在が曖昧である場合も当てはまります。「顧客である」という意識が過剰であると，指摘された事実や責任の所在が曖昧であるまま，いわゆる顧客対応の一環としてその者の要求に応じてしまいがちですが，事実確認をおろそかにし，責任を曖昧にしたまま相手方の要求に応じてしまえば，クレームがエスカレートした場合の対処に大変な苦労をすることになります。

(4) 基本姿勢

　すなわち，面談要求当初より適切な対応が必要なのは，相手方が顧客かどうか，クレーマーかどうか，反社会的勢力かどうかによって変わるものではない，ということを認識することが重要なのです。

　クレーマーの対応策については**第7章**で詳しく説明しています（**Q30～Q34**参照）ので，ここでは，クレーマーであると疑わしき顧客から，面談を要求された場合の対応を中心にお答えします。

2　責任の有無が曖昧な場合の対応の仕方の基本（Q32参照）

(1) 事実確認への協力要請

　クレーマーと思しき人物からの指摘であれ顧客からの指摘であれ，指摘された事情についての貴社の責任の有無は，相手方の主張の内容が正しいかど

うか，すなわち主張の根拠となる事実が正しいかどうかを確認しない限り，判断はできません。

よって，まずは，貴社の責任の有無を明確にするための事実確認をすることが重要になりますので，相手方には，この事実確認に協力してもらうよう要求することが必要です。むやみな思い込みで責任がないといった一方的な対応をすることは貴社の立場を不利にすることになりますし，逆に責任があると思い込んで対応をすることも貴社の立場を大変不利にしますので，気をつけてください。

相手方は，自らの指摘が適切なものであるとの前提で行動を起こしているはずですから，事実確認への協力を拒むことはないはずです。

もちろん，相手方にのみ協力を求めるのではなく，貴社において可能な事実確認は自ら行うべきです。

(2) クレームの内容の検討

次いで，クレーム内容の検討をすることになりますが，その際には以下の点を留意してください。

① 連絡している相手方の特定を確実に行ってください。
② 相手方のクレームの内容を正確に聞き取るようにしてください。
③ 相手方の証拠とするものが何であるかを確認してください。
④ 相手方の証拠を貴社で検討できるよう，証拠の提出を求めてください
  （以上を「第一段階」といいます）。
⑤ ①～④の「第一段階」によって確認された事実をもとに，貴社の責任の有無を速やかに確定してください（これを「第二段階」といいます）。

(3) 面談の要否の検討

第一段階，第二段階を経て，面談の要否を検討します。この要否は，貴社の責任の有無や，それにより生じているといわれている被害の程度等も併せて検討することになるでしょう。軽微な被害であれば，面談までの必要はなく，電話等で対応すればよい場合もあるでしょうが，ことの軽重ではなく，相手方の姿勢を加味しながら，面談したほうがスムーズに解決すると思われる場合には，面談をしてよいでしょう。

面談をする場合の注意点については，クレーマーかどうかによって特に変

わるところはありません。総論で述べたところに従って、適切に対応してください（**Q18**参照）。

③ 具体的事例に基づく説明と注意点

(1) 事例の設定
具体的な事例を通じて検討してみましょう。

例えば、貴社の販売している加工食品に異物が入っていたというクレームがあったとします。この場合には、まず上記③（証拠は何か）の観点から、どのようなものが異物として入っていたかを聞くことが大切です。異物の状況が、例えば乾燥した状態なのか、どの部分に混入していたのか等により、相手方の主張するクレームの概略が確認できます。その上で、④（証拠の入手）の観点から異物そのものの貴社への送付に協力してもらう必要があります。

(2) 第一段階で気をつけること
前述のように、事実の確認ができるまでは、貴社に責任があるかどうか判断できません。この段階で大切なことは、クレームに対しては、その事実の有無を誠意を持って（速やかに合理的な確認方法という意味です）行う企業姿勢を示す必要があり、それで十分だということです。また、この段階では、責任の有無は分からず、何らかの問題があった可能性も否定できないので、早急に事情を確認した上で、当方で対応させていただきたいという姿勢を示すことにより、相手方の感情を悪化させない、あらたなクレームの種を作らない、といった注意が必要です。

(3) 第一段階での呼出しによる面談を要求された場合
クレームの内容によって、相手方への訪問の要否の判断は異なると思われます。訪問自体を法的に義務づけられるということはありませんが、事実確認をするために出向いたほうがよい場合もあると思われます。

相手方から呼び出されることはよくあることです。相手方の指定する場所が特に危険であるかどうかを検討した上で、また、訪問の仕方についても注意して対応する必要があると思われます。この点については、面談要求に関

するQ18 2 を参照してください。

(4) **第一段階で貴社の責任を認める文書を要求された場合**

面談要求に関するQ19でも触れられているように，安易にこのような文書を出すことはかえって事態を混乱させ，深刻化させますので，文書を作れとの要求には基本的に応じるべきではありません。

文書を要求された場合，「本日は，事実確認のために参りましたので，追って調査の上，ご回答を申し上げます」とのみ述べて帰るのがよいと思います。

(5) **第二段階で気をつけること**

調査は合理的な時間内で行います。調査方法もあらかじめ検討した上，速やかに着手する必要があります。

相手方としては，資料を提供したのであるから，速やかに責任を認め対応して欲しいと考えているでしょう。それゆえ，いつまでも原因は不明であるという回答をすることは，相手方の不信を招くことになります。

もちろん，調査にはそれなりの時間がかかると思いますので，どのような調査にどの程度の時間がかかるか等をあらかじめ説明し，理解を求めることも必要かと思います。

貴社に責任があるかどうかを判断するためには，当初想定した以上に時間がかかることがあります。このことを逆手にとって，「早く回答しろ」とか，「誠意がないので公表する」等の申出がある場合があります。調査の過程において，時間が予想以上にかかる旨の報告（中間報告）も必要です。要は，「放っておかれた」といわれないことが必要です。

例えば，「先日，ご提供いただきました製品につき，現在分析機関に分析を依頼中であります。分析結果が出るにはしばらく時間がかかるとのことですので，その結果を得てからご報告を致したいと思いますので，しばらくお時間をいただきたいと存じます」と中間報告を入れる等するのも一方法です。

(6) **結論が出る前に面談を要求された場合**

原因の究明ができない段階で面談を求められた場合，安易にこれに応じると，相手方の主張に反論する材料もなく，要求を拒絶し難くなりますので，

避けるべきです。

しかし，ある程度時間が経ったのに，何もしてくれないという不満を相手方に抱かせかねない場合には，そのこと自体があらたなクレームの対象となりますので，途中経過の報告という形での面談も必要となる場合があります。その場合のポイントは，今回の面談は途中経過の報告であるということが曖昧にならないようにすることです。原因がはっきりしていない時点では，貴社の責任を肯定も否定もできないので，今後の見通しについてはっきりした返事ができないのは当然ですが，貴社が責任を曖昧にしようとしているとの誤解を相手方に与えないことが大切であることを意識してください。要は，あらたなクレームの対象となるような事実を作らないということです。

(7) 責任の有無について結論が出たあとの対応

その結論に至った理由を端的に示した上で，責任の有無を回答すべきです。

(a) 貴社に責任がないという結論に至った場合 相手方は必ずしも納得しない場合もありますが，疑問点等があればいつでもお問い合わせくださいと付け加えておけば，多くのクレームはそれで収まります。

責任がないという回答自体を文書で出す必要があるかどうかについては，ケースバイケースですが，相手方が文書化を要求する場合でなくとも一定の調査を行った結果，貴社に責任がないという結果に至ったことを文書によって明示しておくことは，クレーム対応をめぐる紛争の発生を未然に防ぐために，あるいは，紛争が発生した場合の証拠として，大きな意味を持ちます。ただし，この文書は証拠になるわけですから，曖昧な記載をしないことが必要です。

(b) 貴社に責任があるという結論に至った場合 必要に応じて謝罪をし，損害が生じていれば，相当因果関係にある範囲内において，賠償義務に応じることになります。責任があることを認めたからといって，相手方の要求すべてに応じなければならないわけではありませんので，責任を認めることに躊躇することはかえって無責任な対応として非難されますので，注意してください。相当因果関係の範囲について疑義がある場合には，弁護士等の専門家の意見を聞くことも必要です。

(8) **貴社に責任がないとの結論を相手方に伝えたが，相手方がこれを了解せず面談を要求された場合**

このようなケースの場合には，相手方がどの点を了解しないのかをはっきりさせるために，貴社からまず結論に至った理由を記載した文書を送り，疑問点を文書にてまとめてもらうように求めます。相手方の意向がはっきり分からないままに面談をしても話合いは平行線となるだけである旨を相手方に伝えて，あらかじめ争点を明確にするために文書化の協力を求めましょう。合理性のない疑問点は文書化しにくいものです。この段階で不当な要求が断念されることが多いといえます。

(9) **貴社に責任がないことを説明しても，相手方が了解せず，繰り返し面談を要求された場合**

この段階に至った場合には，相手方からの要求は「不当要求」であると認識し，「以後の面談はいたしません」と毅然と対応するべきです。また，面談をしつこく要求された場合には，業務妨害や強要罪になりかねない旨を警告しておきましょう。また，面談を要求するに際し，反社会的な団体が背後にいる等を匂わせた場合には，早急に警察，弁護士等に相談して対応をすることが有用です。

この場合の対応については，**Q19**を参照してください。

【栗宇　一樹】

第6章

反社会的勢力による営業妨害への対応方法

Q25　営業妨害事例①──営業妨害の背景

　このところ暴力団風の数人の男がクレームをつけに会社の受付を何度か訪れており，社員が対応していますが，横柄な態度で印象が悪く，いずれエスカレートした場合には，営業が妨害されたり，何らかの被害が出るのではないかと非常に心配しています。暴力団をはじめとする反社会的勢力は，企業に対して実際に営業妨害行為を行うことがあるのでしょうか。また，どのような場合に営業妨害を行うのでしょうか。

A

　反社会的勢力は，資金獲得のために，企業に対して実際に営業妨害行為に及ぶこともあります。大きな見返りが期待できる場合で，反社会的勢力が企業に迫る「ネタ」をつかみ，しかも，企業が反社会的勢力の要求に屈してしまう「体質」を持っている場合には，妨害がエスカレートしがちです。

解説

1　企業は常に狙われている

(1)　**企業は資金源**

　企業は，社会において経済活動を行い，利潤を上げることを目的とした存在です。利益獲得が企業の目的そのものなので，その事業活動には当然大きな資金の流れが伴います。企業には，その事業活動に伴って必然的に資金が集まってくる仕組みになっています。また，現代のように経済活動が発展した社会では，企業の事業活動は社会の様々な分野に及びます。したがって，企業には様々な分野から様々な資金が日々流入してきます。

反社会的勢力は，当然，このような企業の豊富な資金力に目をつけ，資金を獲得しようとして虎視眈々とあらゆる機会を狙っています。反社会的勢力にしてみれば，企業は大きな資金の獲得源であり，まさに宝の山なのです。

(2) 企業活動の多様性

また，現代の企業の事業活動の範囲は，極めて広範です。企業では，毎日，様々な取引先との間で多数の従業員が事業活動を行っています。そして，企業は様々な事業活動で利潤を上げ，再投資をして，さらに活動範囲を拡大していきます。現代社会では，技術の進歩によって事業活動のサイクルが短くなっていますので，これに伴って，企業には次々と取引先が現れます。このように，企業の活動は広範に及ぶというだけでなく，発展性を有し新規性を追求するというダイナミックな性格を有しています。また，企業の事業活動は，従業員や取引先，顧客等，様々な分野から多数の関係者がダイナミックに関わって形成されています。

反社会的勢力は，企業活動のこのような幅の広さ，動きの多様さの中にスキや脇の甘さを嗅ぎつけようと日々狙っており，企業から甘い汁を吸う機会を得ようとして様々なアンテナを張っています。

企業関係者には，反社会的勢力から常に狙われているということを，ここで改めて認識していただきたいと思います。

2 不当要求から営業妨害へ

(1) 営業妨害の端緒

反社会的勢力は，企業からの資金獲得を常に狙っています。しかし，だからといって直ちに妨害行為に及ぶわけではありません。多くの場合は，企業に対する不当要求行為から始まると考えてよいでしょう。

不当要求行為は，暴力団，暴力団関連企業，えせ右翼，えせ同和行為者，総会屋などによって行われ，これらの反社会的勢力は，企業に対し，製品の欠陥・不適切な対応に対するクレーム，物品購入要求，下請参入要求，機関誌購読要求，寄付金・賛助金要求などの要求行為を行ってきます。

(2) 営業妨害の実態

全国暴力追放運動推進センターが平成17年に企業3,000社を対象として行ったアンケート調査の結果を見ると、8割程度の企業は要求を拒否したとされており、拒否したことによって7割以上の相手が引き下がったとされています。

　ということは、ほとんどの不当要求が要求段階にとどまり、それ以上には発展しないということを示しています。

　もっとも、要求を拒否されても、引き下がらずに対応をエスカレートさせるケースもあります。このようなケースでは、反社会的勢力はリスクを冒して攻撃を強めてくるわけです。

　不当要求に従わないことによって反社会的勢力が企業に対して取った行動について、前出のアンケート調査によれば、「引き下がった」とするものが73.6％とされていますが、それ以外のケースでは、要求を妨害行為にエスカレートさせています。その態様を見ると、「要求等の内容や態様を変えてきた」が11.5％、「迷惑電話などの嫌がらせ行為を続けた」が7.4％、「親会社や監督官庁に連絡すると脅してきた」が6.6％、「会社を中傷するような街宣活動を行った」が4.8％、「物的損害や人的危害を加えてきた」が0.7％とされています。

　このように、数は多くないものの、反社会的勢力が実際の妨害行為に出るケースが存在していることもまた事実です。もっとも、その内容は、嫌がらせ、脅し、街宣活動などが中心であり、人に恐怖や困惑、嫌悪といった感情を抱かせ心理的に圧迫するという効果を狙うことがほとんどです。物を壊す、人を傷つけるといった物理的な実力行使に及ぶケースは極めて少数です。

3　なぜリスクを冒して営業妨害に及ぶのか

(1) 見返りの大きさ

　リスクを冒してまで攻撃をエスカレートさせるのには、やはり理由があります。反社会的勢力が企業を狙うのは、資金獲得をもくろんでいるからです。「より大きな資金獲得」を狙っていることも多いでしょう（見返りの大き

さ）。ほんの数万円のためなら適当なところで諦めるが，何千万円，何億円という資金を獲得する可能性があるならば，これに応じて攻撃は執拗になるというわけです。

(2) ネタと体質

しかし，金額が大きいからといってやみくもに攻撃してくるわけではありません。「それなりの勝算がある」と踏んだからこそ，リスクを冒してくるのです（成功の確率の高さ）。

(a) ネ タ　これにはまず，「企業側に何らかの弱みがある」ケースが考えられます。企業にとって好ましくない事態（不祥事）が起きることはしばしば生じます。粉飾決算，汚職，談合に始まって，個人情報の漏洩，スキャンダル，セクハラなど，不祥事の原因は様々であり，また，至るところで発生します。このような不祥事が明らかになれば，企業は社会的にダメージを受け，企業価値が毀損されることになります。したがって，企業としてはこれをできれば明らかにしたくないと考えるわけですが，これが反社会的勢力に絶好の攻撃材料を提供することになります。

もっとも，反社会的勢力が不祥事をネタに企業を攻撃してきたとしても，単なる憶測に基づく揺さぶりに過ぎないことも少なくありません。いったいどこまで知っているのだろうと疑心暗鬼になって企業が反社会的勢力の影におびえてしまうと，逆に，反社会的勢力の思うつぼとなるので，注意が必要です。

(b) 体 質　ところで，不祥事があるからといって，直ちに反社会的勢力の攻撃につながるわけではありません。反社会的勢力が勝算が高いと考えるケースは，①役員や担当者が不祥事を隠蔽しようとする，②担当者に任せきりにしようとする，③反社会的勢力を必要以上に怖がる，④トラブルを恐れて要求を比較的容易に受け入れてしまう，などの企業体質がある場合です。この点を反社会的勢力はよく見ています。不当要求行為に対する対応の甘さにこのような体質を嗅ぎつけるのです。このような隠蔽や責任回避といった体質がある場合には，反社会的勢力は資金獲得の可能性が高いと見て，さらに，攻撃を強めることになります。

【伊東　卓】

Q26 営業妨害事例②——営業妨害行為の内容

暴力団員と思われるヤクザ風の男数名が会社を訪れた際、要求を拒否したところ、「こんな会社いつでも潰してやるから覚えていろ。役員の自宅も調べてある」などと言い放って帰って行きました。役員個人への攻撃や、会社に対して何らかの営業妨害があるのではないかと心配です。暴力団をはじめとする反社会的勢力は、企業に対して実際にどのような営業妨害を行うのでしょうか。

A

反社会的勢力は、企業に対して実際に営業妨害行為に及ぶことがありますが、その方法は不当な経済的利益を得るための脅しや街宣行為などであり、実際に物的設備を壊したり、人に危害を加えたりする例は多くありません。

解説

1 最近の営業妨害の実例

反社会的勢力が営業妨害に及んだ近年の実例を見てみましょう（全国暴力追放運動推進センターのホームページ http://www1a.biglobe.ne.jp/boutsui/index2.htm からの要約）。

〔事例1〕

ある建設会社は、市が発注した工事を受注した。ところが、暴力団員（33歳）らは、この建設会社の下請業者のダンプカーが、暴力団員が契約する駐車場へ無断進入して乗用車に当て逃げをしたと因縁をつけ、市に電話して「市長を訴える」などと申し向けた。さらに、市担当者及び建設会社社長に対して、「元請だけでなく、市にも責任がある。責任のとれんような元請や

ったらやめてしまえ。下請の金を回したらええ，事故車を事業所の玄関先に持ってきて，市民に見てもらう。状況を書いた看板も立てとけ」などと執拗に金員を要求した（平成16年2月，恐喝未遂で検挙）。

〔事例2〕
　社会運動標榜ゴロ団体の代表（40歳）らが，ある会社の女性従業員を同行してその会社を訪れた。その女性従業員が会社内で性的嫌がらせを受けたということであったが，その団体代表らは，窓口で対応した総務部長らに，人権擁護団体などの名刺を交付した上，「街宣車を出す。会社を潰してやる。明日の朝刊に載せるぞ。インターネットに掲載して全世界に流してやる。社長，総務部長らをクビにしてやる」などと団体の威力を示して脅迫した（平成16年6月，暴力行為等処罰に関する法律違反で検挙）。

〔事例3〕
　総会屋（65歳）らは，会社社長の女性スキャンダルに因縁をつけ，現金を脅し取ろうと企てた。そして，会社を訪れ，総務部長などに対して「社長のスキャンダルを握っている。週刊誌に情報を流してもいいんだよ」などと申し向け，さらに「社長の下ネタのネガを持っている。社長のスキャンダルを助けるのも総務の仕事だろう」などと申し向け，暗に金員を要求した（平成16年5月，恐喝未遂で検挙）。

〔事例4〕
　政治活動標榜ゴロ団体の幹部（45歳）らは，ガソリンスタンドに街宣車で訪れ，給油を申し込んだ。ところが，給油の際，従業員が給油装置の操作を誤り，少量の軽油を街宣車に付着させてしまった。このため，団体幹部は激昂し，従業員のむなぐらをつかみ，振り回すなどの暴力を加え，「こんな車，乗っていけねえ。また，明日来るから幹部全員集めとけ」などと怒鳴って立ち去った。その翌日，再び同じガソリンスタンドを訪れ，応対した同社幹部に対して「街宣車は右翼の魂だ。同等の車を用意してくれ」などと申し向けて，暗に金員を要求した（平成16年6月，恐喝未遂で逮捕）。

〔事例5〕
　政治活動標榜ゴロ団体代表（31歳）らは，中古車販売店から購入した車両が交通事故の修理歴を有する車両であったことから，その会社の役員など

に対し、右翼団体の名刺を交付した上、「ここでは、事故車を売っているのか。買ったときの値段で買い取れ。こんな店ぶっ潰すからな」などと申し向けた。さらに、街宣車で乗りつけ、拡声器を用いて「この店で扱っているのは事故車ではありません。お客様を丸め込み膨大な利益を得ているこの会社に共感を覚え、支援活動を展開していく意向であります」などと怒鳴り、暗に金員を要求した（平成15年3月、恐喝未遂で検挙）。

　これらの実例を見れば、反社会的勢力がいかにいろいろな手口を用いて企業から不当な方法で資金を獲得しようとしているかが、おわかりいただけるでしょう。もっとも、注意すべきは、このような行為はいずれも犯罪行為であり、これらの事例では反社会的勢力は警察によっていずれも検挙されているということです。反社会的勢力にとって、具体的な妨害行為に及ぶことは、大きな資金獲得にもつながることですが、反面、それに伴うリスク（＝警察による検挙）も相当に高いということを示しています。

2　アンケート結果に見る営業妨害の態様

　全国暴力追放運動推進センターが平成17年に企業3,000社を対象として行ったアンケート調査の結果（Q25 2 (2)参照）を見ると、不当要求に従わないことによって反社会的勢力が企業に対して妨害に及んだケースは約3割とされています。このように、多くはないものの、反社会的勢力が実際の妨害行為に出るケースが存在していることもまた事実です。もっとも、その内容は、嫌がらせ、脅し、街宣活動などが中心であり、人に恐怖や困惑、嫌悪といった感情を抱かせ心理的に圧迫するという効果を狙うことがほとんどです。物を壊す、人を傷つけるといった物理的な実力行使に及ぶこともありますが、そのようなケースは極めて少数です。

3　具体的な妨害行為の態様

(1)　電話や面談による要求の繰返し

　要求を電話で繰り返す、面談要求を繰り返したり怒鳴ったりする、押しか

けてきて社内に居座る，といった比較的単純なものです。しかし，受付等に何度も現れては執拗にこのような行為を繰り返す場合は，事業活動に支障を来すことになります。

(2) 脅し・恫喝

脅しは，何らかの危害が及ぶことを告げること（害悪の告知）をいいますが，その内容にはいろいろなパターンがあります。反社会的勢力の脅し・恫喝は，企業がこのままでは事業に大きな支障が生じ，営業できなくなるのではないか，と思い込ませるように仕向けます。

ストレートな脅しとしては，店舗等の物的設備を破壊するとか，役員・従業員の身体に危害を加えると告げるものがありますが，最近では，そのような単純なものは多くありません。表現も「ぶっ殺す」，「海に沈める」などという物騒なものより，「下の者が自宅を調べている」といった間接的なものが多く見受けられます。また，営業に対して「こんな店ぶっ潰してやる」，「こんな会社いつでも止めさせてやる」などと，ストレートな表現で脅すこともありますが，最近では，第三者に知らせるという表現を用いて，間接的に脅すものが多くなっています。例えば，①親会社や監督官庁，取引先に連絡するというもの，②街宣するというもの，③マスコミに公表するというもの，④インターネットに流すというもの，などです。

また，最近の特徴として，はっきりと脅す例はやや影を潜め，何らかの関係があるかのようにほのめかし，遠回しな表現で不気味な印象を与える，という方法が目立つといわれています。例えば，面談している担当者に対して「あなたの息子は教習所に通っていますね」，「株主総会の会場はよく知っていますよ」，「あなたの上司は○○さんでしたね」などと告げて，はっきりはしないけれども何らかの関係があり何らかの危害を加えるかのような印象を与えるというものがあります。このような方法は，必ずしも「恐怖」をおぼえさせたり，「威圧」を与えたりするわけではありませんが，「何かされるのではないか」，「もっと知っているのではないか」と受け手を疑心暗鬼にさせ，心理的に攪乱することを狙っています。そこには「脅し」だけではなくて「騙し」も加わっているというわけです。

(3) 嫌がらせ

古典的な嫌がらせの方法として，いかにも暴力団風の風体をした者が数名でたむろしたり，事業所や店舗の周辺をうろつく，窓に目隠しシールを貼った高級外車を目立つところに駐車させる，街宣行為はしないものの決まった時間に事業所の周辺に街宣車を出現させる（ゆっくり走らせる），などがあります。また，迷惑電話をかけてくるという嫌がらせもあります。最近では，寿司や宅配ピザを大量に注文して送りつける，偽の通報で救急車や消防車を出動させるといったことも見られるようになっています。

これらの嫌がらせは，脅しと併せて用いられ，脅しが脅しだけにはとどまらず，実際に何かやってくるぞ，ということを誇示するために行われます。

(4) **企業への中傷行為**

また，反社会的勢力は，脅しにとどまらず，実際に妨害行為に及ぶこともあります。

①企業を中傷する怪文書を関係先やマスコミに送りつける，②ブラックジャーナルへ中傷記事を掲載する，③インターネット掲示板に企業を中傷する書込みをする，④取引先や行政官庁等へ乗り込んで迷惑行為に及ぶ，などです。

(5) **街宣行為**

企業に対する営業妨害としてもっともポピュラーなのは，街宣行為です。右翼を装い，物々しい装備で黒っぽく塗られた街宣車で乗り付け，拡声器で軍歌やマーチを大音量で流し，怒声を張り上げ，執拗に企業の糾弾を叫ぶというのが多く見られる街宣行為のパターンです。

もっとも，最近では，通常のワゴン車やRV車でやってきて，人権団体や環境保護団体を装って，ややおとなしく街頭演説風に糾弾するという例も散見されます。

(6) **物理的な危害を加える行為**

店舗や事業所に汚物やペンキをぶちまける，事業所の入口に車で突っ込む，事業所に銃弾を撃ち込むといったこともあり得ないことではありません。しかし，このように実際に物的・人的危害を加えてきたというケースは，極めて少数にとどまります。

【伊東　卓】

Q27 営業妨害事例③——営業妨害への対応

　会社で総務を担当していますが、このところ、右翼団体を名乗る男数名が何度か会社を訪れて、「ある役員の女性従業員に対するセクハラの事実をつかんでいる、誠意ある対応をしないと、監督官庁や取引先に連絡し、インターネットでも公表する」と迫ってきています。もし、本当にそのようなことをされたら、会社の営業活動が混乱するので大変心配です。もし、反社会的勢力がこのような営業妨害を行ってきた場合には、どのように対応したらよいのでしょうか。

A

　反社会的勢力の行う営業妨害行為の実態を知るとともに、反社会的勢力の要求に屈することなく、組織的かつ迅速に対応し、警察、暴追センター、弁護士と連携をとりあって対応することが大切です。民事的・刑事的な法的対応も積極的に利用しましょう。このように対応することによって、妨害行為のほとんどが収束するのです。

解説

1　営業妨害に対する対応の基礎

(1)　**反社会的勢力の狙いを理解すること**
　まず、反社会的勢力の狙いを理解することが重要です。
　反社会的勢力は資金獲得をもくろんで企業を狙っています。彼らは、金が目当てなのです。しかし、営業妨害を行えば、犯罪行為として警察に検挙されます。彼らにしてみれば、高いリスクを伴います。警察に検挙されてしま

っては割に合いません。当然，反社会的勢力は妨害行為に出るに際し，得られる利益とリスクの程度を計っています。

　反社会的勢力は，企業が抱えている不祥事等の弱みにつけ込み，隠蔽・責任回避といった体質を持っている企業を狙います。反社会的勢力は，企業の不透明さに期待しているのです。企業が弱みにつけ込まれ過剰に畏怖し，あるいはトラブルを恐れるなどして不透明な対応をとり，一旦要求に応じてしまうと，その後，関係は次第にエスカレートし企業のダメージも拡大していきます。これが反社会的勢力の狙いです。

　したがって，反社会的勢力に対しては，企業が公正で透明な対応をする（事態を裏で処理しようとせず，表に出してしまう）ことが最も重要です。

(2) 脅しの手口を理解すること

　暴力団対策法が制定されてからは，従来のようにおおっぴらに暴力団の名前を用いることは少なくなっており（これを「不透明化」といいます），最近の反社会的勢力による不当要求は，多くの場合，人権，環境，政治運動などの名目で行われることが多くなっています。このような行動形態は，単に暴力団の名前を隠すという意味だけとどまらず，このような名目で不当要求行為を行うことによって，企業に効果的に要求をのませるという意味もあります。つまり，不当要求を行う側とすれば，ただやみくもに企業に金を出させるのではなく，金を出す名目の仮装，例えば，仕事を装ったり，経費を装ったり，あるいは，社会運動への協力を装ったりすることによって，金を出させようとしているわけです。

　また，反社会的勢力の不当要求は，近年，組織化，巧妙化されており，企業の「過剰反応」を巧みに利用しているといわれています。いまや反社会的勢力の手段は，「脅し」だけではなく「騙し」も加わっています。企業に対し，いったいどこまで弱みを知っているのか，万一の場合にダメージがどこまで拡大するのか，と疑心暗鬼にさせようとしているのです。

　したがって，企業は，このような脅しの手口を理解し，これに過剰に反応しないことが大切です。そのためには，マスコミ報道等から勝手に不当要求行為の背後関係を憶測するのではなく，具体的に事件に関する事実関係や証拠関係をよく見て，相手方が要求している事柄や用いている表現なども検討

した上で対応することが必要です。

(3) 公正・透明な企業行動を取り，法的対応をいとわないこと

　法令違反，不適切な現場対応，商品の瑕疵，内部スキャンダルなど，企業にとって都合の悪いこと，不利なことは，いろいろな場面で，しかも予期せぬ形で出現します。反社会的勢力は，そのような企業の「弱み」をネタとして利用してきます。しかし，反社会的勢力からの妨害行為を防ぐためには，そのような都合の悪い話であっても，これを表に出すことを恐れてはいけません。不当な要求は断固拒否し，犯罪行為に該当すると思われるものは直ちに警察に届け出るということをあらかじめ企業の明確な方針とし，これに従って対応することが重要です。

　そして，このように公正・透明な企業行動を取るということを明確な方針にしておけば，万一，企業だけの対応では妨害が収まらない場合でも，外部の警察，暴追センター，弁護士と素早く連携し，民事的，刑事的な法的対応をとることができます。このような対応を取ることによって直ちに妨害を収束させることができます。

　事態を隠蔽することなく表に出し，関係機関と連携して法的に対応することによって，直ちに，そして，ほとんどの妨害行為を収束させることができるのです。

　反社会的勢力は，警察，裁判所，弁護士を何より嫌います。弁護士が内容証明郵便を一本出すだけでほとんどの妨害行為は止まります。このことを企業関係者にはよく認識していただきたいと思います。

(4) 万一の場合に対する対策も万全に

　上記のように対応し，警察，暴追センター，弁護士等との連携ができていれば，反社会的勢力が企業や担当者に危害を加えることはほとんどありません。

　ただし，万一，人的・物的な危害が加えられることが予想される場合には，これに対する対策を怠ってはなりません。具体的な事案によっては，要求を拒否したときに何をされるかわからない，報復されるのではないかという不安が払拭できない，といった場合もあるでしょう。そのような場合は，やはり万全の備えを取っておくべきです。警察と連携して，警察官に役員や

担当者の身辺警護をしてもらったり、警備機器の設置、パトカーの立寄りなどの保護対策を取ってもらうことも重要です。

２　企業における準備と対応──組織的かつ迅速な対応が重要

(1)　公正・透明な企業行動を明確な方針とする
　この点は何度も触れましたが、大変重要なポイントですので、繰り返し強調しておきます。事態を裏で処理せず、表に出して、関係機関と連携して法的な対応を取ることが最も重要です。このことを企業の方針としてあらかじめ明確にしておくべきです。

(2)　組織的対応
　上記のような方針に沿った対応をするためには、企業にとって「悪い話」でも担当者が躊躇することなく報告をし、経営者が迅速に報告を受けられるシステムをあらかじめ組織として構築しておく必要があります。「悪い話」の処理を現場や担当者に任せきりにするのではなく、トップを含めて企業全体が組織的にチェックする体制を作ることが大切です。

(3)　迅速な対応
　「悪い話」であればあるほど、迅速に企業トップに報告され、組織的に、迅速に対応する必要があります。対応が迅速であれば、それだけ企業のダメージは少なくなります。そのためには、企業トップを中心とした実効的な危機管理システムをあらかじめ構築しておき、対応責任者を明確にして、具体的事案に対しては、担当者に任せきりにせず、企業トップにつながるラインで迅速に意思決定をすることが大切です。

　もし、反社会的勢力からの不当要求が早い段階で把握できれば、恐喝未遂罪、利益要求罪（株主からの要求の場合。会970条3項）などを適用して警察が素早く対処することも可能です。

３　外部との連携

　企業が反社会的勢力からの不当要求を拒否しても、なおも執拗に妨害行為

が継続することがあり得ます。このような妨害行為を収束させるには，警察，暴追センター，弁護士といった外部の関係機関と素早く連携を取ることが不可欠です。これらの外部機関と連携を図り，法的対応を取ることによって，直ちに妨害行為を収束させることができます。

　暴追センターは，各都道府県に設けられており，警察及び弁護士会と密接に連携を取りつつ，日常的に民事介入暴力関係の相談を受け付けています。暴追センターにまず相談をすることで，警察及び弁護士との連携を図ることが可能となります。

　企業には顧問弁護士がいる場合も多いですが，顧問弁護士が民暴事案の処理を必ずしも得意としないこともあり得ます。このような場合には，各地の弁護士会に連絡をしてください。各地の弁護士会には民暴対策委員会が設けられており，民事介入暴力対策についてノウハウをもった弁護士が，警察や暴追センターと連携を図りつつ，民暴事案の解決に当たっています。

　なお，前述したように，万一の人的・物的危害を避けるためには，保護対策も重要です。この場合には，警察に，身辺警護や警備機器の設置，パトカーの立寄りなどの保護対策を依頼します。

　このような外部との連携は，個別に行うよりも，具体的事案に応じて，会社が弁護士，警察，暴追センターと相互に連携を図りながら進めることがより効果的です。

【伊東　卓】

Q28 営業妨害事例④──外部との連携

　ある従業員が，自動車を運転して外回りをしている最中に，歩行者と軽い接触事故を起こしてしまいました。従業員はすぐに謝罪して示談金を払ったそうですが，その後，被害者の代理人と称するヤクザ風の男が会社に電話をかけてきたり，面談に来るなどして，執拗に多額の賠償を求めてきており，最近ではだんだんエスカレートして言葉遣いが荒くなってきました。このままだと，そのうち会社に対して何らかの営業妨害があるのではないかと恐れています。

　もし，反社会的勢力が営業妨害を行ってきた場合，どの段階で外部に相談するのがよいでしょうか。また，弁護士に相談した場合，弁護士はどのように対応するのでしょうか。金銭トラブルや女性問題など，従業員の個人的問題を材料に攻撃してくる場合の対応についても教えてください。

A

　反社会的勢力の不当要求を拒否しても，なお要求が止まらない場合には，警察，暴追センター，弁護士に相談し，連携を取りあって対応すべきです。迅速に対応すればするほど，収束は容易です。
　従業員の個人的問題を材料として攻撃してくる場合も，基本的な対応は同じですが，企業が前面に立って対応するのではなく，当該従業員に対し適切にアドバイスをしてあげることが大切です。

解説

1　早い段階で外部と連携することが重要

　企業が反社会的勢力からの不当要求を拒否したにもかかわらず，なおも反

社会的勢力が妨害行為を続けることがあり得ます。このような場合には、この段階で、警察、暴追センター、弁護士といった外部の関係機関と素早く連携を取ってください。早い段階でこれらの外部機関と連携を図れば、迅速に妨害行為を収束させることができます。

２ 弁護士による対応──内容証明郵便による不当要求拒否

企業が不当要求を拒否してもなおも要求が止まらない場合には、弁護士名で要求を拒否する書面を内容証明郵便で送ることが有効です。弁護士が内容証明郵便を送りつけるだけで、反社会的勢力の要求がストップし、何の反応もなくなるということがほとんどです。

弁護士が内容証明郵便を送った場合に、反社会的勢力側から反応があるのは実際にはわずかです（せいぜい１割から２割程度といわれています）。その反応も、弁護士に対して、自分は違法な要求をする者ではないといった弁解をするものがほとんどであり、それ以上に攻撃を強めることはほとんどありません。このように、弁護士が内容証明郵便を送付した場合、その後に企業や担当者に対し危害を加えるということは、現実にはほとんどないといえるのです。

３ 民事的対応──仮処分、訴訟の提起

弁護士が内容証明郵便を送付し、面談対応をしても、なお不当要求や妨害行為が継続する場合には、面談禁止仮処分等の各種行為を禁止する旨の仮処分や、債務不存在確認訴訟といった訴訟対応をすることになります。

(1) 仮処分の申立て

企業には営業活動を平穏に行う権利がありますので、これを妨害する行為があれば、法的にはこれをやめさせる権利が発生します。妨害行為を差し止める場合には、裁判所に仮処分の申立てをすることが有効です。街宣禁止の仮処分がこの典型例です（Q39参照）。

この場合、権利の侵害の程度、態様、反社会的勢力の悪質性などについ

て，証拠となる資料の提出が必要です。メモ，写真，録音，録画など記録化された資料が存在していることが手続を迅速に進める上で重要となります。

(2) 債務不存在確認訴訟の提起

債務不存在確認訴訟とは，反社会的勢力の要求が法的に認められないものであり，企業は何らの債務もないことを確認する判決を求める訴訟のことをいいます。

訴訟対応となった場合には，反社会的勢力を訴訟の相手方として裁判所に呼び出すこととなりますが，不当要求をしている反社会的勢力はほとんどの場合欠席しますので，その結果，企業側の要求が認められ，勝訴で終わることになります。

このように，反社会的勢力の要求に法的な根拠がないことを判決で確認しておけば，その後，再び要求行為があったときには，これをもって明確に拒否することができますし，また，仮処分の申立てや刑事告訴をする際には，法的権利がないことを警察や裁判所に明確に説明することができますので，極めて有益です。

４ 刑事的対応──刑事告訴

反社会的勢力の妨害行為は，多くの場合，脅迫罪，恐喝罪，強要罪などの犯罪行為に該当します。はっきりと金銭の要求をしていない場合でも，「誠意を示せ」，「けじめをつけろ」，「はした金ではすまない」などの言動でもって，他の発言や態度とも相まって「暗に金銭を要求した」と認定できる場合が多くあります。このような犯罪行為に該当する場合は，警察に刑事告訴をします。警察も以前のように「民事不介入の原則」にはとらわれないようになっていますので（**Q９**参照），このような相談には積極的に応じるようになっています。したがって，犯罪と思われる場合には，まずは，警察に相談することが大切です。

普段から所轄警察署との間で随時相談できる関係を構築しておけば，いざという場合も相談しやすいでしょう。しかし，そのような関係になく，いきなり警察には相談を持ち込みにくいといった場合には，暴追センターを利用

するのも一つの方法です。

　もし，警察に相談しても何らかの理由で警察が動いてくれなかった場合には，暴追センター，弁護士会の民暴委員会に相談してみるということも考えてよいでしょう。

⑤　従業員の個人的な問題を材料に攻撃する場合

　反社会的勢力が従業員を個人的な問題（例えば女性問題や金銭問題）をネタに攻撃し，勤務先に頻繁に電話をしてきたり，面談を求めて押しかけてくるといった行動に出ることがあります。このような場合には，その影響が企業にも及びます。その従業員は仕事どころではなくなりますし，周囲の従業員の業務にも支障を生じることがあるでしょう。

(1)　会社の姿勢

　このような場合，従業員のプライベートな事柄だからといって，企業が「会社は関係ない」，「会社が迷惑するから早く適当に解決しろ」という姿勢をとることは好ましくありません。このような事なかれ主義的な企業体質を知った場合には，反社会的勢力はいずれ企業をも攻撃の対象にするでしょう。特に業務に影響が出ている場合には，会社としても拒否の姿勢を明らかにする必要があります。

　しかし，もともとは従業員の個人的な問題ですので，企業が前面に出てトラブルに巻き込まれるのも好ましいことではありません。企業の担当者や上司の発言に揚げ足をとられて，かえって攻撃が強まってしまったのでは逆効果です。反社会的勢力は，従業員の個人的な問題をネタにしつつも，攻撃のターゲットを企業に向けることをも虎視眈々と狙っています。したがって，このような場合は，従業員とよく相談して，弁護士を紹介する，暴追センターや警察への相談を勧めるなどの適切なアドバイスを行う必要があります。

(2)　当該従業員への対応

　なお，このようなトラブルを起こす従業員には，反社会的勢力につけ込まれるスキがあったり，脇の甘さがあることが多いといえます。このような事件をきっかけに，就業規則違反を犯していることが発覚するケースもありま

す。企業がこのような事件を隠密裡に始末してしまえば，そのことがまた新たなネタになって不当要求を受けることにもなりかねません。企業としては，このような場合には問題を抱えた従業員に対し，厳正に対処をし，反社会的勢力からの攻撃対象になりうる事情を早期に解消する必要があるといえるでしょう。

【伊東　卓】

Q29 営業妨害事例⑤——法的解決の手段

当社が不動産開発事業を計画していたところ,同和団体幹部を名乗る男が介入してきて,高額な立退料を請求してきました。余りに法外な金額なので断りましたが,執拗に何度も電話をしてきており,最近では,ヤクザ風の男が何人も門の付近にたむろしています。そのうち,営業妨害にエスカレートするのではないかと不安です。もし,万一,反社会的勢力が営業妨害を行ってくるとしたら,どのようなことをしてくるのでしょうか。また,各種の妨害行為に応じた具体的な対応方法を教えてください。

A

> 反社会的勢力が企業に対して行う営業妨害としては,執拗な電話や面談要求,事業所付近でのたむろやうろつき,街宣行為などのほか,インターネットサイトへの書込みやマスコミ,官庁,取引先への中傷文書の配布などがあります。これらに対する具体的対応は,以下に述べるとおりですが,大切なことは迅速に法的解決のレールに載せることです。

解説

1 総論——法的解決が有効かつ重要

企業が反社会的勢力からの不当要求を明確に拒否したにもかかわらず,なおも執拗に妨害行為に及ぶ場合には,警察,暴追センター,弁護士といった外部の関係機関と素早く連携を取り,迅速に法的解決のレールに載せることが重要です。そうすれば,迅速に妨害行為を収束させることができます。

企業における具体的な営業妨害行為への対策は,以下のとおりです。

2 各　論

(1) 電話による不当要求行為

電話によって不当要求が執拗に繰り返される場合には，当該事案の担当者に任せきりにせず，組織的に対応する必要があります。担当者に直ちに取り次がず，別途対応の責任者を決め，ここで対応することも必要となります。電話で対応する場合は会話を録音し，その内容が脅迫，恐喝に及ぶ場合には，刑事事件として警察へ被害届を出します。そこまでには至らない場合でも，回数が余りに頻繁である，早朝深夜にも及ぶ，語気鋭く怒鳴って恫喝するなど，常軌を逸している場合は民事事件として対応が可能です。この場合には，裁判所に架電禁止の仮処分の申立てをすることが考えられます。

(2) 面談による不当要求

面談に対しては組織的に対応し，不当な要求については明確に拒絶するとともに，執拗な場合には，弁護士への依頼，仮処分や債務不存在確認訴訟の提起などで対応します。詳しくは面談要求への対応（Q18～Q24）を参照してください。

(3) 社内への居座り

面談が長時間に及び，要求を受け入れるまで社内に居座るという場合は，不退去罪の適用による排除が考えられます。退去要求を受けながら，正当な理由なく建造物から退去しない場合は，刑法の不退去罪に該当します（刑130条）。このような者に対しては，退去するように繰り返し告げ，それでも応じない場合は警察に通報し，臨場を求めることが有効です。

(4) 受付や玄関先でのうろつき

企業の事業所内又は敷地内であれば，企業側に管理権限がありますので，その管理権限に基づいて事業所外への退去を求め，応じなければ(3)と同様の対応をします。

事業所外であった場合は，うろつきのために具体的にどのような被害を生じているかによって対応が異なります。人数，車両の数，駐車の方法などによっては，事業所への出入りが物理的に妨害されているということもあるで

しょう。また、いかにもヤクザ風という服装や態度でうろついているのであれば、威圧を感じて出入りができないということもあり得ます。ただ単に不気味であるとか迷惑であるという程度を超えて、従業員などが出入りすることができなくなるなど、営業に対する具体的な被害が生じている場合には、民事上は営業妨害を理由とする損害賠償や差止めが問題となり得ます。被害が明確な場合は、刑事上、威力業務妨害罪が成立する場合もあります。

(5) **ホテル、スーパー、コンビニ、百貨店等不特定多数の客が来集する場所でのうろつき**

ホテル、スーパー、コンビニ、百貨店等においては、不特定多数の客が来集することが予定されています。これらの場所は、もともとオープンスペースとして公共的に利用されることを念頭に置いている点で、特殊性があります。しかし、だからといって、これらの場所にたむろしたりうろついたりすることが許されるわけではありません。

もし、暴力団員が多数たむろしていたとすれば、他の暴力団組織からの対立抗争に巻き込まれるおそれもありますので、そこには他の一般の利用客への危険性も内包されています。

また、そもそも、このような施設は商業施設として企業が管理しているものです。不特定多数の人の出入りを予定している施設であっても、営業妨害といった違法な目的で立ち入る場合まで許しているわけではありません。

なお、旅館業法5条は、宿泊しようとする者が違法行為又は風紀を乱す行為をするおそれがある場合は、宿泊を拒否することができると定めています。本来、旅館については、利用者からの利用申込みを拒否してはならないとされていますが、一定の場合には拒否できるとされているのです。これは、宿泊施設が不特定多数の利用を予定しているところから、認められているものです。したがって、この趣旨は、不特定多数の客の利用が予定されている旅館以外の施設にも当てはまると考えてよいでしょう。

このように、たむろ、うろつきが公衆に迷惑を及ぼす場合には、利用拒否を申し出、退去しないときは(4)と同様の対応をとることとなります。

なお、店内に「暴力団排除宣言の店」、「暴力団お断り」などのステッカーを貼ることによって、利用拒否の申出がしやすくなるので、警察や暴追セン

ターの指導を仰ぎながら，これを利用するとよいでしょう。

(6) 街宣行為

街宣行為に及ぶ場合は，弁護士に依頼して裁判所に街宣禁止仮処分を申し立て，街宣行為の禁止を命じる仮処分決定を得るのが有効です。詳しくは，街宣行為に対する対応（Q39）を参照してください。

(7) 企業を中傷する記事のインターネットへの書込み

企業を中傷する書込みがインターネット上になされることによって，名誉・信用等の企業の利益が侵害されている場合は，インターネット接続事業者に対して，書込みを削除するよう請求できます。また，誰が書き込んだのかを特定するために，接続事業者に対して発信者情報の開示請求ができます（プロバイダ4条）。接続事業者が開示に応じない場合は，裁判所に仮処分命令を求めるのが有効です。

(8) マスコミへの怪文書等の送りつけ

怪文書等がマスコミに送りつけられたとしても，それによってマスコミが直ちに動くわけではありません。しかし，文書によって指摘されている内容によっては，企業が直ちに釈明することが必要な場合もあると思われます。この場合，マスコミ各社に弁明のファクシミリを送るにとどめるか，記者会見するかは，ケースバイケースで判断することになります。

また，怪文書等を取り上げようとするマスコミがある場合には，事実が単なる中傷であることについて根拠を示して明らかにし，公表した場合には名誉毀損等による損害賠償がありうることを示して，公表しないように求めることになります。

出版の事前差止めの仮処分も考えられますが，これは，主に個人のプライバシー侵害が問題となる場合に，公表されると回復不能な侵害が生じるということから，特別の要件のもとに認められるものです。したがって，企業の場合は，損害が極めて重大で回復不可能であるといった極めて限定された場合にだけ認められると考えるべきでしょう。

(9) 実力行使が行われた場合

店舗や事業所に汚物やペンキをぶちまける，事業所の入口に車で突っ込むなどの実力行使は，業務妨害罪，建造物損壊罪，器物損壊罪などに該当しま

す。直ちに警察に通報して，刑事告訴しましょう。

(10) **取引先への通告が行われた場合**

取引先に企業を中傷する怪文書やビラが配布されることがあります。このような場合は，その取引先に正しく事実関係を説明するとともに，このような行為は業務妨害罪に該当する可能性があるので，警察に通報するのがよいでしょう。また，何度も怪文書が配布される場合には，文書配布禁止の仮処分を申し立てることが考えられますので，弁護士に相談することも必要です。

(11) **監督官庁等の行政への通告が行われた場合**

取引先に通告があった場合と同様，行政への説明と警察への通報が考えられます。

(12) **各種妨害行為をチラつかせた取引要求，下請参入要求など**

これらの行為は，恐喝，強要，脅迫などの犯罪行為に該当する場合があります。警察に通報し，刑事事件として立件することを検討してもらいましょう。この場合，事実関係を証拠によって明らかにするため，担当者のメモや面談の録音やビデオ，関係書類等の資料をできるだけ多く確保しておくことが重要です。そのためには，前述したように，企業全体で組織的に対応することが大切です。

【伊東　卓】

第7章

クレーマー対策

Q30 民暴対策とクレーマー対策

企業対象暴力対策としての民暴対策は、クレーマー対策にも通じるのでしょうか。

A

(1) 通じます。また、企業のみならず、行政の担当職員が日常困惑させられている特殊市民や問題市民等の行政対象暴力対策にも通じるのです。

(2) クレーマーとは、企業や行政の有り難い顧客や善良な市民等ではなく、暴力や威嚇力を背景として不当要求行為をする者と認識すべきです。すなわち、要求内容又は要求行為態様のいずれか又は双方において、通常許容される範囲を超えた行動をとる者です。本書では、本設問に限らず、「クレーマー」をこのように定義します。

(3) 民暴対策における民暴とは、暴力団やその周辺者が民事紛争に介入してきたケースだけをいうのではありません。相手方が暴力団やその周辺者でなくても、誰であろうと、当該紛争を暴力や威嚇力を背景にして、本来相当・合理的と思われる解決をねじ曲げ、不当な利益や優遇の獲得に向け、自己の要求を押し通す不当要求行為を指します。

(4) したがって、相手方が普通の顧客や市民であったとしても、顧客や市民の地位にあることをよいことに、マスコミや役所に持ち込むとか、トップにいうなどとして、威嚇や威圧をちらつかせ、あるいは、振りかざし、クレーム行為を執拗に続けて、混乱、困惑させるクレーマーは、民暴行為をはたらく民暴行為者に他なりません。したがって、クレーマーの排除には、民暴や行政対象暴力対策と同様の方策が通用するのです。

解説

1　クレームとは何か

(1)　クレーム

　クレームとは，顧客（市民）から企業（行政）に対する，何らかの問い合わせや相談等の要求行為に，苦情や文句，抗議という形での不満な感情が加えられたものをいうとされています。

　企業は，顧客のみならず市民からの商品等への照会など，何らかの要求行為があれば，相手は大事な顧客ないしは顧客候補者ですから，誠意を持って丁寧に対応しています。また不満な感情が入ったクレームに対しては，相手方が企業に対し抱いている不満な感情の解消に腐心し，企業や提供する製品・サービスへの信頼や信用の回復に務めることに専心して対応しています。行政における市民も，行政にとっては，大事な市民ですので，同様に誠意を持って対応しているのです。

(2)　顧客至上主義，市民至上主義の呪縛

　企業としては，競業他社よりも少しでも多くの顧客に自社製品を購入してもらったり，サービスの提供を受けてもらうことで，営業競争に勝利することになります。そのためには，多くの顧客ないしは顧客候補者に気に入ってもらい，支持してもらうことが不可欠です。したがって，「お客様は神様」という言葉に代表される顧客至上主義，顧客第一主義が企業幹部・社員の呪縛となっています。行政においても同様に，市民至上主義の呪縛があります。

(3)　クレーマー対処は難問

　クレーム処理に当たる企業や担当者は，顧客至上主義の呪縛により，クレーマーといえども大事な顧客に相違ないと思い込んでいます。そこで，問題が拡大したり紛糾しないよう，顧客にいち早く理解してもらうのが肝要とし，誠意を尽くして説明したり，鋭意調査してクレームの解消に向け努力します。しかし，容易に納得しないのがクレーマーであり，どこの企業や担当

者もその対応に苦労させられています。ところが，クレーマーの要求どおりに，トップが電話に出たり，謝罪に出かけたり，相手方の過大・不当な要求に組織として応諾することなどは，コンプライアンスに反し，できません。そこで，多くの企業担当者はクレーマーに対し，長い時間をかけ，できる限りそこそこのところで理解，納得してもらおうと，神経をすり減らし，辛抱強くねばり強い交渉を強いられてきたのです。だからこそ，クレーマーにうまく対応したとか，このように撃退できたなどと謳った本が，ノウハウ本や武勇伝としてベストセラーになっているのです。

　また，クレーム処理に当たる行政や担当公務員は，法令に則った処置しかできません。市民から厳しいクレームを執拗に受けても，できないものはできない，と拒絶するしかなく，それが義務とされています。したがって，企業に比べれば，クレーマーへの対応は毅然とした対応が取られやすいはずなのですが，市民至上主義の呪縛から，企業と同様の悩みを抱えているのです。

(4) クレーム処理の2つの基準

　どんなに大事な顧客や市民であっても，その扱いには，当然に限度・限界があります。限度・限界はどこで，その基準とは何かを探ってみましょう。

　相手が顧客・市民であっても，過大・不当な扱いはいけません。なぜならば，クレーム処理の2つの基準に違反するからです。

　1つは，企業と顧客との売買契約や請負契約などの契約法上の紛争を処理する債権債務関係法，及び事件や事故の場合の非契約関係の製造物責任法をも含めた不法行為法など，紛争処理の基本となるこれらの法律です。例えば，製品に瑕疵があったとしてクレームを受けた企業は，これらの法律に照らし，その事態を解消するのに相応しい対応案を考慮検討し，提案し交渉するのです。法律に照らして事案を検討すれば，例えば，相当因果関係に基づいた合理的な損害賠償額や過失相殺など，おのずから限度・限界が設定されてきます。

　もう1つの基準が，顧客や市民は皆，平等・公平・公正に扱うという顧客・市民平等取扱いの原則，コンプライアンスの貫徹です。例えば，強面で大声をあげて執拗にクレームし続けた者に対し，うるさいので黙らせるため

に厚い処遇をし、さほどうるさくいわない者や、不平不満もいわずに黙っている者に対しては、ゼロないし薄い処遇をしたと仮定してみましょう。

企業にとって有り難い顧客であるなら、どの顧客も平等・公正・公平に扱って当然なのに、この不平等扱いが平然と行われることになれば、禁じられている自力救済がまかり通り、収拾がつかない事態に立ち至ることは自明です。のみならず、不平等な扱いが広く社会に知られることになれば、企業は一瞬にしてその信用を失い、もはや市場に存続し得ないことになります。もちろん、平等扱いといっても、絶対的平等をいうのではありません。平等扱いの中にも、その事態に相応しい許容される一定の幅はあります。その幅は、第三者の目、社会の目からみて不相当か否か、許容される合理的な範囲か否か、という基準で量られるものなのです。

行政においては、市民平等取扱いの原則として公務員の義務として法定されており、違反は公務員法違反として処罰されますので、一層、明確な基準、規範になっているのです。

2 クレーマーとは

(1) クレーマー

クレーマーとは、上記の基準に則った企業や行政の応対を不満足とし、暴力や威嚇力を背景として不当要求行為をする者、すなわち、要求内容又は要求行為態様のいずれか又は双方において、通常許容される範囲を超えた行動をとる者です。

企業は、顧客からのクレームに対し、当該クレームの原因につき事実関係を調査のうえ、仮に企業に非があれば制度や企業内のルールに基づいた対応をするのです。企業の販売する製品や提供するサービスなどに非や不都合があった場合は、債務不履行、瑕疵担保責任、不法行為などの法律要件に基づいて策定された措置を基準として、顧客平等取扱い原則の下に提示していきます。しかし、これを不満足とし、自分だけ特別な処遇を求めるのがクレーマーで、要求内容又は要求行為態様の双方又はどちらかにおいて異常値を示すのが特徴です。つまり、いま生起している事態に不釣合いなほど、過大・

過当な要求をしたり，異常な頻度の電話をするなど，相手方を著しく困惑させる行動をとるのです。

(2) 不当要求行為

近時の民暴対策における民暴とは，相手方の属性で定義づけてはいません。相手方が，暴力団やその周辺者で，民事紛争に介入してきた事件だけが民暴ということではないのです。相手方が誰であろうと，仮に老人や主婦であっても，民事紛争において，暴力や威嚇力を背景に，本来相当・合理的と思われる解決をねじ曲げ，不当な利益を得ようとして，不当・不法に紛争を解決しようと要求や主張を押し通してくれば，不当要求行為として，その行為を民暴行為として捉えています。

したがって，クレーマーが，客や市民という立場を利用し，いいたい放題で，マスコミにいうぞ，訴えるつもりもないのに訴えるぞ，社長や市長に手紙で担当者のことをいいつけてやるなどと，担当者を脅かしたり，困惑させる言動をとり，基準を逸脱した厚遇を不当要求するのも，これに含まれるものと解釈できます。このように，相手方の行為主体が誰であるかという，相手の属性で民暴を定義してはいません。行為主体の属性が誰であっても，暴力や威嚇力を背景にした不当要求行為をする行為，その行為によって民暴を定義づけ，判断しています。

したがって，企業や行政に対し，顧客や市民の地位にあることをよいことに，企業・行政や担当者を困惑させるクレームを執拗にいい続けるクレーマーのクレーム行為は，民暴であり，不当要求行為そのものといえます。

だからこそ，クレーマーに対しては民暴対策と同様の方法で，その排除も可能になるのです。

クレーマーに対し，誠意をもって説明し，理解・納得してもらおうと努力しても，不当要求行為者との間では，合理的な範囲での解決は到底望めないと考えてよいでしょう。そのような努力自体が無理，無駄なことですから，クレーマーと判断できたら，それ以上努力する必要はありません。相手は，企業・行政や担当者にとって，有り難い顧客や善良な市民などではなく，不当要求行為者ですから，社会の敵である反社会的勢力と同様，排除すべき相手方です。遠慮なく，排除に乗り出しましょう。

(3) 弁護士のクレーマー対処方法

クレーマーを排除する方法ですが、民暴対策と同じ手法が有効に働きます。

弁護士として、民暴事件やクレーマー相手の事件を受任しますと、相手方に対し、いち早く配達証明付内容証明郵便を出状するのです。記載する内容は、代理人に就任したので、本事件は弁護士が扱う。相手方の不当要求行為の事実を記載し、その要求には応じられないし、応じないと断言します。依頼者に対する不当要求行為は直ちにやめるよう要求し、やめなければ法的手段に訴える旨を警告し、今後の連絡等は依頼者ではなく弁護士のほうに寄せるように要請していくのです。このような書面が相手方に着きますと、クレーマー、民暴対策を扱ったことのある弁護士の実感としては、95％以上の割合で、相手方は不当要求行為を直ちにやめてしまいます。その後は、何事も起こりませんし、企業や行政が当初懸念したような心配な事態なども起きません。ほとんどのケースが、内容証明郵便が相手方に着くことで一件落着してしまうのです。残り5％ほどの割合で、相手方が、代理人の弁護士に対して電話をしてきますが、その内容は、抗弁や弁解に終始し、結果、そのまま終了に至るのがほとんどなのです。

それでも終了せず、相手方が執拗に不当要求行為を続ける場合の割合は、内容証明郵便を出状した中で5％にも満たない割合です。

この場合においては、相手方に対し、電話を架けてくるな、手紙やファクシミリ等をよこすな、事務所に押しかけてくるな等の架電禁止・訪問禁止・来店禁止の仮処分を裁判所に申し立てて、裁判所の決定を出してもらいます。また、クレーマーを被告とし、クレーマーの企業・自治体に対する不当要求行為を、原告の企業・自治体が応諾したり、そのとおり行う義務・債務がないことを裁判所に確認してもらう訴えを裁判所に提起していきます。これが、債務不存在確認請求の訴えというものです。債務不存在確認の判決を裁判所から出してもらうことで、執拗なクレーマー事件については、最終決着をつけることができるのです。

他に、第三者機関に介入してもらい、話合いでの決着を試みるべく、調停手続や弁護士会での仲裁手続の申立てをする場合もあります。いずれの場合

であっても，相手方の主張を聞くべく，相手方に出頭してくるようにと，裁判所や弁護士会等に呼び出します。しかし，呼び出された相手方が，出頭してくることは，非常に少ないのが実際です。呼び出された相手方は，不当要求行為の覚えがあるからこそ出頭してこないものと，考えられます。また，強要や脅迫，業務妨害行為や恐喝未遂等，不当要求行為が目に余った場合には，警察に被害届を提出したり，告訴状を受理してもらい，刑事処罰を求めていきます。

(4) 内容証明郵便出状前でも効果的な，担当者のクレーマー対処方法

弁護士が，企業・自治体からクレーマーについての法律相談を受けるときは，事実を詳細に報告してもらい，不当要求行為か否かの判断をし，担当者に対応方法を指導します。

弁護士は，日々法廷で立証活動に携わっているので，証拠の判定に長けていて，相手方がクレーマーであるか否かの判断を容易にすることができます。弁護士がクレーマーであると判断すれば，担当者はじめ企業等は，顧客至上主義の呪縛にとらわれずに自信を持って「クレーマーであるから排除すべき相手である」とのレッドカードを出し（Q31参照），排除に乗り出せるから安心です。一方，弁護士は，企業等に対し，具体的にクレーマーを拒否・拒絶する方法を指導します。担当者が，弁護士の指導に基づいた毅然たる態度で自信を持った言動で応対していくと，多くのクレーマーは，不当要求が通らないとして身を引いていくことが圧倒的に多いのも事実です。

【深澤　直之】

Q31 クレーマーの判別方法

執拗なクレームをいってくる顧客について，どこから排除すべきクレーマーとして判断したらよいのか，その見極めが難しく，容易に判断がつかずに困っています。顧客とクレーマーの見分け方を教えてください。

A

(1) 要求内容か要求行為態様の双方又はいずれかにおいて，異常値を示す者（通常許容される範囲を超えた行動をとる者）がクレーマーです。

(2) 企業や行政が，日常相手にしているのは，有り難い顧客・善良な市民です。しかし，なかには不当要求行為を押し通し続けたり，文句を執拗にいい続け，混乱や困惑させるだけの有り難くない顧客，善良でない市民がごく希にいます。相手方が，暴力団員などの反社会的勢力であれば，多くの担当者が企業対象暴力排除マニュアルや行政対象暴力対策要綱に則って，警察や弁護士に協力を求めて排除するというように，だれでも容易に理解できます。

しかし，明らかに反社会的勢力ではない普通の顧客・善良な市民が，企業・行政に対し，クレーマーとして反社会的勢力と同様の行為をしてきた場合はどうでしょう。ほとんどの企業・行政の担当者は，通常の顧客・善良な市民がクレーマーとして登場している以上，これをむげに拒否したり，拒絶したりもできませんし，警察や弁護士に相談などと考えもしません。ご理解，ご納得していただくべく，誠意を持って誠実に一生懸命説明するのですが，相手は容易に納得してくれませんし，許してはくれないのです。ここがクレーマーを相手とした場合の難問であり，どこの企業・行政や担当者も，どう対応するのがよいのか，処理の仕方に明確な回答を持てずに悩んでいます。

(3) クレーマーと，普通の顧客・善良な市民とはどこが違って，どう区別して見分ければよいのでしょうか。

クレーマーの特徴としては，普通の顧客・善良な市民と大きく違う，顕著な行動パターンがあります。また，容易にクレーマーと見極めでき，排除に乗り出せる方法として，イエローカードの活用（詳細は，後述のとおり）があります。イエローカード制を導入した事業所からは，担当者が孤立せず，悩まず，ストレスも溜まらずに組織としてスクラムを組んでクレーマーと断定することができ，容易に排除に乗り出して撃退できるようになったと，好評を得ています。

解説

１　クレーマーの見極め方法

(1) イエローカードの活用

　サッカーの試合中，主審は，選手にファウル行為があればイエローカードを出し，警告処分とします。イエローカードが２枚になれば，退場処分にします。悪質なファウル行為者には，レッドカードを出し，即刻退場の処分を下します。このイエローカード制を職場で導入し，「顧客にファウル行為があれば，イエローカードを出す」という方法を提案します。

　ファウル行為をした顧客に対し，その面前でイエローカードを切れ，というのではありません。担当者が密かに自身の机上でイエローカードを切るのです。例えば，顧客からのクレーム受付部門のお客様相談室等の各担当者が，イエローカード10枚程を各人のデスクに用意するのです。担当者は，善良な顧客や市民を相手にしているものの，なかにごくごく希にクレーマーがいます。相手方がクレーマーの場合，担当者は，その扱いに難渋し，ストレスも相当です。ベテラン担当者は，経験上から，クレーマーか否か容易に判断がつきます。この見極めをどう行っているかといえば，日々，圧倒的大多数の普通の顧客や善良な市民を相手にしてクレーム処理に当たっていますので，明らかに違う特徴を持ったクレーマーは，すぐ目につくからです。クレーマーを相手にした場合，随分おかしなことをいっている等と，普通の顧客

等に比べれば，疑問符がいくつも担当者の頭の中には浮かぶからです。

　しかしながら，企業・自治体や社員・職員には，顧客至上主義や市民至上主義の呪縛があります。特に企業において，社員は就職以来，一貫して顧客第一主義の教育を受けてきているため，顧客のニーズには，無理をしてでも応えなければならないし，ある程度の顧客のわがままにも耐えなければならない，それが信頼を勝ち取り，企業の信用を維持増進することになるとされているのです。担当者が，相手はクレーマーだと思ったとしても，企業としては，また担当者自身においてすらも，顧客としての度を超しているから，もはや顧客ではなく排除・排撃すべき相手である，あるいは顧客扱いはもう無用などと，断を下しませんし，下せないのが現実です。

　ましてや，企業の商品を購入したりサービスの提供を受けている顧客が，企業サイドに何らかの不手際や落ち度があったとのクレームとなれば，その落ち度などに必要以上の痛みを感じ，反社会的勢力同様の不当要求行為者だからと積極的に排除することなど到底できるものではありません。行政においては，公務員は法令に則って公正な職務執行することが義務づけられていますので，不当要求行為者の市民に対し，企業ほどは無理な要求に応えることはしません。しかし，善良な市民を前面に押し出して窓口に日々押しかけてくるクレーマーの扱いには，企業と同様に難渋し，やむを得ず対応させられている担当者は，その扱いや対応に閉口しきっています。

　多くの事業所では，このようなクレーマーに対し，むげな対応はできず，はれ物に触るような扱いで，時間をかけて難敵クレーマーの感情が収まるまでの辛抱と，耐えるだけの処置しか執らなかったり，過大な金品給付等の提供でうやむやに済ませてしまってきたようです。役所に多く見られますが，窓口に応対に出たらクレーマーにたまたま当たってしまった担当者は運が悪く，当たらなかったら幸運として，周りの者は助け船も出さず，見てみぬふりをする事業所まであります。ですから，クレーマーを相手にした担当者のストレスは相当なものです。

　そこで，担当者にはイエローカードを10枚ほど所持させ，クレーマーとしての特徴が1つあれば，1枚のカードをデスクの上で切ってもらうことを勧めているのです。すなわち，デスク上で，「相手方は，ファウル行為者であ

る」と，審判として担当者がイエローカードを切ることにより，まずは担当者が溜めやすいストレスが発散される効果があります。次に，担当者のデスク上にイエローカードが何枚か切られていれば，クレーマーに違いないという判断がしやすくなります。そこで，イエローカード制を導入した事業所ではクレーマー行為が可視化されます。各デスク上のイエローカードは事業所で働く皆の目に触れるのみならず，定期的に上長が見回れば，事業所でのいわゆる情報の共有化が図られ，それによってレッドカードを出しやすくなるのです。担当者個人で抱えたり悩んだりせずに，当該部署全体の責任でレッドカードを切るか否かの協議・判定をすることにより，排除に向け，スクラムを組んで取りくむことができるという大きな効用があります。

(2) **レッドカードを切るのは簡単**

相手方が，要求内容か要求行為態様の双方又はどちらかにおいて，異常値を示すのがクレーマーですので，明らかに普通の顧客・善良な市民とは違います。クレーマーと対応している担当者の頭の中には，おかしい，通常相手にしている普通の相手方とは違うぞ，という疑問を持つ箇所がいくつも目につき，疑問符がたくさん灯っていきます。その灯った疑問符の都度，イエローカードを机上で切るのです。

この場合，担当者の机上で切られたイエローカードは，容易に10枚以上になってしまうのが常です。そこでレッドカードを切るべく，事業所全体会議を持ち（まさにスクラムを組むということです），クレーマーとして断じてよいか否かを検討し，クレーマーであるという結論が出れば，全員で排除に乗り出すのです。クレーマーを排除していく以上は，担当者だけに任せてはならず，当該事業所の全員が排除意識と情報を共通にし，クレーマーの執拗な言動にスクラムを組んで全員で一致した排除行動が必要だからです。この点，民暴排除対策と全く同じです。

(3) **反社会的勢力のクレーマー行為の見極めと排除も簡単です**

例えば典型的な民暴行為で，暴力団員等の反社会的勢力が，企業などに対し，顧客や市民として商品やサービスに瑕疵があったと因縁をつけて恐喝行為に及べば，企業・自治体や，ほとんどの担当者は，警察へ通報するでしょう。弁護士にも相談し，対応方法につき指導を受けるでしょう。なぜなら

ば，誰の目から見ても，即退場を求めるレッドカードの場合であると，容易に判断されるからです。したがって，反社会的勢力を相手方とした場合の排除と，その見極めは極めて簡単だといえるのです。

しかしながら，明らかに反社会的勢力ではない，一般の顧客・善良な市民と，クレーマーの見極めは困難です。さらに，企業・行政側にミスや不手際があった場合等においては，特に，申し訳ないという気持ちが先に立ち，その見極めがより困難となります。その見極めを易しくするため，このようなイエローカード制の導入を提唱するわけです。

(4) クレーマーの簡単な見極め方法

クレーマーの言動には，特徴があります。すなわち，自分だけ満足すればよい，自分だけの満足感を得られるまでは，次項に記載したような言動を執拗に取り続けるというものです。また，このようなクレーマーの特徴ある言動を，一般の顧客・善良な市民が取るかといえば，取りません。しかし，絶対に取らないかといえば，そうではなく，善良な顧客や市民であっても，感情に走ってクレーマー類似の言動に出る場合も希にあります。しかし，仮にそのような言動を取ったとしても，担当者の説明などを受けるうち，そこそこのところで撤回し，執拗に続けたりはしないのが，ほとんどの一般顧客・善良な市民なのです。

これに比し，撤回など望むべくもない程，執拗極まりないのがクレーマーの特徴です。

2 クレーマーの特徴・具体的行為

次のような行為が執拗に繰り返されれば，イエローカードを1枚切ってください，としています。

① 担当部署だけではなく，あちこちの複数部署に電話したり，押しかけるなどしてのクレーム――クレーマーが自己満足を得るため，その手段として，企業や担当者の困惑を狙っての行為で，組織への迷惑や組織制度そのものを無視するのです。

② 「担当者のお前じゃ駄目だ，上の者を出せ，責任者を呼べ，役員に代

われ，社長を出せ」との発言——組織や制度を無視し，自己主張を執拗に押し通します。

③—1　例えば当初は欠陥商品やサービス内容を問題にしていたクレームが，いつの間にかどこかに消え去り，応対した社員の態度が悪いから許せない等と，次々と変わり，いつの間にかクレームの中味や本題が忘れ去られている——クレーム処理対象の本題が，対象外とされたのでは，いかに誠実な処理や対応態度を示してみても無理，無駄なことです。

③—2　社員や職員の対応の悪さを執拗に指摘し，「客・市民に対し，あの態度はなんだ。社員・職員教育はどうなっている，説明せよ」等との発言——説明を求める関係にも権利もないのに問題提起し，たとえ，何度関係者が謝罪しても，また説明を尽くしたとしても，決して落着しません。

④—1　「詫び状を出せ，社長が詫びに来い」との発言——組織として軽々にできないこと，しないことを敢えて要求主張するもので，到底できないことや無理なことを敢えて強弁するものです。

④—2　「すべてを文書で寄こせ，一筆入れろ」との発言——要求する根拠・権利もないのに，何様のつもりか分からない程，不遜な態度や要求を平然ととるものです。

⑤　「マスコミにいう，役所や議員にいう，本社にいう，社長にいうぞ，政治家にいう，（訴えるつもり等ないのに）訴えてやる」等と強調する言動——ただ，企業・自治体や担当者が困惑したり，畏怖することを狙って，圧力をかける言動で，威嚇力を背景とした民暴行為です。これが，「暴力団にいう，組長に任せ，代理してもらうから組長と話せ」などとなれば，暴力を背景とした民暴行為の典型です。

⑥　時間は十分あると，何度でも同じ又は類似の執拗な行動をとり続ける。異常としか考えられない，頻度と長電話——企業・役所の執務時間や合理的効率的な仕事の処理やシステムを無視し，担当者が困惑して疲労困憊することを狙ってのものです。自己満足を得るまでの執拗行動の表れで，担当者を嫌にさせるための根比べです。

⑦　己の責任を棚に上げ，企業や自治体や担当者などのすべて他人のせい

にして自己の身勝手な要求・主張を続ける——わが国の近時の風潮そのものが，ここに表れてきています。

⑧ 「以前にも，(例えば，無償で商品を交換)してもらった，知人・友人がそうしてもらったので，自分にも同様にしろ」との発言——現時の担当者には到底分からない過去のことや無関係な第三者のことを持ち出し，引き合いに出し，同様の処置を強く求めます。

⑨ 「自分はそんなこといっていない，甲課長はこういった。一方，乙係長は違うことをいった」との言動——ぎっこんばったんのいったいわないの論争に巻き込み，より事態を紛糾させるものです。

⑩ 自分のことや問題を放置し，「無視した。不手際情報や担当者を隠した，飛ばした，証拠隠滅をはかった」との発言——一方的な言いがかりやぬれぎぬの主張です。

⑪ 「誠意を示せ，社会的責任や道義的責任を問う」との発言——判断基準や概念が個人ごとに違うものを敢えて持ちだし，真摯な態度で応えようとする担当者を閉口させ，音を上げさせる典型的な手口です。カネや金額を露骨に口にだすと，恐喝未遂罪や強要罪で罪に問われやすいので，そのような言質をとられぬように，暗に金品を要求し続けるのに便利な言葉として頻繁に利用されます。

⑫ 店頭や事務所に居座って帰らない。あるいは，長時間，担当者を軟禁状態にし，帰さない——企業・自治体や担当者の困惑ないしは恐怖感を増大，増幅させ，自己の要求が通りやすい環境作りを狙ってのものです。

⑬ 何時であろうと，「すぐ来い，すぐ○○しろ」と命令する——何様のつもりか勘違いしていたり，はき違えているとしか思えない程，不遜な態度をとるものです。

⑭ 「このクレームトラブルの間，自分が得られたかも知れない利益を損害として賠償しろ，迷惑料や高額な慰謝料を払え」との言動——直接の金品要求をすると，恐喝罪などで罪に問われやすいので，間接的な金員要求にするため，このような言い方も多いのですが，高額慰謝料等わが国では認められていません。

⑮　購入後何年も経ている商品を,「新品と取り替えろ,家にある全商品を返品として引き取って代金を返せ」との発言――法律的な根拠が全くない不当要求行為そのものです。

⑯　苦情の対象となる現品もない,又は氏名や日中の連絡先など,必要とされる情報の特定化に応じようとしない――クレーム処理のために必要とされる情報を提供しようともせずに,姿を隠しての不当要求行為者が増えています。

⑰　普通の顧客や市民であれば,当然に喜んでくれたり分かってくれることを,拒否・拒絶する――解決基準などを無視し,高い要求水準を主張・要求し続けます。

⑱　現在生起している事態に,相応しくない内容や頻度,態度などを求める――担当者が,そんな,バカなと,容易に判断できるようなことを平然と求め続けます。

以上をまとめますと,クレーマーとは,要求内容か,要求行為態様のどちらか又は双方に,異常な事態が見受けられる場合といえます。その「異常」を見極めるため,イエローカードでの可視化が役に立つのです。

3　組織内の大障害とその排除

上記に従い,担当者がクレーマーと判断を下し,その排除に毅然として乗り出そうとすると,組織の中には,それを阻止しようとする幹部がいたりすることが多いのです。彼らは経営判断の原則をはき違えたり,政治的判断の名の下に,穏便で円満な解決を,と唱えるだけで,具体的な指導をしません。結果,担当者のみならず組織自体にも余計な負担をかけ,従前どおりの先延ばしや,不当で過大な解決,すなわち不当要求に屈することになってしまうのです。このような場合,コンプライアンス違反を容認できない社会が到来済みですので,トップマターとして,組織ぐるみで排除に乗り出すことです。その援護のため,公益通報者保護法や会社法が施行されているのですから。

【深澤　直之】

Q32 クレーマー対策実践例

当社（運送会社）がAから荷物の配送の依頼を受け，配送車両でお届け先に届けたところ，届け先のBから「中に入れてあった高価な香水のビンが割れていた，そのため一緒に入っていた衣類にシミと匂いが付いてしまった」，「衣類の買換えが必要だ，100万円を支払え」とのクレームがありました。しかし，荷受票には割れ物の存在は記載されていませんし，何よりも段ボールに特に異常がないのに，中身のビンのみがハンマーで叩き割ったように粉々に砕けているという状況です。その後，Bは日本刀と思われる物を持参の上で来店し，「早く対応しろ」と店の担当者に語気強く迫っています。どのように対処したらよいでしょうか。

A

当社に運送中の落ち度があったかどうか，事実関係を確認してください。その上で当社に落ち度がないのであれば，明確に拒否をするべきです。何らかの落ち度があったとしても相当な金額で賠償するべきであって，相手方の主張金額をそのまま受け入れてはいけません。代理人弁護士を入れて，今後の交渉についてすべて弁護士に任せてください。そして，日本刀持参という状況がある以上，警察に速やかに相談しておくべきです。

解説

1 クレームに対する対応の基本

(1) 事実関係の確認

どのような業務においても，顧客とのトラブルが生じることは避けられません。その際に，出発点となるのは事実関係を正確に把握することです。ど

んな事実がいつどこでどのようにあったのか，その原因が何であったのか，いわゆる5W1Hをきちんと確認してください。

　この事実関係の確認がなされないと，どのような責任が発生するのか，そもそも責任があるのか否かがわからなくなります。

　本設問の場合では，ビンが割れた原因となる事実を確認しなければなりません。

　Aから依頼を受けたときの状況（割れ物があるという説明を受けたか，梱包はAがしたのか当社でしたのか，そのときの段ボールの状況はどのようなものであったか等），運送における経過（車に平積みしたのか積み重ねたのか，運送中に段ボールが転落等したか，転落するような事故があったか，同じ車の中の他の荷物にも問題が発生したか，車から降ろして届け先に運ぶときに事故があったか等），さらにビンが壊れた状況（どのような壊れ方をしたか，同じ荷物に入れられた他の物は壊れているか，段ボールに異常があるか，壊れ方は不自然ではないか等）を調査するべきです。その際には，AやBからはもちろん，配送ドライバーにも事情を聞くべきですし，荷受店の担当者，車に荷物を積んだ者などからも事情を聞き取ります。

　なお，聞き取った事情や状況は，必ず報告書等の書面にまとめておいて，証拠化を図っておくことも大切です。

(2) **事実に基づく判断**

　事実関係を確認したら，対応を判断します。

　何らクレームに該当する原因事実が確認できないのであれば，明確に拒否します。「調査をしましたが事実関係が確認できないので，お客様の申出にはお応えできません」という回答になります。

　仮に，何らかのクレームを裏付ける事実が確認できた場合には，一定の責任が発生することになりますが，責任には「有無の問題」の他に，「範囲（量）の問題」があることに注意してください。落ち度があったがそれが10万円の責任なのか，500万円の責任なのか，という問題です。

　クレームを受けた際に「こちらに落ち度があった以上，お客からの要求どおりにしなければならないのではないか」と考えがちですが，そのようなことはありません。5万円の責任を負うべき場合に，100万円を請求することは不当要求に当たるからです。責任の量に応じた対応が肝要です。

また、事実関係を確認するに当たって、あまり時間がかかりすぎると、本来のクレームの他に「時間がかかりすぎる、何をやっているんだ」という二次的クレームを生ずる可能性があります。最終的な回答まで時間がかかる場合には、中間報告でもよいので現状に関する報告をして、この二次的クレームを回避してください。

(3) どのような対応をすれば十分か

クレーム対応においてどの程度のことをすれば十分といえるのか、その基準としては「世間一般から見て非難されない程度か否か」を考えてください。相手方の言い分を基準にすると、過度な要求をのまざるを得ないことになります。最終的には、裁判所に行った場合に当社の判断や対応が十分なものと認めてもらえるかどうか、が基準になると認識してください。

上記(1)の事実確認に基づいて、「世間（裁判所）が見た場合に、ここまでやれば普通なら十分だとわかってもらえるだろう」といえる程度の対応をすることになります。

2 設問に対する具体的対応

(1) 確認した事実関係

(a) Aから依頼を受けたときの状況として、荷受店の担当者からは以下のような事実が確認できました。

まず、割れ物が入っているという説明は当時受けていませんでした。本来は割れ物があると説明されれば荷受票にその旨記載して、相当な注意をするべきことになりますが、本設問ではそうではありませんでした。

また、梱包はAが自ら行った上で荷受店に来店したので、当社で梱包した事実はありませんでした。梱包上の落ち度が当社にはないことになります。

Aが来店した際の段ボールの状況は一見して普通であり、何らかの異常が外見上認められるものではありませんでした。そして、それは届け先に配送されたときの段ボールの状況でもほぼ同一で（この点は配送ドライバーから聞き取りました）、特にへこみや傷が付いていたという変化もありませんでした。

(b) 運送における経過について、配送ドライバーから聞き取りをしまし

た。

　まず当該荷物は，車の中で他の荷物の上に積み重ねて配送しました。しかし，届け先に到着した時点で落下して車内に落ちていた状況はありませんでした。積まれたままの状態で届け先まで運ばれたわけです。したがって，運送中に段ボールが転落等した事実もありません。配送途中で急ブレーキ等，荷物が転落するような事故があったか否かについても一応確認したところ，当日は比較的道が混んでいてスピードを出すことなく配達が行われ，急ブレーキなどの事故もないまま，比較的近くのB宅まで運ばれたことを配送ドライバーが憶えていました。同じ車の中の他の荷物にももちろん問題はなく，本日現在まで他の荷物に関するクレームはきていません。

　さらに，車から降ろして届け先に運ぶときの状況は，当該荷物を他の荷物とともに台車に載せてマンションのエレベーターで運び，荷物の落下や台車を衝突させることもなくBに渡したとのことでした。

　(c)　ビンが壊れた状況は以下のとおりでした。

　Bから段ボールと中身をすべて預かってすぐに写真を撮りました。確かにビンはハンマーで叩き割ったように粉々に砕けており，ビンを包んでいたビニール袋が破れて香水が外部に漏れだしています。

　しかし，ビンは一緒に詰められていたシャツやネクタイでくるまれるようにしてありました（これはAから聞き取りました）。シャツやネクタイを包んでいるビニール袋には傷がなく，同じ荷物に入れられた他の物には何ら異常はありません。

　そして，段ボールの外部にもへこみや傷はなく，落下ないし衝突させたことを疑わせる異常は何も認められませんでした。過去のビン類の破損事故について調査したところ，すべてビンにヒビが入って内容物が漏れだした事例であり，このような壊れ方をした事例はありませんでした。壊れ方は極めて不自然といえるものです。

(2)　**本件に対する判断**

　上記のような事実関係から判断すると，当社において荷物を落下等させた事実は確認できないことになります。むしろ反対に，届いた荷物を一度開封してビンに対してのみ何らかの物理的な力を与えないと，このような破損に

は結びつかないことが推測されます。もちろん，Bに届けられるまでに荷物が開封されたことは，荷受店も配送ドライバーも否定していますし，Bからも封が開いていたという主張はされていません。

　以上からすれば，当社において何らかの責任を負うべき原因となる事実はなく，Bからのクレームに対しては拒否回答することが相当と判断されます。そしてこの判断は，仮に裁判所に提訴されて裁判所で争うことになったとしても，相当な説得力を持っていると思われます。判明した事実関係に反して当社が賠償などの何らかの対応をすることは，逆に不当な対応になります。

　結局，本設問の事例では，クレームに対して「調査をしましたが当社が責任を負うべき事実関係が確認できないので，お客様の申出にはお応えできません」という回答をすることになります。

3　警察への対応依頼

　Bが日本刀と思われる物を持参して来店していることに対しては，上記のクレームに対する対応とは別途の考慮が必要です。被害を主張するBが交渉をするに当たって，かような事実上の脅迫行為をすることが許されるものではないことは当然ですし，仮に傷害事件等の不測の事態が生じた場合には，取り返しのつかない状況になる可能性もあるからです。

　所轄の警察にクレームの内容を報告して，今後相談するかもしれないという一報を入れておきましょう。事件が起きてから報告するのではなく，事前に耳に入れておくことで，警察もその後の迅速な対応が可能になります。Bを検挙してもらう必要はなく，あくまでもお知らせしておくという範囲で警察に伝えておくべきです。

　刑事事件になった場合及びそうなる可能性がある場合には，警察に対して相談することを躊躇する必要はありません。

【菅野　茂徳・平賀　修】

Q33　クレーマーに関する裁判例

　当社はガス噴射式の殺虫剤等を製造しているメーカーです。ある日，お客様から「おまえの会社の殺虫剤を使っていたら引火して家が火事になった。損害を賠償しろ」と要求されました。急いで調査したところ当社の製品に欠陥はなく，そのために火事になったということもなかったのですが「要求に応じなければ，裁判に訴えてやる。マスコミにも告発する。インターネットにも書くぞ」などといわれ，そのようなことをされては当社の製品のイメージが悪化してしまうと考えて仕方なくお客様と示談し，金銭を支払いました。
　ところが，金銭を支払った直後に，再び同じお客様から，「家にあった高価な時計が火事で駄目になったことを先の示談の時に忘れていた。追加で金を払って欲しい」という要求がありました。当社としてはさすがにそれは無理だと断ったのですが，この時，当社の担当者が，つい感情的になって，そのお客様に侮辱的な発言をしてしまいました。するとそのお客様が，担当者の発言を録音して，インターネット上のブログなどにアップし，さらに事実に反して，当社製品に欠陥があるなどとインターネット上の掲示板などに書き込みました。このため，今回の事件は大騒動となってしまい，風評被害により当社製品の売上げは激減してしまいました。

① 虚偽の事実をインターネット上に公表されて風評被害を受けた場合は，損害賠償を求めることができるのでしょうか。
② 脅されてやむなく示談し，金銭を支払ったにもかかわらず，再び金銭要求があったような場合は，示談を取り消して支払った金銭を返してもらうことができるでしょうか。
③ 製品自体に欠陥が無いにもかかわらず，担当者の対応が不適切でお客様の感情を害してしまったような場合にも，損害賠償義務が生じるのでしょうか。

A

　質問①について——虚偽の事実を公表され，そのことによって売上げが減少するなどの具体的な損害を受けた場合には，そのような行為をした者に対して損害賠償を請求することができます。虚偽の事実の公表がインターネット上で行われた場合にも，同様に損害賠償を請求することができます。

　質問②について——このような場合，初めに行った示談契約は，強迫によるものとして取り消すことができると考えられます。示談契約を取り消せば，支払った金銭についても返還を請求できます。

　質問③について——これはケースバイケースです。もっとも，余程悪質な言動でなければ，たとえ不適切な言動があったとしても，後でその点についてはきちんと謝罪をしておけば，担当者の言動が不適切であったというだけで，法的に損害賠償義務が生じることはあまり考えられないのではないかと思われます。

解説

1　はじめに

(1)　**インターネット時代のクレーマー対応**

(a)　**ウェブサイトの現状**　現代のインターネットの普及，特に巨大掲示板群の発達とブログ文化の発展により，一昔前では考えられなかったぐらい，一個人が社会全体に向けて情報発信することが容易になっています。

　このことは，一面では社会に恩恵をもたらしていますが，他面，クレーマーなど悪意のある者に強力な武器を与える結果となっています。

　「2ちゃんねる」などの巨大掲示板群は，1日100万人以上がアクセスするといわれているにもかかわらず，誰でも書込みをすることができます。

　このため，悪意のある個人が，これら巨大掲示板群に，一見真実らしい内容の書込みを大量に行った場合，その内容が膨大な数の人々に伝播し，瞬時に著しい企業イメージの低下などが起こります。

さらに、最近では、掲示板のような文字情報だけでなく、写真や音声など、文字以外の情報も豊富に盛り込んだ内容を簡単に発信できるようになっており、ますます何も知らない第三者を信じ込ませるような、巧妙な情報発信を行うことが可能になっています。

(b) **クレーマー対応の注意点**　このような状況下において、企業の側がクレーマー対応として何よりも気をつけなければならないことは、クレーマーに武器を与えないことです。

クレーマーは、企業側の対応を録音、写真など形に残す傾向がありますから、対応の一部にでもつけいるスキがあれば、第三者にクレーマーの主張を信じさせる強力な武器を与える結果となります。大きな社会的反響のあったクレーマー事件の中には、クレーマー側が会社担当者との会話を録音し、ホームページ等に公開するという手法を採ったものもあります。

会社担当者がクレーマーの側に侮辱的な言動をしていると、全体的に見れば会社の言い分が正しくとも、ホームページ等を見た第三者に、会社に対する感情的な反発を与えてしまいます。

こうなると、真実、会社の製品等自体に欠陥があったのかどうかとは関係なく、会社に対する悪印象だけが一人歩きして、多数の人に伝播してしまいます。このような状況になってしまっては、もはや会社の側は耐え難い企業イメージの悪化を被ることになり、結局はクレーマーに妥協せざるをえないという事態にもなりかねません。

(2) **冷静で毅然とした対応**

本設問では、会社は、クレーマーの最初の要求に応じるべきではなく、毅然とした態度で要求を拒否すべきでした。

昨今では、インターネットを利用する人々も、リテラシーが高まっており、インターネット上の情報は虚実入り交じっていることを理解しています。クレーマーの主張が何らの根拠もないものであれば、人々がそれに影響を受けることはありません。人々に影響を与えるのは、それが何かしら形ある根拠を有している場合です。

したがって、現在の状況下においては、たとえクレーマーの主張自体には全く根拠がないという場合であっても、第三者に誤解を与えるような対応を

行わないように気をつけなければなりません。どこに大事件になる引き金が隠されているか分からないということに，十分注意してください。

　クレーマーの主張に根拠がないにもかかわらず，その要求に応じてしまえば，そのこと自体，会社側に後ろ暗いところがあったのではないかと勘ぐられてしまいます。

2　質問①について

(1) クレーマーによる信用毀損に対する損害賠償請求

　クレーマーによって，現に会社の信用を失わせるような情報が流布されてしまった場合の対応について考えます。

　一般に，事実に反して，会社の信用や営業利益を失わせるような情報を流布し，それによって会社に損害を与えた場合には，民法709条により，損害を賠償する義務が生じます。

　本設問においても，実際に会社側に損害が生じているのですから，クレーマーの側に，損害賠償請求をすることができます。

(2) 判　例

　(a)　過去の裁判例を紹介しますと，インターネット普及前の著名なクレーマーによる信用毀損事件としては，殺虫剤事件[*1]があります。

　この事件は，クレーマーの側が，全く虚構の事実を作り上げて，マスコミ・訴訟などを用いて企業を攻撃したという事件です。

　この事件においては，風評被害などにより，33億円以上あった殺虫剤の売上げの少なくとも1％が減少したものと認定され，会社側に3,000万円の損害があったものと認められました（会社側の賠償請求額が1,000万円だったため，判決内容としては1,000万円の損害賠償を認めるものとなっています）。

　(b)　次にインターネット普及後の事例としては，2ちゃんねる対動物病院事件[*2]があります。

　これは，クレーマーによるものかどうかは不明ですが，動物病院についての誹謗中傷が掲示板に大量に書き込まれ，獣医と動物病院の運営会社が，発信元を明らかにせず，書込みを削除しようともしない掲示板管理者に損害賠

償を請求したという事案です。

この事件では，誹謗中傷の書込みが削除されないまま放置されたことにより，獣医が精神的苦痛を受け，動物病院の運営会社にも営業上の損害が生じたとして，それぞれに200万円ずつの損害賠償が認められました。

この事件では，書込みの削除も併せて認められています。

(c) しかし，事後的な裁判によって，このような信用毀損で受けた損害が十分に回復されるとは限りませんので，まずは，このような大騒動になる前に，迅速に対応することが必要であろうと思われます。

3 質問②について

(1) 既に行ってしまった示談契約の取消しは困難であること

まず，一般的には，後から示談を取り消すというのは簡単なことではありません。

示談契約とは，民法に規定されている和解契約の一類型です。

和解契約において，一方に何らかの権利を認めた場合には，後からその権利が存在しなかったことが判明しても，もはや権利の存在を覆すことができないとされています（ただし争いの無い前提事実に誤りがあった場合は除きます）。

どういうことかというと，製品に欠陥があり，そのことによって損害が生じたから賠償しろとクレーマーに請求された場合において，会社の側は当初製品に欠陥は無かったはずだと主張していたけれども結局は製品に欠陥があったことを認めて，損害賠償をするという内容で和解契約をしたという場合には，もはや後からやはり製品に欠陥は無かったという確証が出てきても，会社の側が和解契約を取り消すことは難しくなるということです。

本設問においても，一度製品の欠陥を認めて示談をした以上は，少なくとも，やはり製品に欠陥は無かったというような主張では，示談の効力を覆すことは困難です。

(2) 例外的な場合

しかし，示談をした際の状況が，会社の側が自由な判断をすることができる状況ではなかったということであれば，話は別です。

詐欺又は強迫により，何らかの契約をした場合には，取消しの意思表示をすることにより，その契約を取り消すことができるとされています。

本設問においては，クレーマーの側の要求を認めなければ，虚偽の事実を公表するぞと脅されて，やむなく示談に応じたにもかかわらず，再び金銭要求をされたというのですから，会社側が行った示談は，クレーマーが行った不当な強迫によるものであったことは明らかです。

この場合は，会社の側は，示談契約を取り消して，クレーマーに支払った金銭の返還を請求することができると考えられます。

(3) 判　例

本設問と類似した事例である上記殺虫剤事件においても，クレーマーの行った行為は，社会的に許容される示談活動の限度を超えているとして，強迫による示談契約の取消し及び会社側が支払った金銭の返還請求が認められています。

しかし，示談契約が強迫によって取り消せるかどうかは，「示談に至る交渉過程が社会的に許容される範囲を逸脱しているか否か」というかなり曖昧な基準にかかっていますので，やはりそう簡単に一度行った示談を取り消すことができるとは考えないほうがよいように思われます。

安易にクレーマーの要求に応じることにより，さらにエスカレートした要求を受けるという事例も多々見受けられますので，クレーマーから脅迫を受けたとしても，冷静さを失わず毅然とした対応を行うことが重要であろうと思われます。

4　質問③について

(1) **顧客応対の際の不手際により損害賠償義務が生じるか**

民事上，他者から違法に精神的苦痛を与えられた場合には，民法710条により，慰謝料として損害賠償を請求できるとされています。

ただし，これは，社会的に違法とみなされる行為によって受けた精神的苦痛でなければならず，どのような行為によっても精神的苦痛を受ければ直ちに慰謝料請求ができるというものではありません。

顧客とのトラブルなどの際には、往々にして、顧客・企業側、双方が感情的になり、互いを傷つけるような言動をしてしまうことがありえます。

それでは、このような軋轢が、法的な損害賠償責任を伴うものになるか否かの境界は、どこにあるのでしょうか。

(2) 判　例

この点につき、参考となる裁判例が、電子手帳事件[*3]です。

(a) 事　案　顧客が小売店会社に電子手帳の修理を依頼したところ、電子手帳内のデータがすべて消失してしまったという事件です。

この事件において、原告側は、データが消失したのは、会社側の不手際が原因であるとして、損害賠償を求めるとともに、応対の際の会社側の対応が不誠実であったとして、この点についても慰謝料請求を行いました。

この事件では、まず、電子手帳内のデータが消えたのは、会社側の対応が原因ではないという認定がされたのですが、データ消失とは別に、会社側の対応が不誠実であったこと自体が、慰謝料請求の対象となるか否かが争われました。

(b) 結　論　この事件では、会社側の従業員が、原告の妻を待たせたまま放置したこと、無責任な発言をしたことなどが問題にされましたが、結局裁判所は、「会社の応対に不適切な点があるとしても、会社側の担当者および上司が誠意をもって謝罪しているので、この謝罪によって、原告が受けた苦痛は慰謝されたものと考えられる」として、慰謝料請求を認めませんでした。

(c) 教　訓　この判決は、事例判断の要素が強く、直ちに一般化できるというほどのものではありませんが、たとえトラブルの相手方であっても、適切さを欠いた対応をしてしまった場合には、その点だけでも謝罪することが重要であることが分かります。

逆にいえば、いかにクレーマーの主張に正当性がないと思っても、不適切な対応をしてしまってはいけないということです。

以前発生した某大手電機メーカーに対するクレーム事件の際には、会社側はクレームの原因となった事項については、概ね適切に対応していたにもかかわらず、担当者が侮蔑的な発言をしてしまったばかりに、最終的に、不適

切発言をしてしまったことについて、わざわざ副社長がクレーム請求者のところに出向いて謝罪する事態となりました。

(3) 顧客対応の不適切さを理由に企業の責任が認められた事例

なお、あまりに顧客に対する対応の不適切さが悪質な場合には、たとえ謝罪をしても、慰謝料支払義務を免れ得ないことがあります。

車いす事件[*4]においては、車いすを利用している障害者の男性が、駅のホームにて、鉄道会社の従業員に介助を求めたところ、鉄道会社従業員の側が、人手不足であったことから、男性の求めを迷惑がってトラブルとなり、その過程で従業員の一人が、「邪魔な車いすやなあ。他のお客さんが迷惑やないか」と発言したという事案です。

この事件では、後に鉄道会社の側が男性及びその母親に謝罪していることを考慮しても、なお慰謝料支払義務が生じるとして、鉄道会社及び従業員に10万円の支払を命じています。

このように、差別的な発言など、悪質な不適切行為があった場合には、謝罪だけでは済まないこととなりますので、特に注意したいところです。

引用判例

- [*1] 東京地判昭61・6・19判時1229号112頁。
- [*2] 東京地判平14・6・26判時1810号78頁。
- [*3] 神戸地判平2・8・8判時1375号124頁。
- [*4] 大阪地判平11・3・11判タ1055号213頁。

【岩尾 光平】

Q34　クレーマー情報と個人情報保護法

クレーマー情報の取扱いについて、個人情報保護法上気をつける点はありますか。具体的に以下のようなことは許されるのでしょうか。

① 企業がクレームを受けることにより入手したクレーマー情報を、その企業内の他の部署に通知し、企業全体として保有、利用すること。

② 一企業が入手したクレーマー情報を、その企業が属する企業グループに通知し、企業グループ全体でクレーマー情報を保有、利用すること。

③ フランチャイズチェーンにおいて、個別のフランチャイジー（加盟店）が受けた不当クレーム情報をフランチャイズ本部に通知し、フランチャイズ本部から、各フランチャイジーに通知することにより、フランチャイズチェーン全体として、クレーマー情報を保有、利用すること。

④ 百貨店その他各業界における業界団体が、申合せの上、クレーマー情報の交換をし、これを保有、利用すること。

A

　企業活動を行う場合、クレーマー（クレーマーの定義については**Q30参照**）が関わってくる場面や彼らと対峙する場面は避けられません。このような場面に備え、企業としては、これらクレーマー情報を保有することが望ましいと考えられます。しかし、個人情報の保護に関する法律（以下「個人情報保護法」といいます）の施行により、これらの情報の取扱いにも注意を要することとなりました。

　クレーマー情報については、どのように保有し、それをどのように利用できるかが問題となりますが、要求態様が極めて異常で犯罪を構成し、あるいはそれに準ずるようなクレーマーの場合、本設問の保有、利用はいずれも許されると考えられます。

ちなみに、反社会的勢力の情報については「企業が反社会的勢力による被害を防止するための指針に関する解説」(http://www.kantei.go.jp/jp/singi/hanzai/pc/070427bessi2.pdf)で詳しく述べられています。反社会的勢力は行為者の属性であり、クレーマーとは異なりますが、参考となります。

解説

1　個人情報保護法とクレーマー情報

クレーマー情報は、個人情報保護法にいう個人情報か。

(1) 個人情報

個人情報保護法2条1項は、「この法律において『個人情報』とは、生存する個人に関する情報であって、当該情報に含まれる氏名、生年月日その他の記述等により特定の個人を識別することができるもの（他の情報と容易に照合することができ、それにより特定の個人を識別することができることとなるものを含む）をいう。」と定義しています。つまり、①「生存する個人に関する情報」であって、②「特定の個人を識別することができる」情報、あるいは、「他の情報と容易に照合することができ、それによって特定の個人を識別できる」情報は、すべて個人情報保護法にいう個人情報にあたります。

したがって、クレーマー情報もクレーマーが個人であれば、その氏名、住所、電話番号、年齢、性別、職歴、学歴、生年月日、本籍、クレーム内容などの情報は一体となって個人情報保護法にいう個人情報となります。

(2) 個人情報データベース等

個人情報保護法2条2項は、「この法律において『個人情報データベース等』とは、個人情報を含む情報の集合物であって、次に掲げるものをいう。一　特定の個人情報を電子計算機を用いて検索することができるように体系的に構成したもの。二　前号に掲げるもののほか、特定の個人情報を容易に検索することができるように体系的に構成したものとして政令で定めるもの」と定義しています。個人情報のうち、①コンピュータを用いて検索する

ことができるように体系的に構成したもの，あるいは，②コンピュータを用いなくとも個人情報を容易に検索することができるように体系的に構成したものが個人情報データベース等となります。したがって，紙の情報でも，例えば，五十音順や，年月日などで整理されていたり，目次や索引があり，容易に検索できるものであれば個人情報データベース等にあたります。

そして，この個人情報データベース等を構成する一つひとつの個人情報は個人データといわれます（個人情報2条4項）。

(3) **個人情報取扱事業者**

個人情報保護法2条3項は「この法律において『個人情報取扱事業者』とは，個人情報データベース等を事業の用に供している者をいう。ただし，次に掲げる者を除く。一　国の機関，二　地方公共団体，三　独立行政法人等，四　地方独立行政法人，五　その取り扱う個人情報の量及び利用方法からみて個人の権利利益を害するおそれが少ないものとして政令で定める者」と定義しています。

そして，個人情報の保護に関する法律施行令（政令第507号，以下「施行令」といいます）は，個人情報保護法2条3項5号にいう「政令で定める者」を「過去6ヵ月以内（平成17年4月1日の個人情報保護法施行日から起算）のいずれの日においても個人情報データベース等に含まれる特定の個人の数の合計が5,000を超えない者」と定義しています。

ここで，特定の個人データの数の合計が5,000を超えない事業者という点ですが，個人の情報には顧客情報，取引先企業の担当者情報だけでなく，自社従業員の情報や，求職者の履歴書なども含まれ，さらに，例えば，ホームページのログを記録している場合，ログにあるIPアドレスも，個人を特定できる情報として数えられる場合もありますから，ほとんどの企業が「個人情報取扱事業者」の対象となり得ると考えたほうが無難です。

個人情報保護法第4章は，個人情報取扱事業者の義務等を定めており，企業が，個人情報取扱事業者に該当する場合には，そのクレーマー情報の取扱いについて，個人情報保護法に従う必要があります。

2 クレーマーの個人情報を入手する際の問題点

(1) 本人への通知義務

　個人情報保護法18条は「個人情報取扱事業者は，個人情報を取得した場合は，あらかじめその利用目的を公表している場合を除き，速やかに，その利用目的を，本人に通知し，又は公表しなければならない。」と規定しています。例えば，企業がクレーマー情報を集めて，リストを作成するような場合，当該クレーマーに対し，クレーマー情報をリストに掲げることを通知しなければならないかという疑問が生じます。

(2) 利用目的の公表

　個人情報保護法15条1項は，「個人情報取扱事業者は，個人情報を取り扱うに当たっては，その利用の目的（以下「利用目的」という）をできる限り特定しなければならない。」と定めており，個人情報取扱事業者である企業は，何らかの形で，個人情報の利用目的を特定し，これを公表していることが常態となっています。経済産業省のガイドラインでは，事業活動で利用目的を表記する場合は日本標準産業分類の中分類～小分類で事業を特定するのがよいとされています。

　当該企業において，利用目的を事業活動に則して公表していれば，クレーム処理等も当該企業の事業活動にあたりますから，特別に利用目的を本人に通知する必要はないと考えられます。

3 クレーマーの個人情報を第三者に提供する際の問題点

(1) 個人情報保護法23条

(a) 設問事例と23条　　個人情報保護法23条1項は，「個人情報取扱事業者は，次に掲げる場合を除くほか，あらかじめ本人の同意を得ないで，個人データを第三者に提供してはならない。」と定め，個人データの第三者提供を制限しています。

(b) そもそも第三者提供にあたらない場合　　なお，設問事例①では，企

業がクレームを受けることにより入手したクレーマー情報を，その企業内の他の部署に通知し，企業全体で保有，利用する場合で，個人データの第三者提供にはあたりませんから，23条1項違反の問題は生じません。

(c) **第三者提供にあたる場合**　設問の②～④の事例において，ある企業からグループ企業へ，フランチャイジーからフランチャイズ本部へ，フランチャイズ本部から他のフランチャイジーへ，あるいは同業他社へクレーマー情報を提供する場合には，自己利用とはいえないので，23条1項に反しないかが問題となります。

(d) **結　　論**　それでは，設問事例②～④の場合には，どう考えたらよいのでしょうか。

　要求態様が極めて異常で，業務妨害罪や恐喝罪その他の犯罪を構成し，あるいはそれに準ずるようなクレーマーの場合，その情報を第三者に提供することは，個人情報保護法に違反しないと考えてよいと思われます。

(e) **理　　由**　個人情報保護法23条1項は，「人の生命，身体又は財産の保護のために必要がある場合であって，本人の同意を得ることが困難であるとき（2号）」には，本人の同意がなくても，個人情報を第三者に提供できることを認めています。前述のとおり，クレーマーは千差万別ですから一概に論ずることはできませんが，クレーマーの要求態様が極めて異常で，業務妨害罪，恐喝罪その他の犯罪を構成し，あるいはそれに準ずるような場合は，当該企業やそのグループ，フランチャイズチェーン，業界団体所属企業の業務，営業活動，あるいは従業員の権利，利益を保護する必要があります。

　そしてこの場合，クレーマーに対し，第三者に提供することを事前に知らせれば，それ自体がクレームの理由となりかねず，本人の同意を得ることは困難です。

　したがって，このような場合には，本人の同意なくクレーマー情報を第三者に提供することができると考えられます。

(2) クレーマー情報提供時の注意点

　クレーマー情報を本人の同意を得ず第三者に提供しうるのは，クレーマーの要求態様が極めて異常で企業や従業員の権利，利益を保護するためです。

　したがって，クレーマー情報を第三者に提供しようとするときには，後日

に備えて、第三者提供行為が正当なものであることを立証しうる程度の資料を残しておく必要があります。

例えば、電話でのやりとりの録音テープや、面談時のビデオテープ、クレーム対応時の記録（相手方がどのような様子でどのようなことを要求し、それに対し、当方がどのように回答したかの記録）、クレーム内容に関する調査報告書、回答書など当該クレーマーに関する記録の一切を残しておいたほうがよいでしょう。

4 個人情報保護法に籍口したクレームへの対応

(1) 問題の所在

個人情報保護法25条1項は、「個人情報取扱事業者は、本人から、当該本人が識別される保有個人データの開示（当該本人が識別される保有個人データが存在しないときにその旨を知らせることを含む。以下同じ。）を求められたときは、本人に対し、政令で定める方法により、遅滞なく、当該保有個人データを開示しなければならない。」と定めています。

クレーマーが、この規定を利用して、嫌がらせのため、あるいは不当要求実現の手段として、保有個人データの開示等請求をしてくる可能性があります。このような場合、企業は、開示請求に応じる必要があるのでしょうか。

(2) 結　論

クレーマーから、保有個人データの開示請求があった場合、当該情報が施行令3条2号に該当するかを検討し、該当する場合には「保有個人データは存在しない」と回答することができます。

(3) 理　由

(a) 保有個人データの例外　　個人情報保護法2条5項は、「この法律において『保有個人データ』とは、個人情報取扱事業者が、開示、内容の訂正、追加又は削除、利用の停止、消去及び第三者への提供の停止を行うことのできる権限を有する個人データであって、その存否が明らかになることにより公益その他の利益が害されるものとして政令で定めるもの（中略）以外のものをいう。」と規定しており、施行令3条2号は、個人情報保護法2条5項の「政令で定めるもの」とは、「一　当該個人データの存否が明らかに

なることにより，本人又は第三者の生命，身体又は財産に危害が及ぶおそれがあるもの，二　当該個人データの存否が明らかになることにより，違法又は不当な行為を助長し，又は誘発するおそれがあるもの」をいうと定めています。

(b)　これらは，総会屋の情報開示請求を念頭においているといわれていますが，クレーマー情報についても，総会屋の情報と同様にその情報あるいはその情報の存否を本人に開示することにより，本人，第三者の生命，身体，財産に危害が及び，あるいは違法又は不当な行為を助長し，又は誘発するおそれがある場合であれば，保有個人データには該当せず，したがって開示義務はないと考えられます。クレーマーは千差万別ですが，クレーマーの要求態様が極めて異常で業務妨害罪，恐喝罪その他の犯罪を構成するような場合，あるいはそれに準ずるような場合は，企業の権利，利益を害し，従業員の生命，身体，財産を害するおそれのある場合に該当すると考えられますし，そのような程度に至らない場合であっても，違法，不当な行為を助長し，誘発するおそれがある場合は，企業に開示義務はありません。クレーマーは，要求内容又は要求態様が異常値を示す者ですから，常に「不当な行為を誘発するおそれがある」ともいえそうですが，その判断は今後の判例の蓄積を待ちたいと思います。

　いずれにしても，クレーマーの情報が施行令3条2号に該当する場合は，企業は「保有個人データは存在しない」と回答することができます。

【南　　敦】

第 8 章

総会屋対策

Q35 総会屋対策①──総会屋の事前接触への対応

① 有名な総会屋である株主Aが株主総会前に面談を求めてきました。株主Aの面談に応じなければならないのでしょうか。
② Aは、株主名簿、会計帳簿及び退職慰労金規程の閲覧・謄写を求めてきました。これに応じなければならないのでしょうか。
③ Aは、知人の機関誌を購読しないかともいっています。どのように対応すべきでしょうか。

A

(1) 面談する必要のないものについては、面談を拒絶してかまいません。仮に、面談を強要するようであれば、面談強要禁止等仮処分の申立てや不退去罪(刑130条後段)や威力業務妨害罪(刑234条)での刑事告訴を検討することになります。
(2) 各種書類閲覧・謄写等請求については、基本的には一般株主と同様の対応を行うことになります。
(3) 株主からの要求については、株主の権利の行使に関して財産上の利益を供与するものとして利益供与罪(会120条1項・970条)に該当するおそれがありますので、拒否すべきです。

解説

1 面談に応じなければならないか

　暴力団などの反社会的勢力が会社の株式を取得して、株主の地位を利用し会社に不当要求をしてくる場合があります。不当要求の方法としては、突然訪問して面談を求めたり、電話連絡を執拗に繰り返したりすることが多いようです。
　これらの要求について必ず回答や面談をしなければならないものではあり

ません。面談する必要のないものについては，毅然と面談を拒絶するべきです。

　面談を拒否した場合であるにもかかわらず，社内に立ち入り，業務に支障を及ぼすような形で面談を強要するようであれば，刑事及び民事の両側面からの法的対応を執ります。

　刑事的対応としては，不退去罪（刑130条後段）や威力業務妨害罪（刑234条）などで告訴するなど断固たる対応が必要になります。

　また，民事的対応として，面談強要禁止等仮処分を申し立てることを検討すべきです。面談を禁止するという決定が出された場合でも，相手方が従わないことが考えられますが，違法性が明確になり，刑事事件として立件しやすくなるというメリットがありますので，申立てを検討すべきでしょう。

2　書類閲覧・謄写等請求に対する対応

(1) 株主名簿について

　株主及び債権者は，株式会社の営業時間内は，いつでも株主名簿の閲覧又は謄写の請求ができるとされています（会125条2項）。

　反社会的勢力であっても，株主若しくは債権者ということであれば，一般の株主や債権者と同様に株主名簿の閲覧又は謄写の請求をすることができます。反社会的勢力は，株主名簿の閲覧・謄写請求を行った上で，経営陣のスキャンダル等を株主に暴露するなどといって脅しをかけるということが考えられます。

　この点，平成17年改正前商法では，株主の株主名簿閲覧・謄写請求について，請求理由の明示が要求されておらず（旧商263条3項），株主の株主名簿閲覧・謄写請求について，不当な意図，目的に基づく濫用的な請求に対しては権利濫用を理由に拒むことができるとした最高裁判決[1]の運用に委ねられていました。

　しかしながら，会社法においては，理由を明らかにせずになされた株主名簿の閲覧・謄写請求については，株式会社はこれを拒絶することが可能となり（会125条2項），また，以下のとおり，拒絶可能な場合が明文化されること

になりました（会125条3項）。

① 当該請求を行う株主又は債権者（以下この項において「請求者」という。）がその権利の確保又は行使に関する調査以外の目的で請求を行ったとき。
② 請求者が当該株式会社の業務の遂行を妨げ，又は株主の共同の利益を害する目的で請求を行ったとき。
③ 請求者が当該株式会社の業務と実質的に競争関係にある事業を営み，又はこれに従事するものであるとき。
④ 請求者が株主名簿の閲覧又は謄写によって知り得た事実を利益を得て第三者に通報するため請求を行ったとき。
⑤ 請求者が，過去2年以内において，株主名簿の閲覧又は謄写によって知り得た事実を利益を得て第三者に通報したことがあるものであるとき。

　以上を踏まえ，本件の対応としては，まず，書類の閲覧・謄写等についての書式を制定し，請求者に請求理由を具体的に記載させることが必要になります。理由欄の記載によって，拒否事由に該当するか否かを判断することが可能になるからです。請求理由を明示するよう指示したにもかかわらず，その請求理由が十分に明示されなかった場合には，株主名簿の閲覧・謄写請求を拒絶することになります。さらに，請求理由を明確化させる過程における言動等によっては（例えば，スキャンダル等を暴露することをほのめかすなど），拒否事由を推認させる事情となりますので，記録しておくことが望ましいところです。

　なお，仮に，拒否事由に該当しない場合でも，株主名簿について，「謄抄本請求権」が認められているわけではないことに注意する必要があります。つまり，株主は，内容を閲覧したり，自ら書き写すことができるだけで，会社に対して会社のコピーを使わせてくれなどと請求することはできないのです。

(2) 会計帳簿について

　総株主の議決権の100分の3以上の議決権を有する株主又は発行済株式の100分の3以上の数の株式を有する株主は，会社に対し，会計帳簿及び資料

の閲覧又は謄写を求めることができます（会計帳簿閲覧請求権，会433条1項）。会計帳簿閲覧請求権は，株主代表訴訟提起などの前提として重要な意義をもちますが，会計帳簿閲覧請求権には濫用のおそれがあります。

そこで，会計帳簿等の閲覧・謄写を請求する場合にも，株主名簿の閲覧・謄写請求と同様に，請求の理由を明らかにしなければならず（会433条1項柱書），会社が会計帳簿の閲覧・謄写請求を拒否できる場合を規定しています（会433条2項）。

会計帳簿等の閲覧・謄写請求がなされた場合も，株主名簿の閲覧・謄写を請求された場合と同様の毅然とした対応をすることになるでしょう。

３ 退職慰労金支給規程閲覧・謄写に対する対応

退職慰労金の支給方法として，株主総会決議によりその金額などの決定をすべて無条件に取締役会に一任することは許されませんが，株主総会決議において，明示的若しくは黙示的にその支給基準を示し，その具体的な金額・支給期日・支払方法などはその基準によって定めるべきとして，その決定を取締役会に任せることは許されるとされています[*2]。

この点，会社法施行規則82条2項において，支給の基準を参考書類に記載するか，各株主が当該基準を知ることができるようにするための適切な措置を講じることが求められています。この会社法施行規則の「各株主が当該基準を知ることができるようにするための適切な措置」について，具体的にどのような措置のことを指すのかは，今後の解釈に委ねられるところですが，平成17年改正前商法が「閲覧」のみで足りるとしていたこと（旧商規13条4項）からすれば，謄写請求権や謄本，抄本請求権まではないと考えることができるでしょう。

反社会的勢力のみならず多数の株主から退職慰労金支給規程の閲覧・謄写を求められることが相当程度あると思われます。この点，反社会的勢力といえども，株主であることが確認できれば，少なくとも閲覧は認めざるを得ません。ただ，株主名簿や会計帳簿などと比べ，退職慰労金支給規程は，開示の弊害が小さいと考えられますので，閲覧を認めた場合でも，株主総会等に

おいて適切な対応をすれば，特に問題は生じないものと考えられます。

4 利益供与について

　面談時に，機関誌の購読や観葉植物の購入などは反社会的勢力からはよく出てくる要求です。これらの要求に応じることは株主の権利行使に関する財産上の利益を供与するものですから絶対に応じてはなりません（会120条1項・970条）。

　利益供与を行えば，刑事事件に発展し（観葉植物のリース契約名目での支払や社有地の廉価売却に関して刑事事件として立件されています），さらに，株主代表訴訟で役員責任を追及されることになりますので，断固として拒否すべきです。

　この点，利益供与罪は，株主の権利の行使に関し，株式会社又はその子会社の計算において，財産上の利益を供与した場合に成立します（会970条1項）。法定刑は，3年以下の懲役又は300万円以下の罰金です。

　さらに，現実に利益の供与がなされなかった場合でも，利益供与を要求した場合には，それだけで「利益供与要求罪」に該当します（会970条3項）。この利益供与要求罪の法定刑は，3年以下の懲役又は300万円以下の罰金となっています（情状により，懲役と罰金を併せて処罰することが可能。同条5項）。利益供与要求罪の場合には，恐喝罪のような「脅迫行為」を必要としません。ですから，脅迫文言なしに温厚な態度で金員等を要求してきた場合にもそれだけで犯罪行為を構成することになります。

　加えて，利益供与を要求する際に反社会的勢力が「威迫」してきた場合には，法定刑は5年以下の懲役又は500万円以下の罰金となります（会970条4項。情状により併科可能。同条5項）。「威迫」というのは，「勢力を示す言葉・動作を用いて相手を困惑させ不安感を生ぜしめること」をいいますが，一見反社会的勢力風の人間が来所して，それなりの言葉を使用した場合には，対応した社員は，困惑したり不安を感じたりしますから同項に該当するでしょう。

　上記規定の存在を踏まえつつ，反社会的勢力の利益供与要求には断固とし

て拒否すべきです。

引用判例
＊1　最判平2・4・17判時1380号136頁。
＊2　最判昭39・12・11判時401号61頁。

【手塚　孝樹】

Q36 総会屋対策②——事前質問状と説明義務の範囲・程度

総会屋と思われる人物から会社宛に，株主総会に関する「質問状」が届きました。質問状の内容は，次のようなものでした。この質問状に対して，どのように対処したらよいでしょうか。

① 現在税制改革の議論が国会でされているが，わが国の減価償却制度について，貴社として，どのような意見を有しているか，ご意見を伺いたい。

② 今回再任予定の取締役には担当秘書とのセクハラ疑惑がある。同セクハラ疑惑の社内調査の結果をご説明願いたい。

③ 最近，コンプライアンス，CSR（会社の社会的責任）が注目されている。貴社ではホットラインを設けているのか。

A

まず，貴社は，質問状に反応して，総会屋と接触をするべきではありません。また，事前質問状がきたからといって，現実の質問がなければ説明義務は生じません。ただ，質問があった場合には対応しなければなりませんので，説明の要否，説明内容についてはあらかじめ検討しておくことが必要不可欠です。説明義務のある事項については説明を行い，それ以外の事項については「開かれた総会」という観点あるいはIRの観点から，会社にとって有益な範囲で説明すべきと思われます。

質問①については，株主総会の目的である事項に関しないものですから，説明義務がありません。質問②については，会社としてセクハラについての社内調査をしたのか否か，その結果セクハラと認定したのか否か等は，説明義務があると思われます。質問③については，ホットライン設置の有無は説明義務があると思われます。

解説

1　質問状に対する対応

(1) 事前質問状に対して株主総会前に接触しない
　総会屋は会社に対して，事前質問状を提出してくることがあります。
　これは，総会屋が会社に対して接触の機会を取る手段，また，会社側の不安を煽る手段の一つです。総会屋としては，この事前質問状に会社側が反応し，会社側が何らかの接触をもってくることを期待しています。総会屋は，会社側から質問事項の真意を確認しようと接触をしてきて，そこから何らかの利益供与を得ることを最終的な目的としているのです。
　ですから，会社側として，この事前質問状に過敏に反応することは避けねばなりません。また，総会屋に事前に連絡をとることは不要ですし，連絡をとってはなりません。

(2) 質問状だけでは説明義務は発生しない
　そもそも事前に質問状を提出しただけでは，取締役等に説明義務は生じません。説明義務は，株主総会において現実に説明を求められてはじめて生じるものだからです。ですから，事前に質問状の提出があっても，株主が株主総会に出席して質問しなければ，取締役等は説明する必要すらないのです。
　ただ，株主が事前に質問状を提出して，かつ，株主総会において出席・質問した場合には，取締役等は説明のための調査が必要であることを理由とした説明拒否は許されません（会314条，会規71条参照）ので，事前質問状に対するあらかじめの準備は必要です。
　そのための方策として，「一括回答」が有益な方策の一つです。すなわち，事前質問状の質問のうち，会議の目的と関係のない質問等を除き，回答する必要のある質問を整理して，それについて会社側から一括して回答するという方法です。

(3) 東京建物事件
　上記(1), (2)に関して，東京建物事件の判決例[1]は，株主総会において株

主からあらかじめ提出されていた質問状に対して，一括回答という方法により説明したことを以下のとおり適法としました。

すなわち，「（旧）商法237条の3第1項の規定する取締役等の説明義務は総会において説明を求められて始めて生じるものであることは右規定の文言から明らかであり，右規定の上からは，予め会社に質問状を提出しても，総会で質問をしない限り，取締役等がこれについて説明をしなければならないものではない。」

「ただ，総会の運営を円滑に行うため，予め質問状の提出があったものについて，総会で改めて質問をまつことなく説明することは総会の運営方法の当否の問題として会社に委ねられているところというべきである。」

「そしてまた，説明の方法について商法は特に規定を設けていないのであって，要は前記条項の趣旨に照らし，株主が会議の目的事項を合理的に判断するのに客観的に必要な範囲の説明であれば足りるのであり，一括説明が直ちに違法となるものではない。更に，たとい一括説明によっては右必要な範囲に不十分な点があったとすれば，それを補充する説明を求めれば足りることである。」

(4) 事前質問状の現状

なお，平成18年，書面質問が事前になかった会社は1,754社（回答会社全体の90.3％。前年調査比0.9ポイント増）で，事前質問状は少なかったとのことです。書面質問があった会社では，「一括回答によった」と回答した会社が123社（同6.3％，同0.3％減），「一問一答によった」と回答した会社が36社（同1.9％，同0.4％増）となっています（商事法務研究会編「株主総会白書（2006年版）」旬刊商事法務1784号104頁）。

２ 説明義務の範囲・程度

(1) 取締役等の説明義務

取締役等は株主総会において説明義務を負います。会社法314条本文は「取締役，会計参与，監査役及び執行役は，株主総会において，株主から特定の事項について説明を求められた場合には，当該事項について必要な説明

をしなければならない。」と規定しています。

ただし，例外的に，次の場合には説明義務が免除されています。
① 当該事項が株主総会の目的である事項に関しないものである場合
② その説明をすることにより株主の共同の利益を著しく害する場合
③ その他正当な理由がある場合として法務省令で定める場合（会314条但書）

そして，会社法施行規則71条において，法務省令で定める場合として，次に掲げる場合とされています。

一 株主が説明を求めた事項について説明をするために調査をすることが必要である場合（次に掲げる場合を除く）
　イ 当該株主が株主総会の日より相当の期間前に当該事項を株式会社に対して通知した場合
　ロ 当該事項について説明をするために必要な調査が著しく容易な場合
二 株主が説明を求めた事項について説明をすることにより株式会社その他の者（当該株主を除く）の権利を侵害することとなる場合
三 株主が当該株主総会において実質的に同一の事項について繰り返して説明を求める場合
四 前三号に掲げる場合のほか，株主が説明を求めた事項について説明をしないことにつき正当な理由がある場合

この会社法の説明拒否事由については，基本的に，旧商法の説明拒否事由と同様のものとされています。

(2) 口頭による事前質問

上記(1)の拒否事由の③一イの事前質問については，質問の手段に限定がされていません。旧商法では，質問の手段が書面に限定されていましたが，そのような限定はなくなりました。

そのため，口頭により事前質問があった場合にも，株主総会において調査を要することを理由に説明拒否はできません。

なお，この点に関しては，「会社，法人として意思通知を受領できる立場（意思表示受領権者）宛になされたとき初めて『会社に対して通知した』とい

えるのであり，会社代表者または支配人（会11条1項），総務部長等商業使用人（会14条1項）に対してなしたときのみが『株式会社に対して通知した場合』に当たるものと考える」との考え方もあります（別冊商事法務303号53頁）。

ただ，いずれにしても，会社側として，事前の質問を洩れのないように把握することができるよう，質問を書面に限定したり質問の提出先を限定したりすることは有益と思われ，そのような社内体制・対策を講じておく必要があると思われます。

(3) 説明義務の程度

株主総会の権限は，決議により会社の意思を決定することであり，株主総会における決議事項につき，取締役等の説明義務は，株主が賛否を決するために，合理的判断をなすために必要な資料を提供するところにあると解されます。したがって，（決議事項に関する）取締役等の説明義務は，合理的な平均的株主が，株主総会の目的事項を理解し決議事項について賛否を決して議決権を行使するにあたり，合理的判断をするのに客観的に必要な範囲において認められるものと解すべきとされています[*2]。

(4) 開かれた総会との関係

最近の株主総会の傾向としては，総会屋の出席・発言は減少し，逆に，一般株主の出席・発言が増加しているといえます。

このような傾向は望ましいものと思われますし，このような傾向は今後も続くと思われます。しかしながら，総会屋は根絶したわけではなく，利益供与事件もなくなっているわけではありません。したがって，開かれた総会という傾向の中にあっても，現在でも，総会屋に対する準備は必要不可欠です。

3 本件の検討

まず，質問状があったからといって，その真意を確かめるべく，あるいは情報を得るために，その総会屋に連絡をとるべきではありません。

また，事前質問状がきたからといって，現実の質問がなければ，説明義務は生じません。ただ，株主総会で質問があった場合には対応しなければなり

ませんので，説明の要否，説明内容についてはあらかじめ検討しておく必要があります。

そこで，その説明の要否，説明内容ですが，総会屋というだけで無視するわけにはいきません。説明義務のある事項については説明を行い，それ以外の事項については「開かれた総会」という観点あるいはIRの観点から，会社にとって有益な範囲で説明すべきと思われます。

(1) 質問①について

税制改革，わが国の減価償却制度に対する意見を伺いたい，という質問であり，この質問は「当該事項が株主総会の目的である事項に関しないものである場合」（会314条但書）に該当し，説明義務がありません。また，これについて説明しても会社にとって有益とは思われませんので，説明の必要もないと思われます。

(2) 質問②について

取締役のセクハラを問題にして，利益供与を要求しようという意図と思われますが，そのような不当な意図があると思われるという推測だけでは説明義務は免除されるわけではありません。

セクハラは法的に非難されるべき問題であるので取締役再任についての考慮要素になると思われ，その内容の詳細の程度はともかく，ある程度の内容については，合理的な平均的株主が賛否を決して議決権を行使するにあたり必要なものと思われます。ですから，一括回答の必要はないとしても，株主総会において質問があった場合には，会社として社内調査をしたのか否か，その結果セクハラと認定したのか否か等は，説明の義務があると思われます。

(3) 質問③について

大会社・委員会設置会社については「内部統制システム」の構築が義務づけられ（会348条4項・362条5項・416条2項），これは事業報告に記載されることにより開示されます（会規118条2号）。

ホットライン設置の有無は，その設置義務がないとしても，この内部統制システムの構築にあたって重要な制度であり，説明義務があると思われます。

引用判例

＊1　東京高判昭61・2・19判時1207号120頁以下。なお，同判決に対する上告は棄却されています。最判昭61・9・25金法1140号23頁。

＊2　福岡地判平3・5・14判時1392号126頁。

【工藤　英知】

Q37 総会屋対策③——株主総会の事前準備と議長の権限

当社は昨年まで荒れる株主総会はなく，一般株主からの質問もほとんどありませんでした。しかし，最近，当社は不祥事をおこし，また，今年の株主総会には総会屋が出席する可能性があるとの情報があり，場合によっては荒れる株主総会も予想されています。そこで，荒れる株主総会に備えて，留意，準備すべき事項について，教えてください。

A

　まず，事前の準備として，会場の設営の仕方や，社員株主の着席の仕方，会場設備，警備員・警察官の臨場，受付の体制等々について検討しておく必要があります。
　また，株主総会当日においては，議長は，秩序維持権・議事整理権を有し，退場命令も出すことができます（会315条）。議長が，総会をうまくコントロールすることによって総会の混乱を防ぐことができます。ただ，動議の処理，退場命令のタイミング，質疑打切りのタイミングは微妙な問題もありますので，十分なリハーサル・想定問答の作成等によって，準備しておくことが肝要です。
　さらに，会社法では，会社からの総会検査役の選任請求，同一の議案についての議案提出権の制限等の新たな制度も設けられましたので，これら制度を利用することも一考です。

解説

1　事前の準備

(1) 会場について
　まず，株主総会の会場の選択としては，予想される出席株主数に足りると

(2) 社員株主の着席について

　社員株主を多数議場前方に着席させることも考えられますが、株主総会という会議体の性質や最近の株主総会の傾向からすれば、好ましくないといえるでしょう。

　しかしながら、総会屋が議事妨害をすることが予測される場合には緊急避難的な措置として、社員株主を適宜の位置に着席させることは許されるものと思われます。

　なお、留意すべき判例として、約70名の社員株主を一般株主より先に入場させて議場前方に着席させたことに関して、結論的には、「希望する席に座る機会を失ったとはいえ、本件株主総会において、会場の中央部付近に着席した上、現に議長からの指名を受けて動議を提出しているのであって、具体的に株主の権利の行使を妨げられたということはできず」として、不法行為を構成しないと判示した判例があります（四国電力事件[*1]）。

　ただ、同判例は「株式会社は、同じ株主総会に出席する株主に対しては合理的な理由のない限り、同一の取扱いをすべきである。本件において、被上告会社が……本件株主総会前の原発反対派の動向から本件株主総会の議事進行の妨害等の事態が発生するおそれがあると考えたことについては、やむを得ない面もあったということができるが、そのおそれのあることをもって、被上告会社が従業員株主らを他の株主よりも先に会場に入場させて株主席の前方に着席させる措置を採ることの合理的な理由に当たるものと解することはできず、被上告会社の右措置は、適切なものではなかったといわざるを得ない。」と判示しており、少なくとも株主平等原則に反するような形での入場は避けるべきです。

(3) 会場の設備について

　事後の株主総会取消訴訟などの万が一に備えて、記録媒体として、録音テープやビデオテープを用意することが好ましいといえます。ビデオカメラによる撮影に関しては、暴力行為に対する抑制にもなるといえます。

　また、多人数の出席する株主総会においては、マイクも必須といえます

が，総会屋がマイクをもって離さないなどの事態にも対応できるように，マイクのスイッチを切れるようにしておくことも必要でしょう。

(4) 警備員・警察官について

総会の混乱を招かないためにも，混乱したときの収拾のためにも，警備員を配置しておくべきです。また，警察官にも事前に相談・臨場要請をして，臨場をしてもらうべきです。

(5) 受付について

まず，総会に，株主及びその代理人以外の者を入場させないようにしなければなりません。受付では，株主一覧表を備え，受付時にチェックできるような体制をとっておく必要があります。

また，ハンドマイク等の議事妨害となりうる物や傘などの凶器となりかねない所持品について持込みを制限するため，荷物検査をすることも検討する必要があるでしょう。

さらに，総会屋が出席した場合には，どこに着席したか確認し，事前に議長に知らせておくと，質問の際に便宜といえます。

(6) リハーサル・想定問答の作成

リハーサルを行わない会社はほとんどないと思われます。リハーサルでは，総会の進行の確認，質問への対応，動議への対応等の準備をする必要があります。総会屋の出席の可能性がある場合には，退場命令の仕方の練習も欠かせません。証券代行機関や弁護士などの意見も参考にして，十分なリハーサルを行うことが肝要です。

また，想定問答を作成していない会社もほとんどないと思われます。会社規模の大小によって，想定質問数のボリュームについて大小はあるかもしれませんが，想定問答の作成・準備は，「総会での質問に対応するため」というだけでなく，「取締役等が会社の現状や課題を理解・確認する」という目的・効果もありますので，前向きに取り組むことが大切です。

2 議長の秩序維持権と議事整理権

(1) 会社法の規定

株主総会の議長は，当該株主総会の秩序を維持し，議事を整理する権限があります（会315条1項）。また，株主総会の議長は，その命令に従わない者その他当該株主総会の秩序を乱す者を退場させることができます（会315条2項）。

(2) 動議に対する対応

(a) 動議か意見か　まず，株主からの発言が，動議なのか，単なる意見表明にすぎないのか判断する必要があります。いずれか判断しかねる場合には，発言株主にその趣旨を確認する必要があります。それでも判断しかねる場合には，念のため，動議として扱うのが無難といえます。

(b) 動議の種類　動議には，議事運営に関する手続的動議と，議案の修正等に関する実質的動議があります。

(c) 動議の処理　動議の処理を誤った場合には，総会決議取消しとなりかねません。

手続的動議のうち，議長不信任の動議，検査役選任の動議（会316条），延期・続行の動議（会317条），会計監査人出席要求の動議（会398条2項）等は必要的動議とされています。例えば，議長不信任の動議がでた場合には，すぐに取り上げて議場に諮る必要があり，これを行わないと総会決議取消事由となってしまいます。

議案の修正動議も必要的動議とされています。修正動議の場合には，原案と修正動議のどちらを先に審議・採決するかということになりますが，原案を先に採決して承認可決して，修正動議については否決されたものとして処理する方法が便宜と思われます。

(3) 退場命令

株主総会の秩序を乱す者を退場させることは，法が認めているところですが（会315条2項），どのような場合に退場命令が有効か，どのような時期に退場命令を出すかは微妙な問題です。

株主が議長に暴力を加えるなど刑事上の犯罪行為を行っている場合には問題ありませんが，犯罪とはいえないまでも議事進行の妨害がある場合には問題となります。

退場命令は株主の議決の機会を奪うものですから，その発令には慎重でなければなりませんが，議長の多数回にわたる警告にもかかわらず不規則発言

を繰り返したりするなどして議事進行を妨害した場合には，退場命令が許されるものといえます。

(4) 質疑打切り等

議長には議事整理権がありますから，株主の発言の時期を指定したり，発言者を指定したり，質問の数を制限したり，質問を簡潔にするように求めることもできます。

また，質疑の打切りのタイミングについては，時間も一つの要素といえると思いますが，例えば総会が2時間を超えたから打ち切ってもよいというものではありません。株主総会の目的である報告事項や決議事項について十分な審議をしたか否かが問題です。

3 会社法の新たな制度

(1) 会社からの総会検査役の選任請求

旧商法では，株主の権利として，総会招集の手続及びその決議の方法を調査させるために裁判所に対して総会検査役の選任請求が認められていました。

会社法では，株主側のみでなく会社側からの総会検査役の選任も認められるようになりました（会306条）。

そこで，総会屋により総会の紛糾が予想されるような場合には，この総会検査役の選任を会社から請求することも一つの手段です。

(2) 議案提出権の制限

会社法においては，実質的に同一の議案について株主総会において総株主の議決権の10分の1以上の賛成を得られなかった日から3年間は議案提出が認められないとされました（会304条但書）。

そこで，総会屋の議案提出に関して，同条項の活用も考えられます。ただし，賛成が10分の1未満であることを確認しておかなければなりません。

引用判例

＊1　最判平8・11・12判タ936号216頁。

【工藤　英知】

第9章

他の団体を装った反社会的勢力への対策

Q38　えせ右翼からの攻撃に対する対策

① 　右翼団体を名乗る者から当社に電話があり，「〇月〇日に，東京で，北方領土返還の記念大会を開催する。賛助金として，1口5万円支払ってほしい」といわれました。その場では「支払えない」と断りましたが，「1週間以内に，街宣車2，3台でそちらに集金に伺う」といわれています。どのように対処したらよいでしょうか。

② 　右翼団体を名乗る者から当社に電話があり，「当団体は，北方領土返還を実現するための政治活動をしている。機関誌を発行しているので，1部6万円で購入してほしい」といわれました。その場では「購入するつもりはない」と断りましたが，「5部送付する。後日街宣車2，3台で集金に伺う」といわれています。1週間ほどして，当社に宅配便で機関誌が5部届きました。今後，どのように対処すればよいでしょうか。

③ 　先日，右翼団体を名乗る団体から，当社に，「公開質問状」なる文書が届きました。その文書には，「お宅の会社の製品Aは欠陥品であり，多数の購入者が被害を被っている。その責任について，どう考えているか。1週間以内に回答されたい」などと記載されています。どのように対処したらよいでしょうか。

④ 　当社は建築会社ですが，最近，右翼団体を名乗る者が当社にやってきて，「お宅の下請が手抜工事をやっている。手抜工事のことは伏せておくから，知り合いの建築会社を下請として使ってやってほしい」と圧力をかけてきています。どのように対処したらよいでしょうか。

A

　一般的に，どの要求に対してもこれに応じる法的義務はありません。毅然とした対応を貫くことが肝心です。

解説

1　えせ右翼の手口

(1)　えせ右翼の一般的な手口・目的

　えせ右翼は，社会運動や政治活動を標榜して，正当な権利行使を仮装しつつ，面談の強要や街宣行為の示唆などを行うことで，これらの行為に対する潜在的な恐怖心を利用して，法律的な根拠のない不正な利益を獲得しようとしています。

　えせ右翼は，社会運動や政治活動を標榜して，金銭などの経済的利益を獲得することを目的としています。また，えせ右翼は，暴力団等の反社会的勢力と同じく，民事介入暴力をビジネスとして行っており，常に費用対効果を計算して活動しています。したがって，「割に合わない」と思えばあっさりと手を引きますし，「カモになる」と見れば，要求をエスカレートさせます。

(2)　えせ右翼への一般的な対応方法と注意点

　(a)　根拠のない要求は毅然として拒否する　えせ右翼は，「カモ」と見ればどんどん要求をエスカレートさせます。根拠のない要求に対しては，一貫して，毅然として拒否する姿勢を見せることが最も重要です。また，えせ右翼は経済合理性に従って行動するので，「街宣をかける」などと圧力や嫌がらせの示唆があっても，実際にこれらの行為に及ぶことはまれです。「圧力や嫌がらせには屈しない」という断固とした姿勢を示してください。

　(b)　弱みにつけ込ませない　えせ右翼は，「不手際を公表されたくない」，「穏便に済ませたい」という企業の弱みに巧妙につけ込みます。

どの企業にも，不手際や落ち度の一つや二つはあります。これをオープンかつ公正に解決する姿勢を持たないと，企業の弱みとなり，えせ右翼につけ入るスキを与えることになります。

(c) **違法・不当な要求行為には断固として法的措置を講じる**　えせ右翼は，「割りに合わない」と判断すればすぐに手を引きます。

違法・不当な要求行為に対しては，泣き寝入りをせず，弁護士・警察に早い段階で相談して，内容証明郵便の送付，仮処分，告訴等の法的措置を講じます。

2　賛助金の要求（質問①）について

(1)　えせ右翼の手口

えせ右翼は，標榜する政治活動や社会運動に関連して，賛助金や寄付金の名目で金銭を強要しますが，この手口は，えせ右翼行為の中で，非常に多い類型です。

賛助金の要求金額は，それほど高額ではない場合が多いため，企業の立場からすれば，「大した金額でないので，断ってもめるより，払ってしまったほうが安くつく」，「断ると何をされるか分からない」などという理由で，安易に応じてしまう場合もあります。

しかし，賛助金や寄付金は，えせ右翼の活動の重要な資金源となっています。えせ右翼の多くは，暴力団とつながっており，えせ右翼活動で得られた不正な利益は，暴力団の資金源の一つにもなっています。

暴力団等の反社会的勢力を社会から排除するためにも，泣き寝入りしたり，妥協したりせず，毅然として拒絶することが重要です。

(2)　具体的対応

(a) **賛助金は支払わない**　当然ながら，賛助金を支払うかどうかは企業が主体的に判断するものであり，賛助金の支払を求める団体がどれだけ高邁な理想を掲げ，社会に貢献する活動をしていようとも，支払を強制されるものではありません。

したがって，「賛助金はお支払しません」と，毅然として，明確に回答し

てください。えせ右翼が集金に来ても，同じ内容の回答を繰り返し，お引き取り頂くよう伝えてください。

　(b)　理由の説明や議論をしない　　えせ右翼は，「北方領土返還という国民的悲願達成のための行事に賛同しないとは何事か」などと，賛助金を支払わないことについて理由の説明を求めたり，議論を持ちかけてくることがありますが，理由の説明や，議論への対応はしないことが得策です。というのは，どのように回答したとしても，えせ右翼は決して納得せず，言葉尻をとらえたり，揚げ足を取ったりして，賛助金を支払わなければ解放されない，という状況に持ち込もうとするからです。理由を説明したり，議論に応じたりしても有害無益です。「何を言われようとも，会社としての結論は変わりませんので，どうかお引き取りください」の一点張りで構いません。

　(c)　エスカレートする場合　　なお，賛助金の支払要求があまりにしつこく続いたり，これまで支払っていた賛助金の支払を打ち切る場合などには，弁護士に依頼して，弁護士名で，「賛助金の支払は行わない。本件に関しては弊職が一切を受任したので，以後本件に関する連絡は弊職になされたい」旨の内容証明郵便を送付し，以後はすべて「弁護士に連絡してください」と回答する，という方法もあります。

　賛助金支払を拒絶した場合に，えせ右翼が街宣行為その他の迷惑行為に行動をエスカレートさせた場合には，別途法的措置を講じます（Q39～Q43参照）。

③　機関誌の購読要求（質問②）について

(1)　えせ右翼の手口

　えせ右翼は，標榜する政治活動や社会運動に関連する機関誌や書籍の購入を強要しますが，この手口は，賛助金の要求と並んで，えせ右翼行為の中で，非常に多い類型です。

　賛助金の支払要求の場合と同様，「金額がそれほど高額ではないから」，「断ると何をされるか分からないから」などという理由で，安易に応じてはいけません。

　機関誌購入代金は，えせ右翼の活動の資金源となっています。えせ右翼の

多くは，暴力団とつながっており，えせ右翼活動で得られた不正な利益は，暴力団の資金源の一つにもなっています。

　暴力団等の反社会的勢力を社会から排除するためにも，泣き寝入りしたり，妥協したりせず，毅然として拒絶することが重要です。

(2) **具体的対応**

(a) **機関誌を購入する必要はない**　賛助金の支払要求の場合と同様，機関誌を購入する義務はありません。

　したがって，具体的対応も，賛助金の支払要求の場合と同様で，「機関誌は購入しません」と毅然として，明確に拒絶してください。

　こちらから頼んでもいないのに機関誌が勝手に送られてきた場合は，「せっかく機関誌をお送り頂きましたが，弊社では機関誌を購入する意思はありませんので，返送させて頂きます」などと断りの文書を付けて返送してください。

(b) **理由の説明をしない**　理由の説明をしない点，議論に付き合わない点も，賛助金の支払と同様です。

　えせ右翼は，「当団体の活動を支援しないということは，北方領土問題に無関心ということか。そのような姿勢は，企業としての社会的責任を果たしているとはいえないのではないか」などと，購入しないことは政治的・社会的に不当であると主張することがあります。しかし，えせ右翼は，そういった理詰めの交渉が得意なので，そのような交渉に付き合っても，揚げ足を取られる危険が高まるだけです。そもそも，えせ右翼の目的は金銭にあるのですから，「機関誌を購入しないことが，企業としての社会的責任を果たしていないことにはつながらないこと」をいくら説得しようとしても無駄なのです。「何と申されましても，当社の結論に変わりはございませんので，お引き取りください」と回答してください。

(c) **「購入します」といってしまった場合**　「購入します」といってしまった場合であっても，原則として，購入を断るべきです。

　このような場合，えせ右翼は，「一度買うといったのだから，契約が成立している。契約を守れ」などと迫ってくることがありますが，諦めたり，泣き寝入りするのは禁物です。法人が物品を購入した場合にもクーリング・オ

フの適用を認めた裁判例*1もありますし，仮にクーリング・オフができない場合であっても，強迫による取消しや錯誤無効の主張など，クーリング・オフ以外の対応方法もあります。

　えせ右翼が契約の履行を執拗に迫り，対応に苦慮する場合には，弁護士に依頼して内容証明郵便で回答を行うことも方法の一つです。

　(d)　既に機関誌の購読を継続している場合　　内容証明郵便で，「以後，機関誌は購読いたしません」と通知してください。その後の対応に自信がなければ，弁護士に依頼して，弁護士名で内容証明郵便を送ることを検討してください。

　(e)　えせ右翼の嫌がらせがエスカレートした場合　　えせ右翼は，機関誌の購入を拒絶すると，「街宣をかける」，「会社まで集金に行く」，「毎日催促の電話をする」などの，様々な脅しをかけることがあります。そのような脅しには，一切屈してはなりません。

　そもそも，経済合理性に従って行動しているえせ右翼が，機関誌の購入を拒絶されたくらいで街宣をかけることはまれですが，万一街宣をかけてきたら，Q39～Q43を参照して，法的措置を講じてください。

4　公開質問状の送付（質問③）について

(1)　えせ右翼の手口

　えせ右翼は，企業の不正・不手際・落ち度を広く社会に問う形で指摘して，レピュテーション（風評）を恐れる企業の弱みにつけ込んで，賛助金，機関誌購入，広告掲載料などの名目で不正な利益を得ようとすることがあります。

　企業から回答がなければ，回答がないことを糾弾し，「市民の敵Ｘ社は我々の質問に対して何らの回答もできず，欠陥品を大量に売りさばいていることを認めた」などと都合よく利用します。

　回答があれば，「責任回避に汲々としており，市民に対する社会的責任を全く果たしていない」などと回答の内容の不十分さを糾弾したり，回答の言葉尻をとらえたり揚げ足を取ったりして，都合よく利用します。また，回答

内容を前提として、さらに詳細な回答を求める内容の公開質問状を送り付けたりして、企業を追いつめます。

えせ右翼の目的は不正な利益の獲得にあるので、どこかの段階で、面談等の要請があり、金銭の要求行為がなされます。

企業に、「社会に知られては困る」という何らかの弱みがある場合には、えせ右翼に金銭を支払うことで穏便に済ませようという一心で、えせ右翼のいいなりになって金銭を支払ってしまうことがあります。

しかし、一旦えせ右翼の不当な要求に応じてしまうと、えせ右翼にとっては、「この会社はカモ」ということになるので、その後どんどん不当要求がエスカレートし、いつまでも食い物にされてしまいます。

(2) 具体的対応

(a) 回答の必要はない　回答をする法的義務はもちろんありません。したがって、何らの回答を行わず、放置しても構いませんが、放置すると、回答を求めてえせ右翼から電話や訪問が続くことも少なくありません。そこで、拒絶する意思を明確にするために、「公開質問状の質問事項への回答は行わない」旨の回答だけを内容証明郵便で送付する方法もあります。

回答を行う場合には、えせ右翼はそもそも当該回答を不正な利益を得るために利用しようとしているのだということを念頭に置いて、慎重に回答する必要があります。回答内容には正確を期す必要があります。不明確な質問には回答すべきではありませんし、揚げ足を取られるような不用意な表現に注意すべきです。

どのような回答を行うかは、質問状の記載内容に応じて、ケースバイケースの判断となります。

(b) 公開質問状における指摘事実について　本件のように、「製品Aが欠陥品」などと、企業活動に関連して具体的な落ち度が指摘されている場合には、指摘された事実が存在するかどうかの確認を行うことは最低限必要です。調査結果次第では、必要に応じて、行政に報告するなどの対応が必要な場合もあるでしょう。ただし、その場合でも、公開質問状に対して、調査を行ったかどうかや調査結果を必ず回答しなければならないというわけではありません。

また，仮に指摘された事実がそのとおりであり，製品Aに欠陥があった場合であっても，その欠陥に対するメーカーとしての対応と，えせ右翼の不当要求に応じるかどうかとは全く別です。
　えせ右翼は，欠陥の存在の公表を伏せておく代わりに，賛助金などの名目で金銭を要求してくることがあります。しかし，実際に欠陥があったとしても，えせ右翼の要求が不当であることには変わりはありませんので，えせ右翼の要求は断固拒絶すべきです。
　「えせ右翼に金銭を支払って，事実を隠蔽する」こと自体が間違いなので，金銭を支払う理由にはなりません。またそもそも，金銭を支払ってしまえば，「公表をちらつかせればカネが巻き上げられる」ということでえせ右翼のカモにされ，次々と過大な要求がなされるだけです。
　情報の収集・発信の手段が高度化した現在では，仮にえせ右翼の要求に応じて一時的に企業の不手際の発覚を防いだとしても，いつまでも隠蔽し続けられるものでもありません。また，リコール隠しなど，昨今の企業不祥事を見れば明らかなように，隠蔽することは，迅速に公表する場合と比べて，レピュテーション（風評）リスクを著しく増大させます。
　企業の落ち度や不手際については，えせ右翼からの不当要求に応じるかどうか悩むのではなくて，それ自体として，オープンかつ公正に対応・解決を図るべきです。

5　下請参入要求（質問④）について

(1)　えせ右翼の手口

　えせ右翼からの下請参入要求は，えせ右翼行為の中でも非常に多い類型です。
　下請参入要求は，それ自体として単独で行われることよりも，何らかのクレーム（「工事で騒音がうるさい」，「環境が汚染されている」，「工事受注にあたって談合をしている」など）と組み合わせて行われることが多いです。
　 4 （公開質問状の項）で述べたのと同様に，企業の側に「公表されては困る」というような事情がある場合には，えせ右翼のいいなりになって下請取

引を行い，過大な請負代金を請求されてしまうことがあります。

(2) 具体的対応

(a) 下請に参入させる必要はない　誰とどのような取引を行うかは，取引を行わないという判断も含めて，企業が主体的に判断するものであり，他者に強制されるものではありません（契約自由の原則）。

したがって，えせ右翼から要求のあった建設会社を下請として取引する義務はないので，「下請として取引をする意思はない」と明確に拒絶してください。

(b) えせ右翼からの指摘事実について　現在取引している下請が手抜工事をしているとの指摘については，事実確認を行います。

しかし，仮に手抜工事があったとしても，これに対する対応は，えせ右翼の不当要求に応じるかどうかとは別物であり，不当要求に応じる根拠とはなりません。手抜工事があった場合の対応は，行政等に相談して，オープンかつ公正に行うべきです。この点は，4 で述べたのと同様です。

(3) 公共工事からの暴力団排除について

近年，公共工事からの暴力団排除の機運が高まっているので，公共工事に関して暴力団員等から不当な要求行為を受けた場合には，特に毅然とした対応が必要です。

平成18年12月，政府の犯罪対策閣僚会議において，公共工事からの暴力団排除の徹底を図る観点から，警察当局への通報及び発注機関への報告を，暴力団員等から不当介入を受けた公共工事受注業者に対して義務づけるとともに，その実効性を担保するための措置を導入することが合意されました。

これを受けて，平成19年3月，国土交通省から全国の建設業者に通達がなされ，地方整備局等が発注する建設工事に関して暴力団員等からの不当要求又は工事妨害があった場合には，速やかに警察に通報し，発注者に報告するとともに，捜査上必要な協力に努めることが改めて要請されました。

なお，建設業者がこれらの通報等を怠った場合は，発注者が定める指名停止等の措置要領に基づき，①一定期間（原則2週間）の指名停止，②文書注意，③工事成績評定への反映，などの処分や不利益を課されることがあります。

引用判例

＊1 大阪高判平15・7・30判例集未登載。自動車を販売する会社が訪問勧誘により消火器の点検整備と薬剤の購入契約を締結した場合について，本件における消火器の充填薬剤の購入契約は，特定商取引法のクーリング・オフの適用除外に該当しないとして，クーリング・オフを有効と認めた事例。

【岩本　竜悟】

Q39 えせ右翼による街宣活動への対策①——仮処分命令申立ての概要

右翼団体らしき街宣車が会社の周辺で街宣活動を行っています。会社を訪れる取引先の方や、就職活動に訪れる学生たちが怖がって、会社に立ち入ることを躊躇しています。このような街宣活動をできるだけ早く止めて欲しいのですが、どのようにしたらよいですか。

A

違法な街宣活動を止めるには、街宣活動の禁止を求めるための仮処分を申し立てることを弁護士に依頼することが適切です。
街宣禁止の仮処分決定を得て、あるいは、同決定を得た後、警察と連携を図り、街宣活動が再開されないよう配慮することも有効です。警察との連携に関してはQ40を参照してください。

解説

1 街宣活動の禁止を求める仮処分が効果的なこと

裁判手続を行わずに街宣活動をやめるよう内容証明郵便で求めても、街宣活動が止まない場合があります。

そこで、違法な街宣活動により会社の評判が下がり営業に支障をきたすなどの被害を被りそうな場合、街宣活動の差止めを求める訴訟を提起することが考えられます。しかし、街宣活動が今まさに行われている場合、数ヵ月かけて訴訟を行って勝訴しても、その間、街宣活動を続けられることになり、その被害は甚大です。実害が出た場合、街宣活動により被った損害の賠償を求めて損害賠償請求訴訟を提起し、金銭的な被害回復を求めることもできますが、事後的に金銭による損害の填補がなされても、再び街宣活動をされる

と改めて訴訟を提起しなくてはなりませんし、被害が立証できない場合や、債務者に資力がない場合には、被害回復もできません。

そこで、これらの手段以外に、街宣活動差止めの勝訴判決と同様の効果を得る手段として、街宣活動禁止の仮処分を申し立てることが重要となります。

仮処分とは、債権者に生じる著しい損害又は急迫の危険を避けるためになされる暫定的な処分ですが（民保23条2項）、仮処分決定がなされると街宣活動がやむ場合が多く、仮処分決定がなされるまでの期間が短く済むことから、極めて効果的な手段といえます。

2 街宣活動の禁止を求める仮処分

街宣活動の禁止を求める仮処分は、弁護士との打合せ、裁判所への仮処分申立て、裁判官との面接、当事者の審尋、保証金の供託、裁判所による仮処分決定、仮処分決定正本の債務者への送達、という流れをたどります。最後に供託した保証金を取り戻して終わります。

(1) 弁護士との打合せ

仮処分申立書は弁護士が作成します。街宣活動の様子や、街宣活動をされるに至った経緯を詳しく知る者が弁護士との打合せを行いましょう。

なお、**Q40**末尾の仮処分命令申立書の**書式例1**をみて、どのようなことが聞かれるか、理解しておきましょう。弁護士との打合せを行う傍ら資料収集を並行して行えば、街宣活動をより早く止めることができますので、**Q41**もみておくとよいでしょう。

(2) 裁判所への申立て

弁護士が会社の代理人として裁判所に仮処分命令申立書を提出します。

管轄は、本案訴訟の管轄裁判所となります（民保12条）。街宣禁止仮処分の本案訴訟は、人格権や営業権に基づく街宣活動の差止請求の訴えですから、債務者の普通裁判籍所在地か不法行為があった地が管轄となります（民訴4条1項・5条9号）。これは、専属管轄とされています（民保6条）。

街宣活動は、会社の周辺や会社の近くの駅頭などで行われることが多いの

で，会社の本支店のある裁判所に申し立てることになるでしょう（民訴4条4項）。

(3) 裁判官との面接

仮処分の申立て後は，裁判官と即日ないし数日以内に面接します。弁護士と打合せをした会社の従業員も同席しましょう。

面接の際には，仮処分命令申立書に記載しきれなかった事情や，相手方に知らせることのできない会社の状況等について口頭で補足します。

裁判官が弁護士の意見と異なる観点から必要な資料を要求することもあるので，疎明資料としなかった書類も持参しましょう。

また，裁判官との面接後に街宣活動を行っている者に連絡し，仮処分を申し立てたこと，ほぼ確実に仮処分命令がなされることを主張し，街宣活動を以後行わないよう求めることも街宣活動の停止に効果的な場合があります。

(4) 審　　尋（債務者からの事情聴取手続）

裁判官は仮処分申立てに対する判断を行うため，原則として，債務者からの事情聴取を行います（民保23条4項本文）。審尋のための呼出状を送達するため，上述(3)の裁判官との面接を行った日から1週間程度後の日が審尋期日と定められることが多いようです。

例外的に，審尋を行うことにより仮処分の目的を達成できないときは，審尋を行わない場合があります（同条同項但書）。具体例としては，会社の設立記念日のイベントや株主総会など期日が固定されている活動を妨害するための街宣活動が予想され，その日時及び場所が債務者に知られると仮処分申立ての目的を達成できない場合が考えられます。また，街宣活動における表現内容が真実でないか又はもっぱら公益を図る目的のものでないことが明白であり，かつ，債権者が重大にして著しく回復困難な損害を被るおそれがあると認められるときも，例外にあたると考えられます[*1]。

なお，審尋期日が設定されても，債務者が欠席することが多いようです。

(5) 保証金の供託

(a) 保証金額　仮処分によって債務者に損害が生じた場合に備えて，保証金の供託が条件とされることがあります（民保14条）。保証金額は事案により異なります。債務者が複数の場合は，債務者の数に応じて増額されるの

で，債務者が1人の場合よりも高くなります。

しかし，えせ右翼の街宣活動という違法な行為を行っている債務者に損害が生じるおそれはほとんどありませんから，街宣禁止の仮処分の申立ての際には，原則として無担保，供託するとしてもできるだけ低額となるよう裁判所に求めましょう。

(b) 保証金の供託方法　供託書を作成し，供託金額を現金で用意するのが一般的です。**書式例2**をQ40末尾に添付します。

後掲の供託書書式のうち，法令条項の欄，裁判所の名称及び件名等の当事者欄，供託の原因たる事実の欄は，そのまま使えます。

具体的な供託所は，原則として，保証金の供託を命じた裁判所の所在地を管轄する地方裁判所の管轄区域内の供託所になります（民保4条1項）。例外的に，当該供託所に遅滞なく供託することが困難な場合には，裁判所の許可を得て，債権者の住所地又は事務所の所在地その他裁判所が相当と認める地を管轄する地方裁判所の管轄区域内の供託所に供託することもできます（民保14条2項）。供託所の定めも専属管轄です（民保6条）。

保証金の納付を素早くするためには，審尋期日に現金を手元に置いておき，裁判所から保証金額を聞いたら，すぐに供託所に向かうとよいでしょう。予想される程度の保証金を持った従業員を1人供託所に待機させておくとさらに素早い対応ができます。

(c) 裁判所への供託書の提出　供託した事実を裁判所に示すため，供託書を提出します。

(6) 仮処分決定書の送達

裁判所が仮処分の要件を充たしていると判断すると，街宣活動を禁止する仮処分決定を行います。

仮処分決定は当事者に確実に了知させることが必要なので仮処分決定書正本は債務者に送達されます（民保17条）。

しかし，債務者への送達前であっても，決定が出たことを債務者に知らせることにより，事実上，街宣活動が止まることがあります。相手方のファクシミリ番号を把握している場合は，決定書をファクシミリで送信することも有益です。

なお，決定書正本の送達は補充送達や差置送達も可能ですが（民保7条，民訴106条），債務者が不在を装って街宣活動を継続し，決定書正本の送達ができないような場合には，送達方法について執行官と相談することが適切です。

(7) 保証金の取戻し

供託した保証金は次の場合に取り戻すことができます。

まず，①担保の事由が消滅した場合です（民保4条2項，民訴79条1項）。街宣活動の差止請求訴訟で勝訴した場合が典型的です。

次に，②担保権利者の同意がある場合です（民保4条2項，民訴79条2項）。しかし，街宣活動を行うえせ右翼が担保の取消しに同意することは期待できません。

最後に，③権利行使の催告により債務者の同意が擬制される場合です（民保4条2項，民訴79条3項）。これは，一定期間を定めて，債務者に対し，街宣活動を止められたことにより被った損害の賠償請求訴訟を提起すべき旨を催告し，その期間内に訴訟提起がされなければ，担保取消しに同意したものとみなされる制度です。多くの場合，この手段により取り戻します。

引用判例

＊1　最判昭61・6・11判時1194号3頁。

【竹下　慎一】

Q40 えせ右翼による街宣活動への対策②——仮処分命令申立書の内容

Q39の事案において街宣活動禁止の仮処分を申し立てる場合の申立書の内容はどのようなものになりますか。また，会社の側では，どのようなことを準備しておけばよいですか。

A

　申立書の内容は，本設問末尾の**書式例1**のような内容になります。街宣活動が始められている場合は，街宣内容を録音し，弁護士との打合せにあたって，反訳書面を用意しておくとよいでしょう。その他の資料収集などは弁護士との打合せを終えた後，急いで行うとよいでしょう。

解説

1 申立ての趣旨

(1) 禁止する行為

　債権者に生じる被害を回避するために必要な行為の禁止を求めます。

　仮処分決定に違反して街宣活動がなされた場合は，間接強制を申し立てることがあります（民保52条2項，民執172条1項）。疑義を残さない程度に明確に禁止行為を記載するほうが，間接強制の申立てにおいて違反した事実を主張しやすくなりますが，将来どのような行為がなされるかを特定することは困難です。そこで，ある程度概括的な表現にならざるを得ません。本設問末尾の**書式例1**においては，一定の行為を列挙した後，最後に，「その他の方法によって，債権者の営業活動を妨害する行為及び名誉を毀損する行為を行ってはならない」としています。

　なお，営業妨害行為として役員に対する面談要求がされている場合，役員

に対する面談の禁止も求めます。債権者の営業を離れて役員個人に対する街宣活動がなされるような場合には，役員個人を債権者とする必要があります。

(2) 禁止する範囲

街宣活動禁止の仮処分の対象として，いかなる地域的範囲における街宣活動の禁止を求めるかという場所的範囲を特定しなければなりません。

実際に街宣活動がなされている事務所や店舗の近隣が対象になることはいうまでもありませんが，街宣活動が大きな駅頭で行われているような場合には，その駅周辺での街宣活動の禁止も求めます。

また，街宣活動の禁止範囲を示すため，禁止範囲を明示した地図を申立書に添付します。本設問末尾の**書式例1**では円で囲っていますが，道路を移動して行われる街宣活動の場合には，禁止範囲を道路で囲うこともあります。

(3) 会社側で準備しておくこと

街宣活動がなされている場所や，街宣活動を禁止したい場所の地図を用意して，街宣活動状況及び街宣活動によって会社に生じる被害をよく理解している従業員が弁護士と打合せを行いましょう。

用意する地図は，Ａ４用紙１枚で収まると見やすいので，半径500mの範囲で街宣を禁止したい場合，１万分の１（100mが1cmで表される）の縮尺の地図が適当です。半径1,000mとしたい場合は，２万分の１（200mが1cmで表される）の縮尺の地図が適当です。

２ 申立ての理由（債権者に生じる著しい損害又は急迫の危険を避けるためこれを必要とすること）（民保23条2項）

(1) 当事者

(a) 債権者

(ア) 街宣活動の被害に遭っている会社が債権者となります。会社の活動と離れて個人が街宣活動の対象となっている場合は，個人を債権者として申立てを行うことになります。

(イ) 会社が債権者となる場合には商業登記簿謄本を用意しておきましょ

う。役員個人が別途債権者となる場合には，その役員の住所，氏名を把握しておきましょう。免許証のコピーか住民票があればよいでしょう。

(b) 債　務　者

(ｱ)　債務者が個人や法人の場合と，権利能力なき社団の場合

街宣活動を行っている者や，街宣活動を行うおそれのある者が債務者となります。

街宣活動は主に道路や広場で拡声器を用いた演説の形で行われます。道路に人が集まるような方法で拡声器を使用する場合には，所轄警察署長に申請書を提出して，その許可を受けなければならず（道交77条・78条），その申請書には住所，氏名（法人の場合は名称，代表者），現場責任者の住所，氏名等が記載されているので，所轄警察署に照会すれば街宣活動の主体が判明します。したがって，街宣活動を行っている者が個人や法人である場合は，債務者を特定することは比較的容易です。

街宣活動を行っている者が，個人の集まりとはいえない程度に組織化された団体を形成しているにもかかわらず法人格を取得していない場合，そのような団体は，権利能力なき社団と理解されます[*1]。そして，えせ右翼団体は政治資金規正法上の政治団体の形をとっているものの，法人格を取得していないことも多いようです。街宣活動を行っている者が権利能力なき社団となる場合，この点も疎明する必要があります（民保7条，民訴29条）。

街宣活動を行っている者が複数の場合，債務者は複数となります。

(ｲ)　会社側で準備しておくこと

弁護士に相談する前に警察に相談したり照会したりして，街宣活動団体の素性を確認しておくとよいでしょう。この確認ができていると，債務者特定のための資料を集めることが容易になります。

債務者が権利能力なき社団であること及び債務者の代表者が誰であるかを示す資料も弁護士との打合せ前に集めておくとさらによいでしょう。必要な資料の集め方は，**Q41**を参照してください。

(2) **保全の必要性**

(a) 被保全権利

(ｱ)　申立書に記載すること

自然人であれば，個人として平穏かつ安全に生活を送る人格権，営業を行っていれば営業権を主張します。

法人も人格権の享有主体と考えられていますので，人格権や営業権を主張します。

営業妨害をされているのか，名誉を毀損されているかによって主張する権利が異なります。

(イ) 会社側で準備すること

人格権については人が人であるだけで備わっている権利と理解されていますので，住所と氏名を把握しておけば足ります。

営業権が侵害されていると主張する場合，どのような営業活動を行っているかを示すため，商業登記簿謄本を用意しておきましょう。

(b) 街宣活動内容及び被害状況

(ア) 申立書に記載すること

録音した演説内容の中から違法性の高いものや債権者の被害が明確になるものを弁護士が選別して主張します。録音内容を引き写すだけでは，街宣活動によって被害が生じていると分かりにくい場合もあります。例えば，本設問末尾の仮処分命令申立書の**書式例1**では，えせ右翼団体の構成員が債権者の役員をイニシャルで表現しており，債権者が被害に遭っていることが一見して明白とはいえないため，この点について詳しく主張しています。事案に応じて詳しく主張すべき部分は変わってきます。何回も街宣行為が行われているときは，それらを一覧表にすると分かりやすくなります。

また，街宣内容によって債権者のどのような営業活動が被害に遭っているか，あるいは被害に遭いつつあるのかを主張するため，債権者の業務内容も書くことが一般的です。ただし，債務者も申立書を含めた事件の記録を閲覧できますので（民保5条），債務者に対して不必要に会社の情報を与えることを避けるため，街宣活動により被害を被ることを示すために必要な情報や，既に公開している情報だけを記載するほうが安全です。債権者の説明の箇所で営業内容を簡単に記載することも適切です。

また，どのような団体が街宣活動を行っているかも，街宣行為の悪質性に関わるので，情報収集により得られた相手方の属性を記載します。ただし，

裏付けが全くないのに推測で債務者の属性を記載すると，それが誤りであった場合，債務者に攻撃材料を与えることになりますので，注意が必要です。

(イ) 会社側で準備すること

街宣活動が開始されたら，すぐに録音，録画，写真撮影を行いましょう。

街宣活動は同じような内容で何回も繰り返されるため，街宣内容を録音した録音テープは相当な量になります。しかし，弁護士と打ち合わせるときは，急いで申立ての準備をするため，すべての録音内容を聞くことはできません。そこで，費用や手間はかかりますが，できるだけ全部を反訳しておき，反訳した書面を弁護士に示すほうがよいでしょう。反訳書は申立書に添付するため必ず必要になります。

録音テープの量が多すぎる場合は，重要な部分を重点的に反訳しても仕方がないときもありますが，重要か否かの判断は弁護士に任せたほうが安心できるでしょう。録音の仕方は**Q41**を参照してください。

演説の声の大きさが度を超していると思われる場合は，録音と同時に騒音測定器で音の大きさの測定も行いましょう。

3　疎明方法

街宣禁止の仮処分を申し立てる際には，被保全権利及び保全の必要性を疎明しなければなりません（民保13条2項）。

疎明とは，証明（合理的な疑いを差し挟まない程度に真実らしいとの確信を裁判官が得た状態又はそのような心証を裁判官に得させるために行う当事者の行為）よりは程度の低い，一応確からしいとの推測を裁判官が得た状態又はそのような心証を裁判官に得させるために行う当事者の行為をいいます。そして，裁判官にそのような心証を抱かせるために提出する資料のことを疎明資料といいます。

疎明資料は，即時に取り調べられる証拠によって行わなければなりません（民訴188条）。具体的には，商業登記簿謄本，写真，録音テープの反訳書，陳述書などの書証や呼出しの不要な証人等に限られます。呼出しの必要な証人は証拠となりませんので，陳述書を作成して書面化し，書証として提出します。

これらの資料の集め方については，**Q41**を参照してください。

［4］　添 付 書 類

　添付書類とは，仮処分命令申立書に添付する書類のことです（民保規23条・20条）。疎明資料の写しや債権者・債務者の資格証明書，弁護士が代理人の場合の委任状等がこれにあたります。

> 引用判例
> ＊1　最判昭39・10・15判時393号28頁。

【竹下　慎一】

書式例1　仮処分命令申立書

仮処分命令申立書

平成19年3月6日

東京地方裁判所民事第9部保全係　御中

　　　　　　　　債権者代理人弁護士　　甲　野　太　郎

〒○○○―○○○○　東京都文京区○○1―2―3
　　　　　　　　債　　権　　者　　株式会社ダイニ不動産
　　　　　　　　代表者 代表取締役　　○　　○　　○　　○
〒○○○―○○○○　東京都中央区○○1―2―3甲野ビル4階
　　　　　　　　　　　　　　甲野太郎法律事務所（送達場所）
　　　　　　　　電　話　03―○○○○―○○○○
　　　　　　　　ＦＡＸ　03―○○○○―△△△△
　　　　　　　　債権者代理人弁護士　　甲　野　太　郎
〒○○○―○○○○　神奈川県○○市○○1―2―3
　　　　　　　　債　　務　　者　　○　　　○　　塾
　　　　　　　　代　　表　　者　　×　×　×　×

申立ての趣旨

　債務者は，債権者に対し，自ら以下の行為をしてはならず，構成員又は第三者をして以下の行為をさせてはならない。
　1　債権者本店（東京都文京区○○1―2―3）の正面玄関から半径500メートル以内の範囲（別紙図面の円内）において，徘徊し，大声を張り上げ，街宣車による演説を行い，ビラをまく等して債権者の業務を妨害し，信用を毀損する一切の行為
　2　その他の方法によって，債権者の営業活動を妨害する行為及び名誉を毀損する行為
　との裁判を求める。

申立ての理由

第1　当事者
 1　債権者
　　債権者は，東京都文京区〇〇1－2－3に本店を置き，マンションの分譲及び販売並びに不動産の売買，賃貸借，管理及び仲介を主たる業とする株式会社である（甲1）。
 2　債務者
　　債務者は，神奈川県〇〇市〇〇1－2－3に所在地がある政治結社である（甲2，甲7ないし甲9）。
第2　被保全権利
　　債権者は，株式会社として営業権並びに法人としての名誉及び信用を維持される権利たる人格権を有している（甲1）。
第3　保全の必要性
 1　街宣車による街宣活動（甲3ないし甲5）
　　債務者による街宣活動は，平成19年3月3日から同月5日まで3日間行われている。それ以前には，街宣活動はない。街宣活動の概要は以下のとおりである。
 (1)　平成19年3月3日
　　　時間　午前11時10分頃から同40分頃まで（約30分間）
　　　　　　午後3時45分頃から午後4時15分頃まで（約30分間）
　　　場所　文京区〇〇1丁目付近
　　　車両　白の普通ライトバン1台（品川〇〇〇す〇〇－〇〇）
　　　　　　黄色の軽乗用車1台（湘南〇〇〇の〇〇－〇〇）
　　　演説の内容　別紙「〇〇塾街宣車演説内容」のとおり
 (2)　平成19年3月4日
　　　時間　午前11時03分から午後0時20分頃まで（約1時間17分）
　　　　　　午後1時20分頃から同1時50分頃まで（約30分間）
　　　　　　午後4時25分頃から同4時30分頃まで（約5分間）
　　　場所　文京区〇〇3丁目付近
　　　車両　前日と同じ
　　　演説の内容　基本的には別紙「〇〇塾街宣車演説内容」のとおりであるが，それに加えて，「こちらは，〇〇塾であります。〇〇君，××君，反省しなさい。日本のためになりません。」との発言があった。なお，「〇〇」とは債権者代表取締役の〇〇，「××」とは債権者取締役営業部長の××のことを指しているものと思われる（甲1，甲5）。
 (3)　平成19年3月5日

時間　午前10時30分頃から午前11時55分頃まで（約１時間25分）
　　　　　　午後２時頃から午後３時35分頃まで（約１時間35分）
　　　場所　文京区○○１丁目付近
　　　車両　前日及び前々日と同じ
　　　演説の内容　基本的には別紙「○○塾街宣車演説内容」のとおりであるが，
　　　　　　　　前日と異なり，具体的な氏名は出さず，イニシャルで「○君，×
　　　　　　　　君，反省しないさい。」との発言があった。
２　街宣車による演説の内容が当社に関するものと判断する理由
　　確かに，債務者の演説の中には債権者の社名は出ていない。
　　しかし，以下の点に鑑みれば，債権者を対象とすることは明らかであり，顧客，取引先，その他の第三者においても容易に推測できる（甲３）。
(1)　演説の中には「某不動産会社が文京区○○１丁目に存在している。」「このような会社を加盟させている全日本不動産連合会第二関東支部」との表現があるが，全日本不動産連合会第二関東支部に加盟しており，かつ，文京区○○１丁目に所在する会社は，債権者の他には以下の２社しかない。しかも演説の中には「この２階にある」との発言もあるところ，以下の２社の事務所は，いずれも２階にはない。
　　①　株式会社エステート・コーポレーション
　　　　文京区○○１―３―５　犬塚ビル４階
　　②　翼不動産株式会社
　　　　文京区○○１―２―５　山本ビル301
(2)　平成19年３月４日の演説では，「こちらは，○○塾であります。○○君，××君，日本のためになりません。反省しないさい。」との発言があった。「○○」とは債権者代表取締役の○○，「××」とは債権者取締役営業部長の××のことを指しているものと思われる（甲１）。
３　債務者が街宣に至る経緯ないし理由（甲３）
　　平成18年春頃，ある従業員が顧客からの手付金3,000万円を横領し，その顧客が暴力団員風の男を代理人として，脅迫的な示談交渉をしてきたことがあった。当初は，○○と××が暴力団員風の男と交渉していたが，暴力団員風の男からの要求に応じかけたため，本申立てにおける債権者代理人弁護士甲野太郎を代理人として交渉することとした。弁護士甲野太郎は，暴力団員風の男を弁護士法違反を理由として排除し，被害にあった顧客と直接交渉した。その結果，不動産売買契約はなかったこととし，横領した3,000万円については年５分の損害金を付して返済するという内容で示談して解決した。また，横領した従業員を解雇し，退職金も辞退させた。ただ，暴力団員風の男は顧客には慰謝料のほかに各種損害が生じているのでこれらは別途要求するという捨てぜりふを残していた。

最近この男から連絡があったため，××が窓口となり，既に示談していることを理由に慰謝料等の支払を拒絶したところ，××の態度が悪い，××と〇〇は会社ぐるみで当時の従業員の業務上横領罪を隠しているなどといわれ，また，平成19年2月終わり頃には，〇〇塾の街宣活動が行われることをほのめかす発言もあった。

　これ以外に，債権者が街宣活動をかけられるおそれのある事情はない。

　そして，債権者は，平成19年3月3日に初めて街宣活動を受けた。

　なお，債権者代理人は，同日，債務者の代表者××××に電話して交渉した際，前記横領事件をどこから知ったか質問したが明確な回答はなく，同人は日本をよくするためにやっているというだけであったが，暴力団員風の男の発言に〇〇塾という言葉があることから，同人の依頼を受けている可能性が極めて高い。

4　債権者の被害状況（甲3）

　債務者の演説内容は，事実に反するものであり，債権者を不当に誹謗中傷するものであることは，その内容から明らかである。

　債権者は，上記に述べたような債務者の街宣活動によって，営業権並びに法人としての名誉及び信用を維持される権利たる人格権を侵害されているところ，債務者の街宣活動が速やかに停止されなければ，債権者は回復しがたい打撃を受けることは間違いない。

　また，街宣活動における演説の音の大きさを測定したところ，10メートル離れた場所での発言が85デシベルを超えていた（甲6）。

　このような債務者の街宣活動は，何ら正当性がないものであって，直ちに差止めが為される緊急の必要がある。

第4　結　論

　よって，本申立てに及んだ次第である。

疎明方法

甲第1号証　履歴事項全部証明書
甲第2号証　電話録取書
甲第3号証　報告書
甲第4号証　写真撮影報告書
甲第5号証　録音テープの反訳書
甲第6号証　騒音測定器の記録
甲第7号証　名刺
甲第8号証　政治団体名簿
甲第9号証　官報

```
             添付書類
  1  甲号証写し                 各1通
  2  資格証明書                  1通
  3  訴訟委任状                  1通
```

書式例2 供託書

供託書（裁判上の保証及び仮差押・仮処分解放金）

申請年月日	平成19年3月12日
供託所の表示	東京法務局

供託者の住所氏名の印	東京都文京区○○1-2-3 株式会社ダイニ不動産 代表者 代表取締役 ○○○○ 東京都中央区○○1-2-3 甲野太郎法律事務所 代理人 甲野 太郎 ㊞
被供託者の住所氏名の印	神奈川県○○市○○1-2-3 ○○塾 代表者 ××××

供託金額	￥500,000 円

法令条項	民事保全法第14条第1項
裁判所及び事件の名称	東京地方裁判所 平成19年(ヨ)第○○○号仮処分命令申立事件
当事者	申請人（債権者）　被申請人（債務者） 原告　　　　　　　　被告 供託者　　　　　　　被供託者

供託の原因たる事実

1. 訴訟費用の担保
2. 仮執行の担保
3. 仮執行を免れるための担保
4. 強制執行停止の保証
5. 強制執行続行の保証
6. 強制執行取消の保証
7. 仮差押の保証
8. 仮差押取消の保証
9. **仮処分の保証**
10. 仮処分取消の保証
11. 仮差押解放金
12. 仮処分解放金
13.

備考

(注) 1. 供託金額の冒頭に￥記号を記入し、又は押印すること。なお、供託金額の訂正はできない。
　　 2. 副本は折り曲げないこと。

上記供託を受理する。
供託金の受領を証する。

　　年　月　日
法務局
　　　供託官　　　　　　㊞

備考：要旨の寸法は、日本工業規格A列4とする。

Q41 えせ右翼による街宣活動への対策③——仮処分命令申立てのための準備

街宣禁止の仮処分を申し立てるにあたり，弁護士との打合せを終えました。必要な書類を集めなくてはなりませんが，具体的にどこでどのように入手すればよいか分からないものがありました。どのような資料が必要になり，どのようにして入手すればよいでしょうか。

A

　各種資料の入手方法は，下記の解説を参考にしてください。街宣活動の録音や街宣車の写真撮影をすることには恐怖心を抱くかもしれませんが，複数の人間で対応し，場合によってはこっそりと撮影するなど工夫しましょう。

解説

1　当事者に関する資料

(1)　債権者

会社が債権者となる場合，会社の商業登記簿謄本を用意しましょう。

役員個人が会社と別に債権者となる場合，免許証のコピーや住民票を用意しましょう。

(2)　債務者

債務者が法人の場合，登記簿謄本を取り寄せましょう。自然人の場合，住民票があると便利ですが，必要というわけではありませんし，必要であれば多くの場合弁護士が取ります。

債務者が権利能力なき社団である場合には，自然人や法人の場合に比較してその正体がつかみにくく，複数の資料を集めることになります。そこで，

以下において，街宣禁止の仮処分申立てにおける債務者特定のための疎明方法として，よく利用される資料の集め方について説明します。

（a）　相手の名刺　　交渉段階で，相手方から，所属団体，役職名を記した名刺を渡されることがあります。受け取った名刺は大切に保管しておきましょう。また，相手方特定のため，積極的に名刺を要求してもよいでしょう。

（b）　街宣車の車両登録番号等　　街宣車も普通の自動車と同じように，各陸運支局等に登録されています。

陸運支局等に現在登録事項等証明書を申請することで，所有者及び使用者の住所，氏名を知ることができます。通常はこれで足ります。

詳細登録事項等証明書には，新車の時から現在に至るまでの，歴代の持ち主や登録番号の移り変わりなど，すべての登録事項の履歴が記載されています。街宣車の譲渡状況などを調べたいときには役立ちますが，当該証明書が必要になることはあまりありません。新車の登録時から一度も移転登録（名義変更）などが行われていない場合には，「保存記録なし」ということで，詳細登録事項等証明書は発行されません。

（c）　所轄警察署長に対する道路使用許可申請書　　道路に人が集まるような方法で拡声器を使用する場合には，所轄警察署長に申請書を提出して，その許可を受けなければなりません（道交77条・78条）。街宣活動の経路が2以上の管轄にまたがる場合はいずれかの警察署が許可を出します。

道路使用許可申請書には住所，氏名（法人の場合は名称，代表者），現場責任者の住所，氏名等が記載されています。

情報公開条例に基づく許可申請書の開示請求を行い，許可申請書を閲覧します。閲覧申請書の書き方は管轄警察署に尋ねるのが簡便です。

（d）　選挙管理委員会での照会　　政治資金規正法上の政治団体として届出を行っている場合（政資6条），財団法人地方財務協会から発行されている政治資金制度研究会編『政治団体名簿』に，「団体の名称」，「代表者の氏名」，「会計責任者の氏名」，「主たる事務所の住所」，「設立年月日」が記載されています。当該名簿の平成18年版は2,700円（税込）です。

（e）　官　　報　　政治資金規正法上の政治団体は，毎年1回収支報告書を提出する義務を課せられます（政資12条）。この報告は官報に載ります。

したがって，街宣活動を行っている政治団体の収支報告がなされている官報を入手すれば，街宣活動の主体が一定の目的のために組織的に集まっていること，すなわち，権利能力なき社団であることが判明します。

官報は，各都道府県に官報販売所があります。独立行政法人国立印刷局のウェブサイト（http://www.gov-book.or.jp/index.html）で最寄りの官報販売所を探せます。

官報の価格はページ数により異なります。ある程度大きな図書館には官報が置いてあると思われるので，これを閲覧してもよいでしょう。

(f) 文　献　等　　えせ右翼団体やその関連団体が発行している機関誌，新聞等からそれらに関する情報が得られることもあります。インターネットでウェブサイトを開設している政治団体もありますが，簡素なものがほとんどであり，詳しい情報までは公開されていません。

(g) 都道府県暴力追放運動推進センター（暴対31条）　　各都道府県には，都道府県暴力追放運動推進センターが置かれています。これは，暴力追放運動の効果的推進を図るため，暴力団員による不当な行為の防止とこれによる被害の救済に寄与することを目的として設立された公益法人です。

都道府県暴力追放運動推進センターでは民事介入暴力行為に関する新聞記事等の公刊物に掲載された情報を収集，管理しているので，それらの新聞記事等を調査することで，その人物や団体の特定が可能となり，さらにはその属性まで知ることができる場合があります。

(h) 警　　察　　警察は，犯罪の予防，取締りの見地から，えせ右翼団体についての情報を収集しています。プライバシーとの関係から無制限に情報提供がなされているわけではありませんが，情報を得られる場合があります。

(i) 社団法人警視庁管内特殊暴力防止対策連合会（特防連）　　特防連に加盟している会社であれば，企業を対象として不当要求を受けた段階で相手方の素性を照会することができます。特防連の詳細はＱ８をご参照ください。

2　保全の必要性に関する資料

(1) 公開質問状等の相手方作成の文書

　えせ右翼行為においては，公開質問状や抗議文といった文書が多く送付されます。これらは大切に保管しておきましょう。いつどこに届いたかも記録しておくとよいでしょう。近所にばらまかれたビラなども近所の住民からもらっておくとよいでしょう。

　なお，これらの文書には，債務者の団体名や住所が表示されていることが一般的ですので，債務者特定の資料にもなります。

(2) 街宣活動を記録した写真，ビデオテープ，録音テープの反訳書

　街宣活動の様子を録音したり写真撮影したりすることには恐怖感を感じるかもしれません。しかし，街宣活動を止めるためにはこの作業を省くことはできません。どうしても恐怖感がぬぐい去れないというのであれば，見つからないように録音や撮影をするとよいでしょう。複数名で対応すれば安心感が増します。

　なお，街宣活動中に，行為者が自ら「私は〇〇塾の××である」等と名乗ることがあります。街宣車の運転手，同乗車を写真・ビデオ等に記録しておけば，撮影した写真・ビデオを警察に照会することで，実際に街宣活動を行っている者を特定できる場合もあります。また，街宣車には政治団体の名称とシンボルマークが記載されているので，これによりどこの政治団体が街宣活動を行っているかも分かります。このように，録音テープや写真は債務者の特定にも役立ちます。

(3) 陳 述 書 等

　債務者との交渉経過を示す報告書，街宣活動の経路を記した地図，街宣活動の時間・場所をまとめた一覧表，街宣活動により生じた業務への悪影響をまとめた陳述書，近隣住民からの苦情や取引先・官公庁等からの問い合わせ内容をまとめた陳述書，騒音測定器による測定結果のまとめ等，担当者の見たり聞いたりしたことを分かりやすくまとめた陳述書を作成します。弁護士と打ち合わせる前に自分なりに簡単にまとめておくと便利ですが，多くの場

合，弁護士が打合せをして聞いた内容をまとめて作成します。

３　被保全権利に関する疎明資料

　自然人であれば人格権を有しますので特に疎明資料は必要ありません。
　営利活動を目的とする株式会社であれば，商業登記簿謄本に会社の目的が記載されていますのでこれを用います。

【竹下　慎一】

Q42　えせ右翼による街宣活動への対策④——間接強制

仮処分の申立てを行っても街宣活動が止まりません。民事的にはほかにどのような手段をとれるでしょうか。

A

> 間接強制の申立てや本案訴訟を提起する方法があります。引き続き相手方の街宣行為について録音・録画などの方法により記録化する作業を継続し，間接強制の申立て，本案訴訟の提起につなげていく必要があります。

解説

1　間接強制の申立て

(1)　間接強制の意義

　裁判で認められた内容を相手方が任意に履行しない場合，これを強制的に実現する手段として，裁判所による強制執行制度があります（民414条）。強制執行の方法はいくつかありますが，相手方の作為・不作為を求める場合で，相手方に代わる第三者が義務を履行する方法では目的を達することができないときは，相手方に金銭の支払を命ずるかたちで強制執行を行います。これを「間接強制」といいます（民執172条1項）。街宣禁止の仮処分は，相手方の不作為を求めるものであり，かつ，相手方に代わる第三者が義務を履行することはできませんから，相手方が任意に街宣行為を中止しない場合は，仮処分決定に基づいて間接強制を行うことになります（民保52条）。

(2)　間接強制の要件

　仮処分命令後も相手方の街宣行為が継続する場合は，その事実を証して間接強制の申立てを行います。街宣行為が継続することの証明方法としては，

仮処分の申立ての場合と同様，報告書や録音反訳などによることが考えられます。一方，仮処分決定後の街宣行為がいまだ現実化していない場合であっても，その危険が重大・明白なときには間接強制が認められるとの考え方があります。よって，危険の重大性・明白性の立証が可能な場合には，街宣行為が始まる前の間接強制の申立ても検討の対象としてください。

(3) 間接強制の手続

(a) 申立て　仮処分命令に基づき，執行裁判所に申立てを行います（民執172条1項。なお，管轄は同条6項・171条2項）。申立てにあたっては，債務者の不作為義務を特定し（街宣禁止の仮処分の主文と同内容です），義務違反に対応して一定額の金銭の支払を求めます。1回の義務違反につき〇〇円とか，1日につき〇〇円とするのが通例です。また，間接強制が認められるためには，前記(2)のとおり相手方の義務違反を証明する必要がありますので，報告書など必要な証拠を添付します。申立書の記載例については本設問末尾の**書式例**を参照してください。

(b) 債務者の審尋　間接強制の決定を行うにあたって，裁判所は相手方の審尋を行う必要があります（民執172条3項）。実務上は，裁判所から相手方に対し，間接強制の申立てに対する意見を記載した書面の提出を求めることで審尋とすることが多いようです。裁判所において審尋が行われる場合には，申立人としても，要件充足を明らかにするための場や，相手方と折衝するための場として，同手続を積極的に活用することが考えられます。

(c) 発　令　相手方の義務違反が認められれば決定がなされます。その後，この決定に基づいて相手方の財産に対し強制執行を行っていくことになります（民執22条3号）。もっとも，強制執行にあたっては執行文の付与を受ける必要があり，その際に街宣行為が継続していることの立証が必要となりますので，相手方の街宣行為について記録化する作業は，現実に街宣行為が終了するまで継続するようにしてください。

2　本案訴訟の提起

(1) 本案訴訟を行う意義

街宣禁止の仮処分が認められれば，これに基づいて間接強制を行うことが可能になります。よって，強制執行により街宣行為を止めさせることを目的として本案訴訟を提起する意義は余りないものとも考えられます。しかしながら，間接強制後も相手方が街宣行為を継続し，被害が拡大しているような場合には，街宣行為の禁止を求めて本案訴訟を提起することもあり得るでしょう。この場合には，抑止的効果を与えるためにも，間接強制により認められた金額を上回る慰謝料請求をあわせて行うべきです（実際に受けた損害が間接強制により支払を受けた額を超えるときは，超えた部分について別途損害賠償をすることが可能です）（民執22条4項）。また，街宣禁止の仮処分を取り下げずに担保を取り戻そうとする場合は，本案訴訟を提起して勝訴する必要があります（民保4条2項，民訴79条1項・3項。もっとも，担保取戻し目的で本案訴訟を提起する場合のリスクについては，後述(3)(c)を参照してください）。

(2) 本案訴訟の形態

本案訴訟における請求内容としては，①街宣行為の禁止請求，②慰謝料その他の損害賠償請求，③街宣の前提となる紛争に関して原告が相手方に債務を負担しないことの確認請求（債務不存在確認請求），などが考えられます。このうち，①街宣行為の禁止請求については，既に仮処分の申立てなどで街宣行為がストップし，今後街宣行為がなされる危険性が存在しないような場合には，請求が棄却される可能性があります。よって，街宣行為が止まったケースにおいては，街宣行為の禁止を請求の趣旨に加えるか否かにつき，十分検討することが必要です。また，実際に本案訴訟が行われたケースとして，浦和地裁平成13年4月27日判決[*1]がありますが，同判決においては，慰謝料，弁護士費用とともに，名誉毀損による謝罪広告が認められました。

(3) 本案訴訟を提起するか否かの判断基準

(a) 街宣行為が継続中の場合　仮処分決定，間接強制決定によっても街宣行為が止まらない場合は，間接強制決定に基づいて相手方の財産に対して強制執行する方法や刑事的な手法（Q43参照）の検討が必要となりますが，あわせて，街宣行為の禁止と間接強制よりも高額な慰謝料その他の損害賠償の支払を求めた本案訴訟の提起を検討すべきです。なお，1回的な解決を目指すのであれば，街宣の前提となる紛争についての債務不存在確認請求を同

時に行うことが望ましいですが，当該紛争が大変複雑であるなど審理が長期化するおそれがある場合には，これを切り離して別訴とし，まずは街宣行為の禁止と損害賠償について判断を得る方法もあるでしょう。

（b）街宣行為が止まった場合　一方，仮処分決定，間接強制決定により街宣行為が止まった場合には，街宣行為の禁止請求の本案訴訟については，既述のとおり敗訴の可能性があります。よって，本案訴訟においては，事態の終局的解決を目指して，慰謝料等の損害賠償請求や，前提となる紛争についての債務不存在確認請求，名誉毀損の場合の謝罪広告の請求などが中心となるでしょう。この場合，本案訴訟を提起するか否かは，結局のところ，各企業において判断するほかありません。しかしながら，反社会的勢力に対して断固たる対決姿勢を示し，不法な勢力の介入を排除していくためには，本案訴訟の提起は有益であるといえます。そのため，そのような観点も踏まえたうえで，判断を行ってください。

（c）担保の取戻しを目的とする場合　本案訴訟の勝訴による担保の取戻しを目的とする場合は，街宣行為の禁止請求を請求の趣旨に加えざるを得ませんが，街宣行為が止まった場合には既述のとおり敗訴の可能性があります。担保の取戻し方法としては，仮処分を取り下げたうえで，相手方に対して権利行使催告を行う方法もありますので，どちらを選択するかは，リスクを勘案して慎重に判断してください。

■引用判例
＊1　浦和地判平13・4・27判タ1068号119頁。

【山本　純一】

書式例　間接強制決定申立書

間接強制決定申立書

平成　　年　　月　　日

○○地方裁判所　御中

申立人（債権者）代理人弁護士　甲　野　太　郎　㊞

当事者の表示　　別紙当事者目録記載のとおり

第1　申立ての趣旨
 1　債務者は，債権者に対し，自ら以下の行為をしてはならず，構成員又は第三者をして以下の行為をさせてはならない。
  (1)　債権者本店（東京都文京区○○1—2—3）の正面玄関から半径500メートル以内の範囲（別紙図面の円内）において，徘徊し，大声を張り上げ，街宣車による演説を行い，ビラをまく等して債権者の業務を妨害し，信用を毀損する一切の行為
  (2)　債権者の許可なく，債権者本店に立ち入る行為
 2　債務者が前項記載の債務を履行しないときは，債務者は，債権者に対し，本決定送達の日の翌日以降，履行しない日の1日につき金30万円の割合による金員を支払え。
との決定を求める。

第2　申立ての理由
 1　債務者は，○○地方裁判所平成○年（ヨ）第○○号仮処分命令申立事件において，申立ての趣旨1項記載の不作為を命じる仮処分決定を受け，同決定正本は平成○年○月○日に債務者に送達された。
 2　しかしながら，債務者は上記決定に反し，平成○年○月○日以降も，債権者本店所在地において街宣車による演説を行い，ビラをまくなどの街宣行為を繰り返し，債権者の業務を妨害し，信用を毀損している。
 3　よって，債権者は，民事保全法第52条，民事執行法第172条1項に基づき，本申立てに及んだ次第である。

添付書類
1　仮処分決定正本
2　同送達証明書
3　報告書
4　資格証明書
5　委任状

Q43 えせ右翼による街宣活動への対策⑤――中止命令

街宣行為に対して，仮処分の申立てなど民事事件としての解決方法があることは分かりましたが，それでも街宣行為が止まなかった場合には，どのような解決方法がありますか。

A

> 多くの都道府県で，いわゆる「暴騒音条例」が定められており，この条例には罰則が定められています。また，街宣行為により，他にも様々な犯罪が成立する可能性がありますので，警察と連携を取りながら，刑事事件として解決を図ることができます。

解説

1 暴騒音条例による規制

(1) 「暴騒音条例」とは

多くの都道府県で「拡声器による暴騒音の規制に関する条例」いわゆる「暴騒音条例」が定められています。例えば，東京都の条例では，「暴騒音」とは，「当該音を生じさせる装置から10メートル以上離れた地点において測定したものとした場合における音量が85デシベルを超えることとなる音」と定められています。そして，「何人も，拡声器により暴騒音を生じさせてはならない」と定められ，警察官や警察署長は，これに違反した場合に「中止命令」，「再発防止命令」，「提出命令」等を出すことができるとされています。

また，これらの命令に違反した者は，6月以下の懲役又は20万円以下の罰金という刑罰に処せられることになります。

(a) 中止命令　　警察官は，街宣車のスピーカーから10メートル以上離れ

た地点において測定した音量が85デシベルを超える場合には，当該違反行為を中止することを命ずることができます。この命令を「中止命令」といいます。

　(b)　再発防止命令　　警察署長は，「拡声器により暴騒音を生じさせる」違反行為をした者がさらに継続し，又は反復して違反行為をしたときは，24時間を超えない範囲内で時間を定め，違反行為防止に必要な措置を講ずべきことを命ずることができます。この命令を「再発防止命令」といいます。

　(c)　提出命令　　警察署長は，「再発防止命令」を受けた者がさらに違反行為をした場合には，拡声器及び街宣車の提出を命じ，保管することができます。この命令を「提出命令」といいます。

　(2)　効　　果
　これらの命令に違反した者に対しては，6月以下の懲役又は20万円以下の罰金という刑罰が科されますので，違反者がこれらの命令を受けることによって，街宣行為が沈静化する可能性が高いといえます。
　また，これらの命令を受ける前であっても，「暴騒音条例」による抑止的効果として，警察官が騒音測定器で音量を計測し始めると，違反者が急にボリュームを落とすなどということがありますし，そもそも，実際には音量を85デシベル以下に抑えて街宣行為をすることが多いのが現状です。
　このように，「暴騒音条例」は，街宣行為の抑制に対し，とても有効といえます。
　ただ，いくら音量が85デシベル以下に抑えられたとしても，街宣行為自体により，犯罪が成立する可能性があります。この点については，「3」で詳しく取り上げます。

「2」 広島県不当な街宣行為等の規制に関する条例

　平成18年1月1日，広島県で「広島県不当な街宣行為等の規制に関する条例」が施行されました。この条例は，街宣車を使用した不当な街宣行為等に対し，一定の規制の網を掛けた全国初の条例です。
　すなわち，この条例は，音量の大きさに関係なく，正当な理由がないの

に，特定の街宣行為をして，その相手方に身体の安全，事務所等の平穏，名誉若しくは信用又は財産が害されることに対する不安又は困惑を覚えさせることを禁止しています（同条例4条）。

この条例の施行により，広島県では，実際に街宣行為の回数が激減し，如実に成果が現れています。

③ 警察との連携

(1) 街宣行為により成立しうる犯罪と証拠収集

(a) 街宣行為により成立しうる犯罪　街宣行為によって成立しうる犯罪として，名誉毀損罪，信用毀損罪，侮辱罪，恐喝未遂罪，脅迫罪，業務妨害罪，強要未遂罪，暴騒音防止条例違反等様々なものが考えられます。

(b) 証拠収集　これら「刑事事件」については，被害を受けた場合，すぐに弁護士に相談に行き，弁護士と警察に同行し，「被害届」，「告訴状」等を出しておくべきです。その際に，証拠として，街宣行為の様子を撮影したビデオや写真，録音テープ等を提出すれば，「被害届」，「告訴状」等の受理がスムーズにいきますし，警察も捜査をしやすくなります。

ちなみに，「告訴」とは，「警察等に対し，犯罪事実を申告し，処罰を求めること」です。「告訴」は，犯罪被害者であればすることができますが，法律の専門家である弁護士に相談・依頼をし，弁護士を通じて警察と連携を取りつつ折衝してもらうべきです。

(2) 「被害届」，「告訴状」提出の効果

「被害届」，「告訴状」を提出することにより，捜査の端緒となり，警察の捜査が始まり，その結果，街宣行為者らの逮捕につながることにもなります。街宣行為等の被害を受けた場合には，すぐに「被害届」ないしは「告訴状」，そして，それを裏付ける「証拠」等を警察に提出すべきです。泣き寝入りは絶対に避けなければなりません。

【提箸　欣也】

Q44 えせ同和①——えせ同和行為に対する対応（接近型）

ある日突然，〇〇同和団体を名乗る者から，「御社における同和問題教育のために書籍を購入して欲しい」との電話がかかってきました。どのような団体かも分かりませんので，「えせ同和行為」と思い，断ろうかと思ったところ，すぐには答えられない同和問題に関する専門的な質問をいろいろされ，それに答えられないでいると「教育が全然できていないではないか，差別である」と威嚇されました。

このような場合，どのように対応すればよいのでしょうか。書籍を購入しなければいけないものでしょうか。

A

(1) 通常の取引と同じく，御社にとって，その書籍が真に必要なものかどうかを判断してください。その結果，必要のないものであれば毅然として断ってください。
(2) 「えせ同和行為」かどうかは，どのような団体が行っているかどうかとは関係ありません。誰が行おうとも，その要求が違法・不当なものであれば「えせ同和行為」であり，断るべきです。
(3) 相手方の手口をよく知り，恐怖・不安というイメージに呪縛されないようにしましょう。
(4) 対応にあたっては，議論は避け，正論（法務局の適切な指導を受ける等）を繰り返しましょう。

解説

1　えせ同和行為の類型

えせ同和行為の類型としては，一般に，以下の3種類に分類されます。①

から③に進むにしたがって、より癒着の度合いが深くなり、対応が難しくなります。その意味で、初期段階でしっかりと対応し、癒着構造を生み出さないようにすることが何より必要です。

　①接近型……一方的に高額な書籍の購入や賛助金・寄付金を要求してくる。
　②攻撃型……こちら側のミス等につけ込み、損害賠償や下請としての参入を要求してくる。
　③癒着型……過去の関係からえせ同和と癒着が生じ、不当な要求を断れない。

本設問では、何ら関係のないところから、一方的に電話がかかってきて書籍の購入を要求されたというものであり、上記の①接近型に当たります。

そして、法務省人権擁護局が定期的に行っているえせ同和行為に関するアンケート結果（直近に行われたものは、平成15年に行われた第8回調査、以下、断りがない限り「アンケート結果」とはこの第8回調査の結果をいいます）によっても、最も被害件数が多いのがこの書籍等の購読要求によるものであり、全被害の85.2％を占めます。

2　対応の基本姿勢

(1) 毅然とした対応

えせ同和行為に対する対応も、他の民事介入暴力事案の対応と同様に、むやみに相手方を恐れず、正論を正論としていう、おかしなこと、事実と異なることに対しては違うという、毅然とした対応を取ることが何より大切です。

とはいえ、現実に毅然とした対応を取ることは容易なことではないと思います。それはなぜか。断ったり、相手方の気分を害したりしたら、何か不利益を被るのではないかという恐怖感、不安感があるからです。そして、そのような恐怖感、不安感を植え付け、呪縛し、要求を通そうとするのが、まさに民事介入暴力事案の典型的な手口であり、この種の事案が成立する淵源となっているのです。

(2) 相手方の戦略傾向を知る

「そうはいっても，現実に危害が加えられるかもしれないではないか」との反論があるかもしれません。この世界に100％確実なことはありません。その意味で十分な警戒は必要です。しかし，その危険は，相手方が得られる利益，利権と比例すると考えてください。

違法・不当な要求を行ってくる者の目的は一つです。「カネ」です。利益，利権と言い換えてもよいかもしれません。その意味では，通常のビジネスとも一致するのですが，通常のビジネスが，費用を投下することにより利益を得るという費用対効果の関係であるのに対し，民事介入暴力一般においては，費用に代わるものとして「脅し」が入るわけです。この「脅し」には，逮捕され，刑事裁判を受け，最終的には刑罰を科せられるというリスクが付きまといます。これを「検挙リスク」といいます。「脅し」の度合いが強まれば強まるほど，検挙リスクは大きくなります。

検挙リスク対効果。これが相手方の戦略的傾向です。例えば，数十万円程度のカネを得るために，傷害罪，殺人罪の検挙リスクを冒すようなことがあるでしょうか。割に合う話ではありません。

検挙リスク対効果ということを冷静に考えれば，恐怖感・不安感が杞憂なのかどうか，合理的に判断できると思います。

(3) 複数対応——組織対応

数は力というのは，ある面で真理です。常に複数で対応することが肝要です。例えば，相手方と直接面談しなければならないような場合，可能な限り相手方より多い人数で対応するようにすべきです。

通常の対応では，担当者が一人で対応せざるを得ないことが多いと思います。人間誰しも面倒事は避けたいというのが本音であり，担当者は一人で孤立してしまいがちです。よほど心の強い人間でない限り，一人で毅然とした対応を貫き通せるものではありません。組織として対応していく体制ができていなければ，不当な要求に屈服する事態が招来される危険は増大します。それが蟻の一穴となり，前述の②攻撃型，③癒着型の被害を生むようになり，ひいては組織全体を揺るがすような不祥事に発展する恐れもあります。

いわゆるホウ・レン・ソウ（報告・連絡・相談）を欠かさず，不当な要求

があった場合，担当者にすぐにサポートの人間を付け，精神的に参っているようであれば，担当替えを行う等の組織的対応が不可欠です。

　蛇足になりますが，長崎市長銃撃事件においても組織的対応の不備が反省点として検討されています。

(4) 関係諸機関との連携

　これも一般的によくいわれることですが，警察，法務局，暴追センター及び弁護士会（民暴委員会）との連携を密にしておくことも大事です。特に，被害を受けた場合，あるいは，被害を受けそうな場合，早めにこれら関係諸機関に被害申告，相談を行うようにしましょう。

③　個別対応方法

(1) 接近型の手口を知る

　アンケート結果によれば，えせ同和行為の被害実態として，前述したとおり，書籍等の購読要求が多いこと（85.2％の被害率）に加えて，被害額としては，1万円～10万円（12.0％，なお，回答としては「支払わなかった」が最も多く69.0％），要求を受けた期間としては，1日限りが最も多く（51.1％），次いで2日間～1週間（21.6％）となっています。被害を受けた事業所数は542ヵ所（調査対象6,000ヵ所，有効回答2,295ヵ所）となっています。

　この結果から，接近型の手口として，「広く薄く，短期決戦」であることが窺われます。俗な言い方をすれば，「下手な鉄砲も数撃てば当たる」式の手口であり，「カネが取れない」と判断すれば，早めに手を引くということです。

　このことを踏まえれば，初動の時期において，「カネを取れない」と分からせることが大事であり，毅然として断るものは断るという対応が，結果として事件を早期に終結させるコツであるといえます。

　また，被害金額＝要求金額が1万円～10万円の間が多いということを前述した検挙リスク対効果で考えれば，10万円程度を得るために，検挙リスクが飛躍的に高まる現実的危害を加える行為や，長期にわたって要求行為を繰り返すことは通常しないであろうと考えられます。

(2) 事の本質を見抜く

えせ同和行為においては，同和問題を口実として，書籍等の購入要求を行ってきます。そのため，対応として，どうしても同和問題に関するやりとりを行ってしまい，それがさらに次の論点を生んで話がどんどんエスカレートしてしまいます。しかし，ここでの問題の本質は，「書籍を購入するかしないか」だけです。そして，買う買わないは，売買契約を締結するかどうかの問題です。契約自由の原則があることから，買う買わないは，購入する側の自由であり，同和問題とは全くの別問題だということです。

「差別解消のためには，同和教育が不可欠である。差別をなくすことも企業に求められるコンプライアンスの一つである。そのために書籍を購入して欲しい」といわれると正論であるだけに断りづらい面があるのは事実です。例えば断ったら「御社は差別の存続を容認するのか」とさらに突っ込んでくるでしょう。しかし，差別の解消を目指すこと，企業のコンプライアンスを図ることと当該書籍を購入することとの間には何の関係もありません。論理のすり替えがあるのです。

慌てて，相手方の論理に乗せられることなく，冷静沈着に問題の本質を判断することが必要です。

(3) 安易に回答しない，議論をしない

えせ同和行為を行う者は，得てして弁が立ちます。また，同和問題という重要な人権問題が口実なだけに，議論を始めると収拾がつかなくなるおそれがあります。そもそも，不当な利益を得ようとする行為者は，端から相手の揚げ足を取ることを目的としているので，議論が終わるということがありませんし，議論を続けることで心理的に相手を不快にさせ，妥協を引き出そうとします。

例えば，「御社は同和問題についてどのような対策を取っているか」と聞かれたとします。

その担当セクションでもない限り，即答できる内容ではありませんが，回答のパターンとしていくつか考えてみると，

(ⅰ)「担当でないので分かりません」
(ⅱ)「適切に対応しています」

(ⅲ)「調査の上，回答します」

といったものが考えられます。しかし(ⅰ)に対しては「分からないということは同和教育が徹底していないじゃないか」，(ⅱ)に対しては「具体的に話してみろ」，(ⅲ)に対しては「では，調査結果をいついつまでに回答しろ」とそれぞれ揚げ足を取られてしまい，議論に発展してしまいます。

議論をすることあるいは議論に発展しそうな回答はなるべく避けるべきです。その上で，事の本質である書籍購入の有無に話題を絞り，「購入しません」ということを明確に告げるようにします。

とはいえ，全く沈黙しているわけにもいかず，話術にも自信がないという場合，正論のみを繰り返すという方法もあります。

例えば「それに関しては回答の義務がありません。書籍の購入はお断りします」あるいは「それに関しては法務局人権擁護課の指導を仰ぎます。書籍の購入はお断りします」等です。何を聞かれても同じ話を繰り返すのは一見芸がないようにも思えますが，相手の揚げ足を取ろうとしている人間にとって，同じ話を繰り返されるのは，攻撃ポイントが増えないことから，実は一番辛いのです。後は根比べの感がありますが，誰にでもできる方法として，繰り返し戦術は有効です。

(4) 証拠の保全──記録化

相手方の言動に行き過ぎた部分があったり，攻撃が長期化しているような場合，後に述べる刑事告訴，刑事告発あるいは民事上の法的手続を取ることが有効です。これらの手続を実効あらしめるためにも，相手方の言動を証拠として残しておくことが必要です。

例えば，訪問してくるケースが多いような場合には，応接室に監視カメラを設置することは有効です。このようなカメラセット自体は，家電量販店などでも数万円で入手できます。監視カメラを設置することの効果としては，証拠保全の他にも，相手方の言動を牽制する効果があります。監視カメラで録画されていることを知りながら大声で怒鳴ったり威嚇することはなかなか難しいことです。

監視カメラが無理な場合は，カセットテープレコーダー等の録音機器で録音します。電話の場合も録音をとるようにします。電話録音の仕方ですが，

これも録音機器と電話器をつなぐコード等が家電量販店で数千円で売っていますので、これを接続しておくのがよいでしょう。ビジネスフォンの場合には、録音機能が主装置に含まれている場合がありますのでそれを活用することができます。

録画、録音ができない、あるいは、できなかったような場合は、メモを取ることです。取ったメモは、直ちに公証役場に行き、確定日付をもらうようにします。手数料は700円です。

このように証拠保全を行うことにより、あるいは、そのような態勢ができていれば、次に有効な手段が取れるという安心感が生まれ、対応に余裕が持てます。

(5) 法的対応

不当な要求行為が執拗に繰り返されるような場合、法的手続を検討することになります。その前提として、まずは警察、法務局、暴追センター、弁護士会（民暴委員会）等に相談することです。

法的手続を取った場合、その反動を不安に思われるかもしれませんが、法的手続に乗せるということは、検挙リスクの顕在化を意味します。

法的手段としては、民事上のものと刑事上のものがあります。執拗に電話攻勢を掛けてくる、あるいは、訪問が繰り返されるような場合、架電禁止、面談禁止の仮処分の申立てを検討することになります。もっとも、仮処分の申立ての前に、弁護士名で警告の内容証明郵便を送るとほとんどの事例では攻勢が止みますので、それでも攻勢が止まない場合、仮処分を検討することとなります。

相手方の言動が犯罪を構成するような場合、所轄警察署等に対して刑事告訴あるいは刑事告発を検討します。ここで、告訴とは、被害者が犯人の刑事訴追を求める行為を、告発とは、被害者以外の第三者が犯罪があると思う場合に犯人の刑事訴追を求める行為をいいます。

具体的に犯罪を構成するような場合としては、

- 個人及びその親族の生命、身体、自由、財産等に危害を加えることを告知する（脅迫罪）。
- テーブルを蹴る、灰皿を投げつけるなどして書籍の購入を要求する（強

要罪)。
・退去を要求しても帰らないで居座る（不退去罪)。
・複数人で訪問し，大声で騒ぐなどして仕事の邪魔をする（威力業務妨害罪)。
・執拗に電話を架けてきて仕事の邪魔をする（威力業務妨害罪)。

などが挙げられます。

　刑事告訴，刑事告発を効果的に行うためには，最低限の証拠を収集しておくことがポイントです。

【野村　創】

Q45 えせ同和②——えせ同和行為に対する対応（攻撃型）

「店員の対応が悪い。どのように責任を取るんだ」といわれ，同和団体を名乗る者から執拗に攻撃を受けています。どのように対応すればよいでしょうか。

A

(1) まず事実関係を確認します。
(2) 仮に貴社にミスがあった場合でも，裏取引等は行わず，なすべき法的責任を取るようにします。
(3) 法的手続を取ることが有効です。

解説

1 攻撃型の問題

本設問は，いわゆる攻撃型と呼ばれる手口（Q44 1 参照）です。攻撃型の場合，会社側のミス（本当のミスではなく，言いがかりの場合もある）につけ込んでくるだけに強い態度に出ることが難しく，また，問題が長期化する傾向があります。

攻撃型の事案をさらに細かく類型化すると，以下のとおりです。
① 攻撃者が直接の被害者である場合（直接型）
② 攻撃者は直接の被害者ではなく，真の被害者の代理人等と称し介入している場合（介入型）
③ 具体的な被害は発生していないが，行政法規違反等（違法建築等）の事実を攻撃されている場合（告発型）

2　攻撃型対応の基本

　えせ同和行為全般に共通する基本的対応としては、**Q44**のとおりです。
　攻撃型固有の基本的対応として、まずは、相手方が攻撃している事実の確認です。すなわち、そのような事実がそもそも存在するか、存在するとして、その程度、態様は相手方の主張するとおりかどうかを確認します。
　事実が存在しないことが確認できれば、「ご指摘にかかる事実は確認できませんでした。よって当方には何らの責任もございません」と問題の打ち切りを明確にします。それにもかかわらず、なお執拗に攻撃してくるような場合は、法的手段を検討します（**Q44**参照）。
　事実が確認できた場合（何らかのミス、落ち度があった場合）、それによる法的責任を合理的判断に基づき判定します。強硬にミスを指摘されると、その影響を過大に評価して萎縮してしまいがちですが、冷静に合理的判断を行うことにより、「とんでもないことになる」という恐怖感・不安感を払拭することが肝要です。
　その上で、裏取引等によりミスを隠したりせず、表舞台で然るべき法的責任を取ることです。相手方と安易に裏取引を行えば、そのこと自体が新たな不祥事となり、次の攻撃材料を与えてしまい、癒着型へと発展してしまいます。
　同和問題がミスの内容である場合は、「法務局人権擁護課等に相談し、適切な対応をします」と伝え、現にそのように対応します。

3　個別類型ごとの対応

(1)　直接型

　相手方に現実に被害が生じているような場合、ポイントは、相手方の主張する過大な要求には応じないということです。とはいえ、ミスもあり、損害も生じているのですから、相応の解決は必要となります。そこで、「訴訟等により法的な判断を仰ぎたい」といって、訴訟の場に土俵設定をすべきで

す。本来的には相手方が損害賠償請求訴訟等を提起するのが筋ですが，会社側から債務不存在確認訴訟（例えば，損害賠償義務は存在しないことの確認を求めたり，損害賠償額が50万円を超えないことの確認を求めたりする訴訟形態）を提起することもできますので，その活用を検討することとなります。

相手方に損害賠償請求権等の権利が認められるとしても，その行使の仕方（例えば暴行，脅迫を用いるなど）が違法なものであれば当然に刑事罰の対象となります。この場合には刑事告訴を検討します。

直接型の場合，相手方にもなにがしかの権利性が認められるため，問題が長期化する傾向がありますので，早期に法的手続に乗せたほうが結果的に迅速な解決に繋がります。

(2) 介入型

直接の被害者は別に存在しつつ，その問題に代理人等と称して介入してくる場合です。

介入者を排斥することに主眼をおきます。介入してくる前であれば，「直接の被害者の方あるいはその代理人弁護士の方以外とは交渉しません」といって介入を拒絶し，直接の被害者と直接交渉するよう心がけます。

既に介入し，交渉を行ってしまったような場合，排斥することは難しくなりますので，この場合は，上記(1)と同じく，土俵を訴訟に設定することを検討します。訴訟提起した場合，原則として弁護士以外の者が訴訟代理人になることはできませんから，介入を遮断できます。

介入型の場合，その是非はともかく，介入者は直接の被害者から仲介料等の利益を得ていることが多く，検挙リスクが高まれば手を引く傾向があります。

(3) 告発型

現実的に被害等が生じていないが，違法と評価される事実が存在した場合に，そこを攻撃してくるものです。

この類型では，「口止め料」的なものとして，なにがしかの利得，利権を得ようとすることが手口の特徴です。

したがって，対応としては，監督行政庁，警察等に当該事実を申告し，然るべき措置を受けることにつきます。

相手方に対しても「この件については〇〇に報告の上，然るべき措置を待ちます」，「〇〇に報告したところ，〇〇という措置を受け，責任を取りました」の一点張りで対応します。

攻撃の大義名分がなくなりますので，相手方としてもそれ以上の追及が難しくなります。

【野村　創】

Q46　NPO法人

　ある日突然，NPO法人の名刺を持った暴力団員風の男が会社に現れ，「○○湿原の自然を守る活動をしている。活動を支援して欲しい」と寄付を求めてきました。どうしたらよいでしょうか。

A

　企業に対しても社会貢献が求められていますが，企業はすべての寄付金の要求に応ずべき義務はありません。要求に応ずるかどうかは企業が自由に判断すべき事柄であり，要求に応ずる必要がないと判断したときは毅然とした態度で要求を拒否してください。

解説

1　不当な寄付金等の要求の実態

(1)　寄付の名目

　不当な寄付金等の要求においては，NPO法人や社会活動団体を名乗るケースが目立ち，最近では，架空の団体を名乗るケースも増えているようです。

　寄付の名目も，環境保護，消費者保護，同和問題（差別撤廃），薬物撲滅，北方領土返還など一見するともっともらしく，その趣旨には反対し難いものが多く利用されています。過去の例では，企業や行政の不正を糺すことを目的とするNPO法人を標榜して企業に寄付を要求したケース，遺骨収集活動や終戦慰霊祭開催について寄付を求めたケースがありました。今後も，その時々の社会問題を巧妙に利用し，様々な寄付の名目や団体が登場してくると予想されます。

(2)　要求金額

要求される寄付金等の金額は，多額でなく，企業の担当者個人の判断で支払うことが可能な金額であるケースが多いようです。

全国暴力追放運動推進センター（暴追センター）が平成17年に行ったアンケート調査（回答企業数1,724社）によると，最近1年間に寄付金等の要求を含む不当要求行為を受けたことがあると回答した企業は690社（40.0％）あり，要求金額は690社のうち348社（50.4％）が10万円未満でした。

(3) 要求の方法

寄付金等の要求は，まず，文書や電話で行われることが多いようです。この要求を拒否（又は無視）した場合に，相手方が事務所に押し掛けてくることもあります。

また，相手方は，企業が要求を拒否した場合，企業やその担当者に不利益（脅迫行為，迷惑行為，嫌がらせ，監督官庁等への通報，街宣活動など）を及ぼすことを匂わせる発言をしたり，文書を送ったりして，担当者が不安感，恐怖感を抱くように仕向けてきます。

2　寄付金等の要求についての対応方法

(1) 要求に応ずるか

まず，企業として寄付金等の要求に応ずるか否かを決します。

寄付金等の要求に応ずるかどうかは企業が自由に判断すべき事柄であり，寄付の名目である各種活動の趣旨がいかに正当なものでも，その活動の趣旨に賛同することと寄付を行うこととは全く別の問題です。

また，寄付金等として集められたお金が実際には暴力団などの反社会的勢力の活動資金や生活資金になっていることがよくあります。うかつに寄付金等の要求に応ずると暴力団などの反社会的勢力を利することとなり，一度寄付金等を支払うと同じ団体や同種の団体から要求が繰り返される結果となってしまいます。近時は，暴力団排除の気運が高まり，企業が暴力団に資金を提供したり，利益を供与していることが明らかとなると，その企業は強い社会的非難を受け，トップの責任が問われる事態ともなりかねません。

暴力団，えせ右翼などの反社会的勢力は，ときとしてNPO法人や環境保

護団体などを標榜して寄付金等を要求してくることが多く，法人名や団体名で相手方が反社会的勢力であると判断することは困難です。また，寄付金等の名目も環境保護，消費者保護，薬物撲滅，北方領土返還等で，その趣旨には反対し難いものが利用されており，もっともらしい規約や設立趣意書を持参する者もいます。

　しかしながら，相手方の風貌，言動，態度を観察し，持参した規約や設立趣意書を検討し，当該法人や団体などの活動実績を確認すれば，寄付金等の要求が正当なものであるか不当なものであるかはおのずと明らかとなります。判断がつきかねる場合は，警察や暴追センターに問い合わせることもできますし，一旦拒否して相手方の対応を見るという方法もあります。

(2) **毅然とした態度で拒否**

　要求に応ずる必要がないと判断したときは曖昧な言動を取らずに毅然とした態度で要求を拒否してください。

　寄付に応ずるか否かは企業の自由です。拒否する理由を述べる必要はありません。寄付の名目や活動の趣旨自体は正当なもので反対し難い場合が多く，理由を述べると反論され，要求を拒否しにくくなることがあります。

　暴追センターの平成17年のアンケート調査によると，最近1年間に不当要求受けた企業690社のうち，576社（83.5％）が要求を拒否しており，一部でも要求に応じた企業は49社（7.1％）にすぎません。また，要求を拒否した場合の相手方の対応は，引き下がったというのが449社（73.6％）と圧倒的でした。このアンケートでは，企業側に非のある損害賠償請求なども含んでいますので，寄付金等の要求に限れば，拒否した企業の割合はもっと高くなるはずです。

　一般に寄付金の要求金額は10万円以下と比較的少額であり，要求する側から考えると，企業の担当者を脅迫して逮捕されては割が合いません。要求を拒否した場合，相手方のほとんどが引き下がっているのはそのためであると考えられます。毅然とした態度で要求を拒否すれば，ほとんどの場合要求は止み，脅迫を受けたり嫌がらせを受けたりすることはまずありません。勇気を持って要求を拒否しましょう。

(3) **企業としてバックアップ**

ところで，企業の担当者が不当な要求に応じてしまうのは，要求を拒否した場合，企業や担当者に諸々の不利益（脅迫行為，嫌がらせ，迷惑行為，監督官庁への通報，街宣活動など）が生ずるのではないかと不安感や恐怖感をかき立てられるからです。相手方は，企業担当者の心理を読み，言葉巧みに担当者の不安感や恐怖感をかき立てるように仕向けてきます。

ここで重要なのは，暴力団など反社会的勢力の寄付金要求には絶対に応じないという企業幹部やトップの決意です。企業の担当者にとって，企業の幹部やトップの意思が明確になっており，企業としてのバックアップ態勢が整えられていれば，自信を持ち毅然とした態度で要求を拒否することができます。

また，担当者を孤立させてしまうと，不安感から逃れたい一心で要求に屈してしまう可能性があります。担当者を複数決定しておき，複数で対応すべきです。

(4) 要求が繰り返される場合

毅然とした態度で要求を拒否しても，相手方が諦めず，執拗に要求が繰り返される場合は弁護士に相談してください。対応策として次のようなものが考えられます。

(a) 弁護士は，企業の代理人として相手方に内容証明郵便による通知書を発送し，寄付金等の要求に応じないことを明確に伝えます。通知書が相手方に届けば通常要求行為は収まります。

それにもかかわらず，相手方が繰り返し事務所に押し掛けてきたり，電話連絡が頻繁にくるようであれば，裁判所に面談強要禁止の仮処分や架電禁止の仮処分を申し立てます。

(b) 相手方が，企業の担当者の生命・身体に危害を加えることを告げて寄付金を要求したときは恐喝罪（刑249条）が成立します。相手方に退去を要求したにもかかわらず相手方が退去しないときは不退去罪（刑130条後段）が成立します。事務所内で大声を上げたり，あるいは事務所内で暴れて業務の遂行に支障が生じたときには威力業務妨害罪（刑233条）が成立します。

相手方が指定暴力団員であるときは暴力団対策法違反となります。暴力団対策法は，指定暴力団員が指定暴力団の威力を示して，「人に対し，寄附

金，賛助金その他名目のいかんを問わず，みだりに金品等の贈与を要求すること」を禁止しています（暴対9条1項2号）。ここで「みだりに」とは，「社会的妥当性を欠く不正な方法で」という意味に解釈されていますので，通常，指定暴力団員が指定暴力団員であることを明らかにして要求行為を行えば，本条項に該当します。

　相手方の行為が以上のいずれかに該当すると思われるときは，直ちに警察に通報してください。

　相手方の行為が以上の行為に該当しない場合でも，要求が執拗であったり，強硬であったときなどには警察に通報し，警察官の臨場を求めます。警察官が来れば相手方の要求は収まります。

　(c) 相手方に対して仮処分を求めたり，相手方を刑事告訴する場合に備えて，相手方の言動を詳細に記録に残しておく（記録化，証拠化する）必要があります。

　監視カメラがあれば相手方の言動を録画し，ICレコーダーなどの録音機器があれば相手方との交渉を録音します。監視カメラなどがあると，その存在だけで相手方の行動を抑制する効果が期待できます。その場で録画や録音ができないときは，対応後すぐに交渉内容を詳細にメモします。

　これらの録画，録音，メモが仮処分の証拠となったり，刑事事件の証拠となったりします。

　(d) 各都道府県の暴追センターは，不当要求による被害を防止するため，「不当要求防止責任者講習」を行っています。担当者にこの講習を受けさせ対応策などについて日頃から研修させておくことも重要です。

【藤原　諭】

第10章

名誉・信用を毀損する攻撃に対する対策

Q47 ブラックジャーナル事例①——不当要求に対する対抗手段

　当社は，エステ業界で新興企業ながら急成長を遂げている株式会社であり，私は代表取締役です。先日，「週刊〇〇ニッポン」を発刊している「〇〇通信社」を名乗る者Aから電話がありました。Aによれば，当社が同じエステ関連業者のX社の企業秘密を不正に入手して営業活動を行っていること，また，当社でエステを受けた顧客から健康被害の苦情が出ていることを記事にするといわれました。

　確かに，私は以前，X社の従業員として勤務していましたが，X社の企業秘密を不正に入手したり，当社の営業活動にX社の企業秘密を利用したことなどありません。また，当社でエステを受けた顧客から健康被害の苦情など全く出ていません。ですから，Aのいうことには何らの根拠もありません。Aからはまだ具体的な要求はなされていませんが，「週刊〇〇ニッポン」に記事を載せる前に直接私に会って話をしたいとのことです。どのように対応すればよいでしょうか。

A

　ブラックジャーナルとは，自ら雑誌等を出版している者（又は法人）で，ある会社の不正やスキャンダルをネタにして，金銭を要求する者のことをいいます。
　ブラックジャーナルからの要求に対しては，①民事上の手段として，(i)警告文の発送，(ii)出版差止めの仮処分の申立て，(iii)謝罪広告・損害賠償請求，②刑事上の手段として，刑事告訴をすることが考えられますので，まずは，弁護士に相談すべきです。

解説

1 ブラックジャーナルとは

　本設問のように，自ら雑誌等を出版している者（又は法人）で，ある会社の不正やスキャンダルをネタにして，金銭を要求する者のことを一般に「ブラックジャーナル」といいます。類似するものとして「会社ゴロ」がありますが，会社ゴロは，会社の不正や役員のスキャンダルなどをネタに，会社を脅して金員をまきあげることを常習にしている者を指し，自ら雑誌等を出版する主体ではない点においてブラックジャーナルと異なりますが，両者は，相手を脅して金銭等を要求する点で共通します。

　本件では，相手方が「週刊〇〇ニッポン」と名乗っています。出版社が記事を掲載することは，表現の自由として憲法上保障されていますが，会社の不祥事やスキャンダルをネタに金銭等を要求することは，その内容が事実無根であることや，恐喝の手段であるとの理由で脅迫罪，恐喝罪等，刑法上の犯罪行為に該当するような場合が少なくなく，このような場合は，もはや憲法上保障される正当な権利行使とはいえません。

　とはいえ，いったん記事が公表されてしまうと，顧客や株主等からの信頼を失う等，回復不可能な損害が生じるおそれがありますので，相手方が公表しようとする事実の真偽を問わず，放置しておくことはできません。

2 対応策

　ブラックジャーナルから不当な要求を受けた場合は，まず，相手方の要求には絶対に応じないという姿勢で臨む必要があります。事実の公表を恐れて，一度でも相手方のいうがままに金銭を交付すれば，相手方の要求はますますエスカレートするだけです。

(1) **事実確認**

　まず，相手方が公表しようとしている事実の真偽を確認する必要がありま

す。

　(a)　**事実が真実である場合**　仮に本設問と異なり，相手方が公表するといっている事実が真実だった場合でも，その公表を恐れて安易に相手方の要求に応じるようなことは絶対に避けるべきです。また，真実，顧客から苦情がある場合は，事実関係を早急に調査して当該顧客と和解する等，被害が拡大する前に適切に対処する必要があります。会社の不正が重大な刑事事件に発展する可能性がある場合でも，合法的な手続によって解決すべきです。事実を公表されることを恐れ，事実を隠蔽するために相手方の要求に漫然と応じた場合，後日，そのことが公になり，かえって顧客や株主からの信頼を失いかねません。

　(b)　**事実が真実でない場合**　また，相手方が公表するといっている事実が真実でない場合は，当然のことながら，断固として相手方の要求には応じないという強い姿勢を示す必要があります。もっとも，たとえ当該事実が真実でないとしても，その内容や公表方法によっては，会社の信用等に大きな傷を付けることになる可能性も否定できません。そのため，その後の対応は，事実が真実である場合と同様に慎重に対応する必要があります。

(2)　窓口の一本化

　通常，相手方が再度連絡してくることが予想されます。その際，相手方から連絡がくるたびに違う者が対応しますと，その対応や発言内容に矛盾や齟齬が生じることがあり，さらに相手方に揚げ足を取られるなど，かえって被害を拡大することになりかねません。そこで，窓口担当者を決めて窓口を一本化し，窓口担当者をバックアップする体制を整えて，相手方の要求に断固として応じない姿勢を示すことが必要です。後日，法的手続が必要になった場合に備えて，相手方との会話内容を録音しておく等，証拠を事前に収集しておくことも重要です。

(3)　弁護士への相談

　会社に社内弁護士，顧問弁護士がいる場合には，まずは，その弁護士に相談するとよいでしょう。しかしながら，相談できる弁護士が周りにいない場合は，弁護士会の民暴委員会に相談することも可能です。

3 事前の手段

出版物（新聞，雑誌等）を発行される前にとりうる手段としては，民事上の手段と刑事上の手段が考えられます。

(1) 警告書の発送

相手方に対し，事実無根の記事の掲載，金銭の要求行為等の不当行為を止めること，止めない場合には法的手続をとる旨の警告書を送ります。後日，法的手続をとる場合に備えて内容証明郵便（配達証明付き）で送るべきです。警告書を内容証明郵便で送っただけでは，相手方が不当行為を止めなくても特に法的なペナルティが課されるわけではありませんが，相手方に対し，断固とした姿勢で臨む意思を示す有力な手段となります。

相手方が不当行為を止めない場合，代理人弁護士が直接相手方と交渉する方法も考えられますが，相手方が何ら根拠なく金銭を要求してきているような場合は，交渉による解決は，困難を伴うことが予想されます。

そこで，次に法的手段をとることを検討することになります。

(2) 仮処分の申立て

いまだ相手方が事実を掲載した出版物を出版していない場合は，裁判所に対し，当該出版物の出版差止めの仮処分の申立てを行うことが考えられます。出版差止めの仮処分が認められるための基準についての判例で有名なものに，北方ジャーナル事件[*1]があります。

この判例によると，

① 表現内容が真実でなく，
② 又はそれが専ら公益を図る目的でないことが明白であって，
③ かつ，被害者が重大にして著しく回復困難な損害を被る虞があるとき，

に限り例外的に事前差止めが認められます。ただし，出版社の出版行為は表現の自由として憲法上保障された人権であることから，上記基準の適用は厳格であり，出版差止めの仮処分を認めてもらうことは容易ではありません。そのため，裁判所に仮処分の申立てを行う際には，相手方からの要求行為に関する録音テープや，相手方から送付された記事等により相手方の悪質

性を十分に立証するための証拠収集が非常に重要になります。

また，上記仮処分の申立てが裁判所で認められたとしても，相手方が裁判所の決定を無視して出版行為を強行してくる可能性があります。そこで，仮処分の申立てにあたっては，単に出版差止めを求めるだけではなく，当該文書の執行官への引渡し及び執行官保管も併せて求め，決定後は，速やかに断行の仮処分の執行を行うべきです。

(3) 刑事告訴

相手方の金銭要求行為が脅迫罪（刑222条），恐喝未遂罪（刑249条・250条），威力業務妨害罪（刑234条）に該当するとして刑事告訴を行うことも考えられます。刑事告訴を行うに際しては，告訴状とともに相手方の犯罪行為をある程度立証しうる証拠を提出する必要がありますので，相手方から届いた手紙や，電話での会話内容を録音したテープ等の証拠を事前に収集しておく必要があります。

4 事後的手段

出版物（新聞，雑誌等）を発行された後にとりうる手段にも，民事上の手段と刑事上の手段が考えられます。

(1) 謝罪広告，損害賠償請求

前記仮処分が認められず，又は認められても効を奏さなかったために出版物が出版されてしまった場合は，名誉毀損を理由に謝罪広告（新聞紙上等のマスコミ媒体により公表した事実が真実でなかったことや真実でない事実を公表してしまったことについて謝罪する旨の広告）を求めること（民723条），名誉毀損，信用毀損等を理由に損害賠償請求（民719条）を行うことが考えられます。

ここにいう名誉とは，「人がその品性，徳行，名声，信用等の人格的評価について社会から受ける客観的な評価，すなわち社会的名誉」を指しますが[*2]，請求できる主体は，個人のみならず法人も含まれます。

また，「一定の新聞・雑誌等の内容が真実に反し名誉を毀損すべき意味のものかどうかは，一般読者の普通の注意と読み方とを基準として判断すべき」であり，「新聞に事実に反する記事を掲載頒布し，これにより他人の名

誉を毀損することは単なる過失に基づく場合でも，これを正当業務行為ということはできない」[*3]。「特定の事実を基礎とする意見ないし論評の表明による名誉毀損について，その行為が公共の利害に関する事実に係り，その目的が専ら公益を図ることにあって，表明に係る内容が人身攻撃に及ぶなど意見ないし論評としての域を逸脱したものでない場合に，行為者において右意見等の前提としている事実の重要な部分を真実と信ずるにつき相当の理由があるときは，その故意又は過失は否定される。」[*4]というのが判例の立場です。

(2) 刑事告訴

名誉毀損罪（刑230条），信用毀損罪（刑233条）等を理由に刑事告訴することが考えられます。なお，名誉毀損罪は，当該行為が公共の利害に関する事実に係り，かつ，その目的がもっぱら公益を図ることにあったと認められる場合には，事実の真否を判断し，真実であることの証明があったとき（又は，十分な取材を行い，当該事実を真実であると信じたことにつき相当な理由があった場合）は，処罰されないとされています（刑230条の2）。

▍引用判例
* 1　最判昭61・6・11民集40巻4号872頁。
* 2　最判昭45・12・18民集24巻13号2151頁・判時619号53頁。
* 3　最判昭31・7・20民集10巻8号1095頁。
* 4　最判平9・9・9民集51巻8号3804頁。

【弓削田　博・香取めぐみ】

Q48 ブラックジャーナル事例②——事前差止めと仮処分の利用

当社は，いわゆるブラックジャーナル紙から不当要求を受けています。相手方が送付してきた冊子に記載されている記事の内容は根も葉もない中傷であり，相手方の要求に応じるつもりはありませんが，既に印刷も完了しているとのことですので，世間の目に触れないようにして欲しいと思います。何かよい手段はあるでしょうか。

A

まず，出版物の発行を差し止めるために，裁判所に発行差止めの仮処分を申し立てる必要があります。申立てが認められるためには，被保全権利の存在と保全の必要性を疎明する必要があります。また，差止めを求める記事の内容は，差止めの対象となる冊子の紙面全体が会社の中傷記事になっていない限りは，中傷記事の部分に特定しておく必要があります。

仮処分命令が発令されたら，速やかに保全執行の手続に着手すべきです。

仮処分は，仮の手続ですから，保全執行命令の執行後は，速やかに本案訴訟を提起する必要があります。

解説

1 はじめに

当該冊子に記載されている記事を世間の目に触れないようにして欲しいとのことですので，当該冊子が発行される前にその差止めをする必要があります。

通常，こうした不当要求事案では，交渉等の開始の契機として警告書を送付することが多いのですが，本設問では，当該冊子の印刷も完了していると

のことですので,緊急を要する事態であるといえます。このように緊急を要する事案では,一刻も早く,迅速かつ効果的な対応をすべきですので,仮処分申立てによる解決を図るべきでしょう。

2 仮処分手続の概要

(1) **仮処分申立て**

(a) **申立ての趣旨** 仮処分申立ては,裁判所に対し,当該記事を含む冊子などの発行禁止を求めるものです。この仮処分申立てにあたり,裁判所に対して求める仮処分命令の内容を「申立ての趣旨」として申立書に記載することになります。

本設問において求めるべき第一の命令は,当該記事の発行差止命令ですが,中には,発行差止命令が出されても意に介さず,裁判所の命令を無視して記事の発行を強行する者もいないとも限りません。そのため,仮処分申立てにあたり発行差止命令だけを求めるのでは不十分です。次の例のような申立ての趣旨が考えられます。

(申立ての趣旨)
1 債務者は,別紙物件目録記載の冊子につき,別紙中の赤枠部分の記事を切除又は抹消しなければ,これを販売したり,無償配布したり,又は第三者に引き渡したりしてはならない。
2 債務者は,前記冊子の占有を解いて,これを東京地方裁判所執行官に引き渡さなければならない。
3 執行官は,前記冊子を保管しなければならない。ただし,前記執行官は,債務者の申出があるときは,別紙中の赤枠部分の記事を切除又は抹消させた上,その保管を解いて債務者に引き渡し,その販売等を許すことができる。
との裁判を求める。

(ア) まず,上記申立ての趣旨の第1項は,当該冊子内の記事の発行差止めを求めたものです。発行の差止めといっても,冊子の紙面全部が会社の中傷記事となっているような場合でない限り,言い換えれば,冊子に当該記事以外に会社の中傷とは関係のない記事が掲載されていないというような場合で

ない限り，冊子全部の発行の差止めが認められるわけではありません。そこで，発行差止めを求めるにあたっては，「別紙物件目録」（これを仮処分申立書に別紙として添付します）を使用して問題の記事が掲載されている冊子を特定した上で，さらに「別紙」（当然，これも仮処分申立書に別紙として添付します）を用い，発行差止めの対象となる記事の内容を特定することが必要となります。

(イ) 次に，第2項と第3項は，当該記事が掲載されている冊子の執行官への引渡しと執行官による冊子の保管を求めたものです。前述のとおり，当該記事の発行差止命令だけでは，裁判所の命令を無視して記事の発行を強行する者もいないとも限りません。そこで，相手方が物理的に当該記事の発行ができなくなるように，冊子を相手方の管理から外させて執行官に引き渡し，執行官が冊子を保管するように求めるわけです。ところで，冊子の引渡しと執行官保管がなされると，冊子に当該記事以外の会社の中傷とは関係のない記事が掲載されている場合でも，事実上，すべての記事について物理的に発行が不可能となってしまいます。これでは，憲法上保障されている出版の自由（表現の自由）に対する過度の干渉となってしまうおそれがあります。そこで，併せて，相手方から申出があるような場合には，当該記事を切除ないし抹消すれば冊子の販売等を許すことができる旨を申立ての趣旨に入れておくのです。

(b) 仮処分申立て後の手続

(ア) 仮処分申立てを行うと，通常，まず，会社側のみが出席して担当裁判官と面接を行います。これを「債権者審尋」といいます。仮処分申立事件では，命令を求める側を債権者，相手方を債務者といいますので，会社側の面接を債権者審尋というのです。債権者審尋では，被保全権利（仮処分命令によって保全されるべき権利）の存在と保全の必要性（現時点において仮処分命令を出すだけの緊急性・必要性）があることの疎明が求められます。

本設問の場合，被保全権利の存在については，北方ジャーナル事件[*1]が示した要件に従い，①当該記事の内容が真実でないこと，又は，②当該記事がもっぱら公益を図る目的でないことが明白であること，及び③会社が重大にして著しく回復困難な損害を被るおそれがあることの疎明が求められるこ

とになります。そのため，仮処分申立てにあたっては，当該記事が虚偽であることを裏付ける客観的資料や証言（陳述書）などの疎明資料の提出が不可欠となります。

また，保全の必要性については，現時点で仮処分命令を出してもらうだけの緊急性・必要性を記述した関係者の報告書やその内容を裏付ける客観的資料などを提出する必要があります。

(イ) 債権者審尋が行われた後は，相手方の言い分を聞く必要がありますので，原則として債務者の呼出しが行われ，債務者審尋が行われます。

債務者審尋は，債権者側も同席したり，交互に裁判官と面接したりとバリエーションはありますが，同期日に債権者も出頭する双方審尋の形式をとるのが通常です。この双方審尋では，当事者間で，被保全権利の存否と保全の必要性の有無をめぐってかなり実質的な議論がなされます。ときには，複数期日にわたって主張書面の提出や疎明資料の提出が行われることもあります。

(ウ) 裁判所は，審尋の場において，当事者間で和解が成立するように努めますが，両当事者間で合意できないような場合には，仮処分申立てに対する決定をすることになります。

被保全権利の存在と保全の必要性が認められる場合には，申立ての趣旨に従った申立てを認容する内容の仮処分命令が下されます。実際の手続としては，仮処分命令の発令前に，あらかじめ裁判官から仮処分命令を発令する旨の内示があり，法務局に供託する担保の額と立担保の時期を指定されます。この担保の額は，問題となっている冊子の発行部数や中傷記事の内容，冊子内の記事における中傷記事の占める割合などが影響すると考えられ，一概にはいえないでしょうが，10万円で仮処分命令が発令された事案もあります。また，立担保の時期については，内示から3日ないし5日程度の日にちが指定されることが多いようですが，本設問は一刻を争う事案ですので，担保は，可能な限り早期に法務局に供託すべきです。

(2) 仮処分執行等

仮処分命令が発令されたら，速やかに保全執行の手続に着手すべきです。前述したとおり，仮処分命令が発令されても，これを無視して記事の発行を

強行する者もいるからです。
　(a)　発行差止め——主文第1項

> 1　債務者は，別紙物件目録記載の冊子につき，別紙中の赤枠部分の記事を切除又は抹消しなければ，これを販売したり，無償配布したり，又は第三者に引き渡したりしてはならない。

　この主文については，間接強制（民執172条）の方法によることになります（民保52条）。間接強制とは，債務を履行しない場合に債務者に一定の制裁（金銭支払）を課すことによって間接的に履行を強制する方法です。仮処分命令により，債務者は，上記のように当該記事を切除・抹消しない限り，当該冊子を販売・無償配布・第三者への引渡しをしてはならない不作為義務を負いますが，相手方がその義務に従わなかった場合に間接強制の方法がとられます。この間接強制は，債務者に心理的圧迫を与えて，自発的に債務を履行するよう強制するものにすぎません。ですから，発行差止めの仮処分命令の執行だけでは，実際に当該記事の発行を止めることができるか，不確定な面があることは否めません。

　(b)　執行官への引渡し・執行官保管——主文第2項・第3項

> 2　債務者は，前記冊子の占有を解いて，これを東京地方裁判所執行官に引き渡さなければならない。
> 3　執行官は，前記冊子を保管しなければならない。ただし，前記執行官は，債務者の申出があるときは，別紙中の赤枠部分の記事を切除又は抹消させた上，その保管を解いて債務者に引き渡し，その販売等を許すことができる。

　そこで，物理的に，問題の冊子を債務者の管理から外し，これを執行官に保管してもらうという方法を採るべきです。それが，執行官への引渡し・執行官保管の仮処分命令の執行です。当該記事が掲載されている冊子自体を債務者の手元から取り上げてしまうのですから，実効性がありますし，簡明な方法といえます。

　具体的には，執行裁判所に対し，執行官への引渡し及び執行官保管の仮処分命令の執行申立てを行います。そして，執行官とともに債務者方ないし

冊子の保管場所に赴き，冊子を取り上げることになります。執行にあたっては，債務者側の人間が不在の場合もありますし，また，債務者側の人間が居留守を使ったり，入室を拒んだりする場合もありますので，立会人のほかに，開扉のために錠前開扉の専門家（鍵屋）を連れていくべきです。また，債務者が暴力団関係の人間である場合には，事前に警察に協力を求め，場合によっては，執行の現場に警察官に臨場してもらうといったことも検討しておくべきです。

執行の現場では，冊子の内容（当該記事が掲載されているか）や冊子の冊数などを確認し，執行官の指示に従って，債務者から冊子の占有を取り上げ，冊子を持ち出します。取り上げた後の冊子の保管ですが，名目上は執行官の保管ということになっていますが，現実には，債権者代理人の事務所などに事実上保管することが多いようです。

(3) 本案訴訟の提起

仮処分は，民事保全法に基づく仮の手続ですので，仮処分命令発令後は，速やかに本案訴訟を提起すべきです。なお，本案訴訟の係属前に仮処分命令が発令された場合，債務者が仮処分命令を発令した裁判所に対し起訴命令の申立てを行う場合もあります。債務者からこの申立てがあったときは，裁判所は，債権者に対し，2週間以上の相当と認める一定の期間内に本案訴訟を提起するとともに訴訟提起を証する書面を提出すべきこと，又は，既に本案訴訟を提起しているときは訴訟係属を証する書面を提出すべきことを命じます（民保37条1項・2項）。

本案訴訟は，提訴後，口頭弁論が開かれ，場合によっては，弁論準備手続という，訴訟の争点と証拠の整理を行うための手続に付され，その後，本人尋問や証人尋問等の証拠調べ手続を経て，判決に至ります。

この間，裁判所が和解するよう勧告することも少なくありません。

仮処分命令が発令されたことを踏まえ，解決に向けて当事者の考えが前向きに進んでいるようであれば，この段階での和解成立ということも十分に可能性があります。

しかしながら，ここでも当事者間で合意できなければ，裁判所は終局判決を下すことになります。

債権者は，本案訴訟で勝訴することにより本執行のための債務名義を取得することになります。

(4) まとめ

本設問の場合，何よりも迅速かつ適切な対応を取ることが不可欠です。会社を中傷する虚偽の事実が書かれた記事が発行されてしまえば，内容次第ではありますが，会社にとって回復不可能な損害が生ずるおそれがあります。「仮処分申立て」→「仮処分命令の発令」→「仮処分命令の執行」→「本案訴訟の提起」という一連の手続は，手間も費用も時間もかかります。しかしながら，適切な疎明資料・証拠資料に基づいた主張と法律に従った手続さえとれば，不測の損害を防ぐ有力な手段となり得ます。これは，相手方の意に沿った解決や曖昧な解決よりも，はるかに会社の利益に資することになるものと思われます。

| 引用判例 |

＊1　最判昭61・6・11民集40巻4号872頁。

【弓削田　博・香取めぐみ】

Q49 インターネット上の名誉毀損事例①──法的対応全般

インターネットのホームページのブログ上に、当社の決算が粉飾である等、当社を誹謗する内容の記載がありました。ホームページのブログの作成者に対して何らかの法的対応を取りたいと考えています。どのような法的対応が可能でしょうか。

A

ホームページのブログの作成者に対して、人格権としての名誉権に基づく削除、不法行為を理由として損害賠償及び謝罪広告等の名誉回復措置を請求することができるほか、悪質な場合には、作成者を刑事告訴することも検討する必要があります。

解説

1 はじめに

会社を誹謗する表現行為があった場合には、当該表現行為が、会社に対する名誉毀損等人格的利益の侵害に該当する可能性があります。

そこで、まず、名誉毀損がなされた場合に基本的にどのような法的対応が可能なのかについて検討し（ 2 参照）、次に、本設問はインターネットにおける表現行為に関するものですから、その特徴について概観し（ 3 参照）、最後に、ホームページの作成者に対する法的対応について検討します（ 4 参照）。

2 名誉毀損に対する基本的な法的対応

昨今、企業にとっての社会的評価・企業価値の重要性はますます大き

くなっており，各企業は，IR（Investor Relations：企業が株主や投資家に対し，投資判断に必要な情報を適時，公平に，継続して提供していく活動）やCSR（Corporate Social Responsibility：企業の社会的責任）に膨大な力を注ぐなど，社会的評価・企業価値の維持，向上に努めています。こうした観点から，企業価値を低下させる名誉毀損行為に対して，厳しい態度で臨む必要性が高く，実際にも，そのような企業が多くなってきています。もっとも，仮に名誉毀損に該当するとしても，その内容がさほど悪質でなく，企業に対する影響，被害の程度が小さい場合には，静観・無視するのが最上の策である場合もありますので，ご注意ください。また，インターネット上の記載すべてを対象に何らかの措置をとることはコストパフォーマンスとしても妥当ではありません。

(1) 名誉毀損に該当するか否かについて

会社を誹謗する内容の表現行為がなされた場合については，今後の対応策を検討する前提として，まず，当該表現行為が名誉毀損等の権利侵害行為に該当するかどうかを判断する必要があります。

名誉毀損とは，「人の社会的評価を低下させる」行為であり，ここでいう「人」には法人も含みます。「社会的評価」とは，人がその品性，徳行，名声，信用等の人格的価値について社会から受ける客観的評価であり，企業の場合にはいわゆる「企業価値」がその中心となります。ただし，当該表現行為が，会社の社会的評価・企業価値を低下させる場合であっても，表現行為は，表現の自由として憲法上保障されている重要な権利であることから（憲21条），表現の自由との調和を図る必要があります。

(a) **事実摘示型の名誉毀損の場合** この点，事実を摘示しての名誉毀損にあっては，その行為が公共の利害に関する事実に係り，かつ，その目的がもっぱら公益を図ることにあった場合に，摘示された事実がその重要な部分について真実であることの証明があったときには，前記行為には違法性がなく，仮に前記事実が真実であることの証明がないときにも，行為者において前記事実を真実と信ずるについて相当の理由があれば，その故意又は過失は否定されます。

(b) **論評型の名誉毀損の場合** 一方，ある事実を基礎としての意見ない

し論評の表明による名誉毀損にあっては、その行為が公共の利害に関する事実に係り、かつ、その目的がもっぱら公益を図ることにあった場合に、前記意見ないし論評の前提としている事実が重要な部分について真実であることの証明があったときには、人身攻撃に及ぶなど意見ないし論評としての域を逸脱したものでない限り、前記行為は違法性を欠くものとされます。そして、前記意見ないし論評の前提としている事実が真実であることの証明がないときにも、行為者において前記事実を真実と信ずるについて相当の理由があれば、その故意又は過失は否定されます[*1]。

当該表現行為について前記判断枠組みで検討を行い、当該表現行為が、名誉毀損に該当する（成立阻却事由がない）場合には、当該表現行為を行った者に対して、人格権としての名誉権に基づいて表現行為の差止めを求めたり、不法行為を理由として損害賠償を請求したり（民709条・710条）、名誉回復措置を求めたり（民723条）することができます。

以下、差止請求、損害賠償請求及び名誉回復措置についてそれぞれ検討します。

(2) 差止請求

名誉を毀損された者は、人格権としての名誉権に基づき、加害者に対し、現に行われている侵害行為を排除し、又は将来生ずべき侵害を予防するため、侵害行為の差止めを求めることができます[*2]。

被害発生や被害拡大を回避するために緊急を要する場合等には、通常の裁判における判決を求める前に（又はそれと並行して）、民事保全手続によって侵害行為の差止めを求めることができます。

なお、表現行為が発信される前にそれを差し止める事前差止めが認められるためには、表現の自由との関係上、厳格かつ明確な要件が求められ、判例の中には、事前差止めは「その対象が公務員又は公職選挙の候補者に対する評価、批判等の表現行為に関するものである場合」については「原則として許されない」、「その表現内容が真実でなく、又はそれが専ら公益を図る目的のものでないことが明白であって、かつ、被害者が重大にして著しく回復困難な損害を被る虞があるとき」には例外的に認められる、と判示したものがあります[*2]。

(3) 損害賠償請求

表現行為により名誉を侵害された者は，当該表現行為を行った者に対して，不法行為を理由として損害賠償を請求することができます（民709条・710条）。

損害としては，有形的損害（取引の打切り等に伴う損害や弁護士費用等）及び無形的損害（精神的苦痛等）があります。法人に対する名誉毀損についても，無形的損害を請求することができます*3。

(4) 名誉回復措置

名誉を侵害された場合には，他の不法行為と異なり，損害賠償に代えて，又は損害賠償とともに，名誉回復措置を請求することができます（民723条）。

名誉回復措置としては，謝罪広告を請求することが一般的です。名誉回復措置は，原状回復措置ですから，名誉を毀損された状態が，裁判の口頭弁論終結時まで継続していることが必要です。なお，裁判例においては，不法行為の一般原則である金銭賠償の例外に当たることから，謝罪広告はなかなか認容されません。

(5) 刑事告訴

刑法230条1項は「公然と事実を摘示し，人の名誉を毀損した者は，その事実の有無にかかわらず，3年以下の懲役若しくは禁錮又は50万円以下の罰金に処する」と定めており，悪質な場合には，刑事告訴も検討する必要があります。なお，名誉毀損罪は，親告罪であり，刑事告訴がなければ起訴することができません（刑232条）。

最近の捜査機関の対応の変化により，刑事告訴を受理する件数が増加していますし，刑事告訴が受理されることにより，一定の効果（和解への影響や抑止効果）が期待できます。このことからも，刑事告訴は有用な手段となり得ます。

3 インターネット上の表現行為・名誉毀損の特徴

(1) インターネットの普及による影響

これまで，一般人が自己の主張などを表現するには，ビラ配りや街頭活動

等を行うしかなく，その費用，労力及び時間は大変なものでした。また，より広範囲の人々に対して自己の主張などを表現しようとすれば，報道・出版等を利用するしかありませんでした。

　しかしながら，インターネットの普及により，一般人にとっても，容易に，広範囲に，自己の主張等を表現することが可能となり，現在，インターネット上には，実に多種多様で極めて大量の情報が溢れています。

　こうしたインターネットの普及は，表現者側にとって便利であるだけでなく，情報の受け手側としても実に有意義かつ便利なものです。他方，そこに記載された表現の内容によっては他者の権利を侵害する場合があり，インターネットの普及により，そうした権利侵害が増加していることもまた事実です。最も典型的な権利侵害は，本設問における会社を誹謗する内容の書込みといった名誉毀損や信用毀損です。

(2) **インターネット上の表現行為の特徴**

　インターネット上の表現行為の特徴としては，様々なものがありますが，容易性，即時性，広範性，匿名性を指摘することができます。

　容易性とは，情報を発信することが誰でもそれほど費用や労力をかけずに簡単にできるということであり，また，情報の受け手側にとっても，いつでもどこでも簡単に情報を入手することができるという特徴です。加えて，検索システム等により，入手したい情報をより容易に入手することが可能となっています。

　即時性とは，発信された情報が直ちに情報の受け手側で受信可能となるという特徴です。これまでは発信者が情報を発信しようとしても，時間を要する様々な流通経路を経る必要がありましたし，場合によっては，その流通過程において自己の表現が改変されてしまう場合もありました。しかし，インターネット上の表現においては，情報発信者が情報を発信した瞬間に，誰の手を経ることもなく即時にその情報が，情報の受け手側に受信され得るのです。

　広範性とは，発信された情報が不特定・多数の者に受信され得るという特徴です。インターネットは全世界と接続されていますので，発信された情報は，全世界のどこでも受信が可能です。また，インターネット上の情報は，

即時に容易に複製・転送が可能であり，伝播性が強いといった点も広範性を示す一つの特徴といえます。

匿名性とは，発信者が自己の氏名などを明らかにする必要がないという特徴です。これまで，広範囲にわたって自己の意見等を表現しようとすれば，事実上，自己の素性を明らかにして行わざるを得ませんでしたが，インターネットにおいては，発信者は自らの実名などを公表することなく表現することが可能であり，実際そのような表現が許容されています。インターネット上の掲示板では，サービス提供業者（掲示板運営者・管理人）と直接の契約関係にない第三者が匿名で書込みを行ったりしています。

(3) **インターネット上の名誉毀損の特徴**

前記のインターネット上の表現の特徴から，インターネット上の名誉毀損行為は以下の特徴を有しているといえます。

すなわち，容易性・匿名性という点から，表現の量の増加と，表現に対する責任の欠如・希薄化を招き，名誉毀損等人格権侵害につながる表現行為が増加しました。また，それらの名誉毀損表現について，情報の受け手側も入手が容易になり，被害が簡単に拡大するようになりました。

即時性，広範性という点は，名誉毀損行為による被害が瞬時に発生し，かつ極めて広範囲に伝播してしまうことから，被害が拡大する傾向にあります。また，即時性という点から，出版物等と異なり，どんなに悪質で虚偽であることが明白な情報であっても，事前にこれを差し止めることが事実上極めて困難となっています。

さらに，匿名性という点から，加害者（発信者）の特定が困難であり，加害者（発信者）に対して直接何らかの責任を追及していくことが煩頊ないし困難になっています。インターネットにおける情報提供システムの複雑化やグローバル化は，このような状況に拍車をかけています。

4 作成者に対する法的対応

(1) **作成者に対する請求**

インターネット上の名誉毀損について，ホームページの作成者に対してど

のような対応をとるかは、**2**に記載した一般的な名誉毀損に対する法的対応と同様のことがあてはまります。

　すなわち、インターネット上の表現行為による発信者に対する請求も、他のメディアを利用した表現行為による発信者に対する請求も、特段異なる法律が存するわけではなく、人格権としての名誉権に基づいて当該表現行為の差止めを求めたり、不法行為を理由として損害賠償（民709条・710条）や謝罪広告（民723条）を求めたりすることができます。

　ただし、前記の即時性といった特徴から、インターネット上の名誉毀損の事案においては、事前にどのような内容が記載されるかを把握することは困難であり、事前に差止めを求めることは事実上困難です。したがって、記載された後に、その削除を求めるのが一般です。また、名誉回復措置は、基本的に名誉毀損行為が行われた媒体において行われる場合がほとんどで、インターネットのホームページ上での名誉毀損については、同ホームページ上に謝罪広告を掲載するよう請求することになります（これに限定されるという趣旨ではありません）。

　なお、インターネットのホームページ上での名誉毀損では発信者（作成者）を特定することができますが、インターネット上の掲示板における名誉毀損においては、その画面上の記載等から発信者を特定できることはまずありません。そもそも、発信者が特定できなければ、請求する権利はあってもその実現を図ることはできません。前記の匿名性といった特徴から、インターネット上の名誉毀損においては、当該発信者を特定することが困難であるといった問題があります。こうした場合には、プロバイダ責任制限法に基づいてプロバイダ等に対して発信者情報の開示を求めていくこととなります（具体的な方法についてはQ50をご参照ください）。そして、発信者の情報を得ることができた場合に、初めて、発信者に対して前記の各請求をしていくこととなります。

　また、インターネット上の掲示板における名誉毀損においては、被害者も掲示板上で直ちに反論することが可能なのであるから、原則として反論によって名誉の回復を求めるべきであって、そのようなことをせずに法的救済を求めることはできないといった対抗言論の理論の主張がなされる場合があり

ます。しかし，これまでの裁判例において，被害者が反論しうる立場にあったことを理由として名誉毀損の成立を否定した例はありません[*4]。

(2) 刑事告訴

2 (5)に記載したとおり，名誉毀損行為は犯罪であり，誹謗の内容が悪質であったり，削除要求に対する対応が怠慢であったりした場合等には，刑事告訴も検討する必要があります。

近時はインターネットによる誹謗中傷が増加しており，警察当局もインターネットによる名誉毀損等への対応を進めているようです。

警察庁の公表資料によれば，各都道府県警察本部に設置されているサイバー犯罪相談窓口への被害者からの相談件数は急増しており，名誉毀損，誹謗中傷等に関する相談も，増加の一途を辿り，平成17年には5,782件となっています（図表1参照）。また，ネットワークを利用した名誉毀損罪も毎年一定数検挙されているようです。

こうしたインターネットにおける名誉毀損に対する警察当局の対応を踏まえると，刑事告訴等も十分検討すべき事項であると思われます。なお，誹謗中傷の内容によっては，信用毀損罪や業務妨害罪に該当する場合も考えられます。

図表1　相談及び検挙件数

	平成14年	平成15年	平成16年	平成17年
サイバー犯罪相談窓口への名誉毀損・誹謗中傷等に関する相談数	2,566	2,619	3,685	5,782
ネットワーク犯罪の内の名誉毀損罪での検挙件数	27	46	26	47

【出所】警察庁ホームページ　http://www.npa.go.jp/cyber/statics/h17/h17_05.html

事前の発信者情報の開示がスムーズにいかない場合であっても，警察当局が捜査を開始した場合には，警察当局に対して発信者情報が開示されることがあり，発信者を知ることができる場合もあるでしょう。

引用判例

＊1　最判平9・9・9民集51巻8号3804頁。
＊2　最判昭61・6・11民集40巻4号872頁。
＊3　最判昭39・1・28民集18巻1号136頁。
＊4　東京地判平9・5・26判時1610号22頁・判タ947号125頁，東京高判平13・9・5判時1786号80頁・判タ1088号94頁。

【渡邉　誠】

Q50 インターネット上の名誉毀損事例②──発信者情報開示請求

インターネット上の掲示板に当社の決算が粉飾である等，当社を誹謗する内容の書込みがありました。プロバイダ等に対して何らかの請求ができるでしょうか。また，他に何か気をつけるべき点はあるでしょうか。

A

> プロバイダ等に対して，一定の場合に，プロバイダ責任制限法に基づいて発信者に関する情報の開示を求めることができるほか，人格権としての名誉権に基づく削除，不法行為を理由として損害賠償等の請求ができます。
>
> その他，当該書込みの内容の浸透度・重要度に応じて，誤解を解くために，株主や取引先，従業員に対して事実でない旨の説明を要する場合があります。

解説

1 はじめに

名誉毀損に対する基本的な法的対応，インターネット上の名誉毀損の特徴，発信者に対する法的対応については，**Q49**の解説をご覧ください。本設問では，プロバイダ等直接の表現行為者でない者に対する法的対応等について解説します。

2 プロバイダ等に対する請求

インターネット上の名誉毀損については，当該情報の発信者自身に対してだけではなく，一定の場合にはプロバイダ等（特定電気通信役務提供者の損害賠

償責任の制限及び発信者情報の開示に関する法律（以下「プロバイダ責任制限法」といいます）2条3号所定の特定電気通信役務提供者をいいます）に対しても，様々な請求をすることができます。

　まず，プロバイダ責任制限法4条に基づいて発信者の情報を開示するよう請求することができます。また，プロバイダ等に対して，人格権に基づいて当該情報の削除を請求したり，不法行為を理由として損害賠償を請求することができる場合があります。

(1) 発信者情報開示請求

　プロバイダ責任制限法4条に基づいて，権利を侵害された者は，プロバイダ等に対して，発信者に関する一定の情報（発信者情報）の開示を請求することができます。

　(a)　開示を求めるプロバイダ等の特定　　まず，当該掲示板に関して，発信者情報の開示を求めるプロバイダ等を特定する必要があります。

　当該掲示板のアドレスにおけるドメイン名から，一定の情報を得ることができます。ドメイン名を管理している株式会社日本レジストリサービス（JPRS）の提供しているWHOIS検索を利用し，http://whois.jprs.jp/ にアクセスして，ドメイン名を入力すると，当該ドメイン名を使用している者について組織名等の公開情報を得ることができます。また，非公開情報についても一定の要件を充たせば，JPRSに対して情報開示請求をすることができます。

　(b)　開示請求の方法　　上記の方法によって，サーバ管理者や掲示板管理者・運営者が判明したら，これらの者に対して，プロバイダ責任制限法4条に基づいて，発信者情報の開示を求めることとなります。発信者情報の開示を請求する場合には，「プロバイダ責任制限法　発信者情報開示関係ガイドライン」（プロバイダ責任制限法ガイドライン等検討協議会）記載の書式例（本設問末尾の**書式例**参照）が参考になります。同書式例は，社団法人テレコムサービス協会ホームページ（http://www.telesa.or.jp/consortium/pdf/provider_070226_guideline.pdf）から入手可能です。また，掲示板によっては，所定の手続を定めている場合があり，その手続に従うことを要求されることもあります。

ところで，インターネット上の掲示板については，発信者が自己の接続プロバイダ等を通じて書込みを行っていることが多く，サーバ管理者や掲示板管理者・運営者が発信者の住所・氏名等を管理していることはあまりありません。このような場合，サーバ管理者や掲示板管理者・運営者から発信者の情報を直接取得することはできませんので，取り敢えず発信者の接続プロバイダのIPアドレスや情報が発信された特定の日時（タイムスタンプ）等の情報を取得し，続いて，発信者の接続プロバイダに対して発信者情報の開示を請求することとなります。

　発信者情報の開示請求を受けたプロバイダ等は，「発信者と連絡することが出来ない場合その他特別の事情がある場合」を除いて，発信者から意見を聴取し（聴取義務があります），その意見を尊重しつつ，プロバイダ責任制限法4条の要件，すなわち，侵害情報の流通によって開示請求者の権利が侵害されたことが明らかであり，かつ，開示請求者が発信者情報の開示を受けるべき正当な理由があるか否かを検討して，開示・非開示の判断をします。

　(c)　開示請求の限界　　もっとも，無料で利用できるサイト等では発信者情報をもともと取得しない，あるいはすぐに情報を削除してしまうケースがあり，そのような場合には発信者を特定できないこととなってしまいます。また，プロバイダ等の運営主体が海外の法人であったり，侵害情報の流通経路に海外に所在するサーバを経由していたりする場合には事実上追及が困難となります。

　(d)　民事保全（仮処分）手続の利用　　プロバイダ等は，発信者情報開示の要件が厳格であること（権利侵害の明白性が要求されている）や，開示をしなかった場合でも免責が幅広く認められていること（プロバイダ等に重過失が必要とされる）からか，発信者情報を任意に開示しない傾向にあり，大手プロバイダ等は原則として裁判手続によって解決を図っているようです。また，プロバイダ等は，発信者情報を通常1ヵ月ないし3ヵ月程度で消去してしまうことが多いとされています。

　発信者情報が任意に開示されない場合には，プロバイダ等に対して，発信者情報の開示を求める仮処分や発信者情報の消去を禁止する仮処分を申し立てることが考えられます。当該プロバイダ等が発信者を直接特定し得るよう

な情報（住所，氏名等）を有している場合には，発信者情報の消去禁止を求めることで必要にして十分であるという議論もありますが，仮処分申立ての段階では当該プロバイダ等が発信者の住所・氏名等の情報を有しているかどうかは分かりません。当該プロバイダ等がそのような情報を有しておらず，IPアドレスやタイムスタンプ等の情報しか有していない場合は，まず仮処分でIPアドレス等の情報の開示を求め，開示された情報に基づいて，さらに別のプロバイダ等に対して発信者情報の開示を請求する必要があります。したがって，仮処分においては発信者情報の消去禁止とともに発信者情報の開示を求める必要があります。

(2) 削除請求

名誉を毀損された者は，プロバイダ等に対して，人格権としての名誉権に基づいて，当該情報の削除を請求することができます。プロバイダ等に対する削除請求の要件については，今後の裁判例の積み重ねにより明確となると思われますが，インターネット上の掲示板における名誉毀損表現に対する削除についての裁判例においては，当該表現の内容，被害者が被る損害の内容・程度，発信者ないし掲示板管理人が被る不利益等の諸事情を考慮して判断されているようです[*1]。

プロバイダ責任制限法は，プロバイダ等が削除請求を受けて削除した場合に，情報発信者に対する責任が免除される要件を定めています（プロバイダ3条2項）。つまり，①当該削除が必要な限度でなされており，かつ，②情報の流通によって他人の権利が不当に侵害されていると信じるに足りる相当の理由があるか，又は，プロバイダ等が発信者に削除に同意するか否かを照会した場合に，発信者が当該照会を受けた日から7日を経過しても不同意の申出がなかったとき，にはプロバイダ等が当該情報を削除したとしても，発信者に対する損害賠償責任を免除されます。これらの要件は，あくまでプロバイダ等が発信者に対する責任を免除されるか否かに関するものですが，名誉を毀損された者が，プロバイダ等に削除を請求する際にも参考になると思われます。

プロバイダ等に対して削除請求をする場合には，まず，当該プロバイダ等に対して削除を要求する旨通知します。当該通知には決まった形式はありま

せんが，当該掲示板運営者が指定する書式や，ガイドラインの書式・手続に則って請求することが多いでしょう。当該通知には，どの記載が名誉毀損行為に該当するのかをできる限り明確にして，名誉毀損に該当する根拠等を明示しておくことが肝要です。

プロバイダ等が上記要求にもかかわらず名誉毀損表現を削除しない場合には，仮処分や訴訟を提起し削除を求めていくこととなります。

(3) 損害賠償請求

インターネット上の掲示板で名誉毀損行為がなされた場合，発信者が責任を負うことは当然ですが，プロバイダ等に対しても，不法行為に基づいて損害賠償を請求することができる場合があります。

プロバイダ等については，プロバイダ責任制限法によって，その責任が一定の場合に限定されています（プロバイダ3条1項）。すなわち，①送信防止措置が技術的に可能な場合であり，かつ，②プロバイダ等が，情報の流通によって他人の権利が侵害されていることを知っている，又は，プロバイダ等が，情報の流通を知っていて，当該情報の流通によって他人の権利が侵害されていることを知ることができたと認めるに足りる相当の理由がある場合，当該プロバイダ等に対して損害賠償を請求することができます。

例えば，前記の削除請求をしたにもかかわらず，プロバイダ等がこれに応じない場合には，プロバイダ等に対する損害賠償請求が認められる可能性があります。

3　検索エンジンに対する対応

当該掲示板上の表現を削除しても検索エンジンに情報が残ってしまうことがあります。このような場合には，主要な検索エンジンに対して，検索結果としてヒットすることがないように必要な処置を取るよう申し入れることを検討する必要があります。この申入れの方法については各検索エンジンに確認する必要がありますが，郵送やファクシミリでも対応してもらえる場合があります。申入れの際，既に掲示板上の表現は削除された旨申し添えると検索エンジンの対応も比較的速やかになされます。

また、そもそも、検索エンジンにおける検索結果にヒットしないようにできたならば、掲示板上の表現を削除しなくても、多数の者に当該名誉毀損表現が見られることを回避でき、目的を達成できる場合もあります。

4 その他

当該書込みの内容の浸透度・重要度に応じて、無用な損失や混乱を回避し、誤解を解くために、株主や取引先、従業員に対して、当該書込みが事実でない旨の説明を要する場合があります。場合によっては、コメントを発表したり、記者会見を開いたりといった対応が必要な場合もあるでしょう。

また、当該書込みの内容の浸透度・重要度によっては、監督官庁や同業者団体等に対しても、問い合わせを受ける前に虚偽である旨報告しておくことが望ましい場合もあります。

引用判例

＊1　東京地判平14・6・26判時1110号92頁、東京高判平14・12・25判時1816号52頁、東京地判平15・7・17判時1869号46頁。

【渡邉　誠】

書式例　発信者情報開示請求書

　　　　　　　　　　　　　　　　　　　　　　　　　　　年　月　日

［特定電気通信役務提供者の名称］御中

　　　　　　　　　　　　［権利を侵害されたと主張する者］（注1）
　　　　　　　　　　　　　　　住所
　　　　　　　　　　　　　　　氏名　　　　　　　　　　　　　　印
　　　　　　　　　　　　　　　連絡先

　　　　　　　　　　　　発信者情報開示請求書

　［貴社・貴殿］が管理する特定電気通信設備に掲載された下記の情報の流通により，私の権利が侵害されたので，特定電気通信役務提供者の損害賠償責任の制限及び発信者情報の開示に関する法律（プロバイダ責任制限法。以下「法」といいます。）第4条第1項に基づき，［貴社・貴殿］が保有する，下記記載の，侵害情報の発信者の特定に資する情報（以下，「発信者情報」といいます。）を開示下さるよう，請求します。
　なお，万一，本請求書の記載事項（添付・追加資料を含む。）に虚偽の事実が含まれており，その結果［貴社・貴殿］が発信者情報を開示された契約者等から苦情又は損害賠償請求等を受けた場合には，私が責任をもって対処いたします。

　　　　　　　　　　　　　　　記

［貴社・貴殿］が管理する特定電気通信設備		URL：
掲載された情報		
侵害情報等	侵害された権利	
	権利が明らかに侵害されたとする理由（注2）	
	発信者情報の開示を受けるべき正当理由（複数選択可）（注3）	1．損害賠償請求権の行使のために必要であるため 2．謝罪広告等の名誉回復措置の要請のために必要であるため 3．差止請求権の行使のために必要であるため 4．発信者に対する削除要求のために必要であるため 5．その他（具体的にご記入ください）
	開示を請求する発信者情報（複数選択可）	1．発信者の氏名又は名称 2．発信者の住所 3．発信者の電子メールアドレス

		4．発信者が侵害情報を流通させた際の，当該発信者のIPアドレス（注4） 5．4のIPアドレスから侵害情報が送信された年月日及び時刻
証拠（注5）	添付別紙参照	
発信者に示したくない私の情報（複数選択可）（注6）	1．氏名（個人の場合に限る） 2．「権利が明らかに侵害されたとする理由」欄記載事項 3．添付した証拠	

(注1) 原則として，個人の場合は運転免許証，パスポート等本人を確認できる公的書類の写しを，法人の場合は資格証明書を添付してください。加えて，代理人弁護士の場合は本人からの委任状を添付してください。

(注2) 著作権，商標権等の知的財産権が侵害されたと主張される方は，当該権利の正当な権利者であることを証明する資料を添付してください。

(注3) 法第4条第3項により，発信者情報の開示を受けた者が，当該発信者情報をみだりに用いて，不当に当該発信者の名誉又は生活の平穏を害する行為は禁じられています。

(注4) IPアドレスについては，特定できない場合がありますので，あらかじめご承知おきください。

(注5) 証拠については，プロバイダ等において使用するもの及び発信者への意見照会用の2部を添付してください。証拠の中で発信者に示したくない証拠がある場合（注6参照）には，発信者に対して示してもよい証拠一式を意見照会用として添付してください。

(注6) 請求者の氏名（法人の場合はその名称），「管理する特定電気通信設備」，「掲載された情報」，「侵害された権利」，「権利が明らかに侵害されたとする理由」，「開示を受けるべき正当理由」，「開示を請求する発信者情報」の各欄記載事項及び添付した証拠については，発信者に示した上で意見照会を行うことを原則としますが，請求者が個人の場合の氏名，「権利が明らかに侵害されたとする理由」及び証拠について，発信者に示してほしくないものがある場合にはこれを示さずに意見照会を行いますので，その旨明示してください。なお，連絡先については原則として発信者に示すことはありません。

以上

［特定電気通信役務提供者の使用欄］

開示請求受付日	発信者への意見照会日	発信者の意見	回答日
（日付）	（日付） 照会できなかった場合はその理由：	有（日付） 無	開示（日付） 非開示（日付）

第11章

反社会的勢力と金融関係事件

Q51 手形関係事例──手形の盗難，偽造

① 事務所の金庫に取引先から受け取った手形を入れておいたのですが，昨晩事務所荒らしに遭い，盗まれてしまいました。当社はどのように対応すればよいですか。
② 数日後，金融ブローカーを名乗る男から「貴社の手形を持っている人物を知っている。今なら額面の4割で買い戻せるが，どうか」との提案がありました。この申出に乗るべきでしょうか。
③ 振り出した覚えのない手形の手形金が請求されました。どのように対応すればよいのでしょうか。

A

> いずれの場合も，取引停止処分を免れることが最優先です。
> そのためにまず警察に通報してください。質問①，②の場合は，振出人から支払銀行に事故届を提出してもらうと同時に，支払銀行に異議申立預託金を預託してもらいます。質問③の場合は，支払銀行に異議申立手続を行ってください。

解説

1 手形の不渡と取引停止処分

(1) **取引停止処分とは**

取引停止処分とは，手形・小切手の不渡に関して，その振出人に対してとられる制裁措置です。具体的には，振出人は，手形交換所に加盟しているすべての金融機関との間で2年間にわたり，当座勘定及び貸出しの取引ができなくなります。

東京手形交換所規則（以下「規則」といいます）65条によると，6ヵ月間に2

回不渡を出したときに，取引停止処分がなされることになっています。

取引停止処分がなされると，その会社は手形・小切手を振り出すことができず，現金で取引をするしかなくなってしまいます。また，取引先，金融機関等の信用を失い，会社倒産に至ることになります。

したがって，何よりも取引停止処分を避けなければなりません。

(2) 不渡とは

支払銀行が呈示された手形の支払を拒絶することを，手形の不渡といいます。手形の不渡には，その不渡事由に応じて，以下のように区分されています（東京手形交換所規則施行細則（以下「細則」といいます）77条1項1号）。

【0号不渡】……適法な呈示でないこと等を事由とする不渡事由（形式不備，裏書不備，呈示期間経過後，除権決定，破産手続開始決定等）

【1号不渡】……資金不足，取引なし

【2号不渡】……契約不履行，詐取，紛失，盗難，偽造，印鑑相違等

このうち，0号不渡は，取引停止処分の対象とはなりません。1号不渡は，直ちに取引停止処分の対象となります。2号不渡は，異議申立て（後述）をすれば取引停止処分の対象にはなりません。

したがって，手形が盗難，偽造された場合，まずは1号不渡を免れる必要があり，2号不渡が発生した場合も，異議申立てをして取引停止処分を免れる必要があります。

2 手形が盗難された場合の対応

(1) 初期対応

質問①は，事務所荒らしに遭って，手形が盗まれたケースです。

手形が盗まれた場合，当然に手形上の権利を失うことにはなりません。しかしながら，手形が善意の第三者に渡り，善意取得された場合，その反射的効果として所持人は手形上の権利を失うことになります（手16条2項）。

よって，早急に以下のような対応をとらなければなりません。

(a) 警察への盗難届　まずは警察へ盗難届を提出し，捜査を依頼してください。早期に犯人が逮捕されれば，手形が第三者の手に渡ることを未然に

防ぐことも可能です。また、後述する公示催告手続に必要な盗難届受理証明書を警察から発行してもらうために、犯人逮捕に繋がらなくても届出をする必要があります。

(b) 支払銀行への事故届　警察への被害届と同時に、振出人に依頼して、支払銀行に対して事故届を提出してもらってください。

というのも、振出人は支払銀行に対し、当座勘定取引契約に基づき支払委託をしているので、振出人が支払委託を取り消した場合、支払銀行はその手形の決済をすることができなくなるからです。この場合、事実関係を明確にする意味から、事故届には紛失者（所持人）も連署したほうがよいでしょう。

なお、振出人以外の被害者から支払銀行への届出は、支払委託の取消しにはあたらず、銀行に注意を促す効果があるに過ぎません。

(c) 異議申立預託金　事故届の受理がなされ、その手形が呈示された場合は、「盗難」を不渡事由とする2号不渡となります。その場合振出人は、手形金と同額の資金を異議申立提供金として提供しなければ、1号不渡となります。

そこで、1号不渡を回避するため、振出人に依頼して、支払銀行に異議申立預託金を預託してもらいます（規則66条1項本文）。

すなわち振出人は、手形の額面額相当金を支払銀行に預託し、それを受けて支払銀行が手形交換所に手形金相当額を提供することにより、不渡処分を避けることができるのです。

仮に振出人が事故届を提出しない場合、銀行は、盗難手形であっても、手形が呈示された場合は支払を行わざるを得ません。この場合、銀行が印鑑の照合等を行って過失なく支払えば、その後、手形が除権決定により無効になったとしても、振出人は銀行の責任を追及できず、そのリスクは振出人が負うことになります。

盗難された所持人は、この点を振出人に説得し、事故届の提出を促すべきでしょう。

(d) 異議申立預託金の返還　異議申立預託金を積んだ場合、手形の支払義務の不存在が確認できれば、その返還を受けることができます。

そのためには、盗難の事実を証明する資料を収集し、支払銀行を通じて、

異議申立提供金返還請求書に事実を証明するための資料を添付して手形交換所に提出し，不渡手形審査専門委員会の審議を経て承認を得る必要があります（規則67条3項，細則82条）。

(e) 公示催告・除権決定

(ア) 公示催告制度とは　　善意取得者が現れることを防ぐために，公示催告制度を利用して，除権決定を得る必要があります。

公示催告制度とは，手形・小切手等を紛失した場合に，裁判所に申し立て，一定の期間内にその権利の届出をするように催告する制度であり，その期間内に届出がない場合は，手形等を無効にする除権決定を得ることができます。除権決定があれば，手形等の有価証券を所持していなくても，権利の行使が可能となります。

以下，公示催告手続について説明します。

(イ) 申立て　　公示催告手続は，当該手形の支払地を管轄する簡易裁判所に申し立てます（非訟141条以下）。

申立ての際に必要な書類は，以下のとおりです。

① 手形の振出証明書
② 盗難届受理証明書
③ 当事者の資格証明書又は商業登記簿謄本，委任状
④ 官報掲載用目録

(ウ) 手続の流れ　　公示催告手続の流れを図示すると，次頁の**図表1**のとおりです。

(エ) 除権決定の効力　　このような手続により，公示催告期日までに権利を主張する者が現れなかった場合は，除権決定が言い渡され，これにより当該手形は無効となります（非訟148条1項）。これを除権決定の「消極的効力」といいます。他方，除権決定後，権利者は手形を所持せずとも手形上の権利を行使することができます。これを除権決定の「積極的効力」といいます。

しかしながら，善意取得者の手形取得時期によって，除権決定と善意取得者の優劣が異なりますので，注意が必要です。

まず，公示催告申立前に第三者が手形を善意取得した場合，善意取得者は除権決定により手形上の権利を失うことはありません。次に，除権決定後に

図表1　公示催告手続の流れ

```
         簡易裁判所へ公示催告申立て
              ↓　2～3週間
         公示催告決定
              ↓
①申立人宛公示催告手続開始及び公示催告決定正本送達
②裁判所から財務省印刷局宛の官報掲載依頼
              ↓　約1ヵ月
         公示催告の官報掲載
              ↓　2ヵ月以上
①除権決定の言渡し
②裁判所から財務省印刷局宛の官報掲載依頼
              ↓　約1ヵ月
         除権決定の官報掲載
```

第三者が手形を取得した場合は，除権決定の効力が優先します。では，公示催告手続中に善意の手形取得者が登場した場合はどうでしょうか。これについて最高裁判例は，善意取得者が優先する旨判示しています[*1]。

(2) 手形訴訟

(a) **手形訴訟とは**　善意取得を主張する所持人が現れた場合は，手形訴訟で決着をつけることになります。その場合，所持人が振出人に対し，手形訴訟を提起するのが一般です。

手形訴訟は，民事訴訟法第5編「手形訴訟及び小切手訴訟に関する特則」に基づく金銭給付訴訟手続ですが，この訴訟の特徴としては，証拠調べは書証に限定されること（民訴352条），やむを得ない事由がある場合を除き第1回口頭弁論期日に審理を完了することが原則である（民訴規214条）等，簡易・迅速に手形所持人の権利が実現できる手続になっています。

その結果，手形所持人は形式的要件さえ調っていれば，手形訴訟で請求認容判決を受けることができますが，被告（振出人）は，手形判決に対して異議を申し立てることができ，その場合証拠調べ等に制限のない通常の訴訟に

移行します（民訴357条・361条）。

　(b)　仮執行停止　　手形訴訟による判決がなされた後被告が通常訴訟で争う場合，先になされている手形訴訟に仮執行宣言が付されていますので（民訴259条2項），強制執行停止の手続を執らなければ，執行がなされるおそれがあります（民訴398条）。執行停止を得るために担保提供が必要になりますが，これは手形金の満額が要求されることが多いので，資金の準備が必要です。

　(c)　善意取得

　(ア)　善意取得とは　　盗難手形に関する通常訴訟でもっぱら問題になるのが，善意取得です。

　手形法上，裏書の連続する手形の所持人は権利の推定を受け（手16条1項），裏書の連続した手形の譲渡人から手形を取得した者は原則として善意取得が認められます（同法16条2項本文）。手形取得者が手形上の権利を取得し，その反射的効果として元の権利者は手形上の権利を失います。

　他方，手形取得者が悪意又は重大な過失によって手形を取得した場合には，善意取得できません（手16条2項）。ここでいう「悪意」とは，手形取得当時，手形譲渡人が無権利者であることを知っていたことをいい，「重大な過失」とは，取引上必要な注意を著しく欠いたために譲渡人が無権利者であることを知らなかったことを意味するとされます。手形取得者の悪意・重過失は，振出人に立証責任があります。

　(イ)　悪意・重過失の立証　　では手形取得者に悪意・重過失がある場合とは，具体的にどのような場合なのでしょうか。

　この点について最高裁は，手形の譲受人は，直接の譲渡人に対する調査の結果，特に疑念を抱くべき事情が現れない限り，振出人及び他の裏書人に対して照会する必要はないが，手形の取得経緯について疑念を抱くべき事情があった場合には，振出人又は支払銀行等に対して振出しの経緯を調査すべきであるとしています[*2]。

　ここでいうところの「特に疑念を抱くべき事情」とは，(i)振出人が優良企業であること，(ii)手形面上の記載が不自然であること，(iii)手形の流通経緯が不合理であること，(iv)手形の譲渡代金が不当に安いこと，(v)譲渡人との間に面識がなかったこと，などが挙げられます。

手形取得者の悪意・重過失を立証することは簡単なことではありません。しかし最近の下級審判例では，上場企業等優良企業が振り出した手形（優良手形）が転々流通したケースにおいて，善意取得を否定する判決もあります。このような優良手形の所持人は，満期前に現金化の必要が生じた場合，銀行などの金融機関に低い割引率で割り引いてもらうことが可能であり，銀行等の金融機関以外の法人や個人に譲渡する経済的必要性はないので，そのような手形は一般に転々流通しないという理由からです[*3]。

そのほかにも，振出人と受取人の関係，手形上の記載，手形の流通経緯等を総合的に考慮して善意取得を否定する判例も出ています[*4]。

３ 手形の買取要求があった場合

(1) 買取要求の実態

１で手形が盗まれた場合，当該手形が第三者に転売されたり，支払銀行に持ち込まれたりするほか，振出人に買取要求されることもあります。

振出人は，手形が善意の第三者に渡り，善意取得されること，あるいは，暴力団に流れることにより，あたかも暴力団と取引があるかのようなイメージが広がることを恐れて，金融ブローカーの求めるままに買戻要求に応じることもあるようです。

(2) 対　　応

(a) 警察へ通報　　まずは，すぐに買取りに応ずることなく，返答を留保してください。そして返答するまでの間，警察に通報してください。手形を持ち込んだ自称金融ブローカーが盗んだのであれば，窃盗罪（刑235条）に該当しますし，そうでなくても，盗品であることを認識して譲り受けたのであれば，盗品譲受け罪（刑256条）に該当します。また，勝手に裏書等を記入しているのであれば，有価証券偽造罪（刑162条），行使しただけでも偽造・虚偽記入有価証券行使罪（刑163条）に該当します。

手形が流通する前に犯人が逮捕された場合，手形を回収することができますので，もっとも早く被害を防ぐことができます。

(b) 盗難手形としての対応　　買取要求があった段階で盗難に気がついた

のであれば，〔2〕と同様の手続をとります。

〔4〕 手形が偽造された場合

(1) 初 期 対 応

(a) 放置した場合の被害　偽造とは，権限のない者が他人の名義を偽って手形を作成することをいいます。

偽造された手形について，被偽造者である振出人は，責任を負わないのが原則です。

しかしながら，形式上裏書の連続があり，形式的不備がなければ，支払銀行は支払に応じてしまいます。そのような場合，不渡処分となり，信用が失墜し，事実上倒産に追い込まれる事態にもなりかねません。

では，どのように処理するべきでしょうか。

(b) 警察への通報　まず，警察に被害届を提出するべきです。

手形を偽造して行使した場合，有価証券偽造罪，同行使罪に該当します。所持人が，偽造された手形であることを知りながら譲り受けた場合も，偽造有価証券行使罪は成立します。

警察への被害届は，支払銀行に事故届を提出する際に重要な資料になりますので，その意味でも被害届を早急に提出するべきです。

(c) 異議申立預託金　最終的に裁判で責任を負わない結果になるとしても，その前に1号不渡を出してしまうと，信用不安が生じ，振出人は大きな損害を被ることになるでしょう。そこで，取引停止処分を回避するために，異議申立制度を利用します。

(d) 異議申立預託金の免除　異議申立手続を行う際は，原則として異議申立預託金を積まなくてはなりませんが，知らないうちに巨額の手形を偽造された場合など，額面相当額の預託金を用意できない場合も考えられます。

そのような場合，支払銀行を通じて，手形交換所の不渡手形審査専門委員会の承認を得れば，預託金を用意しなくても異議申立てができ，不渡処分を受けずに済みます（規則66条1項但書，細則79条1項）。

その場合に必要な書類は，以下のとおりです。

① 告訴状及び同受理証明書（写し）
② 振出人等の陳述書
③ 当座勘定取引明細書
④ 届出印鑑写し
⑤ 偽造又は変造手形の写し

(2) **手形訴訟**

異議申立手続をとった場合，手形の所持人は手形訴訟を提起してくることになるでしょう。

手形訴訟又は通常訴訟で，手形が偽造であることを証明すれば，被偽造者は責任を負うことはありません。

偽造の事実を立証するためには，手形の署名，印鑑等をよく確認して，その流通経路も含め，不自然な点を精査することが必要になります。

(3) **振出人が責任を負う場合**

手形が偽造された場合，被偽造者は責任を負わないことが原則です。しかし，以下の場合は責任を負う場合もありますので，注意が必要です。

(a) 表見代理類推適用　民法に規定されている表見代理規定（民109条・110条・112条）を類推適用される場合があります。例えば，銀行届出印を他人に預けておいてこれを使用された場合や，代理人が代理権の範囲を超えた金額で手形を振り出した場合や，代理権消滅後に手形を発行した場合等です。表見代理が類推適用される場合は，手形取得者が善意・無過失であることが必要です。

(b) 不法行為に基づく損害賠償請求　偽造者が被偽造者の従業員等であった場合，所持人が，被偽造者に対し，不法行為に基づく損害賠償を請求することが考えられます（使用者責任，民715条）。従業員の手形振出行為が，外形上，あたかも職務の範囲内であるように見られる場合は，雇用主である振出人も責任を負うことになるのです。例えば，経理課の従業員が勝手に手形を振り出した場合などです。もっとも，所持人に悪意又は重過失があった場合は，被偽造者は責任を負いません。

■ **引用判例**

＊1　最判平13・1・25判時1758号206頁。

* 2 　最判昭47・11・10判時689号103頁，最判昭52・6・20判時873号97頁。
* 3 　東京高判昭59・6・27金商701号39頁，東京地判平11・6・30判タ1017号238頁，大阪地判平12・2・29判タ1050号23頁，東京高判平13・4・23金商1117号21頁ほか。
* 4 　東京地判平11・5・28判タ1017号219頁，東京地判平11・8・26判時1708号162頁ほか。

【丸山　央】

Q52　システム金融・ヤミ金事例

当社は資金繰りに窮し、ダイレクトメールで知った金融業者から、小切手を担保に50万円の融資を受けるために、25万円の小切手を3枚、満期をそれぞれ1週間後、2週間後、3週間後として送付し、実際に融資を受けましたが、返済のあてもなく、毎日厳しい取立ての電話がかかってきて、振り出した小切手が不渡処分になるのではないか不安です。どうすればよいでしょうか。

A

　システム金融業者から借り入れた金銭について、返済する必要はありません。システム金融は明らかに出資の受入れ、預り金及び金利等の取締りに関する法律（以下「出資法」といいます）に違反しているので、消費貸借契約は公序良俗違反（民90条）により無効であり、受領している金員も不法原因給付（民708条本文）を理由に法律上返還義務のないものといえます。
　したがって、まずは弁護士に相談してください。そのうえで警察に通報するなどの手段を採りましょう。振り出した小切手については、その不渡を回避するために、振出人として支払銀行に事故届を提出し、異議申立提供金を預託してください。

解説

1　システム金融とは

(1) 定　義

　システム金融には、様々な形態がありますが、「ヤミ金融」の一種であり、中小の零細事業者等を対象としてファクシミリやダイレクトメールで融資の勧誘を行い、事業者からの融資の申込みに対しては、面談することな

く，担保として手形や小切手を郵送させるだけで融資をすることをいいます。

　本設問の場合における金利は非常に高いものです（この例では，25万円を3週間，25万円を2週間，また25万円を1週間それぞれ運用した利息が25万円ということになるので，年利は約869.05％になります）。これらの金利は，出資法5条2項に定める上限金利（現在貸金業者の場合，年利29.2％ですが，貸金業の規制等に関する法律の一部を改正する法律（平成18年法律第115号）（以下「平成18年改正法」といいます）5条が施行されれば，年利20.0％となります）を大幅に超えるものであり，明らかに違法です。

　これらの金融業者は貸金業の登録をしていない無登録業者です。この点も貸金業の規制等に関する法律（以下「貸金業規制法」といいます）11条1項に反し，違法です。

　システム金融業者は，業者間で顧客情報を交換しあっており，事業者がシステム金融業者から一度借入れをすると，手形・小切手の支払期日が近づいたころに，顧客情報を交換している別の金融業者から集中的に融資の勧誘を受けることになります。

(2) **システム金融の恐ろしさ**

　システム金融の恐ろしさは，まず非常に高い利息にあります。

　次に，システム金融業者は，支払のために手形・小切手を振り出させますが，この手形を否応なしに交換にまわします。不渡処分に追い込む旨を脅して債権の回収を図るのです。

　このように，不渡のおそれがあることから，借主は金策に追われることになり，その結果，別のシステム金融業者から借入れをする羽目に陥るのです。そして，最終的には，倒産へと追い込まれてしまいます。

　さらに，悪質な場合には，貸付けが繰り返され，借金が膨らんで，借主が金策に行き詰ったとみると，受け取っている手形・小切手を暴力団系の金融機関で割り引くなどして取立てにまわし，借主は倒産した後も暴力的な取立てに遭い，それらが暴力団の資金源となっているのです。

(3) **システム金融からの借入れの法的効果**

　(a) 刑事上の効果　　システム金融業者の貸付けは，まず，出資法違反で

すので，刑事罰が科されます。出資法5条2項によれば，金融業者が年利29.2％（平成18年改正法5条が施行されれば，年利20.0％となります）を超える割合による利息の契約をし，又はこれを超える割合による利息を受領したときは，5年以下の懲役若しくは1,000万円以下の罰金に処し，又はこれを併科するとされています。

　また，システム金融業者の貸付けは，貸金業規制法違反でもありますので，この点からも刑事罰が科されます。貸金業規制法3条1項，同法11条1項によれば，貸金業を営むには内閣総理大臣又は都道府県知事の登録を受けることが必要であり，この登録を受けずに貸金業を営んだ者は，同法47条2号により，5年以下の懲役若しくは1,000万円以下の罰金に処せられ，又はこれを併科するとされています。

　(b)　民事上の効果　　このように出資法及び貸金業規制法に違反する貸付けは，公序良俗に反する（民90条「公の秩序又は善良の風俗に反する事項を目的とする法律行為は，無効とする。」）ものとして無効であり，受領している金員も不法原因給付（民708条本文「不法な原因のために給付をした者は，その給付したものの返還を請求することができない。」）を理由に法律上返還する義務を負わないものです。

(4)　近年の裁判例及び法改正

　システム金融自体に関する裁判例ではありませんが，平成15年貸金業規制法改正（貸金業規制法については平成15年に改正がなされ，貸金業を営む者が業として行う金銭消費貸借契約において，平年に年利109.5％を超える利息の契約をしたときは，その消費貸借契約を無効とするとされています）（貸金42条の2）前に締結された利息133.3％を超える高金利の消費貸借契約について，借主に金銭消費貸借契約に関する知識，高金利の借入れや連帯保証が持つ危険性に対する認識が著しく欠けているといった事情を考慮して，利息の合意のみならず，消費貸借契約自体も公序良俗に違反するとして無効とした裁判例があります[*1]。

　また，貸付けの利率が出資法5条2項所定の年利29.2％のみならず，同条1項所定の年利109.5％をもはるかに超えるような利息に関する合意自体が犯罪行為を構成することを判示し，その違法性の高い犯罪行為を構成する超高金利という客観的要件を重視して金銭消費貸借契約それ自体が暴利行為と

して公序良俗に反し無効であるとされた裁判例もあります（なお，本件の控訴審判決（東京高判平17・8・30）において，貸金業者から借主に対して交付額の一部について不当利得返還請求が追加されていましたが，その交付は不法原因給付に当たるとして請求が棄却されています）[*2]。

なお，これらの裁判例は，平成15年改正貸金業規制法下においても，年利109.5％以下の違法な高金利を定めた金銭消費貸借契約については，その射程の範囲内であると考えられます。

さらに，平成18年法改正に伴い，上限金利の引下げ等が実現しました。前述しましたように，平成18年改正法が施行されると，出資法の上限金利が年利29.2％から20.0％へと引き下げられ，年利20.0％を超過すると出資法違反となり，刑事罰の対象となります。また，利息制限法の上限金利は現状維持とされましたが，貸金業規制法43条の「みなし弁済」規定は廃止されます（いわゆるグレーゾーン金利の廃止）。この結果，貸金業者は，利息制限法の上限金利を超える利息の受領等は禁止されるため（貸金12条の8第4項），貸金業者がこの領域の利息を受領すると，貸金業規制法違反として行政処分の対象となります（貸金24条の6の3・4）。

2 システム金融から借り入れてしまったときの対応

(1) 弁護士への相談

システム金融業者から借り入れてしまった場合，できるだけ早急に弁護士に相談してください。相談された弁護士がシステム金融業者との交渉に乗り出します。このとき，弁護士に事情を説明するためにも，システム金融業者から送られてきたファクシミリの用紙，手形・小切手帳の原符（手形・小切手帳の「耳」），受取人の提出した領収証書及び簡易書留の控え等システム金融業者とのやり取りの記録は保存・整理しておいてください。これらは後日の裁判において有力な証拠となります。

弁護士が交渉に乗り出せば，システム金融業者は自らの違法性を認識しているので，かなりの高い割合で弁護士の要求に応じてきます。

(2) 警察・検察への告訴・告発

出資法及び貸金業規制法違反を理由に警察・検察への告訴（刑訴230条）・告発（刑訴239条1項）をすることが考えられます。システム金融業者は出資法及び貸金業規制法の刑事罰規定に違反しているので，処罰を求めて警察・検察へ届け出ます。

(3) 支払銀行への事故届の提出

借主が手形を振り出している場合は，支払銀行に対して事故届を提出する必要があります。

振出人は，支払銀行に対し，当座勘定取引契約に基づき支払委託をしているのですが，振出人が事故届を提出して支払委託を取り消せば，支払銀行はその手形の決済をすることができなくなるからです。

(4) 異議申立提供金の預託

振出人が支払銀行に事故届を提出しただけで，振出人は支払義務を免れることはできません。支払期日に手形の呈示があった場合，振出人が支払わなければ，振出人は不渡処分を受けることになってしまいます。

そこで，不渡処分回避のため，振出人たる借主は，支払銀行に異議申立提供金を預託します（東京手形交換所規則66条1項本文）。

すなわち振出人は，手形の額面額相当金を支払銀行に預託し，それを受けて支払銀行が手形交換所に手形金相当額を提供することにより，振出人は不渡処分を避けることができるのです。

もっとも，異議申立提供金が用意できない場合には，不渡処分を覚悟する必要があります。

(5) 手 形 訴 訟

(a) 手形訴訟とは　異議申立提供金を積んで当面の不渡処分を回避したとしても，手形の所持人であるシステム金融業者若しくは手形について善意取得を主張する所持人が手形訴訟を提起してくる可能性が考えられます。通常，手形訴訟を提起するのは所持人であることから，振出人である借主は受身の立場に立たされることになります。

手形訴訟は，民事訴訟法第5編「手形訴訟及び小切手訴訟に関する特則」に基づく金銭給付訴訟手続です。この訴訟の特徴としては，証拠調べは書証に限定されること（民訴352条），やむを得ない事由がある場合を除き第1回

口頭弁論期日に審理を完了することが原則である（民訴規214条）等，簡易・迅速に手形所持人の権利が実現できる手続になっています。

　その結果，手形所持人は形式的要件さえ整っていれば，手形訴訟で請求認容判決を受けることができます。これに対して，被告の立場に立つ借主は，手形判決に対する異議を申し立てることができ，その場合証拠調べ等に制限のない通常の訴訟に移行します（民訴357条・361条）。

　(b) 仮執行停止　なお，手形訴訟による判決がなされた後，被告が通常訴訟で争う場合，先になされている手形訴訟に仮執行宣言が付されているので（民訴259条2項），強制執行停止の手続を執らなければ，執行がなされるおそれがあります（民訴398条）。執行停止を得るために担保提供が必要になりますが，これは事案に応じて手形金の3～8割程度要求されますので，資金の準備が必要です。

引用判例

＊1　福岡高判平17・1・27判タ1177号188頁。
＊2　東京地判平17・3・25判時1914号102頁。

【熊谷　剛英】

Q53 倒産事件事例①――整理屋の介入

当社の売掛先のA社が倒産状態に陥り，A社の債権者と称する暴力団員風の人物が「任意整理を行うから協力しろ」といって債権者集会を支配しようとしています。どのような点に留意するべきでしょうか。

A

ルールが明確でない任意整理手続は，時として整理屋に不当な利益を得させる結果となるおそれがあります。対応に当たっては，整理屋の用いる甘言に乗ったり，威圧的な言動に屈しないことが肝要です。脅迫罪，強要罪などで警察に刑事告訴，刑事告発したり，裁判所が関与する法的整理手続（破産，民事再生，会社更生など）を申し立てるなど，公平，公正な手続を取ることが大切です。

解説

1 整理屋とは

(1) はじめに

紛争が起きた際，弁護士でないにもかかわらずその事件を解決すると称して事件に介入し報酬を取得しようとする「事件屋」や，会社財産や債務を整理すると称して利益の獲得をもくろむ「整理屋」などが出てくることがあります。

会社が倒産状態に陥った際，その会社を再建したり清算したりするには，大きく分けて裁判所の関与する法的整理手続（破産，民事再生，会社更生など）と裁判所の関与しない任意整理手続の2つの方法があります。法的整理手続は，裁判所の監督の下に行われるため，整理屋は介入できず，公平，公正な

処理が行われます。他方，任意整理手続は，債権者と債務者との自治的・自主的な合意に基づく手続であり，処理を迅速，柔軟に行うことができる反面，暴力団などの反社会的勢力が整理屋として介入してくる余地があり，他の債権者の利益を不当に害するおそれがあります。

(2) 整理屋の具体的な介入パターンと特徴

整理屋が，倒産会社に介入してくるパターンとして一般に指摘されているのは，①甘言を用いて（例えば「印鑑，通帳，手形・小切手帳などを渡せば会社を救ってあげます。金銭も代表者に残ります」などといって）入り込むケース，②金融機関に新規融資を断られた企業や経営者に対して，その窮状につけ込んで高利で融資し，その際に担保（例えば，売掛金債権，手形・小切手，不動産，在庫商品，什器備品など）を取得して会社に入り込むケース，③倒産会社に対する債権を安価で譲り受けて，債権者として介入するケース，などがあります。

整理屋は，売掛金を独占的に回収し，債務を踏み倒し，会社の保有不動産や在庫商品を売却し，手形を乱発するなどして会社を食い物にしようともくろんでいます。

整理屋は，会社が倒産の危機（末期状態）にあっても，法的整理には決して移行せずに，任意整理手続を維持し会社の債権者でつくる債権者集会を支配し，総債権者の同意を得たという形だけは整えて，会社財産を勝手に処分し自分たちの利得を図ろうとします。

(3) 整理屋の手口

整理屋は，様々な手口を用いて債権者集会を支配しようとします。例えば，(i)脅迫行為によって他の債権者の権利行使を妨害する，(ii)自己の債権を放棄するかのように仰々しい芝居（実際には何らの債権も持っていない場合もあります）をして，他の債権者に債権放棄を促す，(iii)他の債権者に対して強引に委任状の交付を要求し，その代理人として勝手な処理をする，などです。

このような方法で，整理屋は債権者集会において強力な発言力を持ち，債権者集会を支配し実権を握ります。そして，債権者集会が正当に成立したかのような外観を装い，会社再建とか会社清算の名目で勝手に会社の財産を処分し，自分だけ利益を得て，他の債権者は切り捨てていくのです。

2　整理屋の排除方法

(1)　倒産会社の代表者の心構え

　倒産会社の代表者は，甘言を用いる整理屋を信用してはいけません。「印鑑，通帳，手形・小切手帳を渡せば会社を救えるし，金銭も残る」などというのは，倒産会社の窮状につけ入る作戦に過ぎません。そのような約束（保証）が，会社の外部の人間に，しかも事前にできるわけがありません。会社が倒産すれば，取引先や連帯保証人に迷惑をかけると思い悩んだ末，藁にもすがる思いで整理屋の罠にかかる会社代表者も見受けられます。しかし，整理屋の介入を許せば，取引先などの関係者により大きな損害を与える結果となってしまいます。万策尽きて倒産の危機に瀕したら，怪しげな人物の口車に乗ることなく，まず弁護士に相談してください。

(2)　債権者の心構え

　大切なことは，整理屋の甘言に乗ったり威圧的な言動に屈しないことです。整理屋から脅迫や強要を受けても，一切の協力を拒否する勇気を持ってください。任意整理はあくまでも総債権者の合意に基づいて行うものですから，合意がなければ何らの拘束力もありません。

(3)　具体的な対応

　では，本設問のように整理屋が介入してきたときに，どのように対応すべきでしょうか。

　(a)　委任の事実などの確認　　まず，その整理屋が本当に債権者かどうか，また債権者の代理人なら委任者は誰かを確認してください。倒産会社の代表者に事情を聞くことができれば，事実関係が判明するでしょう。また，その整理屋に対して債権者であること，あるいは債権者の代理人であることを証明させてもよいでしょう。確認ができなければ，その整理屋を債権者ないし債権者の代理人と認めることはできませんので，その整理屋は債権者集会を主催することができなくなります。

　(b)　委任の撤回　　仮に，整理屋が本当にある債権者から委任を受けていたとしても，委任契約は原則としていつでも取り消せますので，委任した債

権者に対して事情を説明し委任の撤回を求めることも検討しましょう。その整理屋が，脅迫や強要によって他の債権者から債権譲渡を受けていたり，委任を受けていたりすれば，その債権譲渡行為や委任行為は取り消せます。また，脅迫や強要はそれ自体犯罪行為ですので，脅迫や強要を理由に整理屋を刑事告訴，刑事告発することもできます。

(c) 法的手続　整理屋を排除する最もよい方法は弁護士に依頼して法的整理手続（破産，民事再生，会社更生など）を取ることです。法的整理手続に入れば，整理屋は勝手な行動ができなくなります。ただ，債権者は，通常倒産会社の資産，負債，倒産原因などの内情を知りませんし，法的整理手続を取るには裁判所に予納金を納める必要があります。これらの点も含めて，よく弁護士と相談してください。

(d) 大口債権者との連携　この種の事案では，倒産会社の代表者が整理屋側に取り込まれていることもよくあります。他の大口債権者と連絡を密にして協力態勢を作っておくことが重要です。

(e) 刑事手続の利用　整理屋に協力しなかったり，整理屋と対立すると，時には整理屋から暴行，傷害，脅迫などの被害を受けることがあります。そのような事態が予想されるときには，事前に弁護士とよく相談し，警察に連絡したり，身辺警護を要請したり，具体的に被害事実を申告する刑事告訴などの対応策を取る必要があります。

【平賀　修】

Q54 倒産事件事例②──占有屋の介入

当社は倒産状態にあるＡ社に対して貸金債権を有し、Ａ社所有不動産に抵当権を有しています。ところが、当該不動産は暴力団員風の人物によって占拠されてしまいました。当社の貸金債権を回収するためには、どのように対処すればよいでしょうか。

A

債権者が債権を回収するためには、対象不動産の抵当権を実行します。対象不動産に不法占拠者がいると、対象不動産の評価価値が低下しますので、民事執行法上の保全処分を申し立て、不法占拠者を排除する必要があります。

解説

1 占有屋とは

(1) **はじめに**

紛争の対象となっている不動産や、紛争の相手方が所有する不動産に居座って、不当な権利を主張したり、解決金名目で金銭を要求したりする者のことを「占有屋」といいます。

(2) **占有屋のタイプ**

占有屋には、一般的に2つのタイプがあるといわれています。

1つ目は、多額の債務を抱えた会社やその経営者の所有する不動産に賃借権その他の使用権があると主張して当該不動産を占拠し、「出ていって欲しければ立退料を出せ」などと立退料を請求してくるケースで、「立退料請求型」とでもいえるタイプです。

2つ目は、資金繰りに窮している会社に融資をする際、会社やその経営者

の所有する不動産について賃貸借契約書，停止条件付譲渡契約書（債務者が「返済ができなくなった場合には当該不動産を譲渡します」という内容を記したもの），動産処分同意書（債務者が「当該不動産の中にある動産は処分して構いません」という内容を記したもの，以上を称して「3点セット」ともいわれます）を取りつけて，後日支払がないことを理由に当該不動産を占拠し，担保権者から担保権を安く譲り受けて当該不動産の完全な所有権を取得したり，当該不動産を第三者に賃貸して賃料を取得したりする者です。「債務者に対して貸金債権を持っている。賃借権や所有権もある。債権を回収するまで占有を続ける（収益を続ける）」等と主張してくるケースで「物件取得型」あるいは「物件利用型」とでもいえるタイプです。

2 対応方法

(1) 総　論

　占有屋が賃貸借契約等を主張して担保物件である不動産を占有すると，当該不動産の評価価値（競売価格）が低くなってしまいますし，占有屋が占拠しているということが分かると，それを嫌って競落人が現れないこともあります。

　不動産競売手続は，売却基準価格を下げながら売却手続を3回実施しても買受けの申出がなかった場合，諸事情を考慮した上で，さらなる売却の見込みがないと認められると，裁判所が競売手続を停止することになります（民執68条の3）。

　占有屋は，担保不動産を不法に占拠することによって当該不動産の競売手続を妨害し，担保権者に立退料を要求したり，担保権者から担保権を安価で購入し当該不動産の完全な所有権を取得したり，あるいは市場価格より極めて低廉となった売却基準価格で当該不動産を落札したりして不当な利益を得るのです。

(2) 売却のための保全処分（民執188条・55条）

　(a)　抵当権者は，債権を回収するために債務者所有の不動産に対して抵当権を実行し，不動産競売の申立てをします（民執180条）。競売の開始決定が

なされ，債務者に送達されると，差押えの効力が発生します（民執188条・46条1項）が，債務者は差押え後も通常の用法に従って当該不動産を使用・収益することができますので（民執46条2項），債務者の行為などによって当該差押不動産の価値が不当に減少することがあります。

(b) そこで民事執行法は，債務者又は不動産の占有者が不動産の価格を減少させ，又は減少させるおそれがある行為（価格減少行為）をするとき，差押債権者の申立てにより，執行裁判所は価格減少行為を禁止し，又は一定の行為を命ずる保全処分を発令することができると定めました（民執188条・55条）。

(c) 「価格減少行為」の例としては，通常，目的不動産の損壊，造作の撤去，土砂の搬出，山林の伐採，更地上の建物建築，管理・保存行為の懈怠などが挙げられます。なお，担保不動産に賃借人がいればそれだけで当該不動産の価格は減少すると考えられますが，賃貸借が正常なものであれば「価格の減少又はそのおそれが軽微である」として保全処分の対象となりません（民執188条・55条1項）。

「価格減少行為」に当たるとして売却のための保全処分が認められた事例としては，①土地建物所有者が差押え後，抵当権者の承諾を得ないで建物を取り壊し，新しい建物を建築する行為[1]，②競売手続開始後，対象建物の所有会社の代表者がいわゆる金融ゴロかつ占有屋に交代し，その配下の者を使って当該建物を占有させ，その占有関係を不明確にしようとしている場合[2]，③抵当不動産の所有者の行為が通常の用法に従う使用収益の範囲に属するものであっても，当該不動産の性質，特性，従前の使用関係に照らし，それが当該不動産の客観的価値を著しく減少させるおそれがある場合[3]，などがあります。

③の事案は，良質の安山岩が含有されているために担保価値が認められた土地につき，債務者が抵当権実行通知を受けた直後に，第三者に採石権を設定し，採石のための賃貸借契約を締結し，かつ岩石採取計画認可申請を行ったケースです。現況調査の際に執行官に対して採石権設定や賃貸借契約締結の事実を陳述しなかったこと，岩石採取行為によって担保価値が減少しかつその復元は不能であること，将来的に大々的な採石事業が推進される状況に

あること等から，当該採取行為は土地の価格を著しく減少させるおそれがあるとされました。

他方，「価格減少行為」に当たらないとして売却のための保全処分が否定された事例としては，④債務者が，抵当権の実行によって差し押さえられた土地につき，従前から有していた借地権に基づき，競売手続開始決定後右土地上に建物を移設した場合*4があります。

　(d)　売却のための保全処分の内容としては，債務者又は不動産所有者の行為を禁止するもの（禁止命令：例えば損壊禁止，建築禁止，占有移転禁止，賃貸借禁止など）と，一定の行為を命ずるもの（作為命令：例えば土砂の撤去，建物の収去，建物からの退去，立札・張紙の撤去，禁止命令の内容を公示することなど）があります。保全処分命令は債務名義となりますから，その内容が強制執行に親しむものであれば強制執行ができます。また，これらの保全処分は，保全処分の内容が公示されるため「公示保全処分」といわれます。公示によって，その後のさらなる妨害を予防でき，公示にもかかわらず敢えて占有しようとする者の悪意を推定することができます。

　また，占有者の占有を解いて，執行官に引き渡すことを命ずる「執行官保管」も可能です（民執188条・55条1項2号）。従前は「不動産の価格を著しく減少する行為又はそのおそれがある行為」が要件でしたが，改正により「著しく」の要件が削除され「価格減少行為」があれば執行官保管も可能となりました。

　(e)　占有屋は，保全処分を免れるため，ことさらに氏名を秘匿し，あるいは次々に占有者を入れ替えるなどして，占有者を特定できないようにすることがままあります。このような事態に備えて，現行民事執行法は，保全処分決定の執行前に相手方を特定することが困難な特別な事情があるときには，相手方を特定しないで保全処分を発令することができると規定しています（民執55条の2）。

　なお，占有者を特定するためには通常，表札，郵便受けの表示，電気・ガス・水道の契約者，近隣者の事情聴取などの調査を行いますが，「相手方を特定することが困難な特別な事情」があるといえるためにはそれらの調査を尽くしても占有者を特定できなかったことが必要となります。

(3) 担保不動産競売の開始決定前の保全処分（民執187条）

抵当権者は，不動産競売開始決定前であっても，債務者などの価格減少行為がある場合，「特に必要があるとき」は，裁判所に対して民事執行法55条の保全処分を求めることができます（民執187条）。

「特に必要があるとき」とは，抵当権設定者に相続が発生し，相続人を確定するのに時間がかかるなど，差押えしようとしても差押えに相当の時間がかかる場合などをいうと解されています。

引用判例
＊1　東京地決平3・10・21判タ783号267頁。
＊2　東京地決平3・5・29判時1396号101頁。
＊3　仙台高秋田支決昭57・12・6判タ496号113頁。
＊4　東京高決昭58・3・29判タ497号115頁。

【平賀　修】

Q55 倒産事件事例③──会社の倒産に伴う債権取立て

当社の仕入れ先であるA社が，自己振出手形を不渡にして倒産しました。その後，当社に複数の債権譲渡通知書（内容証明郵便）が届き，B社の従業員Cが，A社の売掛金債権を譲り受けたとしてその支払を求めてきました。B社の従業員Cは，一見して暴力団員風です。当社は，どのように対応すればよいでしょうか。

また，DがA社の代理人であると主張してA社の売掛金の支払を求めてきた場合はどうでしょうか。

A

A社との従前の取引状況を調査し，買掛金の有無，買掛金の金額，支払時期，返品の有無など，まず，支払義務があるかどうかを確認します。次に，債権譲渡通知書に押印された印鑑がA社の取引印かどうか，譲渡通知書が届いた時期など，債権譲渡の有効性を確認します。A社と連絡が取れれば，A社に債権譲渡の事実を確認します。買掛金を供託できる事情があれば，買掛金を供託します。B社に支払うときは，後にトラブルとならないよう十分注意します。

DがA社の代理人であると主張してきた場合もほぼ同様です。A社に直接支払うことができれば，A社に支払います。

解説

1 暴力団組員による債権回収の実態

暴力団組員や暴力団準構成員等の関与する金融業者は，融資をする際，債務者に白紙の債権譲渡通知書や白紙の委任状などに署名・押印させ，債務者が倒産した場合，それらの書面を利用して第三債務者に債務の弁済を迫ってきます。印鑑を偽造して債権譲渡通知書や委任状を作成することもあります。

2　基本的な心構え

　債権を譲り受けたと主張する者や代理人であると主張する者に対して漫然と弁済すれば，その者が弁済の受領権限を有しなかった場合，後にトラブルに巻き込まれたり，最悪の場合二重払いをさせられる危険があります。暴力団による債権回収実態からすると，譲受人が暴力団と関係していた場合，それらの危険は一層高いといえます。
　後にトラブルとならないように，A社に対して買掛金債務を負担しているか，支払を拒むことのできる事由はないか，債権譲渡は有効か，法務局に弁済供託することはできないかなどを十分に調査・確認する必要があります。安易に支払に応じてはなりません。

3　債権の譲受人に対する対応

(1)　買掛金についての調査
　A社との従前の取引状況を調査し，そもそも買掛金があるか，あるとして買掛金はいくらか，買掛金の支払時期が来ているか，納品された商品に瑕疵などがあって買掛金の減額を請求できないか，返品すべき商品はないか，反対にA社に対して売掛金などの債権を有していないかなどについて調査します。
　調査に日時を要する場合は，その旨B社に回答します。買掛金がなかったり，返品などがあって買掛金を支払えないときはその旨B社に回答します。

(2)　債権譲渡についての調査
　債権譲渡は，譲渡人が債務者に通知するか，又は債務者が承諾しなければ，債務者に対抗することができません。この通知又は承諾は，確定日付ある証書（内容証明郵便，公正証書など）によらなければ，債務者以外の第三者に対抗できません（民467条）。
　債権が二重に譲渡された場合，譲受人相互間の優劣は，確定日付ある通知が債務者に到達した日時の先後によって決まります[1]。債権が二重に譲渡さ

れ，確定日付のある各譲渡通知が同時に債務者に到達したときは，各譲受人は，債務者に対してそれぞれ譲受債権全額の弁済を請求することができます（もちろん債務者はそのうち1人に全額支払えば免責されます[*2]）。

そこで，債権譲渡通知書をよく確認します。具体的には債権譲渡通知書に押印された印鑑がA社の取引印か，実印であれば印鑑登録証明書が添付されているか，確定日付ある証書か，譲渡された債権が特定されているか，譲渡人（A社）の住所，会社名，代表者名が間違っていないかなどをよく確認します。A社と連絡が取れれば，A社に債権譲渡の事実を確認します。債権譲渡行為自体に疑義があれば，B社に買掛金を支払うことができません。

A社との間に基本取引約定書などがある場合は，債権譲渡を禁止する特約がないかを確認します。債権譲渡を禁止する特約があれば，譲受人が善意（特約を知らないこと）でない限り債権譲渡が無効となります（民466条）。

B社の債権譲渡通知書が届く前に他の第三者の確定日付のある債権譲渡通知書が届いていれば，その第三者がB社に優先しますので，B社に買掛金を支払うことはできません。

以上の調査の結果，B社に買掛金を支払えないときは，その旨B社に回答します。

(3) 供　託

供託原因があれば，債務の履行地にある法務局に弁済供託をして債務を免れることができます（民494条）。本件のようなケースでは，以下で述べるとおり，債権者不確知（債務者の過失がなくて債権者を知ることができないこと）を原因とする弁済供託をすることが考えられます。

(a) 債権譲渡の通知の先後関係が不明である場合（平成5年5月18日民事4・3841号民事局第4課長通知）　複数の債権譲渡通知書が同日に到達し，いつ配達されたか分からないため，その先後関係が不明である場合，供託書にその旨を記載して弁済供託をすることができます。ただし，債権譲渡通知書が同時に到達した場合には，債権者不確知とはなりません。

(b) 債権譲渡について争いがある場合　譲渡人が債権譲渡の存在やその有効性を争っている場合，債権譲渡の有効性に疑義あるとして，その旨を供託書に記載して弁済供託をすることができます。

(c) 譲渡禁止の特約のある債権である場合　譲渡禁止の特約のある債権が譲渡された場合，譲受人の善意・悪意により，その債権譲渡の有効性が決まりますが，債務者は，譲受人の認識を知ることができません。

そこで，譲渡禁止の特約のある債権が譲渡された場合，債権者不確知に該当するとされています[*3]。

債務者は，譲渡禁止の特約のある債権であること及び譲受人の善意・悪意が不明であることを供託書に記載して弁済供託をすることができます。

このように，債務者としては，あらかじめ，譲渡禁止の特約を付けることにより，本件のような紛争に巻き込まれることを防止することができます。

(d) 譲渡人と連絡を取ることができない場合　譲渡人と連絡が取れないという事情だけでは供託原因にはなりません。

ただし，債権譲渡通知書の押印が不鮮明であったり，以前に使用していた取引印と異なっており，譲渡人に連絡を取って確認しようとしたが，それができなかった場合には，債権譲渡の有効性に疑義があるとして弁済供託をすることができます。

また，後に弁済供託の有効性が争われるおそれはありますが，債権譲渡通知書に譲渡人の印鑑登録証明書が添付されておらず，その添付を求めて譲渡人に対して連絡を取ろうとしても譲渡人と連絡が取れない場合，その旨を記載して弁済供託が認められた例があります。

(4) 債権の準占有者に対する弁済

債務者は，弁済の受領権限を有する者に弁済しなければ，原則として免責されません（民479条）。ただし，債務者が，弁済の受領権限を有しない者に弁済した場合でも，弁済時にその者が弁済受領権限を有すると信じ，かつ，信じたことに相当の理由があるときは例外的に免責されます（民478条）。

郵便貯金通帳の印鑑と貯金払戻金領収証に押印された偽造印が酷似し，郵便局員が相当の注意を用いてもその相違を発見することができず，その他正当な請求であることを疑うに足りる事情がないときは，払戻しは有効であるとした裁判例があります[*4]。

債権譲渡通知書に押印された印鑑が譲渡人の取引印であったり，実印が押印され印鑑登録証明書が添付されていた場合には，仮に後日債権譲渡が無効

とされても，譲受人に対する弁済が有効とされることもあります。

(5) その他

A社が破産して破産管財人が選任された場合，破産管財人がB社への債権譲渡を否認すれば，買掛金をB社に支払うことはできません。債権者不確知を理由に供託するか，否認訴訟の結果をまって対応することとなります。

4 代理人に対する対応

(1) 基本的な対応

DがA社の代理人として買掛金の支払を請求してきた場合も，基本的な対応は 3 で述べたことと同様です。Dが代理人であると主張している場合は，委任状の内容をよく確認し，Dの代理権に疑義があれば，Dに買掛金を支払うことはできません。

(2) 本人に対する弁済など

A社に直接支払うことができればA社に買掛金を支払います。A社の事業所が閉鎖され，銀行取引が停止されるなどしてA社に支払えない場合は，受領不能（債権者が弁済を受領できない）を理由として弁済供託をすることができます。

代理人に対する弁済についても，民法478条が適用され[*5]，代理権がなかったとしても，代理人に対する弁済が有効とされることもあります。

引用判例
- ＊1　最判昭49・3・7民集28巻2号174頁。
- ＊2　最判昭55・1・11民集34巻1号42頁。
- ＊3　東京地判平4・11・27金法1362号46頁。
- ＊4　大判昭16・6・20民集20巻921頁。
- ＊5　最判昭37・8・21民集16巻9号1809頁。

【岩本　一馬】

Q56　倒産事件事例④──倒産時の在庫商品等の搬出

当社の取引先のＡ社が数日後に手形の不渡を出すという情報があり，Ａ社に対する取りつけ騒ぎが起きています。既にＡ社の在庫商品，什器備品，機械，車両などが，債権者と称する第三者に勝手に持ち出されてしまったようであり，今後も持ち出されそうな状況です。Ａ社は当社の売掛金を滞納しています。どのように対応すべきでしょうか。

A

> Ａ社の協力が得られる場合には，まず納入した商品の返還を受け，納入した商品がなければ他の資産の代物弁済を受けます。また，在庫商品などの不当搬出を防止するための措置を取ります。Ａ社の協力が得られない場合は，弁護士に依頼して仮処分，仮差押えなどの法的手続を取ります。

解説

1　はじめに

　企業が倒産の危機に陥った場合，債権者は様々な手段で自己の債権回収や損害防止に努めることとなります。その一環として，本設問のような倒産会社が保有する在庫商品，什器備品，機械，車両などの取りつけ騒ぎが起きることがあります。
　本来であれば，倒産会社と連絡を密にし協力して対応することが望ましいのですが，倒産の瀬戸際となると，倒産会社の代表者が雲隠れしたり，倒産会社の担当者と連絡が取れなくなったり，怪しげな債権者や債権の譲受人などが出てきて現場が混乱することとなります。そういう状況では倒産会社と

協力することもできず，また債権者相互間で対応を競い合うために，独自の方法で債権回収を図る必要が出てきます。

2　倒産会社の協力が得られる場合

A社の代表者あるいは担当者と連絡が取れてその協力が得られる場合は，次のような対応策が考えられます。

(1) **A社に納入した商品がA社に残っている場合**

(a) **A社との取引が通常の売買契約のとき**　A社との取引契約を合意解除して納入した商品を返還してもらいます。また，A社が代金の支払を遅滞していますので，A社との取引契約を一方的に債務不履行解除して納入した商品を返還してもらうこともできます。

貴社が売却した商品については，動産売買の先取特権（民311条5号・321条）が成立します。これは売買代金を担保する法定担保物権で，貴社が売買代金の支払を受けられないときにその商品（売却対象物）から優先弁済を受けられる権利です。貴社が納入した商品についてはこの動産売買の先取特権が成立し，A社の共同担保（A社の全債権者に対する弁済にあてるべき財産で，特定の債権者が優先権を主張できず，債権者平等の原則に基づいて処理されるべき財産）になりません。したがって，上記のように売買契約を合意解除して商品を引き揚げても，貴社が納入した商品については後日，民法上の詐害行為取消権や破産法上の否認権の対象にはならないと解されています[*1]。

納入した商品を返還してもらう場合は，A社の代表者あるいは担当者の承諾を得ることが不可欠です。承諾を得ずに勝手にA社の事務所や倉庫に立ち入り，商品を持ち出すと住居侵入罪や窃盗罪に問われます。

(b) **A社との取引が所有権留保特約付売買契約のとき**　大型機械や自動車などの売買契約には，通常，代金完済時まで物件の所有権を売主に留保する旨の所有権留保特約が付いています。所有権留保特約が付いていれば，買主が代金の支払を遅滞した場合や買主の信用状態が悪化した場合，売主はこの留保した所有権に基づいて買主に物件の返還を請求することができます。契約によっては物件返還の前提として売買契約を解除する必要があります。

A社は倒産状態に陥っていますので，この所有権留保特約に基づいてA社に物件の返還を求めることができます。

　物件の返還を受ける場合，A社代表者などの承諾が必要です。契約によっては，買主が倒産した際には，事務所，倉庫に立ち入って物件を搬出することができると定めているものもありますが，そのような定めがあっても状況によっては住居侵入罪や窃盗罪に問われることがあります。ご注意ください。

　目的物の返還を受けた後は，目的物の価額と売買残代金（未払代金）とを清算する必要があります。

（c）　A社との取引がリース契約のとき　　通常のリース契約では，借主（債務者）がリース料の支払を怠り，あるいはその信用状態が悪化した場合，貸主（債権者）は借主（債務者）に対してリース物件の返還と残リース料の一括支払を求めることができると定められています。リース契約によっては，リース物件返還などの前提としてリース契約を解除する必要がある場合もあります。

　A社は倒産状態に陥っていますので，このリース契約に基づいてA社にリース物件の返還を求めることができます。

　リース物件の返還を受ける場合もA社代表者などの承諾が必要なことは上記(a)，(b)と同様です。

(2)　A社に納入した商品がA社に残っていない場合

　A社に納入した商品がA社に残っておらず，その返還を受けられない場合，A社は倒産状態にあり代金の支払を受けることは期待できませんので，A社の保有資産の代物弁済を受けます。代物弁済とは，本来の給付（例えば，代金の支払）に代えて他の給付（例えば，A社の売掛金債権）を受けることをいいます（民482条）。また，A社の資産（例えば，売掛金債権）を買い受けて，その代金債務とA社に対する債権とを相殺しても同じ結果となります。

　A社の資産から代物弁済などを受ける場合，その資産が第三者の納入した商品で代金が完済されていないと，その第三者との間でトラブルが生ずるおそれがあります。また，A社の資産は他の債権者の配当原資ともなるもの（共同担保）ですから，後にA社が破産したときには，破産管財人から代物弁

済行為を否認される（破162条）こともあります。(1)(a)の場合のように動産売買の先取特権が成立する場合とは異なりますので，注意してください。

(3) A社の在庫商品などの保全

A社の在庫商品などは，債権者への配当原資となるものですから，その不当な搬出を防止するため，A社と協力して管理体制を強化します。見張りを立たせることや会社設備に対する施錠を徹底すること，さらには弁護士名で張り紙をすることなどが考えられます。

在庫商品，什器備品，車両などが勝手に持ち去された場合は，すぐ警察に通報します。また，在庫商品などを搬出した第三者を窃盗罪，住居侵入罪，建造物損壊罪などで刑事告訴，刑事告発することも検討すべきです。

3 倒産会社の協力が得られない場合

A社の代表者や担当者と連絡が取れなくなったり，連絡が取れてもその協力が得られない場合は，法的手続を取るしかありません。至急弁護士と相談してください。

(1) 仮処分の利用

仮処分は，特定物の引渡請求権を有する者が，将来の強制執行に備えて目的物の現状を維持するのに必要な処分を裁判所に求める手続です。

リース契約の貸主，所有権留保特約付売買契約の売主は，その所有権を被保全権利として裁判所に仮処分の申立てをすることができます。仮処分では，目的物の執行官保管を求めますが，執行官保管でも債務者の使用を許す場合と許さない場合があります。動産は容易に移動され，第三者に善意取得されるおそれがありますので，債務者の使用を許さない執行官保管を求めるべきです。

目的物が第三者の占有下にある場合は，当該第三者を相手方として仮処分の申立てをします。第三者を相手方としたとき，第三者からは目的物を善意取得（民192条）したという反論がなされることがあります。

なお，仮処分命令を得るためには通常目的物の価格の15～20％相当額の担保を積む必要があります。

(2) 仮差押えの利用

仮差押えは，売掛金債権などの金銭債権を有する者が，将来の強制執行に備えて裁判所に対し債務者の財産を仮に差し押さえることを求める手続です。

仮差押えの対象となる財産には，債務者の不動産（土地，建物など），債権（売掛金債権，預金債権など），動産（在庫商品など）があります。

なお，仮差押命令を得るためには通常目的物の価格の10～30％相当額の担保を積む必要があります。

(3) 本案訴訟の利用

仮処分によって目的物を保全し，あるいは仮差押えによって債務者の財産を保全した後，本案訴訟を提起し，その勝訴判決をもって強制執行し権利を実現します。

> **引用判例**
> ＊1 最判昭36・7・19民集15巻7号1875頁。

【平賀　修】

コラム——振り込め詐欺にご注意を！——

1 振り込め詐欺とは，例えば，「息子さんが痴漢をして警察に捕まっています。ただし，示談金を支払えば，刑罰を受けずにすぐに家に帰ることができます」等という嘘を家族（母親がほとんどです）に電話で伝え，指定した口座に示談金等と思わせて振込送金をさせ，振り込んだ者が騙されたと気づくまでに，振込金をおろして利得するという犯罪です。

2 振り込め詐欺の犯人からは次のような手口でアプローチがあります。
① 「携帯電話の番号が変わったので，メモしてくれ」と息子と称する者から連絡がきた場合
② 「今警察に捕まっています」という連絡がきた場合
③ 「サイドビジネスなどで損を出し，会社のお金で立て替えていたが，今日監査が入るので，すぐに埋めないといけない」という連絡がきた場合
④ 「振込先は銀行に着いてから教えるので，すぐに銀行のATMの前で待機していてくれ」という連絡がきた場合
⑤ 振込先として指定された口座が，当事者と何の関係もない地方の口座であったり，口座名に弁護士と書いていない口座や，関係が分からない氏名の口座であった場合
⑥ 税金・国民年金等を還付するなど，お金が戻ってくるような話で銀行のATMで指示どおりの操作をするようにとの連絡がきた場合

ただし，これらの手口は日進月歩でどんどん変わりますので，まず上記に類するような電話連絡を受けたら，落ち着いて考えることが必要です。しかし，相手の背後には暴力団等のプロがおり，騙しのプロともいわれています。したがって，注意深く対応しないと途中で気づくことはなかなか困難といわざるを得ません。

3 騙されたと気がついたとき，すぐに振込先の銀行に連絡を入れ，「詐欺に遭ったので，口座を凍結して欲しい」と連絡しましょう。また，すぐに警察に「振り込め詐欺に遭いました」と連絡し，「警察からも口座凍結を依頼していただきたい」と被害の連絡をしましょう。早ければ，振り込んだお金が犯人らによって引き出される前に凍結できます。

併せて，弁護士会の**振り込め詐欺ホットライン（03－3581－2280）**へお電話ください。振り込め詐欺対策に詳しい弁護士がその後の被害回復についてアドバイスや助力をいたします。相談料は無料です。

【栗宇　一樹】

第12章

組事務所対策

Q57 組事務所事例①──信頼関係破壊に基づく賃貸借契約解除

　私は，貸しビル業を営む会社の総務部長です。当社は，半年前に，所有するビルの301号室を株式会社ＡＢＣ企画に貸しました。同社の担当者は，きちんとした身なりをして，企業向けの経営コンサルティング業を営んでいると説明していました。
　ところが，このビルの他のテナントから，301号室に関し，「言葉遣いが乱暴な若い男性が多数かつ頻繁に出入りしている。その中には入れ墨のある者もいた。そのような人たちが，定期的に，黒塗りの外車に乗って集まってくるが，彼らは，空いている他人の駐車場に勝手に駐車したり，路上駐車したりしている。そのことを注意したら怒鳴られた」などといった苦情が多く寄せられるようになりました。ＡＢＣ企画に出前を届けた飲食店の店員さんによれば，室内には神棚やＸＸ組の代紋等が掲げられており，電話で借金を取り立てているような怒声を聞いたとのことでした。
　また，ＡＢＣ企画は，当社に無断で，玄関ドア前にテレビカメラを設置しましたが，近時のＸＸ組と広域暴力団の〇〇会との拳銃発砲抗争事件の影響で，このドアに銃弾が撃ち込まれました。地元警察の説明では，ＡＢＣ企画の役員の中にはＸＸ組の構成員がいるとのことでした。
　当社は，どのように対応したらよいでしょうか。

A

　貸室が暴力団組事務所として使用される限り，他のテナントや付近住民は常に危険にさらされているといっても過言ではありません。貸しビル業を営む貴社としては，他のテナント等の生命・身体の安全を確保するため，毅然として暴力団員等関係者の退去を求めるべきです。
　具体的には，当事者間の信頼関係破壊を理由に賃貸借契約を解除

して明渡しを求める民事的手法が考えられますが，状況によっては，暴力団対策法15条の使用禁止命令の発令を要請したり，詐欺罪での検挙を求めることも考えられます。
　なお，これら手法の実施に当たっては，民暴事件に詳しい弁護士に依頼し，地元の警察と連携をとることをお勧めします。

解説

１　基本的な対応方針

　組事務所は，暴力団にとって「本拠地」に当たるもので，密議を行ったり，組長等幹部が出入りし，自分たちの存在を内外に誇示するための場所，いわば暴力団組織の象徴です。組事務所には多数の組員が出入りしますので，日常的に付近住民に迷惑をかけるおそれがあります。また，暴力団組織の象徴でもあるので，対立する暴力団からの攻撃の対象になります。この攻撃において，通常，銃器等が使用されることから，巻き添えとなって他のテナントや付近住民の生命が奪われたり，身体を傷つけられたりするといった事件は枚挙にいとまがありません。たとえ，現時点では抗争事件が起きていなくても，いつ，どんな些細なことで抗争が発生するか分からず，暴力団組事務所の付近住民は常に危険にさらされているといっても過言ではありません。

　貸しビル業を営む業者として，他のテナント等の生命・身体の安全を確保するという意味で，毅然として暴力団組事務所としての使用を止めさせ，暴力団員等関係者の退去を求めるべきです。

　そこで，以下，考え得る法的手法について説明します。

２　民事的手法について

(1)　不動産賃貸借契約の解除

　賃借人のＡＢＣ企画が301号室を利用できる法的根拠を喪失させるため，

賃貸借契約を解除することが考えられます。

　この場合，賃借人の債務不履行ないし義務違反行為を理由として賃貸借契約を解除することになりますが，その典型例は，以下のとおりです。

　なお，実際の解除に当たっては，併存するこれらの事情すべてを解除事由として挙げることになります。

　(a)　賃料滞納　　継続的な賃料不払は典型的な債務不履行であり，解除事由となります。

　なお，後述の信頼関係破壊理論を前提として，賃貸人と賃借人の間の信頼関係を破壊すると評価できる滞納賃料額及び滞納期間については，画一的な基準がありませんので，この点については事件を担当する弁護士とよく相談することをお勧めします。

　(b)　無断転貸・賃借権の無断譲渡　　賃借人が貸室を使用するのではなく，賃貸人に無断で，賃借人とは別個の暴力団構成員に貸室を使用させている場合や，賃借人も貸室を使用し続けているが，暴力団構成員にも貸室についての独立の使用権を与えているような場合には，第三者への無断転貸ないし賃借権の無断譲渡に該当し，解除事由となります（民612条）。

　(c)　無断増改築　　多くの不動産賃貸借契約においては，賃借人が賃貸人に無断で賃借物件について増改築をしてはならないという特約が定められています。暴力団員等は，貸室を暴力団組事務所として使用するため，賃貸人に無断で，対抗勢力の来襲に備えて外部を「要塞化」して組事務所向きに増改築することがあります。例えば，入口付近に分厚いコンクリート壁を設置する，開口部を鉄板で覆う，床下を利用して倉庫を造るというような改造をしたケースがあります。これらのケースにおいては，当該特約違反行為を理由に契約解除を主張できます。

　(d)　用法違反（目的外使用）　　賃貸借契約上の使用目的が「事務所」とされていても，暴力団組事務所としての使用は含まれないと考えられます。したがって，暴力団組事務所としての使用は，用法違反（目的外使用）に当たり，契約解除を主張できます。

　(e)　暴力団排除条項違反（詳細は，**Q12**参照）　　いわゆる暴力団排除条項（暴排条項）とは，一般的に「暴力団等」という属性に注目し，契約上の取

扱いに関して区別を設ける契約条項のことです。賃貸借契約においては，次のような条項が考えられます。

① 賃借人又はその同居人が暴力団員であることが判明したときには，賃貸人は，催告なしに賃貸借契約を解除できる。

② 賃借人が，本件建物外部又は内部に，暴力団組織の存在を示す看板，代紋等を設置した場合には，賃貸人は，催告なしに賃貸借契約を解除できる。

賃貸借契約にこれらの暴排条項を入れておきますと，暴力団構成員により貸室が暴力団組事務所として使用された場合，これ自体が賃借人による明白な契約違反ないし債務不履行に該当しますので，解除の主張が容易となります。そのため，賃貸借契約には防衛策として暴排条項を入れておくことをお勧めします。

（f）**危険行為条項違反等** 共同住宅の賃貸借契約に，「貸室内で危険もしくは他のテナント等の迷惑となり，貸室を含む本件建物に損害を与える行為をしてはならない」，「本件建物における共同利用の秩序を守り，近隣から苦情が出たり他人の迷惑となるような行為をしてはならない」という条項が定められていることがあります。また，これら条項がない場合であっても，信義則を根拠に，賃借人には，本件建物の共同利用の秩序を守り，他の賃借人等近隣の迷惑になったり，危険を及ぼすような行為をしてはならないという義務が課されていると解されています。

貸室等の使用者が暴力団員特有の行動（例えば暴力的言辞や行為）を示したことにより，他のテナントが危険にさらされたり，迷惑を被った場合，特に貸室付近で抗争事件が発生したような場合，賃借人のこの義務違反に基づく契約解除を主張できます。

(2) 信頼関係破壊理論について

不動産賃貸借契約の解除については，「信頼関係破壊理論」が判例上確立しています。

この考え方は，継続的契約，特に不動産賃貸借契約が契約当事者間の高度な信頼関係に基づいていることを重視し，債務不履行や義務違反行為が存在しても，これらが相手方に対する背信行為と認めるに足りない特段の事情が

認められる場合、すなわち債務不履行や義務違反行為が当事者間の信頼関係を破壊するまでには至っていないという特段の事情が認められる場合には、解除を認めないという考え方です[*1]。

例えば、賃料の1～2ヵ月分の滞納も債務不履行には当たりますが、一般的に、このことだけではなかなか当事者間の信頼関係が破壊されたとまでは認められません。

一方で、厳密な意味では債務不履行といえない場合であっても信頼関係破壊に至った場合には何らの通知や催告をすることなく、契約を解除できるとされています。貸室等の使用者が暴力団員特有の行動（例えば暴力的言辞や行為）を示したことにより、賃貸借契約という継続的契約関係を維持することを耐え難くしているという場合も多々あると考えられます。このような場合には、信頼関係破壊理論は契約解除を可能とする方向で作用することになります。

前記の各解除事由が「当事者間の信頼関係を破壊するに至っているか」という点については、ケースバイケースの判断となりますので、実際に解除を求める際には、事件を担当する弁護士とよく相談することをお勧めします。

(3) 信頼関係破壊が認定された近時の裁判例

(a) **東京地裁平成7年10月11日判決**　本件では、賃料の滞納は2ヵ月分のみであり、通常、これだけでは信頼関係破壊に至っていないと判断される事案です。

しかし、裁判所は、

① 暴力団の代紋の額縁が掛けられている等貸室内の様子や組員の出入りの様子から、当該貸室が暴力団組事務所として使用されていること

② 賃貸借契約には、貸室を一般の商取引を営むための事務所として使用すると定められており、組事務所としての使用はこの約定に反すること

③ 当該貸室に銃弾が撃ち込まれるという抗争事件発生の事実を基礎に、今後も他の居住者や付近住民らが暴力団組織の抗争事件に巻き込まれ、これによって被害を受ける可能性は高いことから、賃借人として「ビルの共同生活の秩序を守り、近隣より苦情が出たり他人の迷惑になるような行為をしてはならないとの義務」に明白に反していること

などと認定して，賃借人の行為は賃貸人との信頼関係を破壊する背信行為であると判断し，無催告解除を認めました[*2]。

(b) 大阪地裁平成6年10月31日判決　この事案では，賃料の滞納はありませんでした。しかし，裁判所は，次のような事実関係を認定して，信頼関係破壊を認めました。

まず，賃貸借契約締結に至る賃貸人と賃借人の交渉過程において，賃借人がいずれ転貸する相手方の実質的経営者が暴力団幹部であることを秘匿していたこと，また，抗争事件の発生経過を詳細に認定しました。その上で，転借人の実質的経営者が建物に出入りしたために抗争事件が発生したものであって，賃借人及び転借人が建物を使用している限り抗争事件が再発して，賃貸人や付近住民の生命，財産が危険にさらされるおそれが皆無といえないことを認定し，本件賃貸借契約における「借主は本件事務所内において危険もしくは近隣居住者等の迷惑となり，あるいは本件事務所に損害を与える行為をしてはならない」という条項（危険行為条項）の趣旨に反し，信頼関係破壊に至ったと判断しました[*3]。

(4) まとめ

本設問の事例では，暴力団組事務所としての使用実態を基礎として用法違反のあること及び抗争事件の発生を根拠に賃借人として「ビルの共同生活の秩序を守り，近隣より苦情が出たり他人の迷惑になるような行為をしてはならないとの義務」についての明白な違反のあること（可能であれば，暴力団組長や構成員への無断転貸ないし賃借権の無断譲渡行為）により，当事者間の信頼関係が破壊されたとして契約解除を主張できると考えます。

3　その他の手法

(1) 暴力団対策法15条の使用禁止命令について

本件で，ＸＸ組が暴力団対策法上の指定暴力団である場合，ＸＸ組と他の指定暴力団との間で凶器を使用しての対立抗争が発生しているような状況においては，地元の警察に相談に行き，同法15条1項に基づく組事務所としての使用禁止命令を発令してもらうよう要請することが考えられます。

(2) 詐欺罪による刑事告訴について

契約締結時に、もし真の契約目的を相手方が知っていれば、契約締結に至らなかったであろうという場合に、契約目的を偽って当該契約を締結させれば、詐欺罪が成立します。通常、詐欺罪は人を欺してお金や物を得ることをいいますが、財産上の利益を得ることも詐欺罪を構成します。財産上の利益を得る詐欺は、刑法246条2項に規定されているので、「二項詐欺」といわれています。

建物を借りて使用するというのも財産上の利益を得ることに他なりませんので、暴力団の組事務所として使用するという真実の目的を隠し、所有者を欺して賃貸借契約を締結させた場合には、二項詐欺が成立することになります。

また、裁判例としては、暴力団組事務所としての使用のケースではありませんが、武装闘争を行う活動家が、真実は活動の拠点であるアジトとして使用する意図であったのに、それを秘して、住居に使用すると偽って建物賃貸借契約を締結し、建物の内部を対立グループからの襲撃に備えて要塞化した事案があります[*4]。裁判所は、「建物の賃貸借契約は高度な人的信頼関係に基づく継続的契約であるから、賃貸人にとって、当該物件にどのような人物が住むか、当該借主がどのような形態で使用するかは、当該契約を締結するか否かを判断する際の極めて重要な事項であり、……活動拠点として使用するなどという使用形態を事前に知っていたならば、当然契約を締結せず、同室を貸さなかったであろうことは明らかであって、このことは、住居用建物の賃貸借契約を締結する当事者にとって自明の事柄に属するものというべきである。」と判示して、詐欺罪（二項詐欺）の成立を認めました。

なお、この事案でも、賃貸借契約書に「本物件を住居用に使用し、これ以外の目的に使用しないものとする」という条項があり、賃貸人が賃借人の真実の意図を知っていたら建物を貸さなかったであろうと認定した理由の中で、判決がこの条項に言及していることからすると、賃貸借契約書に使用目的を明示しておくことは極めて重要といえます。

以上のことから、明渡請求という民事上の手段とともに、警察へ被害届や告訴状を提出するという方法も検討すべきです。

引用判例

＊1　最判昭39・7・28判タ165号76頁。
＊2　東京地判平7・10・11判タ915号158頁。
＊3　大阪地判平6・10・31判タ897号129頁。
＊4　大阪地判平17・3・29判タ1194号293頁。

【加藤　公司・近藤　弘・金原　裕子】

Q58　組事務所事例②——解除・明渡請求の法的手続の概要

（Q57の事案で）当社は，株式会社ABC企画との不動産賃貸借契約を解除して301号室の明渡しを求める法的手続をとりたいので，そのあらましを説明してください。

A

　まず，法的手続の相手方に関する調査等の準備をします。次に占有移転禁止の仮処分手続をとった後（賃貸借契約解除の意思表示の時期については，後記 3 をご参照ください），本案訴訟を提起し明渡判決を得て，強制執行を行います。
　これらの各手順は，民暴事件に明るい弁護士に相談の上，所轄の警察署から支援・助力を得ながら進めてください。

解説

1　総　論——建物明渡しを求める法的手続の概要

(1)　法的手続の必要性

　暴力団組事務所として使用されている建物の賃貸借契約を解除しただけで，暴力団関係者が自発的に退去するということは，まず考えられません。暴力団関係者を建物から退去させ，暴力団組事務所として使用させないようにするには，建物明渡訴訟を提起し裁判所から明渡請求を認める判決を得て，この判決に基づいて暴力団関係者を強制的に退去させる必要があります。
　建物明渡判決を得るための訴訟を「本案訴訟」といい，判決に基づいて強制的に退去を求める手続を「強制執行手続」といいます。

(2)　訴訟の相手方の特定の重要性

　本案訴訟を提起する際には，訴訟の相手方（以下，「被告」といいます）を特定する必要があります。明渡判決の効力は被告として表示された者にしか及

びませんので，退去させたい占有者が被告として表示されている明渡判決を得てはじめて，この占有者を強制執行手続によって退去させることができます。甲を被告とする明渡判決を得て，いざ強制執行しようとした時に，甲とは異なる乙が建物を占有していますと，この判決の効力は乙には及びませんので，乙を強制的に退去させることはできません。

(3) 占有移転禁止の仮処分の意義及び必要性

建物を組事務所として使用している暴力団関係者は，本案訴訟中に，第三者にこの建物を占有させて明渡判決の効力を及ぼさせないようにする可能性があります。そのような事態に備えて，民事保全法は，占有移転禁止の仮処分という制度を用意しています。この仮処分命令の執行後は，たとえ占有者が変更されても，その執行時の占有者を被告とした明渡判決の効力により，現在の占有者を排除できます（「仮処分の当事者恒定効」）。

暴力団関係者らの退去を求める法的手続においては，まず，占有移転禁止の仮処分手続をとる必要があります。

2 法的手続の準備について

(1) 法的手続の相手方に関する調査

占有移転禁止の仮処分手続や本案訴訟手続を開始するには，まず，相手方を特定しなければなりません（以下，仮処分の相手方を「債務者」といいます）。

本設問のように不動産賃貸借契約を解除して建物明渡しを求める場合，以下の者が相手方となります。

① 解除対象である賃貸借契約の賃借人

この場合，賃貸借契約書等契約締結時に作成した書類や受け取った名刺の記載をもとに特定することになります。

なお，賃借人が法人の場合，裁判所に賃借人の履歴事項全部証明書等を提出する必要があります。

② 賃借人以外の当該建物の占有者

賃借人以外の占有者がいるか否か，いるとして誰なのかについては，まず，当該建物の現地調査を行います。具体的には，外観，表札や看板，外部

から見える郵便物等を調査したり，管理人及び近隣の居住者から事情を聴取したり，状況が許せば，占有者への事情聴取等を行います。また，弁護士法23条の2による照会により，電話・電気・水道等の契約者名を確認したり，所轄の警察署に対して占有者の情報を問い合わせる等の調査も考えられます。

さらには，後述の占有移転禁止の仮処分の執行時に，新たな占有者の存在が執行官によって確認されることがあります。この場合，当該占有者も法的手続の相手方に加えなければならず，直ちにこの占有者に対する占有移転禁止の仮処分手続をとることになります。いずれにしても，これらの実施に当たっては，事件を受任した弁護士が中心になります。

(2) 暴力団組事務所としての使用を基礎づける事実関係についての調査

本設問で，ABC企画との不動産賃貸借契約の解除が認められるためには，Q57で詳述した契約解除事由が存在し，ABC企画との間の信頼関係が破壊されていることが必要です。当該建物が暴力団組事務所として現に使用されているという事実は，信頼関係の破壊を肯定するための重要な要素ですが，これまで裁判所は，以下に述べる諸々の特徴をもとに，この事実を認定してきました。

(a) 使用状況における特徴

(ｱ) 暴力団組事務所として使用されている建物の外部的特徴として，
・開口部を鉄板等で覆う
・コンクリート壁を設置する
・投光器や監視カメラを取り付ける
・組の名前を書いた表札を掲げる
・窓が高い所にあり，また小さい

といったことが挙げられます。これらの状況は，写真撮影により記録化できます。

(ｲ) 暴力団組事務所の内部的特徴として，
・通常の世帯の住宅にしては便所，浴室が多すぎる
・多人数が集まれる和室がある
・神棚がある
・飲料，食料庫には不向きな収納庫がある

・広域指定暴力団の組長の写真，代紋が入った額縁及び提灯がかかっている
・黒板に当番表や服役中の者の出所予定日が書いてある
・黒板に「＊＊組先代組長法要」と書いてある
・状差しに暴力団組長であることが明らかである者からの年賀状がある
等が挙げられます。

　実際のところ，建物内部の調査は極めて難しいといわざるを得ませんが，後述の占有移転禁止の仮処分の執行の際，事件を受任した弁護士は執行官とともに建物内に立ち入ることが可能ですので，その際認識した内部の状況を証拠化することが考えられます。

　(ウ)　以上のように建物の内外部の構造が暴力団組事務所向きになっている場合，当該建物は建築基準法に違反している可能性があり，同法違反事件が刑事事件として立件され，その裁判において証拠とされた警察の捜査資料が，後の本案訴訟において建物の使用状況に関する証拠として利用された事案もあります[*1]（詳細は**Q60**参照）。したがいまして，建築基準法違反を理由に刑事告発するという手段も検討に値します。事件を受任した弁護士に相談してみてください。

　(b)　賃借人及び占有者の属性

　賃借人（法人の場合は，個々の役員）あるいは占有者が暴力団の組長や関係者であるということは，当該建物が暴力団組事務所として使用されていることを肯定する重要な要素です。この点に関する情報は，所轄の警察署が有していると思われますので，事件を受任した弁護士が弁護士法23条の2による照会等を通じて情報提供を求めていくことになります。

　(c)　人の出入りの状況等

　組事務所として使用されている建物には，黒服，サングラスといった服装の男性が多数出入りし，場合によっては出入りする者たちが大きな声を出して近隣の住民を脅したり罵声を浴びせたりするということがあります。また，高級外車が多く出入りし，違法駐車したりすることもあります。

　このような具体的な人の出入りや車の台数を記録化するには，建物入口等にビデオカメラを設置して撮影したり，近隣住民への聴き取り調査をすることが考えられます。実際に，地域住民が結束・協力して，監視小屋を造って

交代で監視した例もあります。
　(d)　その他
　暴力団同士の抗争を原因とする当該建物への発砲事件等の発生や当該建物内での暴力団構成員による犯罪行為の発生といった事実も，暴力団組事務所としての使用を基礎づけることになります。
　(3)　調査の進め方について
　以上の説明からもお分かりいただけると思いますが，前記事実関係はいずれも，一般人の力だけで調査・確認できるというものではありません。これらの調査に際しては，事件を受任した弁護士を中心に，当該暴力団についての情報を有していると思われる所轄の警察署へ事前に相談に行き，その支援・助力を得る必要があります。

３　契約解除の意思表示

　(1)　通知の内容及び送付方法
　不動産賃貸借契約を解除するには，賃借人に対して解除の意思表示をしなければなりません。この意思表示は，賃借人に到達して初めて効力が発生します。
　信頼関係破壊を理由に無催告解除する場合（詳細は，**Q57**参照），後日の法的手続において，解除の意思表示が賃借人に到達したということを証明するため，契約解除事由及びこれによって信頼関係の破壊に至ったので契約を解除する旨並びに建物を直ちに明け渡すことを求める旨を記載した解除通知を賃借人に対して配達証明付内容証明郵便で送付します。
　なお，解除通知の記載例を**書式例１**として本設問末尾に添付します。
　(2)　送付時期
　(a)　原　　則──意思表示の到達時期
　占有移転禁止の仮処分手続や建物明渡しを求める本案訴訟は，明渡請求権の存在を前提としますので，明渡請求権発生の基礎となる契約解除が有効に行われていることが必要です。したがいまして，本来は，これら手続の開始前に，解除の意思表示を相手方に到達させておかなければならないことにな

ります。

（b）暴力団組事務所関係事案における特殊性と対応策

　暴力団関係者である賃借人や占有者が解除の意思表示を受領すると、明渡しを求める法的手続の開始を予想して、占有者を交代させるなどの妨害行為に出てくることがあります。仮処分の申立てから執行までには、最短でも4〜5日、通常は1週間〜10日の期間を要しますので、この期間内に相手方が占有者を交代させてしまうおそれがあり、そうするとその後に仮処分命令を取得しても、この命令上の債務者と実際の占有者が異なり、この仮処分命令の執行ができないという状況になってしまいます。

　このような事態を避けるため、解除の意思表示を占有移転禁止の仮処分命令の執行時ないしその直後に到達させるという方法があります。具体的には、仮処分の申立書には、「直ちに契約を解除する予定である」と記載し、解除通知を仮処分の執行の際に賃借人に手渡して解除の意思表示を到達させるのです。実際には、執行時に建物内に居合わせた組員等に、解除通知の受領証へ署名、押印させます。この場合、署名を拒まれたり、その後の裁判で相手方から「署名・押印した組員等には受領権限がなかった」という反論が出されることも予想されますので、あわせて、解除通知を配達証明付内容証明郵便でも送付しておきます。

　なお、このような形で解除の意思表示を到達させるかどうかは、事件の見通しにかかわる重要な問題ですから、明渡事件を受任した弁護士とよく相談してください。

４　占有移転禁止の仮処分手続について

(1) 手続の流れ

　占有移転禁止の仮処分手続をその流れに沿って概説します（以下、仮処分の申立てを行った者を「債権者」といいます）。

　なお、本設問のように不動産賃貸借契約を解除して建物明渡しを求める場合、この仮処分のように債務者の建物使用を許す仮処分の他に、執行官が現実に建物を保管し債務者の建物使用を許さない仮処分や建物明渡断行の仮処

分も考えられますが，これらについては後記(2)で説明します。

　(a)　申立書の提出

　(ア)　提出先及び記載内容等

　仮処分手続は，債権者が申立書を本案の管轄裁判所又は当該建物の所在地を管轄する地方裁判所へ提出することによって開始します。

　申立書には，債務者を特定した上で，裁判所に発令を求める仮処分の内容（「申立ての趣旨」）及びこの命令を根拠づける事実関係（「申立ての理由」としての被保全権利及び保全の必要性）を記載します。また，申立書には，裁判所にこれら事実を認めてもらうための証拠資料を添付します。事前調査で得た資料やこれをもとに作成された報告書等が証拠資料となります。

　なお，申立書の記載例を**書式例２**として本設問末尾に添付します。

　(イ)　債務者不特定の占有移転禁止の仮処分について

　従来，仮処分命令の申立てに当たっては債務者を特定しなければならないこととなっており，このことを悪用して，暴力団組事務所として建物を使用している者が，外部からは占有者が誰であるかを容易に分からないようにしたり，意図的に建物の居住者や使用者を頻繁に交替させるということがしばしば見受けられました。

　そこで，近時，占有者が誰であるか申立時に完全には把握・特定できない場合であっても，債務者不特定のまま占有移転禁止の仮処分を申し立てることができるようになりました（民保25条の２）。

　その要件は，

　(i)　債務者が不特定であること，及び

　(ii)　債務者を特定することを困難とする特別の事情

とされています。ただし，この申立ては例外的なものですので，各要件，特に要件(ii)が具備されているかどうかを，裁判所は厳密にチェックします。通説的見解は，この要件を具備するためには，前記 **２** (1)②の現地調査を，占有者が不在であった場合に一度きりで終わらせるのではなく，曜日や時刻を変えて複数回現地に赴いて調査し，その結果を写真や報告書の形で裁判所に提出して要件(ii)を立証する必要があるとしています。

　なお，債務者不特定の仮処分命令を得たとしても，その後の手続一切が債

務者不特定のまま進行するというものではありません。仮処分執行時には，執行官によって当該建物の占有者が認定され，以後，その者が占有者として「固定」されることになります。その後は，このときの占有者を法的手続の相手方としていくことになります。

(b) 裁判所による審査及び担保決定

裁判所は，申立書及び証拠資料を審査し，仮処分命令を発令するかどうかを検討します。その際，担当裁判官と債権者代理人の弁護士とが面接を行う裁判所もあります。占有移転禁止の仮処分命令の発令に当たり，通常，この仮処分により債務者の被る可能性のある損害を担保するため，債権者が保証金の供託を行うことになります（民保14条）。

保証金額は，事案によって異なりますが，実務上，占有移転禁止の仮処分で債務者に建物の使用を許す場合には，居住用建物で賃料の3～6ヵ月分相当額，店舗事業用建物で6ヵ月分以上相当額，又は物件価額の1～5％が相場と考えられています。しかし，本設問のように債務者が暴力団関係者であるような事案においては，担当裁判官への連絡や前述の裁判官面接の場で，債権者代理人の弁護士が事案の特殊性を十分に説明し，無担保又は供託するとしてもできるだけ低額となるように交渉することになります。

(c) 立担保及び供託書の提出

裁判所が決定した保証金を供託所に供託し，その際受領した供託書を裁判所に提出します。

なお，この保証金は，後日，所定の手続を経れば取り戻すことができますので，その時期・方法等については事件を受任している弁護士とよく相談してください。

(d) 仮処分命令の発令，送達

通常，裁判所に申立てが受理されてから，仮処分命令が発令されるまでの期間は，2～3日くらいです。

仮処分決定書は，裁判所から債務者へも送達されることになりますが，仮処分の執行前にこの決定書が債務者に送達されると，占有者が交代されるおそれがあります。そこで，決定書の送達が仮処分執行の時点まで行われないよう，裁判所に上申書を提出します。

(e) 仮処分命令の執行

占有移転禁止の仮処分命令を執行するのは，裁判所所属の執行官です。

仮処分命令の執行力は，債権者が仮処分決定書の送達を受けてから２週間経過すると失われますので（民保43条２項），仮処分の執行は決定後すみやかに行う必要があります。そのため，債権者代理人の弁護士は，発令後，執行官と執行日時や手順について打ち合わせることになります。これを執行官面接と呼んでいます。その際，債権者代理人の弁護士から執行官に対して，暴力団組事務所の明渡しであることを説明することになります。

執行の具体的方法は，執行官が占有状況を確認した上で，債務者の建物に対する占有を解き，執行官が保管するというものです。あわせて，債務者が建物の占有の移転を禁止されている旨及び執行官が建物を保管している旨を記載した公示書が，剥離しにくい方法による掲示その他相当の方法で公示されることになります。

執行現場には，執行官と債権者代理人の弁護士が赴きます。本件のような場合，現場は暴力団関係者により占有されていますので，執行には危険を伴うことが予想されます。そこで，最終的には，執行官の判断で警備要請が行われることになりますが，債権者代理人の弁護士からも，事前に執行官に対し，所轄の警察署へ援助要請することの上申書を提出しておき，執行官が警備要請するよう促すことが必要です。

(2) 仮処分の効力──執行官現実保管型の占有移転禁止の仮処分等

これまで説明した占有移転禁止の仮処分は，債務者の建物使用を許すものであり，仮処分命令の執行後は執行官が当該建物を保管しますが，暴力団組事務所としての使用という実態を変えることはできません。あくまでその後の本案訴訟に基づく明渡判決による強制執行を実効あらしめるため，その時点の占有者を観念的に「固定」するという効果を持つに過ぎません。

しかし，当該暴力団による抗争事件が発生して，組事務所として使用されている建物の付近住民の生命・身体に危険が及んでいる場合等，その後の本案訴訟を通じて明渡判決を得て，これに基づく強制執行手続により暴力団関係者を退去させるといった時間的余裕がない場合も考えられます。そこで，このように緊急性が非常に高い場合には，債務者の使用を許さない，執行官が現

実に建物を保管する占有移転禁止の仮処分（なお，通説的見解は，理論上債権者使用を許す占有移転禁止の仮処分も認めますが，不動産について裁判所がこの仮処分を発令することはほとんどないとされています）や本案訴訟による明渡判決を受けたのとほぼ同様の効果を得られる建物明渡断行の仮処分の申立てが考えられます。

これら仮処分を申し立てるかどうかは，事件の見通しにかかわる重要な問題ですから，明渡事件を受任した弁護士とよく相談してください。

5　本案訴訟及び強制執行手続について

(1) 明渡しを求める本案訴訟

占有移転禁止の仮処分の執行後も，依然として暴力団関係者による建物の使用・占有が続いている場合，すみやかに建物の明渡しを求める訴訟（本案訴訟）を提起します。ご参考までに，賃貸借契約を解除して建物の明渡しを求める訴状例を**書式例3**として本設問末尾に添付します。

本案訴訟は，判決言渡しで終了するほか，占有者らが建物から任意に退去すること等を内容とする訴訟上の和解の成立によって終了することもあります。この場合，賃貸借契約の解除による終了と賃借人及び占有者らの明渡義務が確認され，具体的期限が定められた明渡約束があれば，万一，占有者らが和解条項どおりに退去しなかったとしても，明渡判決と同様に，強制執行手続をとることができます。

(2) 強制執行手続について

(a) 手続の開始

強制執行手続を開始するには，裁判所に対して強制執行申立書を提出します。

実際に執行現場に赴いて強制執行を行うのは，仮処分と同様に，執行官です。そのため，執行の日時及び手順については，事前に執行官と打ち合わせます。その際，仮処分命令の執行と同様に，暴力団組事務所の明渡しであることを説明することになります。また，事前に執行官に対し，所轄の警察署へ援助要請することの上申書を提出しておき，執行官が警察の援助を求めるよう促すことも，仮処分命令の執行の場合と同様です。

(b) 明渡執行の実際——催告及び執行

建物明渡強制執行は，通常，次の手順で進められます。

まず，執行官が最初に現場に赴いた際，当該建物の賃借人ないし占有者に対し，期限を定めて退去するよう命じ，期限を過ぎても退去・明渡しを行わない場合には後述の強制的な荷物の運び出し等を実施する旨を伝えます。これを「催告手続」といいます。

そして，期限までに占有者が退去しない場合には，期限と定めた日に執行官が再度現場に赴き，占有者を強制的に立ち退かせることになります。催告手続から明渡期限までは1ヵ月間とされています（民執168条の2第2項）。

(c) 建物内の動産類の処理

この手続においては，建物内の家具や荷物等の動産類を運び出さなければなりません。そこで，執行官との打ち合わせまでに，この搬出作業を請け負う業者を手配する必要があります。通常，上記催告手続にこの業者も同行し，費用の見積りをしてもらいます。

この場合，動産類は建物内から運び出されるだけで，その所有権の帰属先は従前のままですので，これら動産類について強制執行の申立人がすぐに廃棄等の処分を行うというわけにはいきません。この場合，動産類について任意に所有権放棄がなされていればよいのですが，暴力団関係者の場合にはそのようなことはほとんど期待できませんので，残置された動産類の所有権を裁判所による競売手続を通じて取得し，廃棄等の処分を行うことになります。

6 最後に——警察への事前相談，支援要請の重要性

法的手続の準備としての調査活動から，仮処分をはじめとする法的手続のいずれの段階においても，所轄の警察署の支援や助力は不可欠です。したがいまして，暴力団組事務所の明渡しを求める際には，なるべく早期に，事件を受任する弁護士とともに所轄の警察署に出向き，事情を説明して相談や支援要請をする必要があります。

引用判例

＊1　大阪高判平5・3・25判タ827号195頁。

【加藤　公司・近藤　弘・金原　裕子】

書式例1　解除通知

　　　　　　　　　　　　通　知　書

　　　　　　　　　　　　　　　　　　　　　平成〇〇年〇月〇〇日

〒〇〇〇―〇〇〇〇
東京都〇〇区〇〇町〇丁目〇番〇号
株式会社ＡＢＣ企画
代表者代表取締役　□　□　□　□　殿

　　　　　　　　　　　　　〒〇〇〇―〇〇〇〇
　　　　　　　　　　　　　東京都〇〇区〇〇町〇丁目〇番〇号
　　　　　　　　　　　　　通知人株式会社〇〇〇〇
　　　　　　　　　　　　　代表者代表取締役　〇　〇　〇　〇
　　　　　　　　　　　　　〒〇〇〇―〇〇〇〇
　　　　　　　　　　　　　東京都〇〇区〇〇町〇丁目〇番〇号
　　　　　　　　　　　　　〇〇ビル〇階　〇〇法律事務所
　　　　　　　　　　　　　電　話　〇〇―〇〇〇〇―〇〇〇〇
　　　　　　　　　　　　　ＦＡＸ　〇〇―〇〇〇〇―〇〇〇〇
　　　　　　　　　　　　　通知人代理人弁護士　〇　〇　〇　〇
　　　　　　　　　　　　　〒〇〇〇―〇〇〇〇
　　　　　　　　　　　　　東京都〇〇区〇〇町〇丁目〇番〇号
　　　　　　　　　　　　　〇〇ビル〇階　〇〇法律事務所
　　　　　　　　　　　　　電　話　〇〇―〇〇〇〇―〇〇〇〇
　　　　　　　　　　　　　ＦＡＸ　〇〇―〇〇〇〇―〇〇〇〇
　　　　　　　　　　　　　通知人代理人弁護士　〇　〇　〇　〇

冠省
　当職らは，通知人株式会社〇〇〇〇（以下「通知人」といいます）の代理人として，貴社に対し，以下のとおり通知します。
　通知人は，平成〇〇年〇〇年〇〇日，東京都〇〇区〇〇町〇丁目〇〇番地〇所在の〇〇ビル301号室（以下「本件貸室」といいます）につき，貴社との間で賃貸借契約を締結しましたが，以下の信頼関係破壊事由を理由として同賃貸借契約を解除します。
〈信頼関係破壊事由〉
１　貴社の（代表）取締役・・・は，指定暴力団ＸＸ組の構成員であることを秘匿し

て通知人と賃貸借契約を締結し，本件貸室に神棚やＸＸ組の代紋を掲げて同貸室をＸＸ組の拠点として使用しています。
2　貴社は，本件貸室に，乱暴な言葉遣いをしたり，入れ墨のあるＸＸ組の構成員と思われる者たちを常時出入りさせており，周囲のテナントに威圧感や恐怖感を与えています。
3　ＸＸ組の構成員と思われる者たちは，乗ってきた黒塗りの外車を，本件貸室近隣の路上に駐車したり，他人の駐車場に無断で駐車したりしており，またこれらを注意する人を威圧するなど傍若無人な振る舞いを繰り返しています。
4　貴社は，通知人に無断で本件貸室の玄関ドア前にテレビカメラを設置し，来訪者や周囲の通行者を監視しています。
5　最近，抗争状態にある相手方暴力団の構成員が本件貸室玄関ドアに銃弾を発砲する事件が発生しましたが，今後も同様の事件が発生して付近住民が巻き添えになるおそれがあります。
　以上のことから，本書により，通知人は貴社に対して，直ちに本件貸室から退去して本件貸室を通知人に明け渡すよう要求します。
　なお，本件につきましては，当職らに一任されておりますので，今後の連絡は当職らにお願いいたします。

草　々

書式例2　占有移転禁止仮処分命令申立書

占有移転禁止仮処分命令申立書

平成○○年○月○○日

東京地方裁判所民事第9部　御中

　　　　　　　　　　　債権者代理人弁護士　○　○　○　○　印

　　　　　　　　　　　同　　　　弁護士　○　○　○　○　印

　当事者の表示　　　　別紙当事者目録記載のとおり
　仮処分により保全すべき権利　建物明渡請求権

申立ての趣旨

1　債務者らは，別紙物件目録記載の物件に対する占有を他人に移転し，又は占有名義を変更してはならない
2　債務者らは，上記物件の占有を解いて，これを執行官に引き渡さなければならない
3　執行官は，上記物件を保管しなければならない
4　執行官は，債務者らに上記物件の使用を許さなければならない
5　執行官は，債務者らが上記物件の占有の移転又は占有名義の変更を禁止されていること及び執行官が同物件を保管していることを公示しなければならない
との裁判を求める。

申立ての理由

第1　被保全権利
　1　本件賃貸借契約
　　　債権者は，別紙物件目録記載の物件（以下「本物件」という）を所有し，債務者株式会社ＡＢＣ企画（以下「債務者ＡＢＣ」という。甲4：履歴事項全部証明書）に対し，平成○○年○○月○○日，本物件を以下の条件で貸し渡した（甲1：全部事項証明書，甲2：建物賃貸借契約書）。
　　　①　期　間　　平成○○年○○月○○日から平成××年××月××日まで
　　　②　賃　料　　月額○○万円
　　　③　支払期　　翌月分当月末払
　　　④　特　約　　借主が賃料を○ヵ月分滞納したときは，貸主は通知・催告を要

せず本件賃貸借契約を解除して本物件の明渡しを請求できる。
2　債務者らによる本物件の占有使用
　　債務者らは，平成○○年○○月○○日ころより，本物件を指定暴力団ＸＸ組の拠点として，占有補助者である指定暴力団ＸＸ組の構成員たちに使用させている（甲３：報告書）。
3　信頼関係破壊行為（甲６：陳述書）
　　本件賃貸借契約締結後判明したことであるが，債務者□□□□（以下「債務者□□」という）をはじめ債務者ＡＢＣの取締役は，ＸＸ組の構成員である（債務者□□はＸＸ組の組長である。甲３：報告書）。そして，本物件がＸＸ組の拠点として使用されることにより，債務者□□と占有補助者である指定暴力団ＸＸ組の構成員たちが次のとおり付近住民に多大な迷惑を及ぼすとともに，その生命・身体・財産に対する深刻な危険を生じさせている。
　　① 本物件には，神棚やＸＸ組の代紋が掲げられており，本物件はＸＸ組の拠点となっている。
　　② 本物件には，ＸＸ組の構成員と思われる，粗暴な言葉遣いをしたり，入れ墨のある者たちが常時出入りしており，周囲のテナントに威圧感や恐怖感を与えている。
　　③ ＸＸ組の構成員と思われる者たちは，乗ってきた黒塗りの外車を，本物件近隣の路上に駐車したり，他人の駐車場に無断で駐車したりしており，それを注意する人に対して威圧的な態度を示すなど，傍若無人な振る舞いを繰り返している。
　　④ 債務者ＡＢＣは原告に無断で本物件の玄関ドア前にテレビカメラを設置し，来訪者や通行者を監視している。
　　⑤ 最近，抗争状態にある相手方暴力団構成員が本物件玄関ドアに銃弾を発砲する事件が発生しており，今後同様の事件が発生して付近住民が巻き添えになるおそれがある（甲５：新聞記事）。
　　⑥ 債務者ＡＢＣが本物件をＸＸ組の拠点として使用し始めた平成○○年○○月ころから，近隣のアパート・マンションに空室が目立つようになった。
4　信頼関係破壊に基づく契約解除に伴う債務者らの占有権原喪失
　　債権者は債務者ＡＢＣに対し，信頼関係破壊に基づいて本件賃貸借契約を解除し，債務者らに対して本物件の明渡しを請求する予定である。
　　なお，債務者□□及び占有補助者らがＸＸ組の組長及びその構成員であり，占有移転などによる妨害及び債権者の関係者への報復行動をとるおそれがあるため，本仮処分執行時に解除通知を到達させる予定である。
5　被保全権利のまとめ
　　よって，債権者は，本物件の所有権に基づき，債務者らに対し建物明渡請求権を有している。

第2 保全の必要性（甲6：陳述書）
　1 債権者は上記第1．5記載の権利を実現するため，建物明渡請求の本訴を御庁に提起するべく準備中である。
　2 しかるに，債務者□□及び占有補助者らは，正業に就かず反社会的活動を業としている暴力団組長及びその構成員であって，およそ遵法精神に欠けている（甲3：報告書）。また，債務者らは，配下のＸＸ組構成員らを交代で本物件内に寝泊まりさせており，本物件の占有を移転したり，占有名義を変更したりすることは債務者らにとって極めて容易である。
　3 よって，申立ての趣旨記載の裁判を求め，本申立てに及んだ次第である。

疎明方法

甲1　全部事項証明書（本件建物）
甲2　建物賃貸借契約書
甲3　報告書
甲4　履歴事項全部証明書（債務者）
甲5　発砲事件に関する新聞記事
甲6　陳述書（債権者作成）

添付書類

1	甲号証	各1通
2	評価証明書	1通
3	資格証明書	2通
4	訴訟委任状	1通

当事者目録

〒〇〇〇—〇〇〇〇　東京都〇〇区〇〇町〇丁目〇番〇号
　　　　　　　　　　債　権　者　　　　株式会社〇〇〇〇
　　　　　　　　　　代表者代表取締役　　〇　〇　〇　〇
〒〇〇〇—〇〇〇〇　東京都〇〇区〇〇町〇丁目〇番〇号　〇〇ビル〇階
　　　　　　　　　　〇〇法律事務所（送達場所）
　　　　　　　　　　電　話　　〇〇—〇〇〇〇—〇〇〇〇
　　　　　　　　　　ＦＡＸ　　〇〇—〇〇〇〇—〇〇〇〇
　　　　　　　　　　債権者代理人弁護士　〇　〇　〇　〇
〒〇〇〇—〇〇〇〇　東京都〇〇区〇〇町〇丁目〇番〇号　〇〇ビル〇階
　　　　　　　　　　〇〇法律事務所

```
                        電　話　　　○○―○○○○―○○○○
                        ＦＡＸ　　　○○―○○○○―○○○○
                        債権者代理人弁護士　　○　　○　　○　　○

〒○○○―○○○○　　東京都○○区○○町○丁目○番○号
                        債　　務　　者　　　株式会社ＡＢＣ企画
                        代表者代表取締役　　　□　　□　　□　　□
〒○○○―○○○○　　東京都○○区○○町○丁目○番○号
                        債　　務　　者　　　　□　　□　　□　　□
```

物件目録

```
所　　在　　東京都○○区○○町○丁目○○番地○
家屋番号　　○○番の○
種　　類　　居宅，事務所
構　　造　　鉄筋コンクリート・鉄骨造陸屋根３階建
床面積　　　１階　○○○．○○平方メートル
            ２階　○○○．○○平方メートル
            ３階　○○○．○○平方メートル
            上記のうち，添付図面中赤線で囲まれた３階301号室部分（○○．○○
            平方メートル）
```

＊１　執行官現実保管型の場合の申立ての趣旨

1　債務者は，別紙物件目録記載の建物に対する占有を他人に移転し，又は占有名義を変更してはならない
2　債務者は，上記建物の占有を解いて，これを執行官に引き渡さなければならない
3　執行官は，上記建物を保管しなければならない
4　執行官は，債務者が上記建物の占有の移転又は占有名義の変更を禁止されていること及び執行官が同建物を保管していることを公示しなければならない
との裁判を求める。

書式例3　建物明渡等請求の訴状

訴　状

平成〇〇年〇月〇〇日

東京地方裁判所民事部　御中

原告訴訟代理人弁護士　〇　〇　〇　〇印

同　　　　　　弁護士　〇　〇　〇　〇印

　　当事者の表示　　　　　　別紙当事者目録記載のとおり

建物明渡等請求事件
　　訴訟物の価額　　〇〇〇万円
　　貼用印紙額　　　〇万〇〇〇〇円

請求の趣旨

1　被告らは，原告に対し，別紙物件目録記載の建物を明け渡せ
2　被告らは，原告に対し，各自，平成〇〇年〇月△△日より第1項の明渡済みに至るまで，1ヵ月〇〇万円の割合による金員を支払え
3　訴訟費用は被告らの負担とする
との判決並びに仮執行の宣言を求める。

請求の原因

1　原告は，被告株式会社ＡＢＣ企画（以下「被告ＡＢＣ」という）に対し，平成〇〇年〇〇月〇〇日，原告所有の別紙物件目録記載の建物（甲1，以下「本件建物」という）を，以下の条件で貸し渡した（甲2）。
　　①　期　間　　平成〇〇年〇〇月〇〇日から平成××年××月××日まで
　　②　賃　料　　月額〇〇万円
　　③　支払期　　翌月分当月末払
　　④　特　約　　借主が賃料を〇ヵ月分滞納したときは，貸主は通知・催告を要せず本件賃貸借契約を解除して本件建物の明渡しを請求できる。
2　被告ＡＢＣの代表者である被告□□□□（以下「被告□□」という）は，平成〇〇年〇〇月〇〇日，前項の契約につき，被告ＡＢＣが負担する債務を連帯保証した（甲2）。

3　賃貸借契約締結後判明したことであるが，被告□□をはじめ被告ＡＢＣの取締役は，指定暴力団ＸＸ組の構成員であった（被告□□はＸＸ組の組長である）。そして，被告ＡＢＣへの賃貸借開始後，本件建物はＸＸ組の拠点として使用され始めた。

4　被告ＡＢＣ，被告□□及び占有補助者であるＸＸ組の構成員が本件建物を使用していることにより，付近住民は多大な迷惑を受け，その生命・身体・財産に対して深刻な危険が生じている。

　　① 本件建物には，神棚やＸＸ組の代紋が掲げられており，本件建物はＸＸ組の拠点として使用されている。
　　② 本件建物には，ＸＸ組の構成員と思われる，粗暴な言葉遣いをしていたり，入れ墨のある者たちが常時出入りしており，周囲のテナントに威圧感や恐怖感を与えている。
　　③ ＸＸ組の構成員と思われる者たちは，乗ってきた黒塗りの外車を，本件建物近隣の路上に駐車したり，他人の駐車場に無断で駐車したりしており，それを注意する人に対して威圧的な態度を示すなど，傍若無人な振る舞いを繰り返している。
　　④ 被告ＡＢＣは原告に無断で本件建物の玄関ドア前にテレビカメラを設置し，来訪者や通行者を監視している。
　　⑤ 最近，抗争状態にある相手方暴力団構成員が本件建物玄関ドアに銃弾を発砲する事件が発生し，今後同様の事件が発生して付近住民が巻き添えになるおそれがある。
　　⑥ 被告ＡＢＣが，本件建物をＸＸ組の拠点として使用し始めた平成〇〇年〇〇月ころから，近隣のアパート・マンションに空室が目立つようになった。

5　上記各行為は，本件賃貸借契約の基礎となる信頼関係を破壊する行為であり，原告は本件賃貸借契約を無催告で解除することができる。

6　原告は，平成〇〇年〇月〇〇日，本件建物について占有移転禁止仮処分を執行し，その際，被告ＡＢＣの占有補助者である＊＊＊＊に，本件賃貸借契約の解除通知を交付し，同人はこれを受領した（甲5，甲6）。さらに原告は，被告ＡＢＣ宛に平成〇〇年〇月〇〇日付内容証明郵便にて同通知を送付し，同通知は同月＊＊日に被告ＡＢＣに到達した（甲5，甲7）。

　　よって，遅くとも平成〇〇年〇月＊＊日には，本件賃貸借契約は解除された。

7　被告ＡＢＣは，本件賃貸借契約解除日以降現在に至るまで，本件建物を占有使用しており（甲4），原告は被告らに対して1ヵ月〇〇万円の割合による賃料相当損害金の支払を請求することができる。

8　よって，原告は，被告らに対し，本件建物の所有権に基づき本件建物の明渡しを求めるとともに，本件賃貸借契約解除日の翌日である平成〇〇年〇月△△日から明

渡済みに至るまで，1ヵ月○○万円の割合による賃料相当損害金の支払いを求める。

証拠方法

甲第1号証　全部事項証明書（本件建物）
甲第2号証　建物賃貸借契約書
甲第3号証　履歴事項全部証明書（被告会社）
甲第4号証　仮処分調書
甲第5号証　通知書
甲第6号証　受領書
甲第7号証　郵便物配達証明書

附属書類

1	訴状副本	2通
2	甲号証（写し）	各3通
3	評価証明書	1通
4	資格証明書	2通
5	訴訟委任状	1通

当事者目録

〒○○○―○○○○　東京都○○区○○町○丁目○番○号
　　　　　　　　　原　　　告　　　株式会社○○○○
　　　　　　　　　代表者代表取締役　　　○　○　○　○
〒○○○―○○○○　東京都○○区○○町○丁目○番○号　○○ビル○階
　　　　　　　　　○○法律事務所（送達場所）
　　　　　　　　　電　話　　○○―○○○○―○○○○
　　　　　　　　　ＦＡＸ　　○○―○○○○―○○○○
　　　　　　　　　原告訴訟代理人弁護士　　○　○　○　○
〒○○○―○○○○　東京都○○区○○町○丁目○番○号　○○ビル○階
　　　　　　　　　○○法律事務所
　　　　　　　　　電　話　　○○―○○○○―○○○○
　　　　　　　　　ＦＡＸ　　○○―○○○○―○○○○
　　　　　　　　　原告訴訟代理人弁護士　　○　○　○　○

〒○○○―○○○○　東京都○○区○○町○丁目○番○号

```
              被        告      株式会社ＡＢＣ企画
              代表者代表取締役      □   □   □
 〒○○○―○○○○  東京都○○区○○町○丁目○番○号
              被        告      □   □   □
```

物件目録

```
所   在   東京都○○区○○町○丁目○○番地○
家屋番号   ○○番○の○
種   類   居宅，事務所
構   造   鉄筋コンクリート・鉄骨造陸屋根３階建
床 面 積   １階  ○○○．○○平方メートル
         ２階  ○○○．○○平方メートル
         ３階  ○○○．○○平方メートル
         上記のうち，添付図面中赤線で囲まれた３階301号室部分（○○．○○平方メートル）
```

Q59　組事務所事例③──区分所有法に基づく使用禁止等

　当社は，○○駅前の５階建てＸＹＺマンションの202号室を所有し，残業で遅くなった社員の宿泊場所などとして利用してきました。先日，このマンションの管理組合の理事長から次のような説明を受けました。

- ３ヵ月前に501号室を購入し転居してきたＡ氏が，無断で玄関上に監視カメラを取り付けるなどの改造をした。
- 転居祝いの花を配達した近所の花屋さんの話では，室内にはＡ組と書いた提灯が下がっていたとのことだった。
- Ａ氏には，いつも人相の悪い黒服の若い男性数人が付き添っており，同じ階の他の住人に対して「どこへ行くのか」などと言いながら，ボディーチェックをしてくる。
- Ａ氏の周辺者は，黒塗りの高級外車をマンションの駐車場に無断駐車し，これを注意した駐車場の管理人が睨みつけられたり，罵声をあびせられた。
- 警察に相談したところ，Ａ氏はＡ組という暴力団の組長であるとのことだった。

　Ａ組は，広域暴力団α組の下部組織ですが，α組では１ヵ月ほど前から跡目争いで内部抗争が起きており，全国各地で発砲事件等が頻発しています。
　このような状況では，当社も，202号室を安心して社員に利用させることができません。また，実際に不動産としての価値も下がり始めているようで，このマンションの一室を担保とする融資を銀行に申し入れたところ，断られた人もいるそうです。
　当社の今後の対応について教えてください。

A

　民暴事件に精通している弁護士に相談し，警察の協力・支援を得ながら，501号室の暴力団組事務所としての使用が「区分所有者の共同の利益に反する」（区分所有6条1項）ことを理由に，暴力団組事務所としての使用禁止やA組関係者の退去等を求めることを検討すべきです。

解説

1　基本方針について

　暴力団の組長が所有する区分所有建物の一室が暴力団組事務所として使用され，特に本設問のように当該暴力団に関係して抗争事件まで発生しているような場合には，同じ建物内の202号室を利用する貴社社員や付近住民は常に危険にさらされています。

　したがいまして，貴社としては，他の区分所有者らと力を合わせ，「建物の区分所有等に関する法律」（以下，「区分所有法」といいます）に基づき，501号室の暴力団組事務所としての使用禁止やA組関係者の退去等を求めることを検討すべきです。

2　区分所有法上の法的措置について

(1)　区分所有者及び専有部分の占有者の義務

　区分所有法は，区分所有者及び専有部分の占有者がそれぞれ区分所有建物における共同の生活関係の一員であるという点に着目し，「区分所有者の共同の利益に反する行為をしてはならない」と定め，「共同利益背反行為」を禁止しています（区分所有6条1項・3項）。

(2)　共同利益背反行為に対する法的措置（区分所有57条～60条）

(a)　区分所有者に対する措置　　本設問でいえば，購入者A氏に対するも

のということになります。
　①　共同利益背反行為の停止等の請求（区分所有57条１項）——共同利益背反行為をした者，又はするおそれのある者に対して以下の各請求ができます。
　　（ⅰ）当該行為の停止請求（本設問では，暴力団組事務所としての使用を禁止することになります。詳しくは，後記 **5** 参照）。
　　（ⅱ）当該行為の結果の除去・撤去請求，原状回復請求
　　（ⅲ）当該行為の予防措置請求
　②　専有部分の使用禁止の請求（区分所有58条）——共同利益背反行為が現に行われ，又は行われるおそれがあり，それによる区分所有者の共同生活上の障害が著しい場合で，①の共同利益背反行為の停止等の請求によっては障害を除去することが困難であるときには，当該区分所有者，その家族や使用人等の占有補助者及び占有機関（区分所有者の指図に従って区分所有者のために専有部分を所持するに過ぎない者）による使用を一定期間禁止することを請求することができます。
　③　区分所有権の競売請求（区分所有59条）——②と同様に，共同利益背反行為が現に行われ，又は行われるおそれがあり，それによる区分所有者の共同生活上の障害が著しい場合で，①の共同利益背反行為の停止等の請求及び②の専有部分の使用禁止の請求といった民事上の他の法的手段によっては障害を除去することが困難であるときには，区分所有者の区分所有権及び敷地利用権の競売の申立てをすることができます。その結果，当該区分所有者を区分所有関係から終局的に排除することができます。
　(b)　専有部分の占有者に対する措置　　ここにいう「占有者」は，主として専有部分の賃借人（又は転借人）や使用借人ですが，その他独立の占有を有する同居人や権限なき占有者も含まれると解されています。
　①　共同利益背反行為の停止等の請求（区分所有57条４項）——上記**(a)**①と同様に，占有者に対しても，当該行為の停止を求め，その結果の除去・撤去，原状回復及び予防措置を請求することができます。
　②　専有部分が賃貸等されている場合の契約解除及び引渡請求（区分所有

60条)──占有者により共同利益背反行為が現に行われ，又は行われるおそれがあり，それによる区分所有者の共同生活上の障害が著しい場合で，①の共同利益背反行為の停止等の請求によっては障害を除去することが困難であるときには，占有者が占有する専有部分の使用又は収益を目的とする契約を解除し，その専有部分の引渡しを求めることができます。

3 共同利益背反行為について

(1) **専有部分の暴力団組事務所としての使用と「共同利益背反行為」**

専有部分を暴力団組事務所として占有・使用することは，上記各措置の共通の要件となっている「共同利益背反行為」に当たるのでしょうか。

共同利益背反行為について，今日では，単に財産的観点からの共同の利益だけを考えるのではなく，生活上の共同の利益も合わせ考慮しなければならないとされ，共同生活上の障害をもたらす行為を含むと解されています。

多くの裁判例では，専有部分を暴力団組事務所として使用することに伴い，専有・共用部分が無断改造された事実や当該暴力団に関して発生している抗争事件に他の区分所有者らが巻き込まれる危険のあることが指摘され，これらのことをもって「区分所有者の共同の利益に反する」としています。暴力団組事務所として認定された例として，開口部分に鉄板を取り付けるなど外敵からの攻撃に対する防衛のための工事が施されたり，投光器や監視カメラの設置など，いわゆる「要塞化」されたものがあります。中には，暴力団関係者が専用の出入口を造るなどの大規模な改造を行った例もあります。

また，「共同利益背反行為」の判断に当たり，高級外車が駐車場に無断駐車した，付近の路上へ違法駐車した，区分所有者にボディーガードらしき男性が始終付き添っていて異様な雰囲気を醸し出している，多数の男性が出入りして他の住民を脅すなどの事実も認定されています。

加えて，暴力団組事務所として使用している暴力団及びその系列暴力団に関して抗争事件が発生していることも「共同利益背反行為」を認定するに当たっての重要な事実となっています（裁判例の詳細は，**Q60**末尾の**資料**参照）。

(2) 裁判例

近時の裁判例として東京地裁平成10年12月8日決定があります[*1]。

この事案は，有限会社に賃貸された専有部分がX組の暴力団組事務所として使用されたというものです。

裁判所は，無断で専有部分のあるフロアーに監視カメラや防護扉が設置されたり，このフロアーにエレベーターが停止しないようにサービス階切離し設備が付加されたという状況から，このフロアーが「事実上要塞的な状況」に保たれながら暴力団組事務所として使用されていると認定しました。

この仮処分申立て当時は，X組自体は抗争中ではありませんでしたが，仮処分申立ての数ヵ月前に，X組が属する上部団体が東京都で発砲事件を起こし，上部団体の幹部が凶器準備集合罪で逮捕され，X組の幹部及び構成員も拳銃所持の容疑で逮捕されたという事実がありました。裁判所は，これらの事実に加え，上部団体が関与した過去十数年間にわたる東京都及び青森県における発砲事件を含む抗争事件の状況を認定した上で，対立抗争事件を起こすおそれの高い上部団体に属しているX組の暴力団組事務所として使用されることは「共同の利益に反することは明らか」であると判示しました。

なお，この事案で裁判所は，X組の暴力団組事務所としての使用を禁止するとともに，前記の改造等を除去して原状に復することを命じました。

4 各措置の手続について

(1) 訴訟手続及び集会決議の要否

(a) 訴訟手続の要否　共同利益背反行為の停止等の請求（2(2)(a)①及び(b)①）は，訴訟外で行使することができますが，その他の各請求は，必ず訴訟手続によらなければなりません。

なお，専有部分の使用禁止の請求（2(2)(a)②）及び区分所有権の競売請求（2(2)(a)③）並びに占有者に対する契約解除及び引渡請求（2(2)(b)②）は，判決の確定によってはじめて使用禁止の義務を生じ，競売権が形成され，また契約解除の効力が将来に向かって生じると解されています（形成権ないし形成判決）。

(b) 集会決議の要否　共同利益背反行為の停止等の請求（**2**(2)(a)①及び(b)①）が裁判外で行使される場合を除き，上記各請求を行う場合には，集会の決議を経なければなりません。

この場合，共同利益背反行為の停止等の請求に基づく訴訟を提起する場合は，普通決議（区分所有者及び議決権の各過半数による決議，区分所有39条1項）で行うことができますが，その他の場合には特別多数決議（区分所有者及び議決権の各4分の3以上の多数による決議，区分所有58条2項・59条2項・60条2項）が必要です。

(2) **当事者**
(a) 請求主体　上記各請求の主体は，当該違反者を除く区分所有者全員又は管理組合法人です。

これら請求権に基づく訴訟を提起する際に原告となるのも，当該違反者を除く区分所有者全員又は管理組合法人ということになります。もっとも，集会の決議によって選任された管理者（区分所有25条1項）又は集会において指定された区分所有者は，当該違反者を除く区分所有者全員のために，原告となって訴訟を提起できます（区分所有57条3項・58条4項・59条2項・60条2項）。この裁判の効果は，すべての区分所有者に及ぶことになります。

(b) 相手方　請求及び訴訟の相手方（被告）は，共同の利益に反する行為をしている，又はするおそれがある区分所有者又は占有者です。この場合，区分所有者又は占有者が暴力団関係企業として法人格を有していれば，当該企業が被告となります。

それでは，暴力団自体を被告とすることはできるでしょうか。

暴力団には法人格が付与されておらず，民事訴訟法29条によって訴訟の当事者となれる「法人でない社団」（権利能力なき社団）にも当たらないと解されていますので，暴力団自体を被告とすることはできず，組長又は組関係者個々人を被告とせざるを得ません。

(3) **区分所有者又は専有部分の占有者への弁明の機会の付与及びその内容**
(a) 専有部分の使用禁止の請求，区分所有権の競売請求並びに占有者に対する契約解除及び引渡請求について（**2**(2)(a)②，③及び(b)②の請求）　これら請求について集会決議を行うには，区分所有法は，被告となる区分所有

(**2**)(2)(a)②,③の請求）又は占有者（**2**)(2)(b)②の請求）に対し，あらかじめ，弁明の機会を与えなければならないとしています（区分所有58条3項・59条2項・60条2項）。

なお，占有者に対する**2**)(2)(b)②の請求に基づき提訴するに当たって，区分所有者も共同被告とする場合に，当該区分所有者にも弁明の機会を与えなければならないのかについては，学説上争いがあります。この点につきましては，弁明の機会は違反行為者（占有者）のみに与えれば足りるとするのが通説・判例です。

(b) 共同利益背反行為の停止等の請求について（**2**)(2)(a)①及び(b)①の請求）

前述のとおり，これら請求に基づく訴訟の提起に当たっては，集会の決議が必要ですが，この場合，被告となる区分所有者（**2**)(2)(a)①の請求）又は占有者（**2**)(2)(b)①の請求）に対して，あらかじめ，弁明の機会を与えなければならないのでしょうか。**2**)(2)(a)②,③及び(b)②の請求と異なり，区分所有法57条には弁明の機会を与えなければならないとの明文規定が存在しないことから問題となります。

この点につき，通説的見解は，まず，区分所有者については，集会において議決権を有しており，当該集会で意見を述べることも許されると解しています。また，占有者に関しては，決議事項である当該占有者への訴訟提起が，区分所有法44条1項にいう「会議の目的たる事項につき利害関係を有する場合」に該当し，占有者が「集会に出席して意見を述べることができる」と解釈していますので，注意を要します。

(c) 弁明の機会付与の内容　弁明の機会を与えるとは，実際に区分所有者等に集会で弁明させることではありません。その機会を与えることで足ります。

本設問のような場合，暴力団の組長やその関係者から，この点について後で不当な言いがかりをつけられないようにするため，弁明を求める点を明らかにした集会の招集通知を組長らに対して配達証明付内容証明郵便で送っておくことが必要です。

もっとも，弁明の機会を与える以上，暴力団組長らが弁明したいということで集会に出席してくる可能性もあります。そこで，この集会をスムーズか

つ成功裡に進めるために、他の区分所有者らへの事前説明会の開催、出席人数及び委任状の確保、招集通知の内容検討、想定問答集・シナリオの作成といった準備活動は不可欠ですし、不測の事態に備えて警察に警備を要請することも必要でしょう。また、集会の模様の証拠化ということで、議事の進行状況を録音・録画することも重要と思われます。いずれにしても、事件を受任する弁護士等専門家とよく相談することをお勧めします。

5 共同利益背反行為の停止等の請求の効果

(1) 禁止される行為の内容

区分所有法57条に基づく共同利益背反行為の停止等の請求（ 2 (2)(a)①及び(b)①の請求）の目的は、当該専有部分が暴力団組事務所として使用されないようにすることです。

裁判所は、まず、専有部分を暴力団組事務所又はその連絡場所として使用してはならないと命じ、禁止行為を具体的に列挙します。これまでの裁判例によりますと、禁止行為として次の行為が挙げられています。

- 専有部分内で暴力団の会合又は儀式を行うこと
- 専有部分に暴力団の構成員を結集させ、若しくは当番組員を置き、又はこれらの行為を容認、放置すること
- 専有部分の位置する階の廊下、エレベーターホール、屋外階段、避難用バルコニーなどの共用部分に暴力団を表象する紋章、文字板、看板、表札その他これに類するものを設置すること
- 共用部分にテレビカメラなど外来者を監視する機器を設置すること
- 専有部分の外壁開口部に金属板を設置すること

(2) 停止等の請求の現実的意義

これらの具体的な行為が禁止されれば、当該専有部分は、暴力団の威勢を示したり、暴力団構成員が会合を開いたり、対立暴力団の襲撃から身を守ったりする場所という、暴力団組事務所としての本来的機能を果たし得なくなります。

この場合、裁判所は、暴力団の組長及びその関係者らに対して専有部分か

らの退去を命じている訳ではありません。しかし，襲撃に備えた防御設備がなくなった専有部分は，対立抗争の相手方にとって格好の攻撃対象であり，組長及びその関係者らにとってはむしろ「危険地帯」ということになります。また，組事務所としての使用が禁止され，暴力団の威勢を示せないとすれば，当該専有部分は他の用途が考えられない，利用価値のない場所ということになります。したがって，事実上，暴力団の組長及びその関係者らが自発的に利用を控えたり，退去するという効果を得られることが多いと考えられます。

6 区分所有権の競売請求並びに占有者に対する契約解除及び引渡請求について

(1) 区分所有法59条及び60条に基づく請求

前述のとおり，区分所有法59条に基づく競売請求（ 2 (2)(a)③の請求），同法60条に基づく契約解除及び専有部分の引渡請求（ 2 (2)(b)②の請求）が認められるのは，共同利益背反行為により共同生活上の障害が著しく，民事上の他の法的手段によっては障害を除去することが困難であるときに限定されています。

以下では，これら請求を認めた裁判例を紹介します。

(2) 裁 判 例

この事案は，暴力団組長の親族が所有している専有部分を組長及び組員らが暴力団組事務所として使用していたというものですが，裁判所は，次の事実関係を認定し，区分所有者である暴力団組長の親族に対する競売請求，占有者らに対する賃貸借契約解除及び専有部分の引渡請求を認めました[*2]。

① 無断で，地下室を造ったり，組関係者専用の出入口やブロック塀を造るなどの大規模な改造を施した。

② 暴力団員とわかる多くの男性の出入り，管理費の不払，他の住民が使用する通路をほとんど塞いでしまう，組員が他の住民の車を損壊したといった迷惑行為をした。

③ 他の区分所有者らの申立てにより，暴力団組事務所としての使用禁止

等を求める仮処分決定が出された後も，引き続き，暴力団員及びその関係者を出入りさせ，一旦撤去していた日本刀等を事務所内に再び掲げた。
④　③の仮処分決定後に以下の出来事があった。
　（ⅰ）　系列暴力団の抗争事件が発生していた時期に，この組が建物入口をシートで覆っていた。
　（ⅱ）　建物内で監禁・暴行事件を起こし，被害者に対して日本刀をちらつかせた。
　（ⅲ）　このマンションには組事務所があるという理由で金融機関がこのマンションの一室を担保とする融資に応じなかった。

裁判所は，専有部分に出入りする者たちによる一連の行動は，他の区分所有者らに恐怖心を与えてその平穏を著しく害し，本件マンションの評価を低下させた「共同利益背反行為」であると認定した上で，「これによる他の区分所有者らの共同生活上の障害は著しい程度に至っている」と判示しました。そして，この事案では，仮処分決定後にも依然として暴力団組事務所としての使用とこれに伴う「共同利益背反行為」が継続したということに鑑み，裁判所としては，今後も組長の近親者である区分所有者に任せておいては，前記のような他の住民の共同生活に対する重大な障害を除去して円満な共同生活の維持を図ることは困難であるとして，競売請求，契約解除及び専有部分の引渡請求を認めるに至りました。

7　仮処分の活用

(1)　共同利益背反行為の停止等の請求に関する仮処分について

　区分所有建物の一室が暴力団組事務所となり，その暴力団が他の暴力団と抗争状態に入ったときには，区分所有者らが巻き添えとなる危険が十分予想されますので，その生命・身体の安全を第一に考えて仮処分の申立てを検討すべきです。
　これまでも，区分所有法57条に基づく共同利益背反行為の停止等の請求（2(2)(a)①及び(b)①の請求）については，裁判所は，仮処分申立てを認めてい

ます*1。

(2) 専有部分の使用禁止の請求並びに占有者に対する契約解除及び引渡請求に関する仮処分の可否について

まず，これらに関する仮処分として専有部分の占有移転禁止等を求めることについては肯定的に解されています。

上記各請求権を被保全権利とする使用禁止請求，解除・引渡請求を求める仮処分ができるかについては，争いがあります。

この点について，消極説は，専有部分の使用禁止の請求及び占有者に対する契約解除及び引渡請求（ 2 (2)(a)② 及び (b)②の請求）は，これら請求を認容する本案判決が確定してはじめてその状態が生ずるのであるから仮処分をもって実現することはできないという考え方をとっています。

これに対して，近時の有力な見解は，

① 共同利益背反行為により，他の区分所有者の生命・身体の安全や建物の構造上の安全性に対する回復し難い危険が差し迫っており，

② 違反行為者の態度からして区分所有法57条の仮処分の裁判を遵守する見込みが全くない等この仮処分の実効性を期待することができないことが明白である場合

という特段の事情がある場合には，使用禁止請求権や引渡請求権を被保全債権とする仮処分も認められると考えており，実際にこれらを認める裁判例も存在しますし，当該専有部分に対する占有者らの占有を解いて執行官が保管するという仮処分が実務上認められたケースもあります（福岡地裁昭和61年8月12日決定，**Q60**末尾の**資料**の裁判例番号Ⅱ—④(イ)参照）。

したがって，区分所有建物の事案においても，仮処分の活用を積極的に検討すべきです。

8 結　語——本設問への当てはめ

以上のことから，本設問では，他の区分所有者らと一致団結して，A氏に対し，暴力団組事務所としての使用禁止を求め，場合によってはA氏の501号室の使用禁止請求及び区分所有権の競売請求を行うことが考えられます。

また，501号室を占有・使用するＡ組関係者についても，その者らの占有の根拠となる契約の解除や明渡しを求めることにより，当該占有者らを排除することが考えられます。

　そして，これら請求権を被保全権利とする仮処分の申立ても積極的に検討すべきであり，その検討を進めるに当たっては，民暴事件に精通している弁護士に相談し，警察の協力・支援を得ることをお勧めします。

引用判例

＊１　東京地決平10・12・8判時1668号86頁。
＊２　京都地判平４・10・22判夕805号196頁。

【加藤　公司・近藤　弘・金原　裕子】

Q60 組事務所事例④——人格権に基づく使用禁止等

暴力団の組長が所有する一棟の建物と敷地を暴力団組事務所として使用している場合，付近住民がその使用を差し止める方法はありますか。

A

> 付近住民は，建物が暴力団組事務所として使用されていることによって人格権が侵害されていることを理由に，裁判所から，暴力団組事務所としての使用を差し止める内容の仮処分命令，又は本案判決を得るという方法があります。

解説

1 採り得る法的手段——人格権を根拠とする使用差止め

(1) 人格権を根拠とする使用差止め

本設問では，暴力団組事務所として使用されている一棟の建物及び敷地が当該暴力団の組長の所有物ですので，Q57の不動産賃貸借契約の解除に基づく明渡請求やQ59の区分所有法に基づく使用禁止等の請求をすることはできませんが，以下のとおり，人格権を根拠に暴力団組事務所としての使用差止めを求めることができます。

そもそも，何人も，その生命，身体を害されることなく平穏に生活を営む権利，人格権を有しています（憲13条）。この人格権が受忍限度を超えて侵害された場合には，その侵害行為の排除を求めることができ，また侵害が現実化していなくても侵害の危険が切迫している場合には，その予防として侵害行為あるいは侵害の原因となる行為の禁止を求めることができます[*1]。

(2) 暴力団組事務所事例への適用

多くの裁判所は，対立抗争によるとみられる発砲事件が発生した暴力団の組事務所として建物が使用されている場合，この建物が攻撃の対象とされ，今後もその付近で拳銃発砲事件などが発生することが十分に予想されることから，その巻き添えとなり，付近住民の生命，身体の安全を害されるおそれがあるとしています。また，発砲事件にまで至らなくとも，事件発生の危険に怯えつつ，日常生活における活動が制約されることにより，付近住民の平穏に生活を営む権利が侵害されるとしています。
　このような生命，身体の安全に対する危険や平穏に生活を営む権利の侵害は，建物が暴力団組事務所として使用された結果によるものにほかならないとして，多くの裁判所は，付近住民からの人格権に基づく暴力団組事務所としての使用差止請求を肯定しています（詳しくは，本設問末尾の**資料**をご覧ください）。

2　建物の暴力団組事務所としての使用について

(1)　暴力団組事務所としての使用に関する考慮要素

　使用差止請求の判断においては，まず建物が暴力団組事務所として使用されているのかどうかが検討されます。
　ここでは，建物の構造及び利用状況（外部はもちろん，内部も），建物への人の出入りの状況（組員の出入りの有無，定例会・集会開催の有無）等について詳細な事実認定が行われ，建物の暴力団組事務所としての使用の有無が判断されます。

(2)　関連裁判例

　それでは，建物が暴力団組事務所として実際に使用される前においては，暴力団組事務所としての使用差止請求は全く認められないのでしょうか。
　裁判例には，建物の間取り・構造・設備から，この建物に適した使用方法を想定し，建築に至った経緯をも考慮して，当該建物は暴力団組事務所ないし連絡場所として使用される可能性が高いので付近住民の生命，身体，平穏に生活を営む権利が受忍限度を超えて侵害される蓋然性が大きく「人格権侵害の危険は切迫している」と判示して，暴力団組事務所ないし連絡場所とし

ての使用差止請求を肯定したものがあります[*2]。

この事案では、建築確認を得た建物の構造とは全く異なる建物が建築され（建築確認申請では4階建てのはずが、5階建てとなっていました）、また、容積率や建ぺい率の点でも建築基準法に違反していました。これに対し、市は工事停止命令を出しましたが、これを無視する形で建築工事が強行され、この建物は完成に至りました。そこで、付近住民が暴力団組事務所ないし連絡場所としての使用差止めを求めて提訴したのです（なお、この建物の所有者らは、建築基準法違反の罪で逮捕、起訴されており、この時の刑事記録が差止請求の民事訴訟において証拠として利用されています）。

裁判で建物の所有者らは「建物を組事務所として使用する意思は全くない」と主張しました。しかし、裁判所は、家族4人の住居にしては建物の面積が広すぎ、浴室・便所が多すぎること、窓がすべて強化ガラスで覆われていること等、建物の間取り・構造を詳細に認定するとともに、建築基準法に反してまでも床面積の大きい建物の建築を強行したこと、現在当該暴力団は定例会を開催できる自前の施設を持っておらず、他の組の施設を借用していること等といった事実を認定し、当該建物の暴力団組事務所としての使用がいつ開始されるやも知れないとして、人格権に基づく使用差止請求を認めました。

３ 抗争事件の有無について

(1) 抗争事件の有無とは

使用差止請求の裁判においては、付近住民の生命、身体、平穏に生活する権利に対する危険の現実化、又は危険が切迫していることの有無が検討され、そこでは当該暴力団に対する抗争事件の有無が問題とされています。

裁判例には、「些細な事柄の行き違いが原因で紛議を生じて」その結果暴力団同士の抗争に発展し、「一旦発生すれば、系列対系列の抗争へと全国的に拡大発展」するといった暴力団同士の抗争の一般的傾向を指摘し、建物を使用している組が現に抗争事件を起こしていなくても、その組が属している系列ないし上部組織の抗争歴、その組の特性・地位、抗争の現状に鑑み、系

列暴力団に抗争がひとたび発生すれば，問題となっている組事務所も襲撃の対象となるおそれがあるとして，付近住民の生命，身体，平穏に生活する権利に対する危険の現実化，又は危険の切迫を肯定するものがあります[*3]。

(2) **裁 判 例**

参考判例として，神戸地裁平成6年11月28日決定があります。

この決定は，当該建物が襲撃の対象となっていなかったことを理由に危険の切迫性を認めず，使用差止仮処分の申立てを却下した神戸地裁尼崎支部の決定に対して大阪高裁がこれを取り消し，差し戻した後に神戸地裁が下した決定です。

神戸地裁は，建物が暴力団組事務所として使用されており，系列暴力団について抗争が発生していれば，建物を使用している組も抗争事件に巻き込まれ，その建物が抗争の相手方からの集団的，暴力的な攻撃の対象となる蓋然性が大きいとして，付近住民の生命，身体，平穏な生活を営む権利等のいわゆる人格権が受忍限度を超えて侵害される蓋然性は大きいことから，その侵害を予防するため，建物を暴力団組事務所として使用することの禁止を求めることができると判断しました。

4　仮処分申立ての利用──執行官保管の仮処分命令

(1) **仮処分の利用について**

多くの事案においては，付近住民の生命，身体，平穏な生活を営む権利等のいわゆる人格権に対する危険が既に発生している一方で，時間のかかる本案訴訟の終結を待つことができないという理由で，付近住民から，暴力団組事務所としての使用を禁じる仮処分が申し立てられ，裁判所において認められてきました。

それでは，さらに一歩進んで，暴力団組事務所として建物を実際に使用する者やこれを認める所有者の建物に対する占有を解いて執行官の保管のもとに置くことまで，裁判所が命じることができるでしょうか。

(2) **執行官保管の仮処分の可否**

伝統的な考え方は，使用差止めの仮処分で執行官保管まで認めてしまうこ

とは，もともと本案判決においても建物を暴力団組事務所として使用することの禁止しか求められないのであり，本案判決の内容を超えるものであることから，執行官保管の仮処分までは認められないとしてきました。

しかし，近時は，法律上仮処分の方法については特に限定がなく，裁判所がその裁量により必要な処分をすることができるとされており（民保24条），例えば，出版物販売等禁止仮処分事件において出版物の執行官保管を命じる例も見られることから，

① 間接強制を待っていては取り返しのつかない権利侵害を受けるおそれが非常に強い場合
② 仮処分の相手方が暴力団組事務所としての使用禁止命令に従わないおそれが強く，間接強制を待つのでは仮処分の申立人に酷な結果を招来することが明らかな特段の事情がある場合

には，執行官保管の仮処分によって仮処分の相手方が被る不利益の内容，程度を勘案した上で，極めて例外的にではありますが，執行官保管の仮処分を肯定するという考え方が出てきています。

例えば，静岡地裁平成13年11月13日決定では，暴力団組員同士の発砲事件が発生しており，暴力団組事務所として建物が使用されている以上，今後ともこの建物が攻撃目標となり付近住民が巻き添えになる危険が差し迫っているとした上で，建物の内外部の状況や人の出入りの状況及び所有者が当該暴力団のトップである「総長」に就任した経緯などから，この建物は暴力団組事務所として使用する点にこそ価値があり，今後もそれのみに使用されるであろうことが当然に予想されることから，裁判所は，使用禁止の仮処分命令に違反してでも暴力団組事務所としての使用が続けられることも十分に予想されるとし，後日の間接強制の実効性にも疑問を呈しています。そして，所有者は別の場所に自宅を有しており，この建物には月に一度しか訪れないということから，執行官保管を命じても付近住民が直面する権利侵害や危険に比べてその不利益は大きいとはいえないとして，暴力団組事務所としての使用禁止仮処分命令を実効あらしめるために，執行官保管を命じることができるとしました[*1]。

(3) **期間の限定について**

なお，上記のような考え方を採用して執行官保管の仮処分を肯定する裁判所も，その発令に際して仮処分の相手方に過度の不利益を与えないようにするためということで，執行官保管の期間を限定します。

具体的には，第一審における一般通常民事事件の平均審理期間を勘案して１年間という期間限定を付したケースがあります[*4]。

5 まとめ

以上のとおり，暴力団組事務所として建物が使用されている場合，付近住民はその使用を禁止する本案判決，又は仮処分命令を得ることができますし，場合によってはより実効性の高い執行官保管の仮処分命令を得ることもできますので，民暴事件に精通している弁護士に相談し，警察の協力や支援を得ながら，これら法的手段を検討してはいかがでしょうか。

引用判例
- ＊１　静岡地決平13・11・13判夕1105号255頁。
- ＊２　大阪高判平5・3・25判夕827号195頁。
- ＊３　神戸地決平6・11・28判時1545号75頁。
- ＊４　東京高決平14・3・28判夕1105号250頁，静岡地決平13・12・19判夕1105号253頁。

【加藤　公司・近藤　弘・金原　裕子】

資料　関連裁判例一覧表
I　賃貸借契約解除の事案

番号	裁判所・文献資料・事件名	訴訟形態	対象物件	請求根拠・内容	占有・使用の根拠
①	東京地裁 H7・10・11 判タ915・158	本訴	共同住宅	信頼関係破壊	賃貸借（組長）
②	大阪地裁 H6・10・31 判タ897・128	本訴	貸しビル	信頼関係破壊	賃貸借（フロント企業）
③	宇都宮地裁 S62・11・27 判時1272・116	本訴	建物	信頼関係破壊	賃貸借（構成員）
④	東京高裁 S60・3・28 判タ571・73	本訴	貸しビル	信頼関係破壊	賃貸借（フロント企業）
⑤	名古屋地裁 S59・9・26 判タ540・234	本訴	店舗を含む建物	信頼関係破壊	賃貸借（フロント企業？）

II　区分所有建物の事案

番号	裁判所・文献資料・事件名	訴訟形態	対象物件	請求根拠・内容	占有・使用の根拠
①	東京地裁 H10・12・8 判時1668・86	仮処分事件	共同住宅	区分所有法57条 使用差止請求等	賃貸借（フロント企業）
②	京都地裁 H4・10・22 判タ805・196 コープ鴨川事件	本訴	共同住宅	区分所有法57条 結果排除請求 区分所有法59条 競売権取得請求 区分所有法60条 賃貸借解除 退去・引渡請求 不法行為 損害賠償（200万円）	賃貸借 （貸主：親族，借主：組長）
③	名古屋地裁 S62・7・27 判タ647・166 シャトー高辻事件	本訴	共同住宅	区分所有法59条 競売権取得請求	所有（構成員：組長のダミー）
④(ｱ)	福岡地裁 S62・7・14 判タ646・141 ロマネスク野間事件	本訴	共同住宅	区分所有法60条 賃貸借解除 退去・引渡請求	所有(フロント企業？) 賃貸借（構成員） 使用貸借（組長）

Q60 組事務所事例④──人格権に基づく使用禁止等

契約締結時における賃借人の説明	使用状況	抗争の切迫性 ◎…非常に強い ○…ある △…一般的危険性	裁判所の判断 仮処分担保金額
事業目的につき虚偽	代紋・写真・破門状 構成員出入り・駐車	◎ 発砲事件	認容
代表者の属性につき虚偽	一般事務所と同様	◎ 発砲事件	認容（一部却下）
事業目的につき虚偽	要塞化（コンクリート壁） 構成員出入り・駐車	◎ 暴力事件	認容
事業目的及び職業につき虚偽	構成員出入り・駐車		認容
	金融業の事務所と同様		認容

実際の用途	使用状況	抗争の切迫性 ◎…非常に強い ○…ある △…一般的危険性	裁判所の判断 仮処分保証金額
組事務所	廊下壁に代紋掲示 要塞化（施錠・金属板）	○ 構成員逮捕	認容 50万円
組事務所	金看板・提灯・額・日本刀 組事務所移転通知 地下室・専用出入口等無断増築 構成員出入り・駐車	○ 暴力事件 構成員逮捕	認容
組事務所	看板 構成員同居	◎ 発砲事件	認容
組事務所	要塞化（鉄扉・カメラ） 構成員出入り・駐車	◎ 発砲事件 構成員待機	認容

番号	裁判所・文献資料・事件名	訴訟形態	対象物件	請求根拠・内容	占有・使用の根拠
④(イ)	福岡地裁 S61・8・12 裁判実務大系19・441 ロマネスク野間仮処分事件	仮処分事件	共同住宅	執行官保管(半断行) 区分所有法60条 賃貸借解除 退去・引渡請求	所有(フロント企業?) 賃貸借(構成員) 使用貸借(組長)
⑤	福岡地裁 S62・5・19 判タ651・221 グリーンマンション野間事件	本訴	共同住宅	区分所有法58条 使用禁止請求 不法行為 損害賠償(300万円)	所有(組長)
⑥	札幌地裁 S61・2・18 判タ582・94 マジソンハイツ事件	本訴	共同住宅	区分所有法59条 競売権取得請求	所有(組長：代物弁済により取得)
⑦(ア)	最高裁 S62・7・17 判タ644・97 横浜山手ハイム上告審事件	本訴	共同住宅 住居専用 マンション	区分所有法60条 賃貸借解除 退去・引渡請求	所有(構成員?) 賃貸借(組長)
⑦(イ)	東京高裁 S61・11・17 判時1213・31 横浜山手ハイム控訴審事件	本訴	共同住宅 住居専用 マンション	区分所有法60条 賃貸借解除 退去・引渡請求	所有(構成員?) 賃貸借(組長)
⑦(ウ)	横浜地裁 S61・1・29 判時1178・53 横浜山手ハイム事件	本訴	共同住宅 住居専用 マンション	区分所有法60条 賃貸借解除 退去・引渡請求	所有(構成員?) 賃貸借(組長)

Ⅲ 人格権侵害の事案

番号	裁判所・文献資料・事件名	訴訟形態	対象物件	請求根拠・内容	占有・使用の根拠
①(ア)	東京高裁 H14・3・28 判タ1105・250 保全抗告事件	仮処分事件	建物	人格権 使用禁止請求 執行官保管	所有(組長)
①(イ)	静岡地裁 H13・12・19 判タ1105・253 仮処分異議事件	仮処分事件	建物	人格権 使用禁止請求 執行官保管	所有(組長)
①(ウ)	静岡地裁 H13・11・13 判タ1105・255 仮処分申立事件	仮処分事件	建物	人格権 使用禁止請求 執行官保管	所有(組長)
②	和歌山地裁 H10・8・10 判タ1026・294	仮処分事件	建物	人格権 使用禁止請求 執行官保管	所有(フロント企業)

組事務所	要塞化（鉄扉・カメラ）	◎ 発砲事件 構成員待機	認容 60万円 審尋なし
組事務所	提灯 要塞化（鉄板・砂袋） 構成員同居・駐車	◎ 発砲事件 構成員逮捕	認容（欠席判決）
組事務所	構成員常駐・駐車	◎ 集団傷害事件	認容
居住	構成員同居・駐車	○	認容
居住	構成員同居・駐車	○	認容
居住	構成員同居・駐車	○	認容

実際の用途	使用状況	抗争の切迫性 ◎…非常に強い ○…ある △…一般的危険性	裁判所の判断 仮処分保証金額
組長居宅・組事務所	看板・代紋・写真 鉄扉・カメラ 構成員当番＋定例会	◎ 発砲事件	認容（一部却下） 無担保
組長居宅・組事務所	看板・代紋・写真 構成員当番・定例会	◎ 発砲事件	認容（一部却下） 無担保
組長居宅・組事務所	看板・代紋・写真 鉄製扉・カメラ 構成員当番・定例会	◎ 発砲事件	認容（一部却下） 無担保
元組長（家族）住居 現組事務所	構成員常駐・出入り 要塞化（家族避難・鉄板・カメラ・投光機・強化プラスチック）	◎ 近隣住民被害	認容 無担保

③	神戸地裁H9・11・21 判時1657・98	仮処分事件	建物	人格権 使用禁止請求 執行官保管	所有（構成員）
④(ｱ)	神戸地裁H6・11・28 判時1545・75 差戻審事件	仮処分事件	建物	人格権 使用禁止請求	所有（組長）
④(ｲ)	大阪高裁H6・9・5 判タ873・194 抗告事件	仮処分事件	建物	人格権 使用禁止請求	所有（組長）
④(ｳ)	神戸地裁尼崎支部H6・7・7 判時1545・79 仮処分申立事件	仮処分事件	建物	人格権 使用禁止請求	所有（組長）
⑤(ｱ)	大阪高裁H5・3・25 判タ827・195	本訴	建物	人格権 使用禁止請求	所有（組長の元妻・内縁）
⑤(ｲ)	大阪地裁堺支部H4・5・7 判タ795・192	本訴	建物	人格権 使用禁止請求	同上
⑤(ｳ)	大阪地裁堺支部H3・9・3 判時1452・97 仮処分申立事件	仮処分事件	建物	人格権 使用禁止請求	同上
⑥	秋田地裁H3・4・18 判タ763・279 判時1395・133	仮処分事件	建物	人格権 使用禁止請求 執行官保管	所有(フロント企業)
⑦	那覇地裁H3・1・23 判時1395・130	仮処分事件	建物	人格権 使用禁止請求	所有（組長）
⑧	静岡地裁浜松支部S62・10・9 判時1254・45 一力一家事件	仮処分事件	建物	人格権 使用禁止請求	所有（組長）

Q60 組事務所事例④──人格権に基づく使用禁止等

組事務所	建替前：組事務所 構成員出入り・常駐 要塞化（開口部少ない・カメラ）	◎ 発砲・火炎瓶	認容 無担保
組事務所	構成員出入り・居住・当番・見張り 要塞化（鉄扉・カメラ・サーチライト）	△	認容（一部却下） 無担保
組事務所	構成員出入り・居住・当番・見張り 要塞化（鉄扉・カメラ・サーチライト）	△	差戻し
組事務所		△	却下
組長家族住居 組事務所として将来使用	典型的組事務所の外観 組事務所向きの構造 構成員宿泊（建築基準法違反事件の捜査過程での供述あり）	△ 一般的切迫性	認容
同上	同上	△ 一般的切迫性	認容
同上	同上	△ 一般的切迫性	認容（一部却下） 無担保
組事務所	代紋・提灯・写真 要塞化（鉄板・防弾ガラス・投光機） 構成員泊まり込み	◎ 発砲事件	認容 無担保
組長住居・組事務所	紋章・看板 構成員出入り	◎ 発砲事件 近隣住民被害	認容 無担保
組事務所	代紋・提灯・写真 要塞化（鉄板・カメラ・投光機） 構成員泊まり込み・定例会	◎ 住民との抗争	認容（一部却下） 無担保

巻末付録

参考資料

●弁護士会一覧

●暴力追放運動推進センター一覧

●常設人権相談所一覧

●被害者ホットライン一覧

弁護士会一覧

平成19年7月現在

弁護士会名	〒	所在地	電話・FAX
札幌弁護士会	060-0001	札幌市中央区北1条西10	電話 011-281-2428 FAX 011-281-4823
函館弁護士会	040-0031	函館市上新川町1-3	電話 0138-41-0232 FAX 0138-41-3611
旭川弁護士会	070-0901	旭川市花咲町4	電話 0166-51-9527 FAX 0166-46-8708
釧路弁護士会	085-0824	釧路市柏木町4-3	電話 0154-41-0214 FAX 0154-41-0225
仙台弁護士会	980-0811	仙台市青葉区一番町2-9-18	電話 022-223-1001 FAX 022-261-5945
福島県弁護士会	960-8115	福島市山下町4-24	電話 024-534-2334 FAX 024-536-7613
山形県弁護士会	990-0042	山形市七日町2-7-10 NANA BEANS 8階	電話 023-622-2234 FAX 023-635-3685
岩手弁護士会	020-0022	盛岡市大通り1-2-1 サンビル2階	電話 019-651-5095 FAX 019-625-5035
秋田弁護士会	010-0951	秋田市山王6-2-7	電話 018-862-3770 FAX 018-823-6804
青森県弁護士会	030-0861	青森市長島1-3-1 日赤ビル5階	電話 017-777-7285 FAX 017-722-3181
東京弁護士会	100-0013	千代田区霞が関1-1-3	電話 03-3581-2201 FAX 03-3581-0865
第一東京弁護士会	100-0013	千代田区霞が関1-1-3	電話 03-3595-8585 FAX 03-3595-8577
第二東京弁護士会	100-0013	千代田区霞が関1-1-3	電話 03-3581-2255 FAX 03-3581-2250
横浜弁護士会	231-0021	横浜市中区日本大通9	電話 045-201-1881 FAX 045-212-2888
埼玉弁護士会	336-0063	さいたま市浦和区高砂4-7-20	電話 048-863-5255 FAX 048-866-6544
千葉県弁護士会	260-0013	千葉市中央区中央4-13-12	電話 043-227-8431 FAX 043-225-4860
茨城県弁護士会	310-0062	水戸市大町2-2-75	電話 029-221-3501 FAX 029-227-7747
栃木県弁護士会	320-0036	宇都宮市小幡2-7-13	電話 028-622-2008 FAX 028-622-2050
群馬弁護士会	371-0026	前橋市大手町3-6-6	電話 027-233-4804 FAX 027-234-7425
静岡県弁護士会	420-0853	静岡市追手町10-80	電話 054-252-0008 FAX 054-252-7522
山梨県弁護士会	400-0032	甲府市中央1-8-7	電話 055-235-7202 FAX 055-235-7204
長野県弁護士会	380-0872	長野市妻科432	電話 026-232-2104 FAX 026-232-3653
新潟県弁護士会	951-8126	新潟市学校町通一番町1	電話 025-222-3765 FAX 025-223-2269
愛知県弁護士会	460-0001	名古屋市中区三の丸1-4-2	電話 052-203-1651 FAX 052-204-1690
三重弁護士会	514-0032	津市中央3-23	電話 059-228-2232 FAX 059-227-4675

弁護士会一覧

弁護士会	郵便番号	住所	電話・FAX
岐阜県弁護士会	500-8811	岐阜市端詰町22	電話 058-265-0020 FAX 058-265-4100
福井弁護士会	910-0004	福井市宝永4-3-1 三井生命ビル7階	電話 0776-23-5255 FAX 0776-23-9330
金沢弁護士会	920-0937	金沢市丸の内7-2	電話 076-221-0242 FAX 076-222-0242
富山県弁護士会	930-0076	富山市長柄町3-4-1	電話 076-421-4811 FAX 076-421-4896
大阪弁護士会	530-0047	大阪市北区西天満1-12-5	電話 06-6364-0251 FAX 06-6364-0252
京都弁護士会	604-0971	京都市中京区富小路通丸太町下ル	電話 075-231-2335 FAX 075-223-1894
兵庫県弁護士会	650-0016	神戸市中央区橘通1-4-3	電話 078-341-7061 FAX 078-351-6651
奈良弁護士会	630-8213	奈良市登大路町5	電話 0742-22-2035 FAX 0742-23-8319
滋賀弁護士会	520-0051	大津市梅林1-3-3	電話 077-522-2013 FAX 077-522-2908
和歌山弁護士会	640-8144	和歌山市四番丁5	電話 073-422-4580 FAX 073-436-5322
広島弁護士会	730-0012	広島市中区上八丁堀2-66	電話 082-228-0230 FAX 082-228-0418
山口県弁護士会	753-0045	山口市黄金町2-15	電話 083-922-0087 FAX 083-928-2220
岡山弁護士会	700-0807	岡山市南方1-8-29	電話 086-223-4401 FAX 086-223-6566
鳥取県弁護士会	680-0011	鳥取市東町2-221	電話 0857-22-3912 FAX 0857-22-3920
島根県弁護士会	690-0886	松江市母衣町55-4 松江商工会議所ビル7階	電話 0852-21-3225 FAX 0852-21-3398
香川県弁護士会	760-0033	高松市丸の内2-22	電話 087-822-3693 FAX 087-823-3878
徳島弁護士会	770-0855	徳島市新蔵町1-31	電話 088-652-5768 FAX 088-652-3730
高知弁護士会	780-0928	高知市越前町1-5-7	電話 088-872-0324 FAX 088-872-0838
愛媛弁護士会	790-0003	松山市三番町4-8-8	電話 089-941-6279 FAX 089-941-4110
福岡県弁護士会	810-0043	福岡市中央区城内1-1	電話 092-741-6416 FAX 092-715-3207
佐賀県弁護士会	840-0833	佐賀市中の小路4-16	電話 0952-24-3411 FAX 0952-25-7608
長崎県弁護士会	850-0875	長崎市栄町1-25 長崎MSビル4階	電話 095-824-3903 FAX 095-824-3967
大分県弁護士会	870-0047	大分市中島西1-3-14	電話 097-536-1458 FAX 097-538-0462
熊本県弁護士会	860-0078	熊本市京町1-13-11	電話 096-325-0913 FAX 096-325-0914
鹿児島県弁護士会	892-0815	鹿児島市易居町2-3	電話 099-226-3765 FAX 099-223-7315
宮崎県弁護士会	880-0803	宮崎市旭1-8-28	電話 0985-22-2466 FAX 0985-22-2449
沖縄弁護士会	900-0023	那覇市楚辺1-5-15	電話 098-833-5545 FAX 098-833-5517

暴力追放運動推進センター一覧

平成19年7月現在

名称・電話	〒	所在地
北海道暴力追放センター ☎011-614-5982	060-0003	札幌市中央区北3条西18 道庁西18丁目別館内
暴力追放青森県民会議 ☎017-723-6250	030-0801	青森市新町2-2-7 青銀新町ビル内
岩手県暴力団追放県民会議 ☎019-624-8930	020-0022	盛岡市大通り1-2-1 県産業会館サンビル内
宮城県暴力追放推進センター ☎022-215-5050	980-0014	仙台市青葉区本町3-5-22 宮城県管工事会館内
暴力団壊滅秋田県民会議 ☎018-824-8989	010-0922	秋田市旭北栄町1-5 秋田県社会福祉会館内
山形県暴力追放運動推進センター ☎023-633-8930	990-0041	山形市緑町1-9-30 新築西通会館内
暴力団根絶福島県民会議 ☎024-533-8930	960-8115	福島市山下町5-28 警察相談センター内
茨城県暴力追放推進センター ☎029-228-0893	310-0011	水戸市三の丸1-5-38 三の丸庁舎内
栃木県暴力追放県民センター ☎028-627-2995	320-0024	宇都宮市栄町5-7 栃木県栄町別館内
群馬県暴力追放県民会議 ☎027-254-1100	371-0836	前橋市江田町448-11 群馬県警察本部江田町庁舎内
埼玉県暴力追放・薬物乱用防止センター ☎048-834-2140	330-8533	さいたま市浦和区高砂3-15-1 県庁第二庁舎内
千葉県暴力団追放県民会議 ☎043-254-8930	260-0013	千葉市中央区中央4-13-7 酒造会館内
暴力団追放運動推進都民センター ☎03-3201-2424	101-0047	千代田区内神田1-1-5
神奈川県暴力追放推進センター ☎045-201-8930	231-0002	横浜市中区海岸通2-4 神奈川県警察本部庁舎内
新潟県暴力追放運動推進センター ☎025-241-8110	950-0981	新潟市堀之内32 JA新潟市鳥屋野支店内
山梨県暴力追放県民会議 ☎055-227-5420	400-0031	甲府市丸の内1-5-4 恩賜林記念館内
長野県暴力追放県民センター ☎026-235-2140	380-8510	長野市大字南長野字幅下692-2 県庁東庁舎内
静岡県暴力追放運動推進センター ☎054-283-8930	422-8067	静岡市駿河区南町11-1
富山県暴力追放運動推進センター ☎076-431-8930	930-0005	富山市新桜町3-2
暴力団追放石川県民会議 ☎076-260-8930	920-0962	金沢市広坂2-1-1 石川県広坂庁舎内
福井県暴力追放センター ☎0776-28-1700	910-0003	福井市松本3-16-10 福井県合同庁舎内
岐阜県暴力追放推進センター ☎058-277-1593	500-8384	岐阜市薮田南5-14-1
暴力追放愛知県民会議 ☎052-953-3000	460-0001	名古屋市中区三の丸2-1-1 愛知県警察本部内

暴力追放三重県民センター ☎059-229-2140	514-0004	津市栄町3-222 ソシアビル内
滋賀県暴力追放推進センター ☎077-525-8930	520-0044	大津市京町3-4-22 滋賀会館北館内
京都府暴力追放運動推進センター ☎075-451-8930	602-8027	京都市上京区下立売通衣棚西入 東立売町199-6
大阪府暴力追放推進センター ☎06-6946-8930	540-0012	大阪市中央区谷町2-3-1 ターネンビルNo2内
暴力団追放兵庫県民センター ☎078-362-8930	650-8510	神戸市中央区下山手通5-4-1 兵庫県警察本部内
奈良県暴力団追放県民センター ☎0742-24-8374	630-8131	奈良市大森町57-3 農協会館内
和歌山県暴力追放県民センター ☎073-422-8930	640-8150	和歌山市十三番丁30 酒直ビル内
暴力追放鳥取県民会議 ☎0857-21-6413	680-0031	鳥取市本町3-102 鳥取商工会議所内
島根県暴力追放県民センター ☎0852-21-8938	690-0887	松江市殿町2 県庁第二分庁舎内
岡山県暴力追放運動推進センター ☎086-233-2140	700-0985	岡山市厚生町3-1-15 岡山商工会議所ビル内
暴力追放広島県民会議 ☎082-511-0110	730-8507	広島市中区基町10-30 農林庁舎内
山口県暴力追放県民会議 ☎083-923-8930	753-0072	山口市大手町2-40 山口県警察本部別館内
徳島県暴力追放県民センター ☎088-656-0110	770-0942	徳島市昭和町3-7 徳島酸素工業ビル内
香川県暴力追放運動推進センター ☎087-837-8889	760-0026	高松市磨屋町5-9 プラタ59ビル内
愛媛県暴力追放推進センター ☎089-932-1893	790-0808	松山市若草町7 愛媛県警察本部第二庁舎内
暴力追放高知県民センター ☎088-871-0003	780-0870	高知市本町2-3-31 LSビル内
福岡県暴力追放運動推進センター ☎092-651-8938	812-0046	福岡市博多区吉塚本町13-50 吉塚合同庁舎内
佐賀県暴力追放運動推進センター ☎0952-23-9110	840-0831	佐賀市松原1-1-1 佐賀県警察本部別館内
長崎県暴力団追放県民会議 ☎095-825-0893	850-0033	長崎市万才町5-24 ヒルサイド5ビル内
熊本県暴力追放協議会 ☎096-382-0333	862-0950	熊本市水前寺6-35-4
暴力追放大分県民会議 ☎097-538-4704	870-0046	大分市荷揚町5-36 大分県警察本部別館内
宮崎県暴力追放センター ☎0985-31-0893	880-0804	宮崎市宮田町13-16 県庁10号館内
鹿児島県暴力追放運動推進センター ☎099-224-8601	892-0838	鹿児島市新屋敷町16-301 県住宅公社ビル内
暴力団追放沖縄県民会議 ☎098-868-0893	900-0021	那覇市泉崎1-2-2 沖縄県警察本部内
全国暴力追放運動推進センター ☎03-3288-2424	102-0094	千代田区紀尾井町3-29 紀尾井町福田ビル内

常設人権相談所一覧

平成19年4月現在

名　称	〒	所　在　地	電話
札幌法務局	060-0808	札幌市北区北8条西2-1-1 札幌第一合同庁舎	011-709-2311
岩見沢支局	068-0034	岩見沢市有明町南1-12	0126-22-0619
滝川支局	073-8585	滝川市緑町1-6-1	0125-23-2330
室蘭支局	051-0023	室蘭市入江町1-13 室蘭地方合同庁舎	0143-22-5111
苫小牧支局	053-0018	苫小牧市旭町3-3-7 苫小牧法務合同庁舎	0144-34-7151
日高支局	056-0005	日高郡新ひだか町静内こうせい町2-4-1	0146-42-0415
小樽支局	047-0007	小樽市港町5-2	0134-23-3012
倶知安支局	044-0011	虻田郡倶知安町南1条東3-1 倶知安地方合同庁舎	0136-22-0232
函館地方法務局	040-8533	函館市新川町25-18 函館地方合同庁舎	0138-26-5686
江差支局	043-0041	桧山郡江差町字姥神町167-1 江差地方合同庁舎	0139-52-1048
寿都支局	048-0401	寿都郡寿都町字新栄町209-10 寿都地方合同庁舎	0136-62-2203
旭川地方法務局	070-8645	旭川市花咲町4-2272 旭川地方法務合同庁舎	0166-53-3943
名寄支局	096-0011	名寄市西1条南11-1-5	01654-2-2349
紋別支局	094-0015	紋別市花園町2-2-4	0158-23-2521
留萌支局	077-0048	留萌市大町2-12 留萌地方合同庁舎	0164-42-0492
稚内支局	097-0001	稚内市末広5-6-1 稚内地方合同庁舎	0162-33-1122
釧路地方法務局	085-8522	釧路市幸町10-3 釧路地方合同庁舎	0154-31-5014
帯広支局	080-8510	帯広市東5条南9-1-1 帯広法務総合庁舎	0155-24-5823
網走支局	093-0045	網走市大曲1-1-4	0152-43-3456
北見支局	090-0017	北見市高砂町14-14	0157-23-6166
根室支局	087-0009	根室市弥栄町1-18 根室地方行政合同庁舎	0153-23-4874
仙台法務局	980-8601	仙台市青葉区春日町7-25	022-225-5611
塩竈支局	985-0043	塩竈市袖野田町3-20	022-362-2338
大河原支局	989-1217	柴田郡大河原町字錦町1-1	0224-52-6053
古川支局	989-6117	大崎市古川旭6-3-1	0229-22-0510
築館支局	987-2252	栗原市築館薬師2-2-1 築館合同庁舎	0228-22-2474
石巻支局	986-0832	石巻市泉町4-1-9 石巻法務合同庁舎	0225-22-6188
登米支局	987-0702	登米市登米町寺池桜小路70-2 登米法務合同庁舎	0220-52-2070
気仙沼支局	988-0034	気仙沼市朝日町1-2 気仙沼合同庁舎	0226-22-6692
福島地方法務局	960-8021	福島市霞町1-46 福島合同庁舎	024-534-2021
相馬支局	976-0015	相馬市塚ノ町1-12-1	0244-36-3413
郡山支局	963-8539	郡山市桑野2-1-4	024-922-1546
白河支局	961-0074	白河市字郭内1-136 白河小峰城合同庁舎	0248-22-1201
若松支局	965-0873	会津若松市追手町6-11 会津若松合同庁舎	0242-27-1498
いわき支局	970-8026	いわき市平字堂根町4-11 いわき地方合同庁舎	0246-23-1651
山形地方法務局	990-0041	山形市緑町1-5-48 山形地方合同庁舎	023-625-1321
寒河江支局	991-0025	寒河江市八幡町7-12	0237-86-3258
新庄支局	996-0088	新庄市桧町11-1	0233-22-7528
米沢支局	992-0012	米沢市金池7-4-33	0238-22-2148
長井支局	993-0015	長井市四ツ谷1-7-15	0238-88-2587

常設人権相談所一覧

鶴岡支局	997-0047	鶴岡市大塚町17-27 鶴岡合同庁舎	0235-22-1003
酒田支局	998-0011	酒田市上安町1-6-1	0234-25-2221
盛岡地方法務局	020-0023	盛岡市内丸7-25 盛岡合同庁舎	019-624-9859
花巻支局	025-0076	花巻市城内9-27	0198-24-8311
二戸支局	028-6103	二戸市石切所字狼穴33-1 二戸合同庁舎	0195-25-4811
遠野支局	028-0524	遠野市新町2-5	0198-62-2813
宮古支局	027-0038	宮古市小山田1-1-1 宮古地方合同庁舎	0193-62-2337
一関支局	021-0877	一関市城内3-2	0191-23-4149
水沢支局	023-0032	奥州市水沢区字多賀97	0197-24-0511
秋田地方法務局	010-0951	秋田市山王7-1-3 秋田合同庁舎	018-862-6531
能代支局	016-0803	能代市大町5-36	0185-54-4111
本荘支局	015-0874	由利本荘市給人町17 本荘合同庁舎	0184-22-1200
大館支局	017-0804	大館市柄沢字狐台7-73	0186-42-6514
横手支局	013-0018	横手市本町2-9	0182-32-5153
湯沢支局	012-0844	湯沢市田町2-6-38	0183-73-2450
大曲支局	014-0063	大仙市大曲日の出町1-3-4	0187-63-2100
青森地方法務局	030-8511	青森市長島1-3-5 青森第二合同庁舎	017-776-9025
むつ支局	035-0072	むつ市金谷2-6-15 下北合同庁舎	0175-23-3202
五所川原支局	037-8655	五所川原市大字唐笠柳字藤巻507-10	0173-34-2330
弘前支局	036-8087	弘前市大字早稲田3-1-1	0172-26-1150
八戸支局	039-1181	八戸市根城9-13-9 八戸合同庁舎	0178-24-3346
十和田支局	034-0082	十和田市西二番町14-12 十和田奥入瀬合同庁舎	0176-23-2424
東京法務局	112-0004	文京区後楽1-9-20 飯田橋合同庁舎	03-5689-0518
八王子支局	192-0364	八王子市南大沢2-27 フレスコ南大沢11階	042-670-6240
府中支局	183-0052	府中市新町2-44	042-335-4753
西多摩支局	197-0004	福生市南田園3-61-3	042-551-0937
横浜地方法務局	231-8411	横浜市中区北仲通5-57 横浜第二合同庁舎	045-641-7926
藤沢支局	251-0002	藤沢市大鋸1-2-15	0466-26-3303
川崎支局	210-0012	川崎市川崎区宮前町12-11 川崎法務総合庁舎	044-244-4166
横須賀支局	238-0006	横須賀市日の出町1-4 横須賀合同庁舎	046-825-6511
小田原支局	250-0012	小田原市本町2-3-24	0465-23-0181
厚木支局	243-0003	厚木市寿町3-5-1 厚木法務総合庁舎	046-224-3163
相模原支局	229-0036	相模原市富士見6-10-10 相模原地方合同庁舎	042-753-2110
さいたま地方法務局	330-8513	さいたま市浦和区高砂3-16-58 さいたま法務総合庁舎	048-863-9589
大宮支局	331-9623	さいたま市北区植竹町1-155	048-652-3231
久喜支局	346-0005	久喜市本町4-5-28	0480-21-0215
越谷支局	343-0023	越谷市東越谷9-34-1	048-966-1337
川越支局	350-1118	川越市豊田本277-3	049-243-3824
所沢支局	359-0042	所沢市並木6-1-5	04-2992-2677
熊谷支局	360-0037	熊谷市筑波3-39-1	048-524-8805
東松山支局	355-0011	東松山市加美町1-16	0493-22-0379
秩父支局	368-8507	秩父市桜木町12-28	0494-22-0827
千葉地方法務局	260-8518	千葉市中央区中央港1-11-3 千葉地方合同庁舎	043-302-1320

佐倉支局	285-0811	佐倉市表町1-20-11		043-484-1222
茂原支局	297-0078	茂原市高師台1-5-3		0475-24-2188
松戸支局	271-8518	松戸市岩瀬473-2		047-363-6278
柏支局	277-0005	柏市柏6-10-25		047-167-3309
木更津支局	292-0057	木更津市東中央3-1-7		0438-22-2531
館山支局	294-0045	館山市北条2169-1		0470-22-0620
匝瑳支局	289-2141	匝瑳市八日市場ハ678-3		0479-72-0334
香取支局	287-0001	香取市佐原ロ2122-40		0478-52-3391
船橋支局	273-8558	船橋市海神町2-284-1		047-431-3681
市川支局	272-0805	市川市大野町4-2156-1		047-339-7757
水戸地方法務局	310-0061	水戸市北見町1-1 水戸地方法務合同庁舎		029-227-9920
日立支局	317-0072	日立市弁天町2-13-15 日立法務総合庁舎		0294-21-2253
常陸太田支局	313-0013	常陸太田市山下町1221-1		0294-73-0222
土浦支局	300-0812	土浦市下高津1-12-9		029-821-0792
竜ヶ崎支局	301-0822	龍ケ崎市2985		0297-64-2607
鹿嶋支局	314-0034	鹿嶋市鉢形1527-1		0299-83-6000
下妻支局	304-0067	下妻市下妻乙124-2 下妻法務合同庁舎		0296-43-3935
宇都宮地方法務局	320-8515	宇都宮市小幡2-1-11 宇都宮地方法務合同庁舎		028-623-0926
今市支局	321-1272	日光市今市本町20-3		0288-21-0309
真岡支局	321-4305	真岡市荒町5176-3		0285-82-2436
大田原支局	324-0041	大田原市本町1-2695-109		0287-23-1155
烏山支局	321-0621	那須烏山市中央1-19-17		0287-82-2251
栃木支局	328-0053	栃木市片柳町1-22-25		0282-22-1068
足利支局	326-0056	足利市大町532-21		0284-42-8101
前橋地方法務局	371-8535	前橋市大手町2-10-5 前橋合同庁舎		027-221-4446
伊勢崎支局	372-0006	伊勢崎市太田町554-10 伊勢崎地方合同庁舎		0270-25-0758
沼田支局	378-0042	沼田市西倉内町701		0278-22-2518
太田支局	373-0063	太田市鳥山下町387-3 太田地方合同庁舎		0276-32-6100
桐生支局	376-0045	桐生市末広町13-5 桐生地方合同庁舎		0277-44-3526
高崎支局	370-0045	高崎市東町134-12 高崎地方合同庁舎		027-322-6315
中之条支局	377-0424	吾妻郡中之条町大字中之条町692-2		0279-75-3037
富岡支局	370-2316	富岡市富岡1383-6 富岡法務合同庁舎		0274-62-0404
静岡地方法務局	420-8650	静岡市葵区追手町9-50 静岡地方合同庁舎		054-254-3555
沼津支局	410-0831	沼津市市場町9-1 沼津地方合同庁舎		055-931-1877
富士支局	417-0041	富士市御幸町13-19		0545-53-1200
下田支局	415-8524	下田市西本郷2-5-33 下田地方合同庁舎		0558-22-0534
浜松支局	430-7709	浜松市中区板屋町111-2 浜松アクトタワー9階		053-454-1396
掛川支局	436-0028	掛川市亀の甲2-16-2		0537-22-5538
袋井支局	437-0026	袋井市袋井366		0538-42-3545
甲府地方法務局	400-8520	甲府市北口1-2-19 甲府地方合同庁舎		055-252-7239
鰍沢支局	400-0601	南巨摩郡鰍沢町字大法師2543-4		0556-22-0148
大月支局	401-0012	大月市御太刀2-8-10 大月地方合同庁舎		0554-22-0799
長野地方法務局	380-0846	長野市旭町1108 長野第二合同庁舎		026-235-6634

飯山支局	389-2253	飯山市大字飯山1080	0269-62-2302
上田支局	386-0023	上田市中央西2-3-13	0268-23-2001
佐久支局	385-0011	佐久市猿久保890-4	0267-67-2272
松本支局	390-0877	松本市沢村2-12-46	0263-32-2571
木曽支局	397-0001	木曽郡木曽町福島4926-3	0264-22-2186
大町支局	398-0002	大町市大字大町2943-5	0261-22-0379
諏訪支局	392-0026	諏訪市大手1-21-20	0266-52-2440
飯田支局	395-0053	飯田市大久保町2637-3	0265-22-0014
伊那支局	396-0011	伊那市大字伊那部5064-1	0265-78-3462
新潟地方法務局	951-8504	新潟市中央区西大畑町5191 新潟地方法務総合庁舎	025-222-1564
長岡支局	940-1151	長岡市三和3-9-1 長岡法務総合庁舎	0258-33-6901
三条支局	955-0081	三条市東裏館2-22-3	0256-33-1374
柏崎支局	945-8501	柏崎市田中26-23 柏崎地方合同庁舎	0257-23-5226
新発田支局	957-8503	新発田市新富町1-1-20	0254-24-7102
新津支局	956-0031	新潟市秋葉区新津4463-1	0250-22-0547
十日町支局	948-0083	十日町市宮田町1-18 十日町合同庁舎	025-752-2575
村上支局	958-0835	村上市二之町4-16	0254-53-2390
糸魚川支局	941-0058	糸魚川市寺町2-8-30 糸魚川法務総合庁舎	025-552-0356
上越支局	943-0805	上越市木田2-15-7	025-525-4133
南魚沼支局	949-6641	南魚沼市美佐島61-9	025-772-3742
佐渡支局	952-1561	佐渡市相川三町目新浜町3-3 佐渡相川合同庁舎	0259-74-2049
名古屋法務局	460-8513	名古屋市中区三の丸2-2-1 名古屋合同庁舎1号館	052-952-8111
春日井支局	486-0844	春日井市鳥居松町4-46	0568-81-3210
津島支局	496-0047	津島市西柳原町3-10	0567-26-2423
一宮支局	491-0842	一宮市公園通4-17-3 一宮法務合同庁舎	0586-71-0600
半田支局	475-0817	半田市東洋町1-12	0569-21-1095
岡崎支局	444-8533	岡崎市羽根町北乾地50-1 岡崎合同庁舎	0564-52-6415
刈谷支局	448-0858	刈谷市若松町1-46-1 刈谷合同庁舎	0566-21-0086
豊田支局	471-8585	豊田市常盤町1-105-3 豊田合同庁舎	0565-32-0006
西尾支局	445-8511	西尾市熊味町南十五夜60	0563-57-2622
豊橋支局	440-0884	豊橋市大国町111 豊橋地方合同庁舎	0532-54-9278
新城支局	441-1385	新城市字八幡11-2	0536-22-0437
津地方法務局	514-8503	津市丸之内26-8 津合同庁舎	059-228-4711
松阪支局	515-8510	松阪市高町493-6	0598-53-1501
上野支局	518-0873	伊賀市上野丸之内169	0595-21-0804
四日市支局	510-0068	四日市市三栄町4-21	059-353-4365
桑名支局	511-0912	桑名市星見ヶ丘1-101-2	0594-32-5361
伊勢支局	516-8503	伊勢市岡本1-1-13	0596-28-6158
熊野支局	519-4324	熊野市井戸町673-7	0597-85-2310
岐阜地方法務局	500-8729	岐阜市金竜町5-13 岐阜合同庁舎	058-245-3181
八幡支局	501-4235	郡上市八幡町有坂1209-2 郡上八幡地方合同庁舎	0575-67-1411
大垣支局	503-0888	大垣市丸の内1-19 大垣法務合同庁舎	0584-78-3347
美濃加茂支局	505-0027	美濃加茂市本郷町7-4-16	0574-25-2400

多治見支局	507-0041	多治見市太平町5-33	0572-22-1002
中津川支局	508-0045	中津川市かやの木町4-3 中津川合同庁舎	0573-66-1554
高山支局	506-0009	高山市花岡町2-55-16 高山法務合同庁舎	0577-32-0915
福井地方法務局	910-8504	福井市春山1-1-54 福井春山合同庁舎	0776-22-5090
武生支局	915-0883	越前市新町9-9-11	0778-22-0194
大野支局	912-0087	大野市城町8-5 大野法務合同庁舎	0779-66-2249
敦賀支局	914-0065	敦賀市松栄町7-28 敦賀地方合同庁舎	0770-25-0174
小浜支局	917-0074	小浜市後瀬町7-10 小浜地方合同庁舎	0770-52-0238
金沢地方法務局	920-0024	金沢市西念3-4-1 金沢駅西合同庁舎	076-231-1247
小松支局	923-0868	小松市日の出町1-120 小松日の出合同庁舎	0761-22-6300
七尾支局	926-8520	七尾市小島町大開地3-7 七尾西湊合同庁舎	0767-53-1721
輪島支局	928-0079	輪島市鳳至町畠田99-3 輪島地方合同庁舎	0768-22-0426
富山地方法務局	930-0856	富山市牛島新町11-7 富山合同庁舎	076-441-0866
魚津支局	937-0866	魚津市本町1-3-2	0765-22-0461
高岡支局	933-0046	高岡市中川本町10-21	0766-22-2327
砺波支局	939-1333	砺波市苗加353-2	0763-32-2361
大阪法務局	540-8544	大阪市中央区谷町2-1-17 大阪第二法務合同庁舎	06-6942-9496
北大阪支局	567-0822	茨木市中村町1-35	072-638-9444
東大阪支局	577-8555	東大阪市高井田元町2-8-10 東大阪法務合同庁舎	06-6782-5106
堺支局	590-8560	堺市堺区南瓦町2-55	072-221-2789
富田林支局	584-0036	富田林市甲田1-7-2	0721-23-2432
岸和田支局	596-0047	岸和田市上野町東24-10	0724-38-6501
京都地方法務局	602-8577	京都市上京区荒神口通河原町東入上生洲町197	075-231-0131
宇治支局	611-0021	宇治市宇治琵琶33-2 宇治法務合同庁舎	0774-24-4122
園部支局	622-0004	南丹市園部町小桜町28	0771-62-0208
宮津支局	626-0046	宮津市字中ノ丁2534 宮津地方合同庁舎	0772-22-2561
京丹後支局	627-0021	京丹後市峰山町吉原71	0772-62-0365
舞鶴支局	624-0937	舞鶴市字西110-5	0773-76-0858
福知山支局	620-0035	福知山市字内記10-29 福知山地方合同庁舎	0773-22-1293
神戸地方法務局	650-0042	神戸市中央区波止場町1-1 神戸第二地方合同庁舎	078-392-1821
西宮支局	662-0942	西宮市浜町7-35 西宮地方合同庁舎	0798-26-0061
伊丹支局	664-0898	伊丹市千僧1-47-2 伊丹法務総合庁舎	072-779-3451
尼崎支局	660-0892	尼崎市東難波町4-18-36 尼崎地方合同庁舎	06-6482-7417
明石支局	673-0891	明石市大明石町2-4-25	078-912-5511
篠山支局	669-2335	篠山市乾新町70-2	079-552-2223
柏原支局	669-3309	丹波市柏原町柏原451 柏原法務総合庁舎	0795-72-0176
姫路支局	670-0947	姫路市北条1-250 姫路法務総合庁舎	079-225-1927
加古川支局	675-0017	加古川市野口町良野1749	079-424-3555
社支局	673-1431	加東市社539-2 社法務総合庁舎	0795-42-1672
龍野支局	679-4167	たつの市龍野町富永879-2	0791-63-3221
豊岡支局	668-0024	豊岡市寿町8-4 豊岡地方合同庁舎	0796-22-2780
洲本支局	656-0024	洲本市山手1-2-19	0799-22-0497
奈良地方法務局	630-8305	奈良市東紀寺町3-4-1 奈良第二法務総合庁舎	0742-23-5457

常設人権相談所一覧

葛城支局	635-0096	大和高田市西町1-63	0745-52-4941
桜井支局	633-0062	桜井市大字粟殿461-2	0744-42-2896
五條支局	637-0043	五條市新町3-3-2	0747-22-2484
大津地方法務局	520-8516	大津市京町3-1-1 法務合同庁舎	077-522-4673
甲賀支局	528-0005	甲賀市水口町水口5655	0748-62-0259
彦根支局	522-0054	彦根市西今町58-3 彦根地方合同庁舎	0749-22-0242
長浜支局	526-0031	長浜市八幡東町253-4	0749-62-0503
和歌山地方法務局	640-8552	和歌山市二番丁2 和歌山地方合同庁舎	073-422-5131
橋本支局	648-0072	橋本市東家5-2-2 橋本地方合同庁舎	0736-32-0206
田辺支局	646-0023	田辺市文里1-11-9 田辺港湾合同庁舎	0739-22-0698
御坊支局	644-0002	御坊市薗369-6 御坊法務総合庁舎	0738-22-0335
新宮支局	647-0043	新宮市緑ケ丘3-2-64 新宮法務総合庁舎	0735-22-2757
広島法務局	730-8536	広島市中区上八丁堀6-30 広島合同庁舎3号館	082-228-5792
廿日市支局	738-0015	廿日市市本町10-33	0829-31-2164
東広島支局	739-0014	東広島市西条昭和町12-2	082-423-7707
呉支局	737-0051	呉市中央3-9-15 呉法務合同庁舎	0823-21-9288
竹原支局	725-0026	竹原市中央4-8-17	0846-22-2367
尾道支局	722-0002	尾道市古浜町27-13 尾道地方合同庁舎	0848-23-2882
福山支局	720-8513	福山市三吉町1-7-2 福山法務合同庁舎	084-923-0100
三次支局	728-0021	三次市三次町1074	0824-62-5070
庄原支局	727-0012	庄原市中本町1-20-1 庄原地方合同庁舎	0824-72-0347
山口地方法務局	753-8577	山口市中河原町6-16 山口地方合同庁舎2号館	083-922-2295
防府支局	747-0809	防府市寿町6-39 防府地方合同庁舎	0835-22-0934
周南支局	745-0823	周南市周陽2-8-33	0834-28-0244
萩支局	758-0074	萩市平安古町599-3 萩地方合同庁舎	0838-22-0478
岩国支局	741-0061	岩国市錦見1-16-35	0827-43-1125
下関支局	750-0025	下関市竹崎町4-6-1 下関地方合同庁舎	0832-34-4000
宇部支局	755-0044	宇部市新町10-33 宇部地方合同庁舎	0836-21-7211
岡山地方法務局	700-8616	岡山市南方1-3-58	086-224-5761
備前支局	705-0022	備前市東片上382	0869-64-2770
倉敷支局	710-8520	倉敷市幸町3-46	086-422-1260
笠岡支局	714-0098	笠岡市十一番町3-2	0865-62-5295
高梁支局	716-0062	高梁市落合町近似500-20	0866-22-2318
新見支局	718-0011	新見市新見810-7	0867-72-3103
津山支局	708-0052	津山市田町64	0868-22-9157
美作支局	707-0025	美作市栄町127-1	0868-72-1113
真庭支局	717-0013	真庭市勝山441	0867-44-2156
鳥取地方法務局	680-0011	鳥取市東町2-302 鳥取第二地方合同庁舎	0857-22-2475
倉吉支局	682-0816	倉吉市駄経寺町2-15 倉吉地方合同庁舎	0858-22-4108
米子支局	683-0845	米子市旗ケ崎2-10-12	0859-22-6161
松江地方法務局	690-0886	松江市母衣町50 松江法務合同庁舎	0852-32-4260
雲南支局	699-1311	雲南市木次町里方952-5	0854-42-0314
出雲支局	693-0028	出雲市塩冶善行町13-3 出雲地方合同庁舎	0853-21-0721

浜田支局	697-0026	浜田市田町116-1 浜田法務合同庁舎	0855-22-0959
益田支局	698-0027	益田市あけぼの東町4-6 益田地方合同庁舎	0856-22-0429
川本支局	696-0001	邑智郡川本町大字川本301-2 川本地方合同庁舎	0855-72-0139
西郷支局	685-0016	隠岐郡隠岐の島町城北町55 隠岐の島地方合同庁舎	08512-2-0240
高松法務局	760-8508	高松市丸の内1-1 高松法務合同庁舎	087-821-6191
丸亀支局	763-0034	丸亀市大手町2-1-13	0877-23-0228
観音寺支局	768-0067	観音寺市坂本町5-19-11	0875-25-4528
徳島地方法務局	770-8512	徳島市徳島町城内6-6 徳島地方合同庁舎	088-622-4171
鳴門支局	772-0003	鳴門市撫養町南浜字東浜31-36	088-685-6220
阿南支局	774-0030	阿南市富岡町トノ町24-6	0884-22-0410
美馬支局	779-3602	美馬市脇町大字猪尻字八幡神社下南125-1	0883-52-1164
吉野川支局	779-3301	吉野川市川島町川島474 川島法務総合庁舎	0883-25-2400
高知地方法務局	780-8509	高知市小津町4-30	088-822-3331
いの支局	781-2110	吾川郡いの町1290-4	088-893-0343
香美支局	782-0033	香美市土佐山田町旭町1-4-10 十佐山田地方合同庁舎	0887-52-3049
須崎支局	785-0004	須崎市青木町1-4 須崎第二地方合同庁舎	0889-42-0374
安芸支局	784-0001	安芸市矢ノ丸2-1-6 安芸地方合同庁舎	0887-35-2272
四万十支局	787-0012	四万十市右山五月町3-12 中村地方合同庁舎	0880-34-1600
松山地方法務局	790-8505	松山市宮田町188-6 松山地方合同庁舎	089-932-0888
大洲支局	795-0063	大洲市田口甲2022-18	0893-24-4155
八幡浜支局	796-0031	八幡浜市江戸岡1-1-5	0894-22-0696
西条支局	793-0023	西条市明屋敷168-1	0897-56-0188
四国中央支局	799-0405	四国中央市三島中央5-4-31	0896-23-2407
今治支局	794-0042	今治市旭町1-3-3	0898-22-0855
宇和島支局	798-0036	宇和島市天神町4-40	0895-22-0770
福岡法務局	810-8513	福岡市中央区舞鶴3-9-15	092-721-9166
筑紫支局	818-8567	筑紫野市二日市中央5-14-7	092-922-2881
朝倉支局	838-0061	朝倉市菩提寺480-6	0946-22-2455
飯塚支局	820-0018	飯塚市芳雄町13-6 飯塚合同庁舎	0948-22-1580
直方支局	822-0015	直方市新町2-1-24	0949-22-1144
久留米支局	830-0022	久留米市城南町21-5	0942-39-2121
吉井支局	839-1321	うきは市吉井町343-5	0943-75-2869
柳川支局	832-0042	柳川市一新町1-9	0944-72-2640
八女支局	834-0047	八女市大字稲富127	0943-23-2603
北九州支局	803-8513	北九州市小倉北区城内5-3 小倉地方合同庁舎	093-561-3542
行橋支局	824-0003	行橋市大橋2-22-10	0930-22-0476
田川支局	825-0013	田川市中央町4-20	0947-44-1426
佐賀地方法務局	840-0041	佐賀市城内2-10-20 佐賀合同庁舎	0952-26-2148
武雄支局	843-0023	武雄市武雄町大字昭和832	0954-22-2435
伊万里支局	848-0027	伊万里市立花町1542-14	0955-23-2492
唐津支局	847-0041	唐津市千代田町2109-5	0955-74-1441
長崎地方法務局	850-8507	長崎市万才町8-16 長崎法務合同庁舎	095-826-8127
諫早支局	854-0022	諫早市幸町4-12	0957-22-0475

常設人権相談所一覧

島原支局	855-0036	島原市城内1-1204		0957-62-2513
佐世保支局	857-0041	佐世保市木場田町2-19 佐世保合同庁舎		0956-24-4850
平戸支局	859-5121	平戸市岩の上町1509-7		0950-22-2263
壱岐支局	811-5133	壱岐市郷ノ浦町本村触624-2		0920-47-0164
五島支局	853-0016	五島市紺屋町1-1		0959-72-2261
対馬支局	817-0016	対馬市厳原町東里341-42 厳原合同庁舎		0920-52-6463
大分地方法務局	870-0045	大分市城崎町2-3-21 大分法務合同庁舎		097-532-3161
杵築支局	873-0001	杵築市大字杵築665-137		0978-62-2271
臼杵支局	875-0041	臼杵市大字臼杵72-50		0972-62-2700
佐伯支局	876-0815	佐伯市野岡町2-13-25 佐伯法務合同庁舎		0972-24-0772
竹田支局	878-0011	竹田市大字会々1525-8		0974-62-2315
中津支局	871-0031	中津市大字中殿550-20 中津合同庁舎		0979-22-0584
宇佐支局	879-0453	宇佐市大字上田1055-1 宇佐合同庁舎		0978-32-0508
日田支局	877-0025	日田市田島2-11-46		0973-22-2719
熊本地方法務局	862-0971	熊本市大江3-1-53 熊本第二合同庁舎		096-364-2145
宇土支局	869-0451	宇土市北段原町15		0964-22-0320
玉名支局	865-0016	玉名市岩崎273		0968-72-2347
御船支局	861-3207	上益城郡御船町大字御船847-3		096-282-0118
山鹿支局	861-0501	山鹿市大字山鹿970		0968-44-2411
阿蘇支局	869-2612	阿蘇市一の宮町宮地2005-5		0967-22-0137
八代支局	866-0863	八代市西松江城町11-11		0965-32-2654
人吉支局	868-0057	人吉市土手町36-1		0966-22-3393
天草支局	863-0037	天草市諏訪町14-35		0969-22-2467
鹿児島地方法務局	890-8518	鹿児島市鴨池新町1-2		099-259-0680
霧島支局	899-4332	霧島市国分中央3-42-1		0995-45-0064
知覧支局	897-0302	川辺郡知覧町郡5405		0993-83-2208
川内支局	895-0063	薩摩川内市若葉町4-24 川内地方合同庁舎		0996-22-2300
鹿屋支局	893-0064	鹿屋市西原4-5-1 鹿屋合同庁舎		0994-43-6790
奄美支局	894-0026	奄美市名瀬港町2-16		0997-52-0376
宮崎地方法務局	880-8513	宮崎市旭2-1-18 宮崎地方法務合同庁舎		0985-22-5124
日南支局	889-2535	日南市飫肥3-6-2 日南法務総合庁舎		0987-25-9125
都城支局	885-0072	都城市上町2街区11 都城地方合同庁舎		0986-22-0490
延岡支局	882-0803	延岡市大貫町1-2915 延岡地方合同庁舎		0982-33-2179
日向支局	883-0052	日向市鶴町2-7-11 日向法務総合庁舎		0982-52-2944
那覇地方法務局	900-8544	那覇市樋川1-15-15 那覇第一地方合同庁舎		098-854-1215
沖縄支局	904-2143	沖縄市知花6-7-5 沖縄法務合同庁舎		098-937-3278
名護支局	905-0011	名護市字宮里452-3 名護地方合同庁舎		0980-52-2729
宮古島支局	906-0013	宮古島市平良字下里1016 平良地方合同庁舎		0980-72-2639
石垣支局	907-0004	石垣市字登野城55-4 石垣地方合同庁舎		0980-82-2004

被害者ホットライン一覧

＊ 被害者ホットラインは地方検察庁内に設置。

平成19年4月現在

地方検察庁名	〒	所在地	電話・FAX
札幌地方検察庁	060-0042	札幌市中央区大通西12 札幌第三合同庁舎	電話 011-261-9370 FAX 011-261-9370
函館地方検察庁	040-0031	函館市上新川町1-13	電話 0138-41-1655 FAX 0138-41-1655
旭川地方検察庁	070-8636	旭川市花咲町4 旭川地方法務合同庁舎	電話 0166-51-6259 FAX 0166-51-6259
釧路地方検察庁	085-8557	釧路市柏木町5-7	電話 0154-41-6133 FAX 0154-41-6133
仙台地方検察庁	980-0812	仙台市青葉区片平1-3-1	電話 022-222-6159 FAX 022-222-6159
福島地方検察庁	960-8017	福島市狐塚17 法務合同庁舎	電話 024-534-5135 FAX 024-534-5135
山形地方検察庁	990-0046	山形市大手町1-32	電話 023-622-5122 FAX 023-622-5122
盛岡地方検察庁	020-0023	盛岡市内丸8-20 盛岡法務合同庁舎	電話 019-622-6236 FAX 019-622-6236
秋田地方検察庁	010-0951	秋田市山王7-1-2 秋田地方法務合同庁舎	電話 018-862-5572 FAX 018-862-5572
青森地方検察庁	030-8545	青森市長島1-3-25 青森法務総合庁舎	電話 017-722-1234 FAX 017-722-1234
東京地方検察庁	100-8903	千代田区霞が関1-1-1 中央合同庁舎第6号館A棟・B棟	電話 03-3592-7611 FAX 03-3592-7614
横浜地方検察庁	231-0021	横浜市中区日本大通9	電話 045-211-7638 FAX 045-211-7638
さいたま地方検察庁	330-8572	さいたま市浦和区高砂3-16-58 さいたま法務総合庁舎	電話 048-863-2298 FAX 048-863-2298
千葉地方検察庁	260-8620	千葉市中央区中央4-11-1 千葉第二地方合同庁舎	電話 043-221-2065 FAX 043-221-2065
水戸地方検察庁	310-8540	水戸市北見町1-1	電話 029-221-2199 FAX 029-221-2199
宇都宮地方検察庁	320-0036	宇都宮市小幡2-1-11 宇都宮地方法務合同庁舎	電話 028-623-6790 FAX 028-623-6790
前橋地方検察庁	371-8550	前橋市大手町3-2-1	電話 027-235-7828 FAX 027-235-7828
静岡地方検察庁	420-8611	静岡市葵区追手町9-45	電話 054-252-7204 FAX 054-252-7204
甲府地方検察庁	400-8556	甲府市中央1-11-8	電話 055-228-9732 FAX 055-228-9732
長野地方検察庁	380-0846	長野市大字長野旭町1108 長野地方法務合同庁舎	電話 026-232-8180 FAX 026-232-8180
新潟地方検察庁	951-8502	新潟市西大畑町5191	電話 025-226-0922 FAX 025-226-0922
名古屋地方検察庁	460-8523	名古屋市中区三の丸4-3-1	電話 052-951-4538 FAX 052-951-4538
津地方検察庁	514-8512	津市中央3-12 津法務総合庁舎	電話 059-228-4166 FAX 059-228-4166
岐阜地方検察庁	500-8812	岐阜市美江寺町2-8 岐阜法務総合庁舎	電話 058-262-5138 FAX 058-262-5138

福井地方検察庁	910-8583	福井市春山1-1-54 福井春山合同庁舎	電話 FAX	0776-28-8744 0776-28-8744
金沢地方検察庁	920-0912	金沢市大手町6-15 金沢法務合同庁舎	電話 FAX	076-221-3573 076-221-3573
富山地方検察庁	939-8510	富山市西田地方町2-9-16 富山法務合同庁舎	電話 FAX	076-421-4148 076-421-4148
大阪地方検察庁	553-8512	大阪市福島区福島1-1-60 大阪中之島合同庁舎	電話 FAX	06-4796-2250 06-4796-2242
京都地方検察庁	602-8510	京都市上京区新町通下長者町下ル 両御霊町82 京都法務合同庁舎	電話 FAX	075-441-9103 075-441-9103
神戸地方検察庁	650-0016	神戸市中央区橘通1-4-1 神戸法務総合庁舎	電話 FAX	078-367-6135 078-367-6135
奈良地方検察庁	630-8213	奈良市登大路町1-1 奈良地方法務合同庁舎	電話 FAX	0742-27-6861 0742-27-6861
大津地方検察庁	520-0044	大津市京町3-1-1 法務合同庁舎	電話 FAX	077-527-5149 077-527-5149
和歌山地方検察庁	640-8143	和歌山市二番丁3	電話 FAX	073-422-4285 073-422-4285
広島地方検察庁	730-8539	広島市中区上八丁堀2-15 広島地方法務合同庁舎	電話 FAX	082-221-2467 082-221-2467
山口地方検察庁	753-0048	山口市駅通り1-1-2	電話 FAX	083-922-3153 083-922-3153
岡山地方検察庁	700-0807	岡山市南方1-3-58 岡山地方法務合同庁舎	電話 FAX	086-224-3322 086-224-3322
鳥取地方検察庁	680-0022	鳥取市西町3-201	電話 FAX	0857-22-4177 0857-22-4177
松江地方検察庁	690-0886	松江市母衣町50	電話 FAX	0852-32-6701 0852-32-6701
高松地方検察庁	760-0033	高松市丸の内1-1 高松法務合同庁舎	電話 FAX	087-825-2045 087-825-2045
徳島地方検察庁	770-0852	徳島市徳島町2-17	電話 FAX	088-652-5198 088-652-5198
高知地方検察庁	780-8554	高知市丸ノ内1-4-1	電話 FAX	088-872-9190 088-872-9190
松山地方検察庁	790-8575	松山市一番町4-4-1 松山法務総合庁舎	電話 FAX	089-935-6607 089-935-6607
福岡地方検察庁	810-8651	福岡市中央区舞鶴2-5-30	電話 FAX	092-734-9080 092-734-9080
佐賀地方検察庁	840-0833	佐賀市中の小路5-25	電話 FAX	0952-22-4259 0952-22-4259
長崎地方検察庁	850-8560	長崎市万才町9-33	電話 FAX	095-822-4477 095-822-4477
大分地方検察庁	870-0046	大分市荷揚町7-5	電話 FAX	097-534-9728 097-534-9728
熊本地方検察庁	860-0078	熊本市京町1-12-11	電話 FAX	096-323-9068 096-323-9068
鹿児島地方検察庁	892-0816	鹿児島市山下町13-10 鹿児島地方法務合同庁舎	電話 FAX	099-226-0691 099-226-0691
宮崎地方検察庁	880-8566	宮崎市瀬頭2-7-11	電話 FAX	0985-29-2156 0985-29-2156
那覇地方検察庁	900-8578	那覇市樋川1-15-15 那覇第一地方合同庁舎	電話 FAX	098-835-9997 098-835-9997

判例索引

大判昭16・6・20民集20巻921頁 ……………………………………… Q55
最判昭31・7・20民集10巻8号1095頁 ………………………………… Q47
最判昭36・7・19民集15巻7号1875頁 ………………………………… Q56
最判昭37・8・21民集16巻9号1809頁 ………………………………… Q55
最判昭39・1・28民集18巻1号136頁 …………………………………… Q49
最判昭39・7・28判タ165号76頁 ………………………………………… Q57
最判昭39・10・15判時393号28頁 ………………………………………… Q40
最判昭39・12・11判時401号61頁 ………………………………………… Q35
最判昭45・12・18民集24巻13号2151頁・判時619号53頁 …………… Q47
最判昭47・11・10判時689号103頁 ……………………………………… Q51
最判昭49・3・7民集28巻2号174頁 …………………………………… Q55
最判昭52・6・20判時873号97頁 ………………………………………… Q51
最判昭55・1・11民集34巻1号42頁 …………………………………… Q55
仙台高秋田支決昭57・12・6判タ496号113頁 ………………………… Q54
東京高決昭58・3・29判タ497号115頁 ………………………………… Q54
東京高判昭59・6・27金商701号39頁 …………………………………… Q51
東京高判昭61・2・19判時1207号120頁 ………………………………… Q36
最判昭61・6・11民集40巻4号872頁 ……………………… Q47, Q48, Q49
最判昭61・6・11判時1194号3頁 ………………………………………… Q39
東京地判昭61・6・19判時1229号112頁 ………………………………… Q33
最判昭61・9・25金法1140号23頁 ………………………………………… Q36
広島高判昭62・12・24交民20巻6号1399頁 …………………………… Q21
最判平2・4・17判時1380号136頁 ……………………………………… Q35
神戸地判平2・8・8判時1375号124頁 ………………………………… Q33
福岡地判平3・5・14判時1392号126頁 ………………………………… Q36
東京地決平3・5・29判時1396号101頁 ………………………………… Q54
東京地決平3・10・21判タ783号267頁 ………………………………… Q54
浦和地判平3・10・29交民24巻5号1257頁 …………………………… Q21
京都地判平4・10・22判タ805号196頁 ………………………………… Q59
東京地判平4・11・27金法1362号46頁 ………………………………… Q55
大阪高判平5・3・25判タ827号195頁 ……………………………… Q58, Q60
東京地判平6・5・31交民27巻3号733頁 ……………………………… Q21
大阪地判平6・10・31判タ897号129頁 ………………………………… Q57
神戸地決平6・11・28判時1545号75頁 ………………………………… Q60
東京地判平7・10・11判タ915号158頁 ………………………………… Q57
最判平8・11・12判タ936号216頁 ………………………………………… Q37
東京地判平9・5・26判時1610号22頁・判タ947号125頁 …………… Q49

最判平 9・9・9 民集51巻8号3804頁	Q47, Q49
東京地決平10・12・8 判時1668号86頁	Q59
大阪地判平11・3・11 判タ1055号213頁	Q33
東京地判平11・5・28 判タ1017号219頁	Q51
東京地判平11・6・30 判タ1017号238頁	Q51
東京地判平11・8・26 判時1708号162頁	Q51
大阪地判平12・2・29 判タ1050号23頁	Q51
大阪地判平12・9・20 判時1721号3頁	Q15
最判平13・1・25 判時1758号206頁	Q51
東京地判平13・3・29 判時1750号40頁	Q13
東京高判平13・4・23 金商1117号21頁	Q51
浦和地判平13・4・27 判タ1068号119頁	Q42
東京高判平13・9・5 判時1786号80頁・判タ1088号94頁	Q49
静岡地決平13・11・13 判タ1105号255頁	Q60
静岡地決平13・12・19 判タ1105号253頁	Q60
大阪地判平14・2・19 判タ1109号170頁	Q15
東京高決平14・3・28 判タ1105号250頁	Q60
東京地判平14・6・26 判時1110号92頁	Q50
東京地判平14・6・26 判時1810号78頁	Q33
東京高判平14・7・16 判時1811号91頁	Q12
東京高判平14・12・25 判時1816号52頁	Q50
東京高判平15・3・27 判タ1133号271頁	Q13
東京地判平15・7・17 判時1869号46頁	Q50
大阪高判平15・7・30 判例集未登載	Q38
最判平16・11・12 民集58巻8号2078頁	Q 2
福岡高判平17・1・27 判タ1177号188頁	Q52
東京地判平17・3・25 判時1914号102頁	Q52
大阪地判平17・3・29 判タ1194号293頁	Q57
大阪地判平17・9・16 判時1920号96頁	Q17
最判平18・4・10 判時1936号27頁	Q13, Q14

事項索引

ア行

イエローカード …………215
慰謝料 ………………………232
インターネット……228,338
ウェブサイト ……………228
営業妨害行為 ………………181
えせ右翼 ……………………266
えせ右翼行為 ………………24
えせ同和行為 ………29,306
NPO法人 ………………318

カ行

会計帳簿閲覧請求権 ……248
会社ゴロ …………………326
会社に対する損害賠償責任
 ………………………………84
街宣活動の禁止を求める仮処
 分 ………………………275
街頭宣伝活動行為 ………27
貸金業規制法違反 ………369
架電・面談禁止の仮処分
 …………………147,321
株主代表訴訟 ………………84
株主等の権利の行使に関する
 贈収賄罪 …………………36
株主名簿閲覧・謄写請求
 ………………………………246
仮処分 ………196,328,332
仮処分執行等 ……………334
間接強制……………280,297
機関誌の購読要求 ………268
企業が反社会的勢力による被
 害を防止するための指針
 ………………………………100
企業舎弟 ……………………19
企業の社会的責任 ………105
危険行為条項違反等 …398
偽 造 ………………………364
寄付金 ………………………318
業界団体 ……………………235
強制執行手続 ……………403
共同利益背反行為 ………425

記録化……………311,322
金融ブローカー …………357
区分所有権の競売請求…426
区分所有者又は専有部分の占
 有者への弁明の機会の付与
 ………………………………429
区分所有法 ………………425
クレーマー……………172,207
クレーム …………………208
刑事告訴 ……147,197,329
刑事事件 ……………………62
掲示板 ………………………347
契約解除の意思表示 ……407
契約自由の原則 …………116
契約締結上の過失 ………120
公開質問状 ………………270
公共工事からの暴力団排除
 ………………………………273
公示催告 …………………360
公序良俗違反 ……………125
抗争事件 …………………438
顧客対応 …………………234
告 訴 …………………………63
個人情報保護法 …………235
COSO報告書……………111
コンプライアンス…94,104,
 107,209

サ行

債権譲渡通知書 …………382
債権の準占有者 …………385
再発防止命令 ………22,303
債務不存在確認訴訟 ……316
差止請求 …………………340
賛助金の要求 ……………267
支援要請 …………………413
事件屋 ………………………373
事実確認………………224,326
事実関係 …………………222
自主行動基準の指針 ……105
システム金融 ……………367
下請参入要求 ……………272
執行官現実保管型の占有移転

禁止の仮処分 …………411
執行官保管の仮処分命令
 ………………………………439
自動車登録事項等証明書
 ………………………………70
社会運動標榜ゴロ …………7
謝罪広告 …………………325
蛇の目ミシン株主代表訴訟事
 件 …………………………83
出資法 ………………………369
出版差止めの仮処分 ……325
商業登記簿 …………………69
使用禁止命令 ……………400
証 明 ………………………284
除権決定 …………………360
人格権 ………………………436
審 尋 ………………………277
信頼関係破壊 ………75,124
信頼関係破壊理論 ………398
誠 意 ……………………157,169
政治活動標榜ゴロ …………7
整理屋 ………………………373
善意取得 …………………362
善管注意義務 ………………84
選挙管理委員会での照会
 ………………………………293
全国暴力追放運動推進センタ
 ー …………………………185
占有移転禁止の仮処分…404
専有部分が賃貸等されている
 場合の契約解除及び引渡請
 求 …………………………426
専有部分の使用禁止の請求
 ………………………………426
占有屋 ………………………377
総会屋 …………………………7,35
組織的な対応 ……………193
組織的な犯罪の処罰及び犯罪
 収益の規制等に関する法律
 ………………………………11
訴 訟 ………………………196
疎 明 ………………………284

事項索引

タ行

対応マニュアル …………148
第三者提供 ……………238
退職慰労金支給規程閲覧・謄写 ……………248
ダスキン肉まん事件 …126
立退料 ………………377
建物明渡判決 …………403
建物の区分所有等に関する法律（区分所有法）……425
探偵業の業務の適正化に関する法律 ……………67
忠実義務 ………………84
中止命令 ……………22,303
提出命令 ………………303
手形訴訟 ……………361,371
手形の不渡と取引停止処分 ……………357
道義的責任 ……………157
東京ビッグサイト事件 …76
道路使用許可申請書 …293
同和問題 ……………29,306
特防連 …………………57

ナ行

内部通報者保護制度 ……95
内部統制システム ……108
内部統制整備の基本方針 ……………110
内容証明郵便 ……147,196,212
二項詐欺 ……………401

ハ行

任意整理手続 …………373

売却のための保全処分 …378
犯罪捜査のための通信傍受に関する法律 ……………11
犯罪被害者支援員 ………60
反社会的勢力 ………7,214
──との関係断絶 ……90
被害者ホットライン ……60
広島県不当な街宣行為等の規制に関する条例 ………304
風評被害 ………………227
複数対応の原則 ………140
不動産登記簿 ……………70
不当要求行為 ……207,211
不当要求防止責任者講習 ……………322
部落差別問題 ……………29
ブラックジャーナル …325,331
フランチャイズ ………235
振り込め詐欺 …………392
プロバイダ責任制限法 ……………344,347,348
不　渡 ………………358
暴騒音条例 ……………303
暴追センター ……………58
法的解決 ………………200
法的整理手続 …………373
法テラス ………………59
法務省人権擁護局 ………58
暴　力 …………………45

暴力団 ……………………7
暴力団員による不当な行為の防止等に関する法律 …11
暴力団関係企業 …………7
暴力団組事務所 ………395
暴力団情報オンラインシステム ……………66
暴力団対応ガイド ……55
暴力団排除条項 ……22,73,118,397
暴力団排除等のための部外への情報提供について …65
暴力団フロント企業 …19
ホームページ …………338

マ行

民事介入暴力 …………6,45
民事事件 ………………62
民事不介入の原則 ………61
民暴委員会 ……………56
名誉毀損 ………………338
面談強要禁止等仮処分 …246
面談要求 ………………131

ヤ行

ヤミ金融 ………………367

ラ行

利益供与罪 ……………249
利益供与要求罪 …………38
リスク管理体制 ………108
倫理基準 ………………96
レピュテーション ……51,92

〔編　者〕

第二東京弁護士会民事介入暴力被害者救済センター運営委員会

| 企業活動と民暴対策の法律相談 | 新・青林法律相談 21 |

2007年10月10日　初版第1刷発行
2008年3月25日　初版第2刷発行

編　者　　第二東京弁護士会民事介入暴力
　　　　　被害者救済センター運営委員会

発行者　　逸　見　慎　一

発行所　　東京都文京区　株式　青林書院
　　　　　本郷6丁目4の7　会社

振替口座　00110-9-16920／電話03(3815)5897～8／郵便番号113-0033
http://www.seirin.co.jp

印刷・星野精版印刷㈱　落丁・乱丁本はお取り替え致します。
Printed in Japan　ISBN 978-4-417-01439-3

JCLS〈㈱日本著作出版権管理システム委託出版物〉
本書の無断複写は著作権法上での例外を除き禁じられています。
複写される場合は，そのつど事前に，㈱日本著作出版権管理システム(TEL03-3817-5670, FAX 03-3815-8199, e-mail:info@jcls.co.jp)の許諾を得てください。